KB097094

지은이

김지혜

(memoqueen@naver.com)

30년 가까이 실전 경매 숨은 고수로 맹활약!
네이버 경매 태양신으로 활동 중!

대학에서 경영학을 전공한 후 은행에서 대출 업무를 담당했다. 경매 현장에서 맞닥뜨린 생동감에 전율을 느끼며 투자를 시작했고 주택, 상가, 토지, 특수물건 등 경매·공매의 모든 유형을 다뤄본 유일무이한 권위자다. 건물주가 된 적도 있고, 서브프라임 풍파도 겪어냈다. 이 과정에서 권리분석, 대출분석, 물건분석은 물론, 명도와 절세전략까지 마스터했으며 실전 경매의 고수로 유명세를 떨쳤다.

내집장만과 월세 수익을 위한 경매 안내서
경매물건 80%는 유형 대동소이, 78개 입찰 사례로 총망라!

시험에 합격하려면 기출문제를 풀어야 하듯, 경매로 돈을 벌려면 입찰 사례를 살펴보는 게 먼저다. 경매 물건의 80%는 유형이 비슷해서 이것만 파악하면 돈 버는 방법이 보인다. 그래서 핵심 입지 78곳을 선별한 후, 자주 등장한 권리분석, 대출분석, 물건분석 유형을 어떻게 해결하는지 1:1 과외를 하듯 설명했다. 같은 문제집을 3번만 제대로 풀면 고득점자가 된다. 이 책도 딱 3번만 읽으면 실전에 뛰어들어도 될 만큼 경매 고수가 될 수 있다.

경매정보회사 '경공매가이드' 창업자
경제뉴스 보듯, 입찰정보를 확인하라!

눈만 뜨면 찾아오는 경매 초보자들과 네이버 지식in을 통해 해준 조언은 단 하나, 경매정보를 경제뉴스처럼 매일 체크하라는 것. 경매정보의 중요성을 일찌감치 파악하여 경매정보 사이트인 '경공매가이드'를 창업했고 실전 경험을 생생하게 공유했다. 지금은 법무법인 미리내의 부동산경매 자문과 경공매가이드 아카데미 원장으로 일하고 있다.

경공매가이드
www.ath.kr

카페
cafe.naver.com/rhdao

유튜브
youtube.com/@tv119

김지혜의 부동산 경매지도

초판 1쇄 인쇄 2023년 7월 10일
초판 1쇄 발행 2023년 7월 15일

지은이 · 김지혜
발행인 · 강혜진
발행처 · 진서원
등록 · 제2012-000384호 2012년 12월 4일
주소 · (03938) 서울시 마포구 동교로 44-3 진서원빌딩 3층
대표전화 · (02)3143-6353 | **팩스** · (02)3143-6354
홈페이지 · www.jinswon.co.kr | **이메일** · service@jinswon.co.kr

편집진행 · 임지영 | **마케팅** · 강성우, 문수연 | **경영지원** · 지경진
표지 및 내지 디자인 · 디박스 | **종이** · 다올페이퍼 | **인쇄** · 보광문화사

ISBN 979-11-86647-99-8 13320
진서원 도서번호 18003
값 38,000원

네이버
태양신의
핵심지
입찰족보!

김지혜의

부동산
경매
지도

김지혜 지음

진원

경매 사건 하나가 한 사람을 부자로 만든다!
물건 선정부터 대금 납부까지
전 과정을 꼼꼼히 따라간 책!

많은 사람들이 경매에 대해 갖고 있는 편견은 다음과 같다. 1. 경매는 시세보다 싸게 사야 한다. 2. 경매물건 종류는 집만 있다. 3. 싸게 사서 빨리 팔아야 수익이 난다.

하지만 실제 경매는 다르다. 경매물건은 집 외에도 다양하게 쏟아지며, 싸게 사서 바로 되파는 단기 투자만 있는 것도 아니다. 사람들은 평소 경매에 관심이 없지만 주변에서 누가 부동산으로 큰돈을 벌었다거나, ○○아파트가 1주 만에 몇억이 올랐다는 뉴스를 듣거나, 전세 만기에 전세가가 확 오르면 그제야 경매에 관심을 가진다. 그런데 이들이 필자에게 찾아와서 하는 첫 번째 질문은 '경매하려면 무슨 자격증부터 따야 하나요?'다.

경매는 자기 책임하에 자기 돈을 걸고 입찰에 들어가서 수익을 내기 때문에 따로 자격증이 필요 없다. 그러면 무엇으로 자격을 입증할까? 진짜 고수는 경매 시장을 떠나지 않고 오래 살아남아서 꾸준한 수익률을 거두는 사람이다. 하지만 이런 사람을 발견하기란 쉽지가 않다.

최근 유튜브 채널을 보면 경매에 입문한 지 얼마 되지 않았지만 많은 돈을 벌어서 직장을 그만두고 전업투자자가 되었다는 분들이 많다. 그분들에게 묻고 싶다. 3년, 5년이 지난 지금도 계속 수익을 내고 있는지? 만약 사라지고 안 보인다면 수익을 내지 못했을 확률이 크다.

필자가 처음 경매를 시작한 20여 년 전과 비교하면 지금은 정보가 차고 넘쳐서 걸러야 하는 게 일인 시대다. 문제는 걸러내는 것도 실력이 뒷받침될 때 가능하다. 경매 초보자들은 자신의 질문에 누군가 오답을 말해줘도 틀렸다는 것을 깨닫지 못한다. 네이버 지식인 활동을 하다보면 오답인데도 채택하고 이후에도 묻고 답하기를 계속한다. 아예 모르는 것과 오답을 들은 것의 결과는 어차피 같다.

경매물건 검색은 투자의 간접경험을 극대화시킨다!

그렇다면 어떻게 실력을 키워야 할까? 경매 공부는 열심히 하지만 경매정보는 하루에 단 한 건도 검색 안 하는 분들이 의외로 많다. 그 이유는 아직 공부가 부족해서, 가진 돈이 적어서… 등이었다. 준비가 되면 검색하겠다고 답하는데 아니다. 경매물건 검색이야말로 간접경험과 부동산 경기를 읽는 방법을 얻는 루트인데 경매 공부만 파고들면 실전 감각은 얻을 수 없다. '어디에 있는 어떤 물건을 얼마의 돈을 들여서 낙찰가는 얼마를 써내고 출구 전략은…' 식의 프로세스를 머릿속에서 구현하지 못한다.

경매정보를 효과적으로 검색하면 성장 속도가 빨라진다. 물건 보는 눈이 트이고 스스로 타이밍을 감지할 수 있게 된다. 그 타이밍이 감지가 안 되니 불경기 탓, 공부 부족 탓이라고 말하는 것이다. 경매 초보자들은 경매물건 전체를 파악하는 역량이 부족해서 똑같은 정보를 봐도 자기가 보고 싶은 부분만 보게 된다. 자신의 판단과 선택에 확신이 없을 때 이 책을 보면 도움이 될 것이다.

이 책을 쓰면서 입찰 사례마다 대금납부 후 등기부등본까지 발급받아서 낙찰자가 대출은 얼마 받았는지, 현금납부 했는지 등을 확인했다. 로드뷰로 낙찰 전과 후를 비교해보며 개발 과정도 꼼꼼히 체크했다. 필자가 이렇게까지 한 이유는 한 사람이 부자가 되는 과정을 추적하는 데 있어서 중간과정을 생략하면 안 되기 때문이다.

지금까지 살아오면서 주변인이 부자가 되는 과정을 지켜보거나 배우지 못한 사람들이 많다. 그들은 부자가 되는 과정을 도저히 알 수가 없다. 그런 사람들은 결정적인 순간에 부자라면 절대 하지 않는 선택을 해버린다. 필자는 이런 사람들에게 부자의 경험을 간접 체험시키고자 이 책을 썼다. 이 경험은 정말 중요하다.

부자의 길을 간접적이나마 반복적으로 경험하길!

운전을 해본 분들은 다 알겠지만 누구나 초보 시절에는 차선 하나 바꾸는 것도 어렵지 않았던가? 하지만 경험이 쌓이면 별 게 아닌 게 된다. 경매도 마찬가지다. 경매는 공개 매각이라 그 많은 경매물건을 누가 얼마에 낙찰받는지 다 공개된다. 낙찰받고 등기를 쳐본 사람은 "아! 책에 나온 말이 바로 이런 뜻이었구나" 소리가 절로 나온다. 이 책을 읽으면서 법원경매에 대한 정확한 정보와 간접경험을 얻고 부자가 되는 과정에 대해 이해도가 높아지기를 바란다. 몇천만원으로 일확천금을 벌었다 식의 재테크 성공 스토리에 열광하지 말고 경매로 부자가 되는 그 과정을 중간 생략 없이 반복해서 읽길 권한다. 이 과정이 당신을 부자로 만들어주는 것임을 잊으면 안 된다.

법원경매만의 특징과 장점을 100% 활용하자!

법원경매제도는 한번 정해지면 쉽게 못 바꾼다. 지난 정부의 부동산규제가 5년 동안 총 28번 발표되었지만 법원경매를 제대로 아는 사람들은 규제의 예외를 노려 비교적 적은 경쟁률로 원하는 물건을 손에 넣을 수 있었다. 이렇듯 법원경매는 제대로만 알면 불경기가 오든 부동산규제가 쏟아지든 아무 상관없이 지속적으로 투자를 할 수 있다. 지난 정부의 부동산규제와 대출에 대해서도 지면을 할애하여 정확한 정보를 실었으니 참고하길 바란다.

끝으로 이 책을 출간할 기회를 주신 진서원 출판사 강혜진 대표님, 그리고 법무법인 미리내 안종하 사무장님, 필자의 첫 책 〈왕초보 부동산 경매왕〉 독자 여러분에게 진심으로 감사드린다.

김지혜

'경매 물건도 입찰족보가 있다!'

대한민국에서 자주 나오는 입찰 유형 3가지

❶단계

권리분석
입찰 유형
(ft. 명도)

내집마련 하고 싶다면?

서울&수도권 아파트와 빌라&단독주택 입찰사례를 통해
권리분석 유형을 중점적으로 익힙니다.

<첫째마당>, <둘째마당> 참고

관악·신림　광명·하안　김포·장기　일산·행신　서대문·홍제

수원·동탄　중랑·묵동　강남·삼성　영등포·대림　의정부·가능

부천·중동　양천·목동　성북·정릉　구로·구로　동작·노량진

도봉·도봉　광진·중곡　강북·미아　노원·중계

① 권리분석 → ② 대출분석 → ③ 물건분석 유형

❷단계

대출분석
입찰 유형
(ft. 수익률)

월세 수입 원한다면?

서울 & 수도권 오피스텔 & 지식산업센터, 상가와 꼬마빌딩 입찰사례를 통해 대출분석 유형을 중점적으로 익힙니다.

<셋째마당>, <넷째마당> 참고

마포·공덕   마포·성산   강서·마곡   영등포·당산   은평·진관

관악·신림   중구·을지로   성남·분당   송파·신천   강남·역삼

인천·청라   마포·대흥   인천·청라   포천·이동   용인·수지

남양주·덕소   의정부·금오   남양주·호평   노원·상계   용인·기흥

기출문제를 풀면 고득점자가 되듯,
입찰사례를 분석하면 경매고수가 된다!

❸단계

물건분석
입찰 유형
(ft. 입지)

초대박 수익을 원한다면?

건물을 지을 수 있거나 바닷가나 계곡의 영구뷰를 가진 토지&
건물 입찰사례를 통해 물건분석 유형을 중점적으로 익힙니다.

<다섯째마당> 참고

목차

셋째 마당 | 월세 수익 | **오피스텔&지식산업센터 사례 22** **282**

부동산
경매
기본기
다지기

준비
마당
1

서울법원

인천법원

대전법원

전주법원

광주법원

제주법원

대법원 경매정보
사이트(무료)

경공매가이드
사이트(유료)

• 현재 진행 중인 경매정보는 대법원 경매정보사이트 참고(무료, 과거정보는 삭제)
• 과거 경매정보는 유료 사설 경매정보 사이트 참고 요망

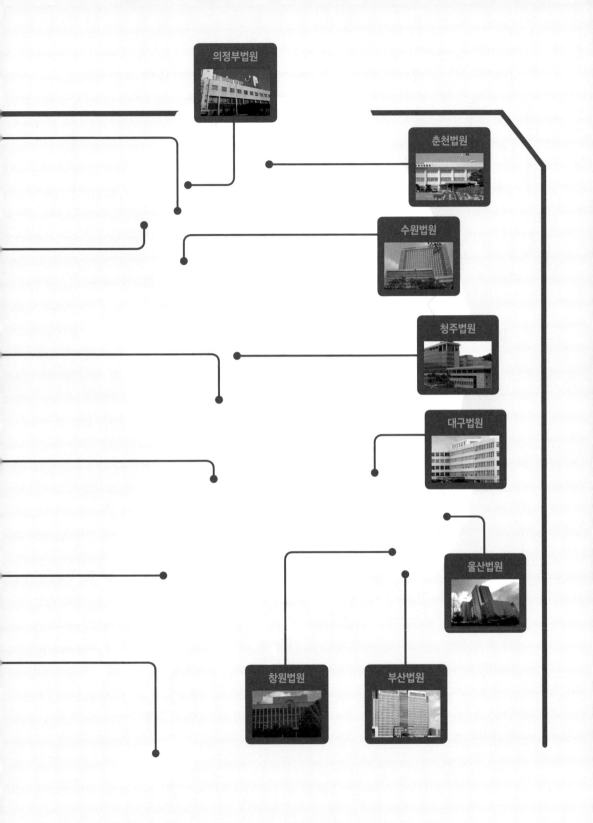

경매는 부자로 가는 마지막 치트키!

IMF 때 경매로 매입한 빌딩을 23년간 보유한 서장훈씨

전 농구선수 출신 방송인 서장훈씨는 2000년 2월 IMF 직후 법원경매로 서초동 빌딩을 28억원에 낙찰받았고 23년째 보유 중이다. 이 빌딩의 현재 가치는 450억원이다. 그렇다면 매년 얼마씩 올랐을까?

$$\text{450억원 (현재가)} - \text{28억원 (매입가)} = \frac{\text{422억원}}{\text{23년}} = \text{18억3,000만원 (연간 상승액)}$$

결론적으로 1년에 18억3,000만원씩 오른 셈이다. 지금이야 IMF 직후 V자 반등 회복을 알지만 만약 시간을 되돌린다면 서장훈씨 같은 결정을 할 수 있을까? 누구나 부동산 하락장이 오면 싸게 살 수 있을 거라 생각하지만 그렇지 않다. 가격이 더 내릴까봐 못 산다. 하락장이 기회지만 오히려 상승장일 때 추격 매수하는 사람이 많다.

부자들은 적어도 부동산 포함 최소 3개 정도 파이프라인을 갖고 있다. 불경기나 코로나19 등 예상치 못한 변수 때문에 파이프라인 1개가 제 역할을 못하더라도, 나머지 2개의 파이프라인에서 고정적인 소득이 있다면 큰 걱정을 덜 수 있다.

지금 당신의 파이프라인은 몇 개인가? 유일한 파이프라인이 내 몸으로 벌어들이는 노동 소득뿐이라면 노후 빈곤은 피할 수 없다. 지금이라도 현업에 있을 때 파이프라인을 만들어두길 바란다. 젊을수록 가치 있는 부동산을 좀 더 싸게 사는 경매를 공부해두면 좋다. 본업과 별개로 정년 없이 꾸준히 공부하고 실력을 쌓을 수 있어 요긴하다.

서장훈씨가 보유한 서초구 서초동의 빌딩 ⓒ네이버지도

최소 1년 전 가격으로 싸게 흥정을 붙이는 경매
허위 매물도 없고 진행 과정도 투명한 경매

부동산 경매로 물건이 어떻게 나오는지 살펴보자. 당신이 팔려고 내놓은 부동산이 재개발·재건축된다는 발표가 났다고 하자. 어떻게 행동할 것인가? 아마도 매물을 거둬들이거나 호가를 올려 시장에 다시 내놓을 것이다. 하지만 경매물건은 다르다. 적어도 1년 전 가격에서 한 푼도 올릴 수 없고, 얽히고설킨 이해관계로 매물을 다시 거둬들일 수조차 없다.

경매물건은 깡통부동산, 공유물 분할, 상속 재산, 주택연금 처분 물건, 세금 체납, 파산 등 일반매매 시장에서 도저히 해결이 안 되는 것들이 대부분이다. 그래서 국가 기관인 법원이 경매라는 제도를 통해 골칫덩어리 부동산을 매각하고 그 돈을 채권자들에게 나눠주며 자산 리셋을 유도하는 것이다.

부동산 매물을 구해본 사람이라면 한 번쯤 이런 경험을 했을 것이다. 마음에 드는 매물이 나와 전화로 약속을 잡고 가서 매물을 보여달라고 하면 다음과 같이 말한다.

"어머나, 이를 어째…. 한발 늦으셨네요. 그 매물은 방금 어떤 분이 계약을 해버렸어요. 워낙 좋은 물건이어서…."

"그나저나 이왕 여기까지 오셨는데, 이 근처 다른 매물 하나 보고 가실래요?"

모든 부동산 중개소가 그렇지는 않겠지만 시세보다 터무니없이 싼 미끼물건, 애초부터 있지도 않았던 허위매물, 뷰가 잘 나오게 포토샵 한 물건 등에 뒤통수를 맞은 경험이 한두 번은 있을 것이다. 하지만 경매물건은 이런 게 아예 없다. 경매물건은 국가기관인 법원을 통해 정확한 입찰일자와 장소, 매각정보, 진행 상황을 투명하게 공개한다. 만약 법원 기록이 잘못되었다면 낙찰자는 매각불허가 신청$^\bullet$도 가능하다.

알고 보면 법원경매만큼 투명한 게 없다. 한여름에 올림픽을 해도, 한국 축구가

$\bullet$ **매각불허가 신청** : 경매물건을 낙찰받은 최고가매수인이 법원이 작성한 매각물건명세서의 정보가 잘못되었음을 확인하면 매각불허가 신청을 할 수 있다.

월드컵 16강 진출을 해도 경매는 매일 전국 법원에서 어김없이 진행된다. 매물도 다양하다. 10년 동안 일반 매물로는 나온 적 없던 인기 아파트가 경매로 나오기도 하고 권리금을 줘야만 살 수 있는 상가가 나오기도 한다. 언제 내가 원하는 물건이 경매로 나올지 모른다. 평소 경매물건을 검색하는 습관을 들이고 권리분석을 공부한다면 여러분도 기회를 붙잡을 수 있다.

진짜 어려운 건 20%, 나머지는 페이크 물건! 고수는 어려워 보이지만 쉬운 물건 공략!

경매물건은 권리관계˙가 복잡한 물건과 비교적 단순한 물건이 섞여 있다. 한 번 꼬인 실타래인가, 얽히고설켜서 배배 꼬인 실타래인가 이 차이일 뿐이다. 일반적으로 고수는 어려운 물건을 공략할 거라고 생각하는데 아니다. 겉으로만 어려워 보일 뿐 손쉬운 물건을 공략한다. 이런 물건은 경쟁이 치열하지 않아서 일단 싸게 살 수 있다. 게다가 낙찰받은 후 문제의 실마리를 풀어내고 수익을 내니 이중으로 돈을 벌게 된다.

경매 고수가 돈 버는 것을 보고 너도나도 부럽다며 뛰어들지만 사실 돈 버는 기술은 하루아침에 뚝딱 생겨나는 게 아니다. 시험을 볼 때 기출문제를 많이 풀수록 실력이 향상되듯 경매도 마찬가지다. 이 책에서는 아파트, 입주권을 받을 수 있는 단독주택이나 빌라, 오피스텔, 지식산업센터, 상가, 토지 등 다양한 경매 사례를 소개하고 있다. 이해될 때까지 여러 번 읽어보고 자신의 것으로 만들기를 바란다.

˙ **권리관계** : 사람과 사람 사이에서 법률상 의무를 강제할 수 있는 관계를 말한다. 부동산 경매는 채권자가 채무자의 부동산을 강제할 수 있는 권리를 인정한 상태에서 진행한다.

유튜브에서 경매 영상 볼 때 주의할 점

1 | 조회수 높은 영상보다 최신 영상을 볼 것

유튜브 추천 영상 알고리즘은 '좋아요 + 조회수'가 높은 것 위주로 상위 노출이 되는 시스템이다. 이때 최신 영상을 보지 않고 누적 조회수가 높은 영상을 보면 실수할 가능성이 높다. 경매의 경우 민사집행법은 자주 안 바뀌지만 정부의 부동산규제는 자주 바뀐다. 낙찰을 잘 받아놓고도 대출규제를 몰라서 잔금을 못 내어 입찰보증금까지 날리는 경우가 많다.

최근 이런 케이스 중 1위는 법인 명의로 아파트를 낙찰받아서 경락대출로 잔금을 내려고 한 경우다. 시중은행의 법인 명의 주거시설 신규 취득 담보대출 불가는 2020년 6월부터 적용되었는데 그런 사실 자체를 아예 몰랐거나, 유튜브 영상 중 '법인으로 아파트 90% 대출받았다더라', '신탁대출로 90% 대출받아 아파트 낙찰받았다더라', '누군가 법인 투자로 얼마를 벌었다더라' 등의 얘기만 듣고 뛰어든 경우다. 물론 경기가 안 좋아 법인이 낙찰받은 아파트도 경락대출을 풀어주었지만(77쪽 참고) 매번 달라지는 정부 규제는 항상 눈여겨봐야 한다.

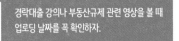

경락대출 강의나 부동산규제 관련 영상을 볼 때 업로딩 날짜를 꼭 확인하자.

법인,사업자대출 지금부터 안 된다.(2020.6.26)

필자의 영상 섬네일은 항상 날짜 표시

2 | 소수의 성공 사례를 맹신하지 말 것!

소수의 사람 또는 특정 개인에게만 해당되는 투자법도 경계할 필요가 있다. 영상만 보고 솔깃한 마음에 잘 알아보지도 않고 투자하면 낭패를 보기 쉽다. 특히 유튜버가 자신만 알고 있는 정보라며 구독자에게만 알려주겠다는 식의 방송은 경매 초심자를 엉뚱한 데다 에너지를 쏟게 하여 시간을 허비하게 만들 수도 있으니 주의하길 바란다.

02 경매 vs 공매 비슷한 듯 다르다!

공매는 국가와 개인 간의 채무로, 국세징수법에 따라 한국자산관리공사(KAMCO)에서 진행한다. 반면 법원경매는 개인과 개인 간의 채무로, 민사집행법에 따라 집행법원에서 중개자 역할을 하면서 진행한다. 이 책에서 다루는 부동산 경매는 주로 법원경매에 한정해 살펴본다.

법원경매는 다시 강제경매와 임의경매로 나뉜다. 강제경매는 집행권원*에 의

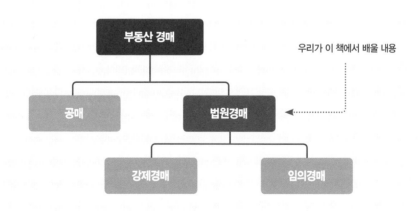

---

* **집행권원** : 국가가 강제집행할 수 있음을 알리는 공문서. 채권자가 채무자에게 청구권을 가지고 있다는 내용이 들어 있다. 집행권원 종류는 공정증서(공증), 이행권고결정, 지급명령 등이 있다.

해 신청되는 경매이며, 임의경매는 담보권(근저당권, 전세권 등)에 의해 신청되는 경매다. 사실 이 둘의 차이는 크지 않아서, 진행절차는 똑같고 취하절차만 다르다. 즉, 경매를 취하하는 방법에서 차이가 난다는 말이다.[*]

경매와 공매의 차이점

다음은 경매와 공매의 차이점을 표로 나타낸 것이다. 일단 이런 게 있구나 하고 넘어가자.

구분	법원경매	공매(온비드)
저감률	전차 가격의 20~30%	감정가격의 50% 한도로 매회마다 1차 가격의 10%씩
진행 방법	일반적으로 1달 간격 진행	1주일에 1회 진행
입찰보증금	• 첫 매각 최저가의 10% • 재매각 최저가의 20~30%	• 입찰가의 10% (2015.12.31. 이전 공고) • 최저가의 10% (2016.1.1. 이후 공고)
복수입찰	불가능. 무효 처리	한 사람이 같은 회차 한 물건에 복수입찰 가능
입찰 방법	매각기일 해당 법원 방문	• 온비드 홈페이지 • 입찰보증금은 본인 계좌에 입금, 낙찰되면 빠져나감
차순위매수신고	있음	있음 (2016.1.1. 이후 공고)

[*] **경매 취하** : 임의경매 취하는 '경매개시결정에 대한 이의 + 강제집행절차 정지'로 할 수 있다. 반면 강제경매 취하는 '청구이의의 소 + 강제집행절차정지신청'으로 할 수 있다. 이렇게 하는 이유는 특별한 이슈 없이 너도 나도 경매 정지 신청을 하는 걸 막기 위해서다.
취하 : 채무를 변제하거나 변제유예의 사유가 있었을 때 신청채권자가 취하할 수 있다.
취소 : 화재 등으로 건물이 멸실되는 등 경매 진행을 해도 소유권 이전이 불가능, 무잉여 시 취소할 수 있다.(집행법원 직권으로 취소)

구분	법원경매	공매(온비드)
대금납부기한	매각허가결정일 이후 30일 전후	• 낙찰가 3,000만원 이상 30일 이내 • 낙찰가 3,000만원 미만 7일 이내
명도 책임	인도명령제도 있음	• 명도 책임은 매수자에게 있음 • 명도소송

경매는 전 낙찰자가 잔금미납시 입찰자격에 제한을 두지만 공매는 전 낙찰자가 잔금을 미납해도 다음 매각시 입찰에 참여할 수 있다. 둘 다 입찰자가 없으면 유찰*이 되며 저감률**은 조금씩 다르다. 공매는 온라인으로 입찰할 수 있어서 경매보다 비교적 시간이 자유롭다.

경매물건은 대법원경매정보(www.courtauction.go.kr)에서 검색할 수 있으며, 공매물건은 온비드(www.onbid.co.kr)에서 검색할 수 있다. 온비드에서는 부동산뿐만 아니라 동산, 기타자산도 올라오며, 정부의 자산도 이곳에서 매각된다.

경매물건을 검색할 수 있는 사이트
대법원경매정보(www.courtauction.go.kr)

공매물건을 검색할 수 있는 사이트
온비드(www.onbid.co.kr)

* **유찰** : 매각기일에 응찰한 사람이 없는 경우로, '입찰불능'이라고도 한다. 다음 매각기일 절차를 준비한다.

** **저감률** : 유찰되면 감정가 대비해 감소하는 비율을 저감률이라고 한다. 평균적으로 한 번 유찰될 때마다 20% 또는 30%를 저감해 진행한다. 저감률은 집행법원마다 다를 수 있다. 최저매각금액을 계속해 저감한 결과 신청채권자에게 배당이 없을 경우 '잉여의 가망이 없는 경매'라고 판단해 경매절차를 취소한다.

부동산뿐만 아니라 동산, 기타자산도 온라인으로 입찰 가능한 공매

경매 사건번호 보고 법원 찾아가기

국가에서 운영하는 대법원경매정보(www.courtauction.go.kr) 사이트에서 '이용안내' → '집행기관' → '경매법원'을 클릭하면 지역별 지원까지 합쳐서 총 60개 법원의 위치가 나온다.

대법원경매정보(www.courtauction.go.kr)

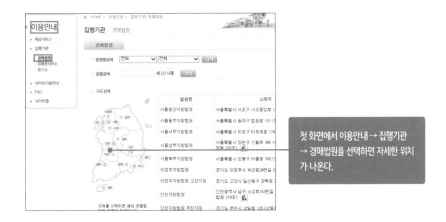

첫 화면에서 이용안내 → 집행기관
→ 경매법원을 선택하면 자세한 위치
가 나온다.

참고로, 김포와 김해는 입찰법원이 따로 없다. 김포 물건을 낙찰받고 싶으면 부천지원으로,
김해 물건을 낙찰받고 싶으면 창원으로 가야 한다. 경매 사건번호 앞에 집행법원이 명시되
어 있으니 참고하자.

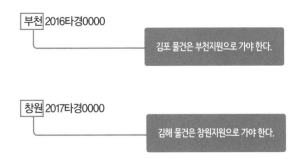

부천 2016타경0000

김포 물건은 부천지원으로 가야 한다.

창원 2017타경0000

김해 물건은 창원지원으로 가야 한다.

03 그 많은 경매물건, 어떻게 세상에 나오나?
(ft. 대법원 경매 6단계)

법원에 나오는 수많은 경매물건들, 과연 어떤 절차를 거쳐서 세상에 나오는 걸까? 일반적으로 다음과 같은 순서를 거친다.

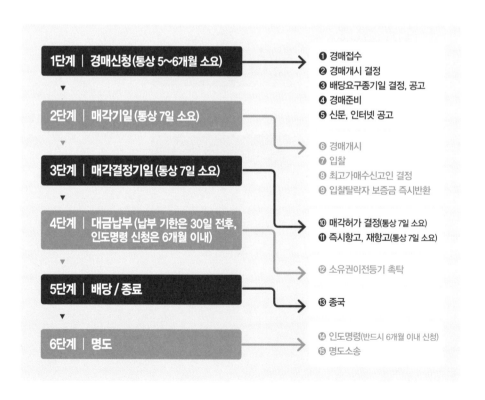

1단계 | 경매신청(통상 5~6개월 소요)

2단계 | 매각기일(통상 7일 소요)

3단계 | 매각결정기일(통상 7일 소요)

4단계 | 대금납부(납부 기한은 30일 전후, 인도명령 신청은 6개월 이내)

5단계 | 배당 / 종료

6단계 | 명도

❶ 경매접수
❷ 경매개시 결정
❸ 배당요구종기일 결정, 공고
❹ 경매준비
❺ 신문, 인터넷 공고

❻ 경매개시
❼ 입찰
❽ 최고가매수신고인 결정
❾ 입찰탈락자 보증금 즉시반환

❿ 매각허가 결정(통상 7일 소요)
⓫ 즉시항고, 재항고(통상 7일 소요)

⓬ 소유권이전등기 촉탁

⓭ 종국

⓮ 인도명령(반드시 6개월 이내 신청)
⓯ 명도소송

경매신청

채무자와 채권자 사이에 돈 문제가 생겨서 해결이 안 되면 제3자의 돈을 수혈받고자 채권자가 경매를 신청한다. 경매신청 채권자가 신청서와 집행비를 내면 ❶ 경매접수가 가능하다. 법원은 문제가 없는지 확인한 다음 ❷ 경매개시 결정을 내린다. 법원은 채무자의 부동산이 경매로 팔릴 것을 알리고자 이해당사자들에게 경매개시결정문을 등기우편으로 보낸다.

그런 다음 ❸ 배당요구종기일 결정과 공고를 진행하는데 배당요구는 채권자들이 얼마를 요구하는지를 나타내며 종기일은 마감날짜를 의미한다. 따라서 법원이 공고한 마감날짜까지 배당을 받으려는 채권자는 증빙서류를 첨부해 채권 계산서를 제출하고 임차인은 권리신고 겸 배당요구를 한다. 법원은 ❹ 경매준비를 위해 현황조사서, 감정평가서, 매각물건명세서를 작성하고 ❺ 신문, 인터넷 공고도 진행한다. 법원이 공고한 내용은 대법원경매정보 사이트(www.courtauction.go.kr), 4대 일간지, 각종 경매정보 사이트 등을 통해서 확인할 수 있다.

다음은 ❹ 경매준비 단계에서 법원이 만드는 서류다. 내용이 사실과 다르면 낙찰자는 '매각불허가 신청'을 할 수 있다.

| 법원이 ❹ 경매준비 단계에서 만드는 서류 |

- **현황조사서** : 경매로 팔릴 부동산의 상태를 조사한 문서로, 부동산의 상태가 어떤지, 세입자가 누구인지 등 낙찰자가 반드시 알아야 할 내용들이 적혀 있다.
- **감정평가서** : 감정평가법인을 통해 부동산가격을 정하는 서류를 말한다. 이 자료를 토대로 경매 최초 입찰일의 최저매각금액, 즉 감정가가 정해진다.
- **매각물건명세서** : 부동산 종류, 권리관계 등을 정리한 문서로, 경매 시작 2주일 전부터 대법원경매정보(www.courtauction.go.kr)와 유·무료 경매 사이트에서 조회가 가능하다.

매각기일(입찰일)

❻ 법원이 정한 매각기일에 경매가 개시된다. ˚❼ 입찰을 하려면 입찰표에 원하는 가격을 적고 ❽ 가장 높은 가격을 써낸 사람이 최고가매수신고인(낙찰자)으로 결정된다. 입찰자가 아무도 없으면 유찰이 되며, 법원이 다음번 매각기일을 정해서 경매를 진행한다. 유찰된 경우 지역에 따라 최저매각금액이 20%(서울) 또는 30%(수도권, 지방)씩 낮아진다. 대신 입찰보증금은 최초 매각인 경우 최저가의 10%이지만 잔금미납으로 재매각이 실시되는 경우에는 20~30%일 수 있다.(특별매각조건 반드시 확인) 간혹 자신이 입찰할 금액의 10%를 입찰보증금으로 착각하는 경우가 있는데 법원에서 공고한 최저매각금액(최저가)의 10%임을 잊지 말자. ❾ 입찰 탈락자가 낸 입찰보증금은 즉시 돌려받는다.

매각결정기일

❿ 낙찰 후 7일이 지나면 매각허가결정기일이 나온다. 그리고 ⓫ 매각허가에 대한 항고기간(즉시 항고, 재항고를 받기 위한 기간)을 받기 위해 또다시 7일을 기다린 후 총 14일 후 매각허가결정문이 부여되고 대금납부기한도 잡힌다. 따라서 낙찰 후 14일이 지나기 전에는 매각대금을 납부할 수 없다. 낙찰 후 14일이 지나면 매각허가결정문과 대금납부기일 통지서가 등기우편으로 낙찰자에게 송달된다. ˚˚

˚ 　입찰에 참여하려면 매각기일을 꼭 확인해서 해당 법원을 방문하면 된다.(법원 찾기는 42쪽 참고)

˚˚ 　우편물 발송 여부는 대법원경매정보 사이트(www.courtauction.go.kr) → 경매사건검색 → 문건/송달내역, 기일내역 등에서 확인할 수 있다. 경매절차의 모든 법원서류는 등기우편으로 송달되므로 낙찰받은 후에는 우편물을 잘 챙겨야 한다.

경매 4단계 **대금납부**

보통은 낙찰된 그날로부터 30~40일 전후로 대금납부기한이 정해지고 이 기간 내에 잔금을 납부하고 소유권이전등기를 신청하면 된다. 만약 잔금을 미납하면 제출한 입찰보증금은 몰수되어 채권자에게 배당되며, 법원에서 다시 입찰 진행을 위해 재매각˚을 공고한다.

❶ 소유권이전등기는 등기부에 본인의 이름을 올려 소유권자로 확인받는 일이다. 일을 부탁하여 맡기는 것을 '촉탁(囑託)'이라고 하는데, 경매 등기는 법원이 등기소에 부탁하여 등기를 요청하기 때문에 '촉탁등기'란 말을 사용한다.

경매 5단계 **배당/종료**

❸ 배당은 권리의 우선순위에 따라 매각대금을 나누어주는 절차이며 법에 명시된 순서에 대해 배당받게 된다. 이 과정이 끝나면 경매사건이 종료된다.

경매 6단계 **명도**

❹ 낙찰자는 잔금을 납부하면서 명도를 위해 인도명령을 신청한다. 반드시 낙찰대금 납부 후 6개월 이내에 신청해야 하며, 만일 이 기간이 경과하게 되면 명도

• **재매각** : 전 회차에서 낙찰자가 잔금을 미납하거나 필요 서류를 제때 제출하지 못해 입찰보증금이 몰수된 경우 실시된다. 유찰과 달리 최저가는 종전과 같은 금액으로 진행된다. 재매각시에는 입찰보증금으로 최저매각금액의 20~30%를 납부해야 하는 경우가 많은데, 법원마다 다르기 때문에 입찰보증금을 얼마나 납부해야 하는지 확인하자. 최고가를 써서 낙찰되었더라도 입찰보증금이 공고된 금액보다 적으면 무효 처리되고 실격이다. 재매각시 입찰보증금을 높이는 이유는 그만큼 신중을 기하라는 의미다.

소송을 통해 강제집행해야 한다. 인도명령문이 신청자와 피신청자에게 등기로 송달되므로 역시 우편물을 잘 받아야 한다. ❶ 대부분 명도는 인도명령신청+협의명도로 해결이 가능하지만 간혹 명도소송까지 가는 경우도 있다. 명도소송이란 낙찰 후 6개월이 지나도 점유자가 집을 비워주지 않을 때 낙찰인이 관할법원에 제기하는 소송이다. 승소 판결을 받으면 강제로 점유자를 내보낼 수 있다.

04 경매물건 검색하는 3가지 방법

물건검색 방법 ❶ 국가 운영 '대법원경매정보' 무료 이용, 검색 편의성은 부족!

경매물건은 앞에서 살펴봤듯이 대법원경매정보 사이트에서 찾아볼 수 있다. 국가에서 운영하기 때문에 가장 공신력이 있다. 민간 경매정보 운영업체도 여기서 정보를 끌어다 서비스한다. 하지만 가독성이 좋은 편이 아니고 사건이 끝난 경우 정보가 사라지므로 많은 사람들이 유료 사설 경매정보 사이트를 이용한다.

경매과정이 끝난 물건의 정보는 대법원 경매정보 사이트(www.courtauction. go.kr)에서 사라지므로 사설 경매정보 사이트에서 찾아봐야 한다.

대법원 경매정보 사이트

물건검색 방법 ❷ 네이버 부동산 → 경매정보 활용(유료)

초보자가 손쉽게 접할 수 있는 포털에서도 경매정보를 검색할 수 있다. 네이버 메인 화면에서 '부동산' → '경매' 항목으로 들어가면 경매종류와 소재지에 따라 원하는 물건을 검색할 수 있다. 무료조회 물건과 횟수는 제한이 있어서 본격적으로 경매정보를 검색하려면 지역별로 월 9,000~11만9,000원까지 지불해야 한다.

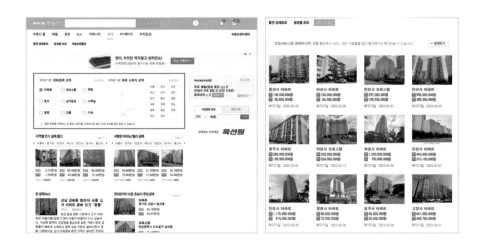

물건검색 방법 ❸ 전문 유료 경매정보 사이트 활용

네이버 외에 유료 경매정보 사이트를 활용해도 된다. 법원 기본정보 외에도 등기부등본, 건축물대장, 전입세대 열람 등도 편리하게 볼 수 있다는 장점이 있다. 유료 경매정보 사이트로는 경공매가이드, 지지옥션, 옥션원, 탱크옥션 등이 있다.

여기서 잠깐! 사설 경매정보 사이트에서 잘못 올린 경매정보로 입찰했는데 문제가 생겼다면 어떻게 될까? 결론부터 말하면 아무 피해구제도 받을 수 없다. 하지만 대법원경매정보 사이트에 잘못된 정보가 올라왔다면 낙찰 후 매각허가결정기일(매각 후 7일) 동안 → 매각불허가 신청을 하고 → 그 내용이 인용된다면 매각이 불허가되면서 입찰보증금을 되돌려받을 수 있다. 따라서 입찰 전에는 대법원경매정보 사이트에서 최종 확인하는 습관을 가지자.

실전 경공매가이드 사이트에서 경매정보 찾아보기

어느 경매정보 사이트든 물건검색하는 방법은 비슷하다. 여기서는 경공매가이드 사이트(www.ath.kr)로 살펴보자. PC 버전과 모바일 버전이 있는데, 여기서는 PC 버전으로 설명해보겠다.

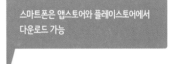

52쪽 화면에서 ❶ '2017타경53467' 사례를 찾아보자. 사건번호를 입력한 후 ❷ '검색'을 누르면 경매물건리스트가 나온다. ❸ 경매물건의 소재지를 클릭하면 물건정보가 나타난다. 타경, 번호가 같은 경우 지역별로 구분되어 있다.

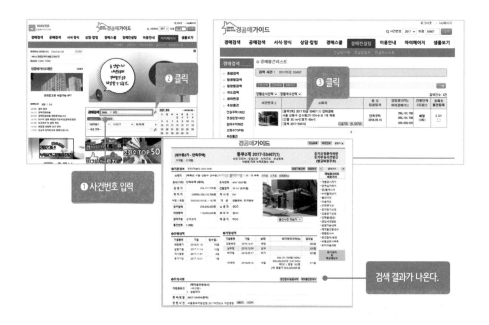

물건별로 상세정보, 사건, 감정평가서, 물건명세서, 현황조사서, 문건접수, 송달 내역, 지도 등을 한눈에 볼 수 있다.

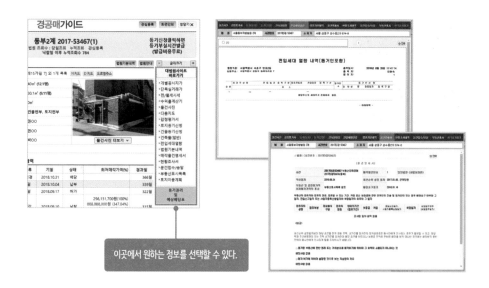

경공매가이드 사이트는 카페도 운영하고 있으니 궁금한 게 있다면 방문해보자.

🗺 국가공인 부동산 정보 서비스 활용법

경매는 법원에서 현황조사서, 감정평가서, 매각물건명세서같이 공신력 있는 문서를 올려놓지만, 뭔가 부족하거나 꺼림칙할 때는 돌다리를 두드리는 심정으로 다음 사이트에 들어가보자. 부동산의 가치를 높이는 개발 가능성 등을 확인하는 데 도움이 된다. 왕초보일수록 꼼꼼한 정보 확인이 필수다.

토지이용규제정보서비스

① **토지이용규제정보서비스(luris.molit.go.kr)** : 용도지역 지정 현황, 개발행위제한 내용 등 확인

② **일사편리 서울부동산정보조회시스템(kras.seoul.go.kr)** : 지적도(임야도), 토지이용계획 등 확인

③ **산림청(www.forest.go.kr)** : 필지 정보, 위치 정보, 산지전용 인허가 정보 등 확인

일사편리 서울부동산정보조회시스템

산림청

권리분석 시작은 채권 vs 물권 구분부터!

실전에 뛰어드는 사람은 겨우 10%?
배당분석은 법원에 맡기고 권리분석에 집중!

경매 초보자들 대부분 고시 공부하듯 책만 보고 입찰은 도전하지 않는다. 낙찰을 한 번이라도 받아보고 실패든 성공이든 해봐야 성장하는데 입찰에 참여하는 사람은 10%도 채 되지 않는다. 권리분석˚만 해도 그렇다. 법원경매는 낙찰자가 낸 돈으로 채권자들 빚잔치를 하는 것인데, 빚잔치를 하고도 남아 있는 빚이 낙찰자에게 인수되는지 아닌지만 파악하면 사실 권리분석은 끝이다. 그런데 경매 초보자들은 인수권리나 보증금이 없는 물건인데도 예상 배당표 짜는 것에 몰두한다. 예상 배당표는 채권자, 세입자, 교부권자(체납세금 징수할 국가기관)의 몫이다. 이들은 낙찰자가 낸 매각대금으로 배당을 받고(빚잔치를 하고) 그래도 남은 돈이 있을 때 소유자에게 배당한다. 설령 그 돈이 남더라도 낙찰자에게 주는 법이 없고 돈이 모자라더라도 낙찰자에게 더 달라고 안 한다. 그런데 왜 경매를 공부하는 사람들이 예상 배당표에 집착하는지 모르겠다.

˚   권리분석에 대한 자세한 내용은 59쪽 참고

권리분석을 잘하려면 재산권 개념부터 잡자!(채권 vs 물권)

다시 말하지만 경매 참가자는 권리분석만 제대로 하면 된다. 권리분석을 잘하려면 재산권 개념부터 잡아야 하는데 재산권은 크게 물권과 채권이 있다. 물권은 특정 물건을 직접적이자 배타적으로 지배하는 권리고 채권은 특정인에 대해서만 청구할 수 있는 권리다.

자, 초보자는 물권이 주렁주렁 달린 경매물건을 노리면 좋을까, 아니면 채권이 주렁주렁 달린 경매물건을 노리면 좋을까? 결론부터 말하면 채권 쪽이다. 그렇다면 물권과 채권을 이해하기 위해 아래 퀴즈를 먼저 풀어보자.

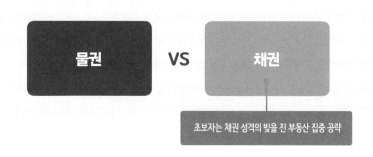

> **Q** 사업하는 남편이 잘못되어 큰 빚(채권)을 지게 되었는데 남편 소유의 부동산은 모두 경매로 부쳐졌다. 그런데 남편과 아내가 공동명의로 소유한 아파트가 1채 있다. 이 럴 경우에도 아파트 전체가 경매 부쳐질까?
>
> **A** 남편 지분만 경매에 부쳐진다. 이런 이유로 법원경매물건 중 지분매각 물건이 나오게 되는 것이다.

권리분석 맥 잡기 ❶ 채권은 낙찰자를 쫓아다닐까? No!
채권은 채무자를 따라다니므로, 낙찰자는 신경 쓸 필요 X

퀴즈에서 살펴봤듯이 채권은 채무자만 따라다닐 뿐 가족은 물론, 낙찰자와도 무관하다. 경매 낙찰대금으로 빚 전체를 다 못 갚아도 낙찰자가 그 채권을 떠안을 필요가 없다. 채무자가 진 빚 전부를 다 안고 간다면 누가 법원경매로 낙찰을 받겠나? 일반매매로 해결이 안 되니 법원경매로 강제매각하는 게 아니겠는가? 그렇다면 여기서 또다시 질문! 낙찰자 돈으로도 해결이 안 된 남은 빚(잔존 채무)은 어떻게 될까? 원칙적으로 '체납세금 + 채권'은 원래 빚진 사람에게 계속 청구가 된다. 이를 '추심(찾아내어 가지거나 받아냄)'이라고 하는데 낙찰자는 채무자의 남은 빚에는 신경 쓸 필요가 없다.

권리분석 맥 잡기 ❷ 물권은 낙찰자를 쫓아다닐까? Yes!
물권은 부동산을 따라다니므로, 낙찰자는 조심할 것!

이번에는 물권을 살펴보자. 물권은 채권과 반대로 부동산을 따라다닌다. 만약 물권이 달린 부동산을 낙찰받으면 자동으로 그 빚이 낙찰자에게 넘어온다. 따라서 그런 물건은 가려내서 입찰을 패스하도록 하자. 고수는 이런 물건도 낙찰받아서 풀어내기도 하지만 초보자는 무리다. 우리가 경매 공부를 하는 이유는 겉보기에 복잡해 보여도 쉽게 풀리는 물건을 고르기 위한 것이다. 우선은 해결하기 힘든 물건을 골라내는 것부터 시작하자.

- **급부** : 금품을 대어줌. 채권 관계에 있어서 채권자의 청구에 의해 행하는 채무자의 행위를 말한다. 급부의 적법, 사회적 타당성, 실현가능성이란 전제하에 성립한다는 말은 선량한 풍속 기타 사회질서에 반하는 경우 채권의 목적이 될 수 없다는 뜻이다.(예: 북한에 가서 ○○○를 만나고 오면 얼마를 주겠다.)
- ** **유치권** : 등기부등본에 공시되지 않음. 성립요건 맞으면 성립.

	물권	채권
의의	누구에게나 주장할 수 있는 권리	당사자 간의 특약이나 법률의 규정에 의해 성립, 채권자가 채무자에게만 급부청구권을 갖는다.
성립요건	특정한 물건을 점유하거나 사용. 수익 또는 처분할 수 있는 대세적, 배타적 권리	급부*는 적법하고, 사회적 타당성이 있으며, 실현 가능성이 있어야 한다. 금전으로 가액을 산정할 수 있어야 한다.
배당원칙	물권은 후순위권리자보다 우선변제권이 있다. 순위배당	선후와 관계없이 안분(비율) 배당 채권자들끼리 N분의 1(평등주의)
종류	소유권, 점유권 담보물권(저당권, 유치권,** 질권) 용익물권(전세권, 지상권, 지역권) 관습법상물권(분묘기지권, 법정지상권)	압류, 가압류, 임차권

낙찰자가 납부한 잔대금으로 아래의 순서로 배당해준다.

| **배당순위** |

1. 0순위보다 앞서는 집행비용

2. 0순위 소액최우선변제금과 임금채권

3. 0순위 당해세

4. 실질적인 1순위 : (근)저당권, 전세권, 담보가등기권, 조세채권, 임차인의 우선변제권

5. 2순위 : 기타 임금채권과 퇴직금

6. 3순위 : 국세와 지방세 및 그 가산금

7. 4순위 : 공과금 중 납부기한이 저당권과 전세권 등의 설정등기 이후의 공과금

8. 5순위 : 일반채권, 과태료, 국유재산법상 사용료와 대부료 등

방구석 공부 말고 실전 공부 필요!

경매 초보자에게 필자가 가장 많이 받는 질문 중 하나는 공인중개사 자격증부터 따야 하느냐는 것이다. 결론부터 말하면 크게 연관성이 없다. 공인중개사의 주 업무는 부동산 매매나 임대를 중개하는 것이다. 공인중개사 자격증이 있다고 자연스럽게 경매로 넘어가는 사람도 드물다.

법원경매는 ❶ 경매물건 검색 → ❷ 권리분석 → ❸ 현장답사 → ❹ 수익률분석 → ❺ 적정 입찰가선정 → ❻ 명도분석을 해서 본인이 소유자가 되는 과정이다. 물론 공인중개사 자격증이 있으면 없는 것보다 도움이 될 것이다. 하지만 경매를 공부한다며 공인중개사 자격증 공부에 매달리는 것은 좋은 방법이 아니다.

간혹 민간 경매사, 공매사 등의 자격증을 보유해서 일정한 수수료를 받고 다른 사람 물건을 낙찰받아주는 매수 대리 업무나 경매컨설팅을 직업으로 삼으려 하는 사람들도 있는데 이런 자격증은 국가에서 인정하는 자격증이 아니고 전망도 좋지 않다. 요즘에는 셀프경매, 셀프소송, 셀프등기하는 사람들이 점점 더 느는 추세다.

경매 공부를 하려는 초보자들을 위한
공부법 안내 영상

권리분석 4단계 완전 정복

권리분석도 순서가 있다!

권리분석이란 경매물건에 주렁주렁 달린 각종 권리(물권, 채권 등) 중에서 낙찰자가 인수하는 것과 안 하는 것을 분석하는 것이다. 권리분석은 수익률과 직결되므로 제대로 공부하고 넘어가야 한다. 그러면 지금부터 권리분석 4단계를 차근차근 살펴보도록 하자.

권리분석 1단계 등기부등본 갑구와 을구 : 말소기준권리 찾기

경매물건은 대부분 감정가보다 빚이 많다. 이 빚을 낙찰자가 다 떠안는다면 어느 누가 경매를 하겠는가? 그래서 국가에서 마련한 것이 '말소기준권리'다. 말소기준권리에 해당되면 그 이하 빚은 등기부에서 싹 다 말소해주는 것이다. 말소기준권리는 등기부에서 확인할 수 있는데, 등기부 갑구에는 가압류, 경매개시결정, 담보가등기가 표시되고 을구에는 근저당권, 전세권이 표시된다. 말소기준권리가 되는 5가지((근)저당권, (가)압류권, 담보가등기권, 경매개시결정등기권, 전세권)에 대해 자세히 살펴보자.

| 말소기준권리가 되는 5가지 권리 |

① **(근)저당권** : 금융권 또는 제3자가 돈을 빌려주고 담보로 제공한 부동산에 설정하는 등기. 저당권은 설정 당시 채무액이 한정되어 있는 것이고, 근저당권은 한정되어 있지 않고 장래에 발행할 수 있는 채권까지 포함한 금액을 설정하는 것을 의미한다.(금융기관은 채무액의 120%를 설정. 이를 채권최고액이라고 한다.)

② **(가)압류권** : 채권자로 보이는 자가 장래 회수할 것으로 생각되는 자기의 채권을 보존할 목적으로 하는 보전처분 등기

③ **담보가능기권** : 불선, 재권 보호를 위한 일시적이고 예비적인 등기. 매각대상 부동산에 가등기가 있는 경우 담보가등기라면 가등기권자에게 채권액 등 그 내용을 신고하도록 하고 있으므로 법원 문건처리내역에서 가등기가 담보가등기인지 매매예약(순위보전)가등기인지를 확인할 수 있다.(물권, 채권에 대한 자세한 내용은 54쪽 참고)

④ **경매개시결정등기권** : 부동산이 경매절차에 들어갔음을 알리는 것. 경매를 위한 압류 효력이 발생한다.

⑤ **전세권** : 배당요구종기일까지 배당을 신청하면 그 존속기간과 관계없이 소멸되는 권리. 배당을 신청하지 않으면 매수인이 인수하는 권리다. 단, 경매청구권이 있는 전세권자가 배당요구종기일까지 배당을 신청했을 경우에 한해 말소기준권리가 된다.

말소기준권리에 대한 영상을 함께 보면 이해가 쉽게 될 것이다.

이번에는 아래 사례(수원2017타경505345)를 보면서 권리분석을 해보자.

말소기준권리는 62쪽의 등기부를 보면 확인이 가능하다. 등기부에서 소유권을 나타내는 '갑구'와 '을구'에서 찾으면 된다. 여기서 말소기준권리 5개 중 가장 빨리 등기된 권리가 기준이 된다. 이 사례에서는 2011년 4월 21일 설정된 '가압류'가 말소기준권리가 된다.*

---

*   등기부를 보는 법에 대한 설명은 70쪽 참고

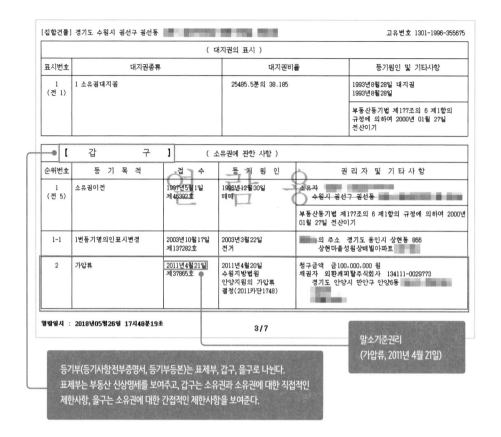

말소기준권리
(가압류, 2011년 4월 21일)

등기부(등기사항전부증명서, 등기부등본)는 표제부, 갑구, 을구로 나뉜다.
표제부는 부동산 신상명세를 보여주고, 갑구는 소유권과 소유권에 대한 직접적인
제한사항, 을구는 소유권에 대한 간접적인 제한사항을 보여준다.

등기부에 없는 인수권리가 있다?

등기부만 보고 말소기준권리만 찾아낸다면 정말 경매가 쉬울 것이다. 경매물건 중에는 등기부에 기록이 없어도 낙찰자에게 인수되는 권리가 있는데(유치권, 관습법상 법정지상권, 분묘기지권으로 셋 다 물권) 물권은 누구에게나 주장이 가능하고 해당 부동산을 따라다녀서 낙찰자에게 빚이 넘어오는 것이니 주의해야 한다. 법원에서 제공하는 정보를 꼼꼼히 읽다보면 대부분 걸러진다. 초보자들은 이런 문구가 있는 물건은 혼자서 해결하기 힘들기 때문에 일단 입찰을 보류하는 게 좋다.

대항력을 갖춘 선순위임차인의 임대보증금은 채권인데 전액 배당이 안 될 경우 낙찰자에게 추가인수되는 것을 '채권의 물권화'라고 한다. (약자인 임차인을 보호하기 위한 2중 장치)

그런데 여기서 잠깐! 역전세난 임차인들은 왜 괴로워할까? 일반매매든, 경매든 누군가 낙찰을 받아줘야 권리를 주장하는 것인데 전세금이 감정가보다 높은 물건은 아무도 낙찰을 안 받아주기 때문이다. 일반매매로 임대를 얻는 임차인도 부동산의 객관적인 가치평가와 말소기준권리 정도는 알아야 보증금 손해를 안 본다.

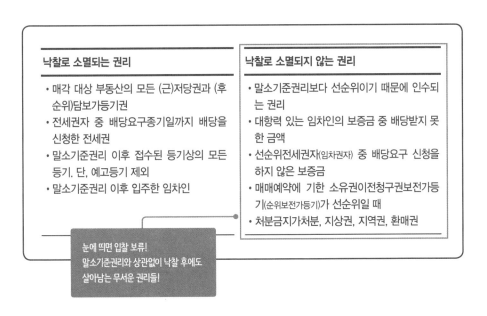

낙찰로 소멸되는 권리	낙찰로 소멸되지 않는 권리
• 매각 대상 부동산의 모든 (근)저당권과 (후순위)담보가등기권 • 전세권자 중 배당요구종기일까지 배당을 신청한 전세권 • 말소기준권리 이후 접수된 등기상의 모든 등기. 단, 예고등기 제외 • 말소기준권리 이후 입주한 임차인	• 말소기준권리보다 선순위이기 때문에 인수되는 권리 • 대항력 있는 임차인의 보증금 중 배당받지 못한 금액 • 선순위전세권자(임차권자) 중 배당요구 신청을 하지 않은 보증금 • 매매예약에 기한 소유권이전청구권보전가등기(순위보전가등기)가 선순위일 때 • 처분금지가처분, 지상권, 지역권, 환매권

눈에 띄면 입찰 보류!
말소기준권리와 상관없이 낙찰 후에도 살아남는 무서운 권리들!

권리분석 2단계 법원 현황조사서 : 선순위임차인 찾기

위에서 살펴본 '낙찰 후 소멸되지 않는 권리' 중 가장 눈여겨봐야 할 것이 '선순위임차인'이다. 선순위임차인을 찾으려면 대법원경매정보 사이트에서 해당 물건번호를 입력해 들어간 다음 현황조사서를 클릭해 임차인현황을 확인하면 된다.

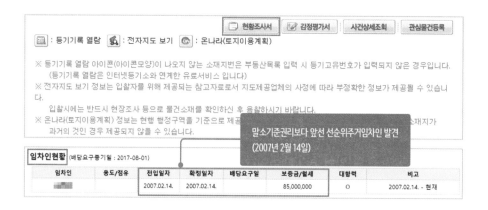

말소기준권리보다 앞선 선순위주거임차인 발견 (2007년 2월 14일)

임차인현황 (배당요구종기일 : 2017-08-01)

임차인	용도/점유	전입일자	확정일자	배당요구일	보증금/월세	대항력	비고
▨▨▨		2007.02.14.	2007.02.14.		85,000,000	O	2007.02.14. - 현재

61쪽에서 살펴본 대로 첫 번째 낙찰자가 입찰보증금을 날리고 잔금납부를 포기한 이유는 아마도 낙찰가 외 추가 인수되는 임대보증금 때문일 것이다. 법원 정보를 보니 잔금을 미납한 사유가 짐작이 간다. 갑구에서 말소기준권리인 가압류 설정일이 2011년 4월 21일인데, 위의 현황조사서를 보니 이보다 앞선 2007년 2월 14일 전입과 확정일자를 갖춘 선순위주거임차인이 있다.

먼저 **등기부등본에서 말소기준권리 찾기, 그리고 대법원경매정보 사이트나 전입세대 열람을 통해 말소기준권리보다 앞서 전입한 점유자가 권리신고 겸 배당요구를 했는지 유무를 확인하는 작업을 수학 공식처럼 외워서 진행해야 한다.**

이 사건의 선순위주거임차인은 85,000,000원이라는 권리신고는 했지만 배당요구는 하지 않아서 보증금 85,000,000원은 낙찰자에게 인수된다. 당시 매각물건명세서를 읽어보면 다음과 같이 쓰여 있다.

'최선순위 담보권 설정일자보다 대항요건을 먼저 갖춘 주택, 상가건물 임차인의 임차보증금은 매수인에게 인수되는 경우가 발생할 수 있고 대항력과 우선변제권이 있는 주택, 상가건물 임차인이 배당요구를 하였으나 보증금 전액에 관하여 배당을 받지 아니한 경우에는 배당받지 못한 잔액이 매수인에게 인수되게 됨을 주의하시기 바랍니다.'

| 수원지방법원 17계 | 사건번호 | 2017타경 505345 | 소 재 지 | 경기 수원시 권선구 권선동 1185-1 삼성아파트 9동 5층 510호 |

□ 법원 : (사건번호 : 2017타경505345) ⊕ 인쇄

[물 건 명 세 서]

사건	2017타경505345 부동산강제경매	매각물건번호	1	담임법관 (사법보좌관)	
작성일자	2017.09.12	최선순위 설정 일자	2011.4.21. 가압류		
부동산 및 감정평가액 최저매각가격의 표시	부동산표시목록 참조	배당요구종기	2017.08.01		

부동산의 점유자와 점유의 권원, 점유할 수 있는 기간, 차임 또는 보증금에 관한 관계인의 진술 및 임차인이 있는 경우 배당요구 여부와 그 일자, 전입신고일자 또는 사업자등록신청일자와 확정일자의 유무와 그 일자

점유자의 성명	점유부분	정보출처 구분	점유의 권원	임대차기간 (점유기간)	보증금	차임	전입신고일자. 사업자등록신청일자	확정일자	배당요구여부 (배당요구일자)
송혜림		현황조사	주거임 차인	2007.02.14.- 현재	85,000,000		2007.02.14.	2007.02.14.	

〈비고〉

최선순위 설정일자보다 대항 요건을 먼저 갖춘 주택, 상가건물 임차인의 임차보증금은 매수인에게 인수되는 경우가 발생할 수 있고, 대항력과 우선변제권이 있는 주택, 상가건물 임차인이 배당 요구를 하였으나 보증금 전액에 관하여 배당을 받지 아니한 경우에는 배당받지 못한 잔액이 매수인에게 인수되게 됨을 주의하시기 바랍니다.

대법원 주의사항

□ 등기된 부동산에 관한 권리 또는 가처분으로 매각허가에 의하여 그 효력이 소멸되지 아니하는 것

해당사항없음

□ 매각 허가에 의하여 설정된 것으로 보는 지상권의 개요

해당사항없음

□ 비고란

권리분석 3단계 **권리분석 결론 : 세입자 보증금 인수 vs 입찰 포기**

첫 번째 낙찰자는 감정가 183,000,000원인 아파트를 164,500,000원에 낙찰받아서 좋아했겠지만, 말소기준권리보다 앞서 전입한 대항력을 갖춘 선순위세입자의 보증금(85,000,000원)을 추가로 인수해야 한다는 사실을 알고는 당황했을 것이다.

첫 번째 낙찰자 : 낙찰 포기, 잔금미납

| 낙찰가
164,500,000원 | + | 선순위세입자 보증금
85,000,000원 | = | 총 매입가
249,500,000원 |

∨

감정가
183,000,000원

낙찰가 164,500,000원에 인수되는 보증금 85,000,000원을 합하면 이 물건의 매입 가격은 감정가를 훨씬 넘기는 2억원대가 된다. 시세보다 비싸게 사느냐 아니면 입찰보증금을 포기하느냐의 갈림길에서 입찰보증금을 포기하고 잔금미납을 결정한 것으로 보인다.

권리분석 4단계 입찰 여부 결정

왕초보는 권리관계가 복잡한 물건은 시도하지 않는 게 좋다. 하지만 위 물건은 권리관계가 비교적 간단한 편이다. 첫 번째 낙찰자는 입찰 타이밍을 더 기다렸으면 어땠을까? 최저가가 더 떨어져서 선순위임차인의 보증금을 인수하더라도 부담이 없을 때까지 말이다.

그에 비해 두 번째 낙찰자는 타이밍이 나쁘지 않다. 두 번째 낙찰자의 낙찰가 90,230,000원에 인수되는 보증금 85,000,000원을 합하면 이 물건의 매입가격은 175,230,000원이 되며 감정가 183,000,000원보다 낮다. 인수된 보증금은 나중에 매입가격에 포함해 양도세를 계산한다.

수원 아파트 감정가 183,000,000원		
매각	1회차 낙찰자 없음 ▶ **유찰**	
매각	2회차 낙찰자 있음 ▶ **입찰보증금 = 12,810,000원(최저가의 10%)** ▶ 잔금미납, 낙찰 포기	
재매각	3회차 낙찰자 없음 ▶ **유찰**	
재매각	4회차 유찰 ▶ **유찰**	
재매각	5회차 낙찰 ▶ **입찰보증금 = 18,830,700원(최저가 62,769,000원의 30%)** ▶ 최종 낙찰	

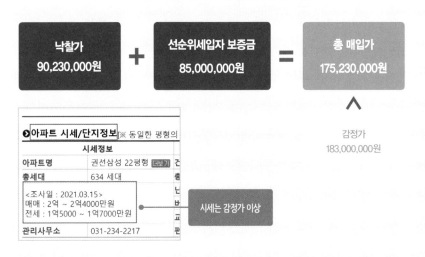

두 번째 낙찰자 : 전세가에 최종 낙찰!

| 낙찰가 90,230,000원 | + | 선순위세입자 보증금 85,000,000원 | = | 총 매입가 175,230,000원 |

감정가
183,000,000원

아파트 시세/단지정보 ※ 동일한 평형의

시세정보	
아파트명	권선삼성 22평형 더보기
총세대	634 세대
<조사일 : 2021.03.15> 매매 : 2억 ~ 2억4000만원 전세 : 1억5000 ~ 1억7000만원	시세는 감정가 이상
관리사무소	031-234-2217

권리분석을 위한 말소기준권리 5가지((근)저당권, (가)압류, 담보가등기, 경매개시결정등기, 전세권)는 머릿속에 꼭 넣어두자. 말소기준권리보다 앞선 인수권리가 있는지 살펴보는 게 이번 권리분석 사례의 포인트다. 자칫 놓치는 인수권리가 많은데, 69쪽 체크리스트를 참고해 입찰 여부를 결정하자.

말소기준권리 이후 이사 온 후순위세입자는 어떻게 될까?

위와 대비되는 사례를 들어보겠다. 말소기준권리 중 하나인 근저당권이 설정된 부동산에 세입자가 나중에 전입한 경우, 그 부동산이 경매에 나온다면 어떻게 될까? 이럴 땐 세입자의 전입일이 근저당권 설정일보다 늦으므로 낙찰자는 세입자의 보증금을 떠안을 필요가 없다. 이런 물건은 인수권리가 없는 물건이다. 후순위세입자는 신고한 보증금이 전부 또는 일부 배당되더라도 대항력이 없어 그 보증금이 낙찰자에게 따로 인수되지 않고 명도 대상이 된다.

그렇다면 대항력 없는 후순위세입자가 할 일은 뭘까? 세입자가 할 일은 한 푼이라도 건지기 위해 권리신고 겸 배당요구를 하는 것이다. 만약 계약 전으로 돌아간다면 최초 근저당권 설정일 기준의 최우선변제금(자세한 내용은 196쪽 참고)을 반드시 확인한 후 그 한도 내에서 계약을 체결하는 것이다.

경매를 알면 세입자든 입찰자든 자기 자산을 보호하는 행동을 취할 수 있다. 세입자라면 등기부등본을 확인해 선순위임차인의 권리를 행사할 수 있는 집에 입주하고, 이사 당일 반드시 확정일자[•]를 받아야 할 것이다. 반면 경매 참가자는 인수 권리의 유무를 미리 알고 그만큼 충분히 유찰되었거나 해결할 수 있는 범위 내에서 입찰에 참가해야 한다.

• **확정일자** : 임대차계약서를 가지고 주민센터에 가서 계약 내용을 확인받아 두는 것.

•• 자료실Down 권리분석 순서표 서식은 네이버 카페 경매공매가이드(cafe.naver.com/rhdao) 자료실에서 검색, 다운받기

••• **매각물건명세서에서 확인할 수 없는 것** : 임대차계약서, 신청채권자의 권원, 임금채권, 유치권, 조세채권, 당해세 등은 매각물건명세서에서 확인할 수 없다. 이것들은 낙찰 후 해당 경매계에 가서 낙찰자임을 확인해준 후 열람 및 복사 신청을 할 수 있다.

왕초보 권리분석 순서표^{..}

□ **말소기준권리의 종류는 무엇인가?**
　└ □ 등기부등본 갑구, 을구 비교해서 가장 빠른 것 찾기

□ **말소기준권리일은 언제인가?**

□ **낙찰자에게 인수되는 인수권리나 인수보증금이 있는가?**
　└ □ 전입세대 열람이나 대법원경매정보 사이트의 임차인현황 등을 통해 선순위임
　　　 차인 찾기
　└ □ 말소기준권리일보다 앞서는 인수권리가 있는가?
　(지상권, 지역권, 전세권 및 등기한 임차권 인수 여부)
　(임차인의 전입, 확정일자가 말소기준권리보다 하루라도 빠르면 대항력 있음, 대항력 확보일은 전입일+1)

□ **경매정보를 확인한다(대법원경매정보, 기타 사이트)**
　└ □ 가독성이 좋은 유료, 무료 정보 사이트를 살펴본다
　(사설 경매정보 사이트는 2주 전 법원 공고를 보고 등기부등본 요약, 추가 → 입찰 7일 전 임차인현황 기입)
　└ □ 대법원경매정보 사이트 재확인. 매각물건명세서는 입찰기일 7일 전에 올라온다
　(임대차현황과 감정평가서(신도시 아파트의 경우 대지권 포함 여부)를 꼼꼼히 살펴본다)

□ **입찰 당일 법원에서 권리변동 확인을 위해 최신 매각물건명세서를 확인한다**
　└ □ 문건접수내역(특히 소유자와 채무자)
　└ □ 청구금액, 배당요구 유무, 전입, 확정일자 내역^{...}

결론 1 말소기준권리보다 앞서 전입한 선순위세입자가 배당요구종기일 내에 배당요구하지 않았다면 왕보초는 입찰을 건너뛰거나 유찰이 많이 되어 가격이 떨어질 때까지 기다린다.

결론 2 선순위전입자가 있는 물건은 경락대출이 불가능하거나 인수금액만큼 뺀 금액만 대출 가능하므로 입찰시 참고하자.

쉽다, 쉬워! 등기부등본 보는 법

등기부등본은 크게 건물등기와 토지등기가 있다. 이 중 건물등기는 집합건물(아파트, 다세대, 연립, 상가, 오피스텔)과 일반건물(단독, 다가구 등)로 나뉜다. 모든 등기부등본은 1. 표제부, 2. 갑구, 3. 을구로 구성되어 있다.

등기부등본 (건물등기, 토지등기)		
	1. 표제부 —— 부동산 지번, 지목, 면적 등 기재. 집합건물은 대지권 유무 표시
	2. 갑구 —— 부동산 소유권 표시(소유권과 소유권에 대한 직접적인 제한)
	3. 을구 —— 소유권 외 표시(소유권에 대한 간접적인 제한)

1 | 표제부 – 부동산 신상명세를 모은 곳

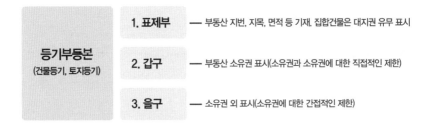

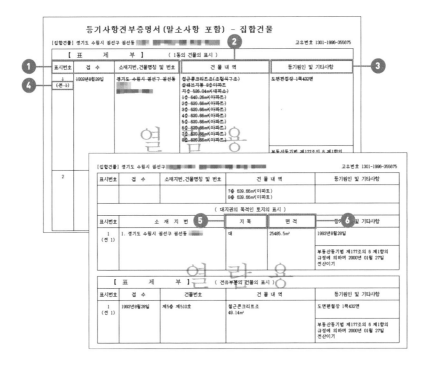

❶ **표시번호, 접수, 소재지번 등** : 등기부등본에 기재된 순번, 등기신청 접수일, 종류(토지/건물/집합건물)와 소재 주소를 나타낸다.

❷ **건물내역** : 건물인지 집합건물인지 나타내며 구조, 지붕, 층수, 용도, 면적 등 건물 전체 내역을 표시한다.

❸ **등기원인 및 기타사항** : 등기부등본에 기재하게 된 원인 및 기타사항을 적어놓는다.

❹ **(전 1), (전 2) …** : 구등기부등본에서 신등기부등본으로 옮겼을 경우 구등기부등본의 표시번호를 표기한다.

❺ **지목** : 토지의 형상, 성질, 사용목적 등을 표시하기 위해 붙이는 부호 (예 : 대지 → 대, 학교용지 → 학, 도로 → 도, 주차장 → 차, 잡종지 → 잡)

❻ **면적** : 토지 면적을 ㎡로 표기

2 | 갑구 – 소유권을 나타내는 곳

갑구에는 압류, 가등기, 경매개시결정등기, 소유권 말소와 소유권 회복 재판이 진행되는 것을 예고하는 예고등기, 소유자처분을 금지하는 가처분등기 등이 기재된다. 이런 권리가 많은 물건은 피하는 것이 좋다. 빨간 줄이 그어진 것은 말소된 것이므로 신경쓰지 말자.

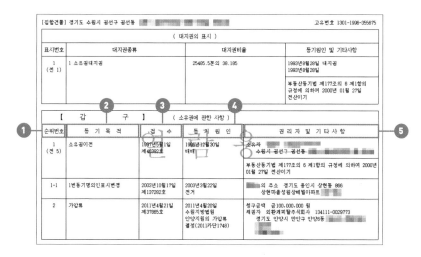

❶ **순위번호** : 등기부등본에 등기한 순서를 기재한 번호로, 등기의 우열을 가릴 때 사용한다.

❷ **등기목적** : 권리의 종류와 목적을 기재한다.

❸ **접수** : 등기부등본에 권리가 기재된 날짜와 접수번호를 말한다.

❹ **등기원인** : 등기부등본에 권리가 기재된 원인, 즉 매매, 상속, 판결 등의 이유를 기재한다.

❺ **권리자 및 기타사항** : 등기권리자의 주민등록번호, 주소 등이 기재된다.

3 | 을구 – 소유권 이외의 권리를 알 수 있는 곳

갑구가 소유권을 표시한다면 을구는 소유권 이외의 다양한 권리를 표시하는 곳이다. 지상권, 지역권, 전세권, 저당권, 임차권, 권리질권 등이 있다면 이곳에 기재한다.

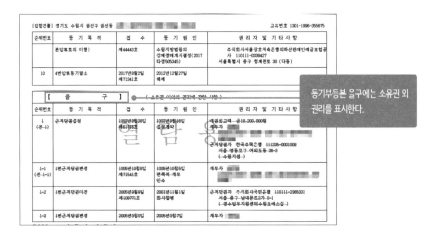

등기부등본 을구에는 소유권 외 권리를 표시한다.

참고로, 세입자의 전입일자는 등기부등본에 표시되지 않는다. 말소기준권리보다 앞선 선순위세입자의 전입일자를 확인하려면 주민센터에 가서 전입세대 열람을 신청해야 한다.

선순위세입자의 전입일자를 알아보려면 주민센터에 가서 전입세대 열람을 신청해야 한다. 구체적인 방법은 89쪽 참고.

건축물대장 - 등기부등본과 함께 보면 좋은 서류

민원24(www.minwon.go.kr)에 들어가면 건축물대장을 무료로 열람할 수 있다. 등기부등본을 본 후 건축물대장도 함께 보면 좋다. 건축물대장도 일반건축물대장과 집합건축물대장으로 나뉜다. **간혹 토지와 건물의 등기가 따로 존재하는 경우가 있으니 함께 봐두면 좋다.** 건물만 경매로 나온 물건은 가치가 현저히 떨어질 수 있다.

빌라는 용도가 주거용으로 허가되었는지도 살펴보자. 사람이 입주해서 살고 있지만 알고 보니 주거용이 아니라 상가인 경우도 있다. 이런 물건을 모르고 낙찰받으면 손실이 커진다. 경매물건이 현황과 건축물대장상의 용도가 서로 다른 경우에는 현황을 무시하고 건축물대장상의 용도가 기준이 된다. 눈으로 보기에 주거용 빌라로 보여도 건축물대장상 용도가 상가라면 그 건물은 상가로 봐야 하는 것이다. 정확하게 표현하자면, 상가를 빌라로 잘못 사용하고 있는 중이다.

표제부에서는 대지면적과 연면적, 건평, 구조 등 외형을 보고, 전유부에서는 불법건축물 여부를 확인할 수 있다. 전용면적(세대별 독립적 공간)과 공용면적(현관, 복도, 계단 등 함께 사용하는 공간)을 확인할 수 있으며, 주로 전용면적을 확인할 때 필요하다.

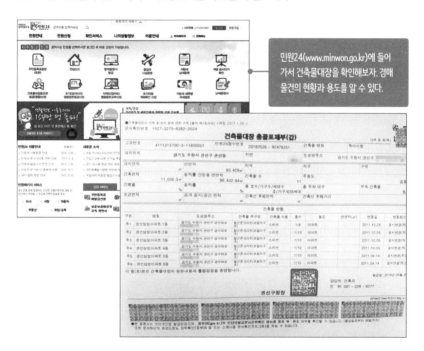

민원24(www.minwon.go.kr)에 들어가서 건축물대장을 확인해보자. 경매 물건의 현황과 용도를 알 수 있다.

입찰 전 할 일 1 –
경락대출 가능금액 확인!

경매 공부를 할 때 권리분석만 파고들다가 이런저런 대출규제를 몰라 낭패를 보는 경우가 많다. 다음 내용을 기억해둔다면 경락대출에 대한 감을 잡는 데 도움이 될 것이다.

1 | 낙찰받을 부동산의 용도부터 체크할 것!

법원경매로 매각되는 부동산의 용도는 다양하다. 주거용 부동산은 지역, 주택수 등에 따라 정부 규제의 직격타 대상이지만 비주거용 부동산은 규제에서 자유로운 편이다. 이 구분을 알아야 대출한도를 파악한다.

2 | 빌라, 상가, 다가구, 고시원 등은 경락대출 조건이 좋은 편!

경락대출 가능금액을 계산할 때 감정가, 낙찰가, 국민은행 시세를 기준으로 산출한다. 여기서 참고할 점은 상대적으로 낮은 공시지가를 경락대출의 기준으로 삼지 않는다는 것이다. 따라서 경락대출은 일반매매나 자기 담보대출보다 조건이 좋게 나온다. 특히 다세대빌라, 상가, 상가주택, 다가구, 고시원 등은 일반매매보다 경락대출이 많이 나온다.

최근 빌라를 낙찰받은 A는 자금 여유가 있어 경락대출을 안 받고 현금만으로 납부를 했다. 하지만 나중에 마음이 바뀌어 대출을 다시 받으려고 은행을 돌아다녀보니 경락대출 조건이 아니라서 여의치 않았다. 차라리 경락대출을 더 받아둘 걸 후회했다. 이렇듯 아파트는 일반매매나 경매나 대출금액이 대동소이하고 원하면 아무 때나 담보대출을 받기 수월한 편이지만 그 외 물건은 경락대출 조건이 가장 좋다. 이를 염두에 두고 경매에 임하면 좋을 것이다.

3 | 주거시설 낙찰 시 '주택담보대출' = '경락대출'

경락대출이란 경매로 낙찰받은 물건을 담보로 잔금날짜에 맞춰 대출받는 것을 말한다. 경락대출을 받은 물건이 주거시설이면 주택담보대출이 된다.

주택담보대출은 여러 종류가 있는데 보금자리론, 디딤돌대출 등 서민 실소유자에게 혜택을 주는 정부의 기금대출은 조건에 맞으면 금리도 낮고 LTV 상향 혜택이 있다. 다만 이런 상품은 일반 경락대출 상품이 아니기 때문에 개인이 직접 알아봐야 하고 신청자가 많은 기간에는 심사기간이 길어져 대금납부 기한 내에 결과가 안 나올 수도 있다.

따라서 낙찰을 받고 나서 기금대출과 일반 경락대출 둘 다 알아보고 조건에 맞는 대출 계획을 세우는 것이 중요하다. 일반적으로 정부의 기금대출은 전소유자, 세입자 도움이 필요한데 경매의 경우 현실적으로 어려우므로 받기가 힘들다. 이에 대한 세부 설명은 다음 영상을 참고하자.

4 | 부동산 물건별로 경락대출 금액 구하려면?

다음은 아파트, 빌라, 비주거시설의 경락대출 가능금액을 구하는 공식이다.

| 경락대출 가능금액 구하는 공식 |

- **아파트** : 시세 × 본인의 담보비율과 낙찰가의 80% 둘 중 적은 금액
- **빌라** : 감정가 × 본인의 담보비율과 낙찰가의 80% 둘 중 적은 금액
- **비주거시설** : 상가, 오피스텔, 고시원 등 비주거시설은 소득 대비 기존 대출이 많아 DSR 을 못 맞춰서 경락대출 가능액이 줄어들면 신규로 사업자를 개설해서 사업자대출을 받을 수 있다.(담보비율은 감정가의 60~70%선)

총부채원리금상환비율 DSR [*] = 40%인 상황에서 실제 대출받을 수 있는 금액은?
DSR 40% 대출가능금액 − 기존 대출금 차감(신용대출, 캐피탈할부금, 약관대출, 담보대출)

여기서 잠깐 퀴즈를 풀어보자. 신용대출 5,500만원이 있고, 연봉 5,000만원인 A 가 있다. 대출 가능 금액은 얼마일까?

---

[*]   **DSR** : debt service ratio, 총부채원리금상환비율을 뜻하며 소득 대비 전체 금융부채의 원리금상환액 비율을 말한다.

076

DSR 계산기를 돌려보면 DSR 40% = 약 3억원이 나온다. 왜 이 금액밖에 안 나올까? 대부분 사람들은 신용대출 금액을 빼주면 대출 금액이 나온다고 생각하는데, 아니다.

일반적으로 신용대출은 원금의 3.5배를 곱하여 차감한다. 따라서 신용대출이 있으면 갚는 것이 유리하다.

Q 연봉 5,000만원, 신용대출 5,500만원 A씨의 대출가능금액은?

A DSR 40% = 약 3억원
대출가능금액 = 약 300,000,000(DSR 40%) - **165,000,000원(신용대출액 × 3.5배)**
= 135,000,000원

---

5 | 법인은 주택 취등록세 12%

'빌라 몇십채씩 각각 90% 경락대출을 받아서 월세로 1달에 1,000만원씩 받고 있다'

유튜브 알고리즘이 이끈 방송을 보고 따라 하는 사람은 없어야 할 것이다. 예전에는 맞았지만 지금은 틀리기 때문이다. 부동산규제로 인해 법인이 주거용 부동산을 사면 경락대출은 아예 불가능하고 취등록세도 무조건 12%였다. 2023년 3월 법인 대출 규제는 풀렸지만 취등록세는 그대로다. 따라서 초보자는 신규 법인을 만들어서 아파트나 빌라 갭투자를 하기 전에 금융 전문가의 도움을 받는 것도 좋다. 경공매가이드 카페 → 경락대출 게시판의 다양한 질문글과 답변글이 도움 될 것이다.

6 | 신용등급은 7등급 이내일 것

경락대출을 큰 문제 없이 받으려면 적어도 신용등급은 나이스 기준 7등급 이내여야 한다. 만약 내 신용등급이 몇 등급인지 모른다면 토스 앱으로 조회해서 신용점수를 보면 된다. 오래 전 경매를 하다가 경력이 중단된 분들이 가장 많이 착각하는 것이 바로 자금 조달계획 부분이다. 과거에는 신용등급 9등급까지 경락대출이 되었다. 이들 중 신용이 좋으면 제1금융권 대출이 가능했고 신용이 나쁘면 저축은행에서 금리를 좀 더 높게 받고 대출을 해줬지만 지금은 저축은행도 7등급 이하 저신용자는 대출을 안 해준다. 과거에는 낙찰받은 후 채무자가 신용이 안 좋으면 가족 중 신용등급이 높고 좋은 직장 다니는 사람으로 채무자 변경이 가능했지

신용등급	NICE(마이크레딧)
1등급	900~1000
2등급	870~899
3등급	840~869
4등급	805~839
5등급	750~804
6등급	665~749
7등급	600~664
8등급	515~599
9등급	445~514
10등급	0~444

경락대출 가능 커트라인

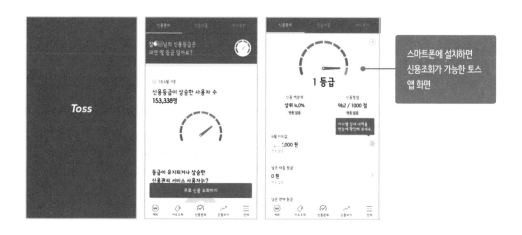

Toss

스마트폰에 설치하면 신용조회가 가능한 토스 앱 화면

만 지금은 거의 불가능하다. 금융시스템은 점점 선진국을 따라가는데 경매를 오래 했다고 과거의 경험에 비추어 자금조달계획을 짜면 안 된다.

7 ㅣ 경락대출 잔금 기한 넘기면 연 15% 연체이자!

잔금납부기일이 잡히면 그 전에 납부하는 것은 상관없으나 혹시라도 기한을 넘기면 연 15%의 연체이자를 연체일수로 계산해 이자 포함해서 납부해야 한다. 연체이자는 시중금리에 따라 바뀔 수 있다. 경락대출을 신청했다면 가능한 한 잔금 기한을 넘기지 말아야 한다. 은행 입장에서 볼 때 당장 잔금일도 미루는데 과연 다음 달 이자를 제때에 낼 수 있을까 의심할 것이다. 잔금을 미납하면 대부분 1달 후 재매각기일이 잡히는데, 재매각 전일까지 납부하면 되지만 연체일수마다 붙는 연체이자가 만만치 않다.

최신 정부 부동산규제는 매번 체크할 것!

2023년 현재 기준 투기과열지역은 서울 강남3구와 용산을 제외하고 모두 해제되었다. 15억원 초과 아파트 주택담보대출도 가능해졌고 다주택자 취등록세 중과도 없어졌다. 투기과열지역 무주택자, 1주택자 담보비율도 LTV 50%(2주택자 X, 1주택자는 종전주택 2년 내 처분한다는 조건부 대출)가 가능하다. 비규제지역은 무주택과 1주택자는 LTV 70%, 다주택자는 LTV 60%로 1년 거치 후 다음 해부터 원금상환 + 월이자로 바뀌었다. 하지만 DSR 40%는 유지되고 있으며 법인의 주거시설 신규취득 취등록세율 12%는 안 내렸다.

필자의 유튜브 채널에는 매번 최신 부동산규제 해설 영상을 올리고 있으니 참고하길 바란다. 새로 뛰어드는 경매 초심자들은 열심히 최신 정보를 업데이트한다. 그런데 경매 고인물 중 경력 중단되었던 사람들은 '내가 다 안다. 라떼는~'을 부르짖다가 큰코 다친다. 불과 몇 달 전에 경락대출받았다고 조언해주는 것도 무작정 믿지는 말자. 내가 낙찰받아서 대금납부할 시점에는 바뀌어 있을 수 있다. 대출은 정부의 정책방향과 아주 밀접한 연관이 있기 때문에 언제든지 해제되거나 다시 강화될 수 있다는 것을 잊으면 안 된다.

규제	구분		현행	개선안
LTV 규제	무주택자~1주택자 (기존 주택 처분 조건부)	규제지역	20~50%	50% 단일화
		비규제지역	70%	70%
	다주택자	규제지역	0%	30% 허용
		비규제지역	60%	60%
15억 초과 아파트 대출 규제	투기·투기과열 지구	주택담보대출	금지	허용

경락대출 궁금증 BEST 5

Q1 | 모든 은행이 경락대출을 해주나요?

법원에서 낙찰을 받으면 여기저기서 명함을 주면서 대출을 받으라고 한다. 우선 연락처를 받아두고 여러 군데 전화해보자. 경락대출은 모든 은행에서 취급하지는 않는다. 같은 국민은행도 경락대출을 취급하는 지점과 안 하는 지점이 있다. 경락대출 취급점은 소수이니 미리 알아보고 찾아가자.

경락대출은 제1금융권과 제2금융권이 있다. 때로 보험 가입이 되어 있는 보험회사에서 경락대출을 해준다면 우대금리도 받을 수 있으니 확인해보자.

경락대출 가능한 제1금융권	우리은행, 국민은행, 신한은행, 기업은행 등
경락대출 가능한 제2금융권	단위농협, 산림조합, 보험회사, 캐피탈, 저축은행 등

농협중앙회가 붙으면 제1금융권　　　　　　단위농협(지역명)이면 제2금융권

Q2 | 단기대출 시 금리 높아도 중도상환수수료 없는 게 유리한가요?

대출이 필요한 기간 역시 3개월, 6개월, 3년 등 사람마다 다를 것이다. 단기라면 애초 금리는 높더라도 중도상환수수료를 안 받거나 절반만 받는 곳을 택하라. 대부분의 제1금융권은 금리가 낮은 대신 3년까지는 중도상환수수료를 받는데, 36개월 중 본인이 갚는 시점을 기준으로 중도상환수수료를 결정한다. 간혹 금리가 싸서 받았다가 단기에 갚으면서 중도상환수수료가 높게 나올 수 있으니 꼭 따져보고 결정하자. 결과적으로 단기간 대출 사용시 금리가 다소 높아도 중도상환수수료가 없는 대출상품이 더 유리할 수 있다.

참고로, 소득증빙이 안 되는 경우 지역의료보험료납부액, 신용카드사용금액 등도 소득으로 인정해주는 금융권을 찾으면 도움이 된다. 주로 제2금융권이다.

Q3 | 경락대출이 안 되는 부동산도 있나요?

경락대출은 부동산 대출가능 여부와 그 낙찰자의 대출가능 여부가 맞아야 금액이 산출된다. 지분매각, 건물만 매각, 선순위 인수되는 권리 있는 물건, 대항력 있는 임차인이 있는 물건, 위법건축물로 건축물대장에 등재된 물건, 유치권 신고가 있는 물건, 동호수가 서로 바뀐 물건 등 특수권리 물건은 대출가능금액이 적거나 불가능할 수 있다. 이런 물건일수록 유찰이 많이 되어 싸게 낙찰되는데, 대출한도가 적거나 어려울 수 있으니 주의하자.

만약 현금 여력이 있다면 오히려 다른 사람들이 입찰을 꺼릴 때 싸게 받을 수 있는 기회가 되지만, 현금이 없거나 경매 경험이 전무하다면 포기하는 게 낫다. 감정가보다 낮게 낙찰받을수록 대출가능금액은 커지므로 대출계획을 잘 세우는 게 중요하다. 참고로, 감정가를 넘겨서 낙찰을 받으면 낙찰가는 무시하고 감정가를 기준으로 대출을 해준다.

Q4 | 대출 신청서류가 궁금해요!

다음은 경매 대출 신청서류를 정리한 것이다. 참고하길 바란다. 만약 세금 미납이 있다면 납부하고 완납으로 발급해야지 미납된 것을 발급받으면 안 된다. 즉시 납부하고 완납으로 발급해달라고 하자.

주민센터	세무서/민원실	개인준비
• 인감증명 2 • 주민등록등본 2 • 원초본(전 주소 다 나오게) 2 • 지방세완납증명원 1 • 지방세 세목별 과세 증명	• 소득금액증명원 • 국세 완납 증명 1	• 입찰보증금 영수증 • 대금납부기한 통지서 • 매각허가결정문 • 주민등록증 • 인감도장 • 자영업자 : 사업자등록증 사본, 소득금액증명원 • 직장인 : 재직증명서, 근로소득원천징수 영수증

Q5 | 대출 없는 집이 과연 좋을까요?

대출의 문제는 과다대출과 채무불이행이지, 무조건 대출이 없다고 좋은 건 아니다. 오히려 왜 이 집에는 대출이 안 나오는지 확인해볼 필요가 있다. 담보물건으로서 가치가 없거나 은행대출을 받을 수 없는 하자가 있다면 문제다. 다른 말로는 감정평가와 대출심사를 통과하지 못했다는 뜻일 수도 있다.

또한 새 집이라고 좋아만 해서는 안된다. 집은 지은 지 2~3년간 계속 하자가 발생하고 그 후부터 안정적이 된다. 사람이 들어가 살면서 피드백해야 하는데 지어놓고 계속 비워뒀다면 하자보수가 안되어 있을 수도 있다. 대형 아파트들도 지어놓고 3년 정도 사람이 들어가 살면서 계속 하자보수를 한다. 간혹 지방의 새 빌라 등에 매매를 원활하게 하기 위해 기획세입자들이 입주해 있는 경우도 있는데, 이들이 밀물 빠지듯 빠져나간 후에는 새로운 세입자를 구하기 어려운 경우도 있다.

등기부등본에 가압류만 주루룩 있는 경우도 있는데, 대부분 신용으로 돈을 빌려쓰고 못 갚아 발생한다. 이런 경우는 현금 여력이 없어 명도에 어려움을 겪을 확률이 높다. 새 집, 세입자 없는 집(빈집), 대출 없는 집은 오히려 더 골치를 썩일 수 있다.

은행은 왜 경락대출에 관대할까?

은행에서 진행하는 경락대출은 왜 일반매매 때보다 조건이 좋은 것일까? 다음과 같이 3가지 이유를 들 수 있다.

1 | 법원의 감정가를 신뢰하기에 별도의 감정을 하지 않기 때문이다.

2 | 은행이 1순위로 근저당권을 설정할 수 있는 물건이기 때문이다. 경매개시

결정등기부터 말소기준권리 이하 전부 말소되고 점유자 모두 퇴거하니 1순위로 근저당권을 설정할 수 있어서 은행에서 선호한다. 하지만 모든 경매물건이 다 은행에서 환영받는 것은 아니다. 경매물건이라도 인수권리나 보증금 있는 물건은 1순위로 근저당을 설정 못 하니 대출이 불가능하거나 대출가능금액이 줄어든다.

3 | 경매정보만 봐도 원금회수 가능성을 확인할 수 있다. 은행에서도 경매정보를 본다. 즉, 응찰자수와 2위 응찰가액을 보면서 만약의 경우 다시 경매 부쳐지더라도 원금회수를 원활하게 할 수 있을지 정보가 있으니 안심하고 빌려주는 편이다.

아파트 경락대출 조건표 (ft. 개인 vs 사업자 vs 법인)

다음은 국민은행 시세를 기준으로 경락대출 조건을 정리한 것이다. 국민은행 시세가 안 뜨는 빌라, 아파트는 감정가 기준으로 대출을 해주며, 단독주택과 다가구는 방 개수가 많을수록 방공제가 많으므로 '케바케'임을 밝혀둔다.

> 최우선변제금 차감하지 않으려면 MCI, MCG 보증보험 가입하고 근저당대출 가능, 2023년 상반기 기준 은행 금리 4.16~4.22%, 보험사 금리 연 4.6~4.7% 수준

1 | 개인 대출

	비규제지역	투기과열지역(강남3구, 용산구)
무주택자	• 기업은행 : 국민은행 시세 70%와 낙찰가 90% 둘 중 적은 금액 • 농협은행 : 국민은행 시세 70%와 낙찰가 80% 둘 중 적은 금액	• 기업은행 : 국민은행 시세 50%와 낙찰가 90% 둘 중 적은 금액 • 농협은행 : 국민은행 시세 50%와 낙찰가 80% 둘 중 적은 금액
유주택자	• 기업은행 : 국민은행 시세 60%와 낙찰가 90% 둘 중 적은 금액 • 농협은행 : 국민은행 시세 60%와 낙찰가 80% 둘 중 적은 금액	• 기업은행 : 국민은행 시세 50%와 낙찰가 90% 둘 중 적은 금액 • 농협은행 : 국민은행 시세 50%와 낙찰가 80% 둘 중 적은 금액 • 1주택자만 가능, 종전 보유 주택 2년 처분조건부 대출임, 다주택자는 투기과열 지구 대출 X

> 다주택자라고 하더라도 대출 없이 갭투자한 사람들은 DSR이 충분해서 혜택이 있다.

2 | 사업자 대출

	비규제지역	투기과열지역(강남3구, 용산구)
부동산 매매 사업자 외 업종	• 국민은행 시세 80% 낙찰가 90% 둘 중 적은 금액(한시적 특판 대출)	• 대출 불가
부동산 매매 사업자	• 국민은행 시세 60% 낙찰가 80% 둘 중 적은 금액	• 대출 불가

> 개인 DSR 무시, 사업자 법인은 MCI, MCG 보증보험가입 X, 최우선변제금 차감하지 않으려면 신탁대출은 서울의 경우 5,500만원 더 나옴. 근저당대출은 최우선변제금 차감하고 대출 실행.

3 | 법인 대출

	비규제지역	투기과열지역(강남3구, 용산구)
법인	• 국민은행 시세 60% 낙찰가 80% 둘 중 적은 금액	• 국민은행 시세 30% 낙찰가 80% 둘 중 적은 금액

> 법인의 사업목적이 부동산 매매사업자인 경우 법인은 MCI , MCG 보증보험 가입이 안 되며 신탁하면 최우선변제금 차감 X, 근저당대출 받으면 최우선변제금 차감, 2023년 상반기 기준 은행 금리 연 6%

09

입찰 전 할 일 2 – 현장분석

(ft. 임장과 시세조사)

점유자현황, 건물상태, 입지조건, 시세조사도 함께!

등기부등본에서 말소기준권리 찾기, 임차인분석, 각종 법원 자료를 통해 권리분석을 끝내고 대출분석을 거쳐 입찰을 결정했다면 현장을 눈으로 확인하는 분석단계를 거쳐야 한다. 현장분석은 '임장'이라고도 한다. 임장은 일본식 표현이지만 경매용어로 굳어졌다.

다음 쪽은 경매물건 조사 체크리스트다. 출력해서 현장을 방문해보자. 누락될 수 있는 항목들을 놓치지 않고 점검할 수 있을 것이다. 수첩과 필기도구, 녹음 기능과 지도 검색이 탑재된 스마트폰도 함께 가져가면 좋다.

체크리스트에서 가장 중요한 것은 역시 점유자현황과 건물상태, 그리고 입지조건이다. 아파트, 오피스텔은 온라인에서 쉽게 시세를 확인할 수 있지만 빌라는 좀 힘들다. 빌라 현장 조사는 3군데 이상 부동산중개

경매물건 현장조사서(임장용)

(조사 날짜 :   입찰일 :   )

사건번호	( )

물건 종류	□ 아파트 □ 오피스텔 □ 빌라 □ 기타( )
물건 주소	
감정가	( )원
최저가	( )원
점유자현황	□ 임차인 □ 소유자 □ 기타( ) * 전입세대 열람 필수

건물상태	노후도/건축년도	□ 상 □ 중 □ 하
	청소 상태	□ 상 □ 중 □ 하
	채광	□ 상 □ 중 □ 하
	엘리베이터	□ 유 □ 무
	경사	□ 상 □ 중 □ 하
	해당 층/총 층수	
	균열, 누수*	
	주차장	
	전기/가스계량기(빈집 확인)**	
	우편수취(빈집 확인)	
	관리비, 공과금 연체 현황	

입지조건	지하철	도보 ( )분
	버스	도보 ( )분
	마트, 백화점	
	학교	
	편의시설	
	유해시설	
	개발 가능성 여부	

시세조사	국토부 실거래가 ( )원 KB부동산알리미 시세 ( )원
	인근 중개업소 시세(3군데 평균) ( )원 / ( )원 / ( )원
	전세가 ( )원 월세가 ( )원

기타 특이사항	

사무소를 돌면서 시세와 건물상태를 확인하는 작업이 필요하다.***

주민센터 발급 전입세대 열람 필수, 세대합가 중점 확인!!

막상 현장에 가도 점유자를 만나긴 힘들다. 점유자가 현재 거주하는지 알아낼 길도 막막하다. 이럴 땐 인근 주민센터에 가서 전입세대 열람 발급을 신청하자. 먼저 주민센터에 비치된 전입세대 열람 신청서를 작성하고 신분증, 입찰물건명세서와 함께 제출, 세대별 연명부를 발급받으면 된다. 여기서 최초 전입자를 확인할 수 있다. 최초 전입자 표시가 없을 경우 공무원에게 최초 전입자와 현재 전입자의 전입날짜가 동일한지 질문해야 한다. 요즘엔 주민등록법상 이해당사자가 아니면 열람이 안 된다. 하지만 해당 경매정보를 출력하고 입찰 때문에 전입세대 열람을 신청한다고 말하면 대부분 허락할 것이다.

전입세대 열람 시 대항력 있는 세입자를 중점적으로 확인해야 한다. 특히 주의할 것은 '세대합가' 여부를 눈여겨봐야 한다는 것이다. 세대주명, 최초 전입자, 전입일자가 동일하면 상관없지만 다를 경우 일반적으로 세대합가를 의심해봐야 한다. 예를 들어 부부 중 1명이 먼저 전입한 후 나중에 세대를 합가했다면 둘 중 빠른 전입일을 최초 전입일로 본다. 전입보다 확정일자가 빠른 경우 세대합가 여부를 반드시 확인해보자. 세대열람을 해본 결과 말소기준권리보다 앞서 전입한 전입자가 있는데 권리신고나 배당요구를 하지 않아 그 정확한 임대차관계를 모른다면 이

---

* **균열, 누수** : 시멘트에서 칼슘 누출시 백색 결정이 보이는 백화 현상과 벽체 균열을 확인하자. 벽체 균열은 가로보다 세로가 더 문제다. 벽면 누수 여부도 꼭 확인하자.
** **도시가스 현황** : 기름보일러라면 주변에 도시가스 보급 여부를 확인하면 된다. 도시가스 보급이 안 된다면 선호도가 떨어진다. 건물 앞 도로에 도시가스 매몰 표시를 찾아서 건물까지 연결할 경우 거리 비례로 비용이 증가한다.
*** 빌라 현장조사에 관한 자세한 내용은 <부록2> 참고

런 물건은 절대 입찰에 들어가면 안 된다. 이전에 살던 사람이 보증금을 되돌려받고 이사 나가면서 전입을 정리하지 않은 경우라면 상관없지만, 진짜 임대차관계에 있는 임차인이라 나중에 권리를 주장하면 그 보증금을 고스란히 물어주어야 한다는 것을 잊지 말자!

│ 전입세대 열람으로 대항력 있는 세입자 찾기 │

① 주민센터에 가서 전입세대 열람을 신청한다.

　(전입세대 열람 신청서 작성, 신분증, 입찰물건명세서 제출 / 유료경매사이트는 미리 세대 열람원을 전부 발급받아 제공해주기 때문에 검색시간을 줄이는 장점이 있다).

② 세대별 연명부를 발급받으면 최초 전입자를 찾는다.

③ 최초 전입자가 없다면 공무원에게 최초 전입자와 현재 전입자의 전입날짜가 같은지 묻는다.(입찰 때문에 필요하다고 말하고, 경매정보를 출력해서 보여준다.)

④ 대항력 있는 세입자를 찾는다.

주민센터에서 전입세대 열람 신청서 양식을 받을 수 있다

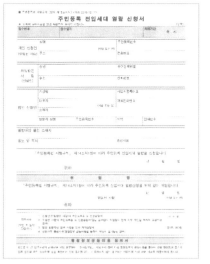

들어가보지도 못하는 아파트 경매가 답답하다고?

아파트는 거의 실시간으로 정보가 공개되고 정형화되어 있다. 이왕이면 단지 정비가 잘된 500가구 이상의 대단지가 좋고 소규모 아파트나 오피스텔이라면 인근에 대단지 아파트가 가까운 곳이 인프라를 같이 이용할 수 있어 살기 좋다. 하지만 요즘 고급 아파트는 입주민이 아닌 사람은 드나들기조차 만만치 않다. 이런 상황인데 어떻게 집도 안 보고 경매를 하느냐고? 아파트 분양을 생각해보자. 아예 건물도 지어지기 전 허허벌판일 때 분양받지 않았던가? 새 아파트 분양받고 몇 년씩이나 들어가서 살아놓고 한참 사용(?)한 중고인데 감가상각은커녕 가격이 오르는 것을 당연시한다. 주거와 시세차익(재산증식) 두 마리 토끼를 잡아야 하는 것이 대한민국의 아파트다. 아파트 필요하다고 아무 곳에나 금방 뚝딱 지을 수 없고, 필요없다고 당장 허물 수 없는 것이 부동산이다. 그러니 안 들어가봐도 척 보면 알 수 있는 정보 분석력을 키우는 것이 매우 중요하다.

입찰가 정하기 전 인근 시세 조사하기

임장을 끝냈다면 입찰 전에 시세를 조사하고 감정가와 비교하여 입찰가를 결정해야 한다. 아파트 시세조사는 다음과 같이 사이트를 활용하면 된다. 요즘은 빌라도 시세 확인, 비교해주는 사이트가 많다. 인터넷 조사도 하고 부동산중개사무소를 통한 시세조사도 필요하다.

시세조사 방법 1 **네이버에서 검색**

가장 먼저 네이버 부동산(land.naver.com)에서 원하는 조건을 넣어 검색할 수 있다. 동, 단지 등을 입력해 검색한다.

시세조사 방법 2 **국토교통부 실거래가 확인**

실제 아파트 거래 상황과 실거래가는 국토교통부(rt.molit.go.kr) 사이트에서 확인 가능하다. 지역, 면적, 금액별로 아파트 실거래가를 검색할 수 있으며, 이것이 가장 정확한 시세파악이다.

시세조사 방법 3 **KB국민은행에서 가격과 시세추이 파악**

아파트의 예전 가격과 시세추이가 궁금하다면 KB국민은행 부동산정보(nland.kbstar.com)를 이용하자. 시세추이를 가장 정확히 확인할 수 있다. 매매 타이밍을 확인할 때 필요하다.

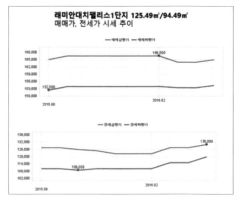

KB국민은행 부동산정보에서 검색한 래미안대치팰리스 1단지의 시세추이

알쏭달쏭 세대합가 대항력 유무 사례

경매절차에서 임차인의 대항력 유무를 판단할 때 세대주를 포함해 세대원 전원의 전입신고 일자 중 가장 빠른 사람을 기준으로 판단한다.

다음 사례를 살펴보자. 어머니와 자녀가 제일 처음 입주한 후 세대주인 아버지가 나중에 입주했다. 시기적으로 그사이에 말소기준권리인 근저당권이 설정되었다. 세대주인 아버지의 전입일만 인정된다면 이 집은 선순위세입자의 권리를 가질 수 없다. 하지만 세대합가 적용 덕분에 최초로 이사 온 세대원의 전입신고일을 기준으로 판단한다.

따라서 이 사례는 선순위임차인이 대항력을 가지게 된다.

			선순위임차인 인정
예	2016년 5월 25일	가족 중 성인 자녀 1명 전입(세대주)	
	2016년 12월 24일	근저당권 설정	
말소기준권리	2017년 4월 1일	부모님과 합하면서 아버지가 세대주로 전입하고 자녀는 세대원이 됨	

간혹 임차인 세대주만 확인하고 대항력을 잘못 판단하는데, 임장 시 항상 주민센터에서 전입세대 열람을 통해 세대합가를 확인해야 한다.

위와 같은 경우 전입세대 열람을 하면 2017년 4월 1일 전입한 세대주로 발급되고 최초 전입한 세대주는 세대원이 되어 발급되는데, 전입세대 열람 과정을 생략한다면 가족 중 최초 전입일이 근저당보다 빠르기 때문에 대항력 없는 것으로 착각할 수 있다.

10

입찰 전 할 일 3 – 수익분석

(ft. 임대료? 엑시트?)

입찰가 예상은 물론, 팔고 나갈 경우까지 예측하라!

수익분석을 하지 않고 입찰하게 되면 주변 분위기에 휩쓸리거나 낙찰받고 싶은 욕심에 입찰가를 즉흥적으로 올려 쓴다. 두루뭉술하게 자금계획을 세우면 예상치 못한 금액이 튀어나올 때 대처할 길이 없다. 자금압박에 시달리면 어쩔 수 없이 낙찰을 포기하고 입찰보증금까지 날리는 악수를 두기도 한다.

낙찰대금만 생각하지 말고 세금, 이사비용, 법무사비용, 인테리어비용까지 포함해 합산해보자. 물론 여기서 끝이 아니다. 낙찰 이후 보유할 때도 생각해야 한다. 이 경우 대출금 이자비용과 각종 세금이 추가된다. 만약 임대용 물건이라면? 세입자의 보증금과 월세가 들어오므로 수익률은 높아질 것이다. 여기에 시세차익까지 거둔다면 금상첨화다. 시세차익을 노린다면 언제까지 보유할지 생각해보자. 팔고 나갈 시점에 손에 쥐어질 돈을 계산해보면 최종수익률이 결정된다.

정리해보자. 수익분석 예측을 하려면 크게 ① **낙찰가** ② **총투자현금** ③ **최종수익금** 수치가 필요하다. 나중에 이 예측이 맞았는지 확인하기 위해 97쪽 체크리스트를 기입해보자. 시간이 지나면 기억이 흐릿해지고, 수익과 손해가 잘 파악되지 않는다. 이 과정을 거치면 묻지마 투자는 사라지고 보다 과학적인 투자의 근거를 마련할 수 있을 것이다.

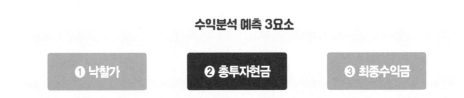

부동산 세금을 알아야 수익률도 높아진다

일반적으로 낙찰 후 내야 하는 취등록세는 공시지가 6억원 이하와 이상이 다르다. 1개월 이내에 잔금을 납부하므로 부대비용과 대출가능금액 등을 충분히 검토한 후 입찰 결정을 해야 한다. 나중에 매도차익이 생기면 양도세를 내야 하는데, 보유기간 동안의 필요경비 영수증을 제출하면 이를 인정받아 양도세 절감 효과를 얻을 수 있다. 되도록 모든 세금은 성실하게 신고하고 납부하는 것을 원칙으로 하자. 다운계약서 작성시 과태료, 세금추징 등의 문제가 발생할 수 있다. 양도세는 본인이 매입한 시기의 양도세법을 적용하며, 경매로 매입해 매도 시에도 일반매매와 똑같이 신고한다. 다만 매수계약서가 없고 낙찰받은 기록을 잘 보관해두면 된다.

구분	매입할 때	보유할 때	매매할 때
적용 세금, 세율	• 취득세, 등록세 1.1~3.5% (생애최초구입시 절세 가능) • 국민주택채권 1.3~3.1% (바로 할인, 현금 확보) • 증여세	• 재산세 (　　)%/연간 • 종부세 (　　)%/연간	• 양도세 (　　)% • 상속세, 증여세 (　　)%

구분	매입할 때	보유할 때	매매할 때
양도소득세 대비 영수증, 자료 챙기기	☐ 매매계약서(직인) ☐ 취득세, 등록세 영수증 ☐ 중개수수료 영수증 ☐ 각종 세금 영수증 ☐ 자금출처 조사 금융자료	☐ 유익비(건물가치 증가) 영수증 • 창틀 하이섀시 • 건물확장비용 • 수도공사비용 • 보일러교체비 • 견적서 입금증 • 세금계산서 • 각종 공사비용	☐ 매매계약서 ☐ 중개수수료 영수증 ☐ 증여계약서 ☐ 상속협의분할서 ☐ 성실한 신고

다음은 주택을 사면 내야 하는 취득세와 각종 세금이다. 면적에 따라 비율이 달라지니 참고하자.

구분		취득세	농어촌특별세	지방교육세	합계
6억원 이하	85㎡ 이하	1.0%	비과세	0.1%	1.1%
	85㎡ 초과	1.0%	0.2%	0.1%	1.3%
6억원 초과 9억원 이하	85㎡ 이하	2.0%	비과세	0.2%	2.2%
	85㎡ 초과	2.0%	0.2%	0.2%	2.4%
9억원 초과	85㎡ 이하	3.0%	비과세	0.3%	3.3%
	85㎡ 초과	3.0%	0.2%	0.3%	3.5%

경매는 매수계약서가 따로 없으니 낙찰받은 기록을 잘 보관해두자.

경매물건 최종수익률 예측하기*

1. 낙찰가 _____ 원

2. 총투자현금 = 낙찰가 − ❶ 대출 + ❷ 초기 지출 = _____ 원

3. 최종수익금 = ❸ 임대수익 − ❹ 대출이자 + ❺ 시세차익 = _____ 원

❶ 대출	경락대출	
	세입자 보증금	
	기타 대출	
	합계	
❷ 초기 지출	취등록세	
	이사비(명도)	
	관리비(공용/미납)	
	인테리어(도배 등)	
	기타(법무사비용 등)	
	합계	
❸ 임대수익	임대기간	
	월세수입	
	합계(임대기간 × 월세)	
❹ 대출이자	대출기간	
	월이자	
	합계(대출기간 × 월이자)	
❺ 시세차익	매매가	
	총투자현금	
	매매가 − 총투자현금	
기타 특이사항		

● **자료실Down** 경매물건 최종수익률 예측 체크리스트는 네이버 카페 경매공매가이드(cafe.naver.com/rhdao) → 서식&자료실에서 검색, 다운받기

8·2 부동산규제 주요 내용 한눈에 보기

분양권 전매제한·재당첨 5년 금지 + LTV·DTI 40% 일괄적용

8·2대책 핵심은 주택안정화로, 가장 강력한 규제지역인 **투기지역 → 투기과열지구 → 조정대상지역**으로 구분해 지정했다. 투기지역과 투기과열지구는 대출이 40%로 묶인 게 크다.

조정대상지역

성남, 하남, 고양, 광명, 남양주, 동탄 2, 부산(해운대, 연제, 동래, 수영, 남, 기장, 부산진)
경기 구리시, 안양 동안구, 광교택지개발지구(2018년 8월 27일 편입)

투기과열지구

서울(구로, 금천, 동작, 관악, 은평, 서대문, 종로, 중, 성북, 강북, 도봉, 중랑, 동대문, 광진),
과천시, 경기 광명시, 하남시(2018년 8월 27일 편입)

투기지역

서울(강남, 서초, 송파, 강동, 용산, 성동, 노원, 마포, 양천, 영등포, 강서), 세종시
서울 종로, 중, 동대문, 동작(2018년 8월 27일 편입)

LTV, DTI 강화(일반 주택담보대출 및 집단대출)

	투기과열지구 및 투기지역		조정대상지역		그 외 수도권	
	LTV	DTI	LTV	DTI	LTV	DTI
서민 실수요자(완화)	50%	50%	70%	60%	70%	60%
주담대 미보유(기본)	40%	40%	60%	50%	70%	60%
주담대 1건 이상 보유(강화)	30%	30%	50%	40%	60%	50%

자료실Down 8·2 부동산규제 전문은 네이버 카페 경매공매가이드(cafe.naver.com/rhdao) → 서식&자료실에서 검색, 다운받기

11 입찰 당일 '대법원경매정보' 확인 필수!

경매물건을 검색하기 위해 여러 경매정보 사이트(유료, 무료)를 활용하지만 결국 마지막 확인 작업은 대법원경매정보 사이트에서 해야 한다. 문정동의 한 오피스텔 사례를 설명한다.

대법원경매정보 사이트에서 검색하기

1 | 대법원경매정보 접속하기

사건번호를 알고 있다면 대법원경매정보(www.courtauction.go.kr) 메인 화면에서 '사건번호 2017타경1367'을 입력한다.

종국된 사건은 대법원경매정보 사이트 기록에서 사라지므로 경공매가이드(www.ath.kr)에서 확인하면 된다.

많은 사람들이 관심 있는 물건이 궁금하면 하단의 '다수관심물건'을 클릭하면 된다.

2 | 물건기본정보 확인하기

물건기본정보에서 다음 3가지를 확인한다.

사건상세조회

❶ **소재지** : 서울시 송파구 충민로 5 (문정동 송파한화오벨리스크)

❷ **배당요구종기** : 2017년 5월 8일 (대항력 있는 임차인이 있을 경우 반드시 확인)

❸ **청구금액** : 137,200,000원

3 | 사건상세조회 확인하기

위 화면에서 '사건상세조회'를 클릭하면 사건기본내역, 배당요구종기내역, 항고내역, 관련 사건내역, 물건내역, 목록내역, 당사자내역을 볼 수 있다.

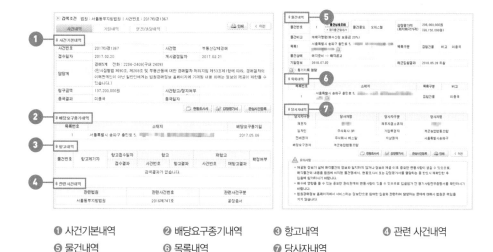

❶ 사건기본내역   ❷ 배당요구종기내역   ❸ 항고내역   ❹ 관련 사건내역
❺ 물건내역   ❻ 목록내역   ❼ 당사자내역

4 | 당사자내역 확인하기

당사자내역에서는 다음 사항을 확인하면 된다.

❶ **채권자** : 채무자에게 일정한 행위(급부)를 할 것을 청구할 권리가 있는 사람

❷ **소유자** : 해당 경매 부동산의 명의를 갖고 있는 사람

❸ **채무자** : 다른 사람(채권자)에게 빚을 진 사람

❹ **임차인** : 관례상 해당 부동산에 전입만 되어 있으면 임차인이라 표시(단순 점유자인지 진정한 임차인인지 반드시 확인할 것)

❺ **점유자** : 소유권이나 임대차계약 등의 권리 없이 살고 있는 사람

❻ **유치권자** : 유치권신고서를 제출한 사람. 유치권 신고자가 없으면 당사자내역에 없다.

5 | (매각)물건내역 확인하기

물건내역은 경매물건의 구체적인 정보를 기록한 것이다. 매각기일 2주일 전에 나온다.

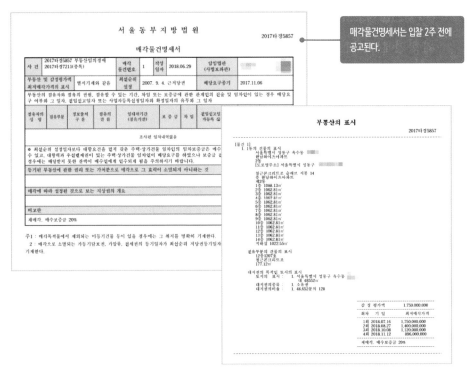

매각물건명세서는 입찰 2주 전에 공고된다.

6 | 기일내역 확인하기

기일내역에서는 기일과 장소를 확인한다. 입찰시간은 통상 오전 10시~11시 20분(법원마다 다르다)이므로 이 시간 내에 입찰표를 제출한다. 낙찰된 후에는 매각허가결정과 잔금납부기일, 배당기일을 확인할 수 있다.

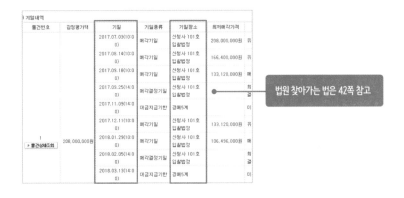

법원 찾아가는 법은 42쪽 참고

7 | 문건/송달내역 확인하기

해당 경매물건과 관련해 이해당사자가 제출하는 모든 서류의 제목과 제출일자를 기재한 곳이다. 예를 들면 임차인의 배당요구 신청, 채권자의 연기 신청, 낙찰자의 매각불허가 신청, 유치권자의 유치권신고서 등 관련 서류 일체가 제출된 사항을 기재해둔다. 그중에서 유치권 신고, 채권자의 매각기일 연기 신청, 매각기일 변경 신청, 재감정 신청 등 경매진행에서 중요한 사항을 확인하자. 그냥 갈 경우 입찰이 취하, 변경 또는 정지되어 헛걸음할 수도 있다.

8 | 감정평가서와 현황조사서 확인하기

감정평가서는 물건의 가치를 객관적으로 판단한 보고서다. 현황조사서는 현장을 직접 방문한 집행관의 보고서다. 이때 집행관이 현황조사에 응한 내용은 법적 효력이 있어 나중에 번복하면 안 된다. 검색한 내용은 스스로 정리해본다.

입찰 당일 매각물건명세서 필수 확인 사항 - 대위변제

매각물건명세서에서 눈여겨볼 사항은 낙찰자에게 인수되는 권리가 새로 생겼는지 여부다. 간혹 대위변제가 의심스러운 일이 벌어지기도 하는데, 대위변제란 정당한 이익이 없는 사람이 채무자를 대신해 변제한 경우를 말한다. 그런데 왜 이런 아름다운 일이 일어날까?

1순위 근저당권 1,000만원 (경매신청 채권자가 아닐 것) ●——— 1순위 채권액이 소액일 때 대위변제 가능성이 생긴다.
2순위 임차인 보증금 8,000만원(전입신고일이 확정일자보다 빠름)
2순위 임차인과 동순위 가압류 채권(경매신청 채권자임)

2순위 임차인이 경매로 인한 매각으로 자신의 보증금 8,000만원을 다 돌려받기 어렵다고 판단될 때 1순위 채권액을 채무자를 대신해 갚아주고 자신이 선순위 대항력을 갖춘 주거임차인이 되려고 하는 경우에 이런 일이 일어난다.

대위변제 가능성이 있는 경매물건의 특징은 선순위의 소액채권 때문에 임차인이 후순위가 되고 이로 인해 매수인에게 대항력이 없고 임차보증금 중 일부 또는 대부분을 배당받지 못할 것으로 예상된다는 것이다. 대위변제로 후순위임차인이 선순위가 될 위험성이 있는 물건에 입찰한다면 입찰 당일 등기부등본을 발급받아 1순위 채권의 말소 여부를 반드시 확인한 후 입찰에 참가한다.

경공매가이드 등기부 정보 하단에 '최종등기변동확인' 문구가 뜨면 최신 등기부를 받아 권리변동을 확인해보자. 1순위 채권이 소액이어서 말소되면 2순위가 1순위로 올라올 수 있고 자칫 임차인의 대항력이 부활된다.

◎건물등기부등본

접수일	등기구분		등기권리자	금액	비고
2021-08-27	소유권이전		이■■		보존
2022-01-28	전세권	인수	가온브로드■■(주)	720,000,000	(2022.01.28 ~2024.01.28)
2022-06-29	압류	말소	강남세무서장		말소기준권리
2022-07-27	강제경매	말소	오■	청구금액 11,354,958	2022타경56611
2022-09-16	가압류	말소	이■■	10,865,900	평택지원 2022카단11611

(등기부채권총액 : 730,865,900 / 열람일 : 2022.11.08) 최종등기변동확인 🗒️ 압류기입 2023.03.05
본 물건은 **2022년 11월 8일 등기변동이 확인** 된 경매물건 입니다. 등기변동사항이 근저당 말소 등기의 경우 **대위변제 가능성이 있을**
수도 있으며, 압류일 경우 예상배당표 순위에 영향이 있을 수 있으므로 **등기권리 및 예상배당표를 확인**하시고 입찰에 임해주시기 바랍니다.

입찰 당일 매각물건명세서 최종수정본 필독!

입찰 전 법원이 작성한 서류(현황조사서, 감정평가서, 매각물건명세서)를 살펴보고, 필요하다면
등기부등본과 건축물대장까지 추가로 확인한다. 특히 매각물건명세서는 입찰 당일까지 꼼
꼼히 살펴봐야 하는데, 법원에서는 입찰일 2주 전부터 공고하지만 입찰 당일 오전 10시에
최종수정본이 나온다. 이전에는 안 보이던 권리(대위변제 세입자, 유치권 등)가 등장하기도 하
므로 당일에 반드시 확인하는 게 원칙이다.

입찰 법정 앞에 기일내역, 매각
공고를 써붙인다. 당일 취하, 정
지, 변경, 유치권 신고 특별매각
조건 등 확인이 가능하다.

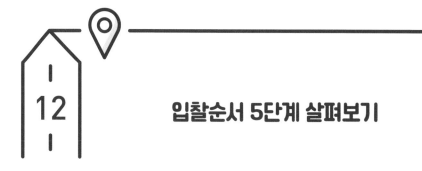

입찰순서 5단계 살펴보기

권리분석과 대출분석, 현장분석 단계가 끝난 후 매각기일 법원에 직접 찾아가 입찰을 진행해야 한다. 본격적으로 실전에 발을 내딛는 순간이다. 모든 법원의 입찰 순서는 다음과 같이 진행된다.

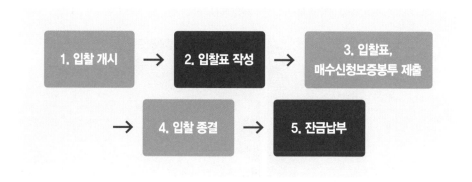

1 | 입찰 개시

입찰은 법원의 집행관이 진행하며 보통 10시에 시작한다. 해당 물건의 최종 권리관계를 당일 확인하려면 입찰법정 안이나 밖에 비치된 컴퓨터로 입찰 전 마지막

한 번 더 점검 차원에서 열람이 가능하다. 입찰법정 앞에 있는 매각공고를 확인하자. (당일 취하, 변경, 정지, 유치권 신고 특별매각조건 등)

2 | 기일입찰표 작성하기

입찰표 양식®은 법원에 가면 얻을 수 있다. 사건번호, 입찰자의 성명과 주소, 입찰가격, 입찰보증금액 등을 작성하면 된다. 참고로, 입찰은 크게 기일입찰과 기간입찰로 구분되는데, 우리가 말하는 입찰은 기일입찰이다.

간혹 초보자들이 손가락으로 자신의 입찰 참가 사건을 가리킨다거나 큰 목소리로 동행한 사람들과 의논하는데, 이런 행동은 웬만하면 지양하자. 열린 공간에서 같은 물건에 입찰하는 경쟁자가 들을 경우 자신의 입찰 정보가 새어나가 낙찰 확률이 떨어진다.

❶ **사건번호** : 입찰하려는 물건의 사건번호를 쓴다. 틀리면 입찰이 불가능하다.

❷ **물건번호** : 물건번호가 있는 경우 쓰면 된다. 역시 물건번호를 쓰지 않으면 입찰이 무효가 된다. 물건번호가 없다면 비워둔다.

❸ **입찰자 인적사항** : 본인의 인적사항을 쓴다. 주소는 주민등록증 기준이며 인적사항을 쓴 후 본인 성명 옆에 도장을 찍는다. 법인은 법인 명칭과 법인등록번호를 쓰면 되고, 대리인의 경우 대리인의 인적사항을 쓴다.

❹ **입찰가격** : 자신이 원하는 금액을 쓴다. 최저매각금액 이상의 금액을 써야 하는데, 아라비아 숫자로 정확하게 쓰자. 수정 또는 정정한 경우 입찰이 무효가 된다.

❺ **보증금액** : 최저매각금액의 10%에 해당하는 금액을 쓰면 된다. 재입찰은 20%로 정해질 수 있다. 보증금액은 최저매각금액 기준이다.

❻ **보증의 제공방법** : 보증서(경매보증보험증권) 또는 현금, 자기앞수표 중에서 해당되는 항목에 표시하면 된다. 입찰보증금은 되도록 현금보다는 깔끔하게 수표 1장으로 준비하는 것이 좋다.

❼ **보증금 반환 확인 서명** : 낙찰이 안 된 경우 입찰보증금을 돌려받을 때 성명을 쓰고 도장을 찍으면 된다.

3 | 입찰표, 매수신청보증봉투 제출하기

입찰표를 쓴 후 매수신청보증봉투에 필요한 사항들을 쓴다. 사건번호, 물건번호, 입찰자 성명을 쓰고 앞면과 뒷면의 날인하는 곳에 도장을 찍는다. 입찰보증금(최저매각금액의 10%)을 매수신청보증봉투 안에 넣는다. 이제 입찰봉투에 입찰자용 수취증, 담당계, 사건번호, 물건번호, 입찰자 성명을 쓰고 앞면과 뒷면의 날인하는 곳에 도장을 찍는다. 마지막으로 입찰표와 매수신청보증봉투를 입찰봉투에 넣어 동봉한 후 입찰함에 넣으면 된다. 집행관이 입찰자용 수취증을 절취해서 돌려주는데, 패찰시 입찰보증금을 돌려받을 때 필요하니 잘 챙겨두자.

입찰은 11시 20분경에 마감된다. 마감시간은 법원마다 다르고, 마감시간을 넘기면 제출을 못하니 반드시 마감시간을 확인하자.

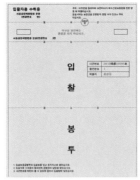

입찰 당일 필요한 준비물을 빠뜨리고 가는 경우가 있다. 미리 준비하고 챙겨두자. 개인이 입찰할 때와 법인이 입찰할 때 준비물이 조금씩 다르다.

	개인입찰	법인입찰	공동입찰
본인 (대표자)	• 신분증 • 도장 • 입찰보증금(최저매각금액의 10%, 재매각은 20~30%, 법원마다 다름)	• 법인 등기부등본 • 신분증 • 법인 인감도장(대표자 인감 ×) • 입찰보증금(최저매각금액의 10%, 재매각은 20~30%)	
대리인 (대표자)	• 대리인 신분증 • 대리인 도장 • 위임자 인감증명서 • 위임장(인감 날인) • 입찰보증금(최저매각금액의 10%, 재매각은 20~30%, 법원마다 다름)	• 대리인 신분증 • 대리인 도장 • 법인 등기부등본 • 법인 인감증명서 • 위임장(법인 인감 날인) • 입찰보증금(최저매각금액의 10%, 재매각은 20~30%)	• 공동입찰신고서 • 공동입찰목록(상호간 지분 표시) • 공동입찰자 신분증과 도장 • 불참자의 인감증명서 • 불참자의 위임장(인감날인) • 입찰보증금(최저매각금액의 10%, 재매각은 20~30%)

* **입찰 참여할 수 없는 사람** : ① 채무자 ② 매각절차에 참여한 집행관 ③ 매각부동산을 감정한 감정인 ④ 재경매사건의 잔금 미납한 전 매수인 ⑤ 무능력자, 미성년자, 금치산자, 한정치산자(법정대리인 통한 낙찰은 가능) ⑥ 경매와 직간접적으로 관련된 범죄를 범해 유죄 판결이 확정된 지 2년이 경과하지 않은 자

4 | 입찰 종결

입찰표에 가장 높은 가격을 적어서 낸 사람이 낙찰자, 즉 최고가매수신고인으로 호명된다. 낙찰이 되면 입찰보증금 영수증을 받으면 되고, 안타깝게 입찰에서 떨어져 패찰하면 입찰보증금을 돌려받는다. 영수증은 분실하면 재발급받아야 하므로 사진으로 남겨두거나 복사

입찰보증금 영수증

해두자.˚ 입찰보증금 영수증은 낙찰자라는 것을 증명하는 서류이므로 대출 신청할 때도 꼭 필요하다.

5 | 잔금납부하기

매각기일에 최고가매수신고인이 된 낙찰자에게 집행 법원은 2주 뒤 매각허가결정을 내린다. 매각허가결정이 나면 법원은 '대금납부기한통지서'를 낙찰자 앞으로 등기 발송한다. 만약 낙찰자가 등기 우편물을 못 받는 상황이라면 법원 기일 내역을 살펴보자. 여기서 진행 상태 확인이 가능하다. 법원우편물을 못 받아도 대금납부하는 데는 지장이 없다.

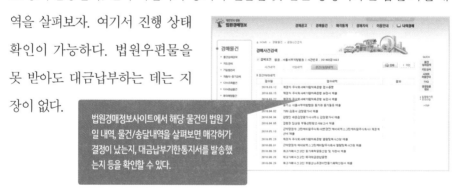

법원경매정보사이트에서 해당 물건의 법원 기일 내역, 물건/송달내역을 살펴보면 매각허가결정이 났는지, 대금납부기한통지서를 발송했는지 등을 확인할 수 있다.

• **차순위매수신고인 영수증** : 차순위매수신고를 하는 경우라면 따로 영수증을 발급해준다. 이때 보증금을 따로 반환해주지는 않는다.

그리고 요즘 셀프등기가 대세인데 이때는 잔대금을 현금으로 납부할 경우에만 가능하다. 만약 경락대출을 받게 되면 은행 지정법무사가 잔대금납부 업무를 대행해야 한다. 셀프등기를 하실 분은 아래 내용과 영상을 참고하길 바란다. 법무사에게 비용을 주면 이 과정을 대리해준다.

경매 셀프등기는 잔금을 현금 납부할 때만 가능하다.

경매 잔대금을 납부하는 과정은 다음과 같다.

| 경매 잔대금 납부 과정 살펴보기 |

1. 해당 법원경매계에 가서 대금을 납부하러 왔다고 하면 납부서를 출력해준다.
2. 납부서를 가지고 법원에 입점해 있는 은행에 가서 대금을 납부한다.
   (법원에 직접 안 가고 온라인 송금하는 건 불가, 최고가 매수신고인 확인하는 절차 거치고 대금납부)
3. 잔대금을 납부한 영수증을 가지고 다시 경매계로 가서 '매각대금완납증명원'을 발부받아 구청에 가서 취등록세를 납부하고 국민주택채권을 매입한다.
4. 소유권이전촉탁서류를 경매계로 제출하면 경매계에서 해당 등기과로 소유권이전촉탁 등기를 발송한다.
5. 약 2주 뒤면 등기권리증을 새로 만들어준다.

참고로 소유권이전등기 마칠 때까지 '매각대금완납증명원'이 해당 물건이 내 소유라는 것을 증명해주는 유일한 서류이니 잘 보관하길 바란다.

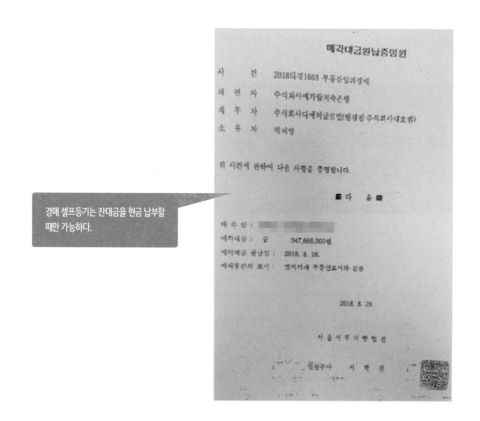

경매 셀프등기는 잔대금을 현금 납부할 때만 가능하다.

명도원칙 –
타협이 최선, 강제집행은 협상카드로!

낙찰 이후 점유자는 언제 만나는 게 좋을까?

낙찰받은 기쁨은 말로 표현하기 힘들다. 하지만 진짜 승부는 지금부터 시작이다. 낙찰 후 1주일간 매각허가기간이 주어진다. '매각 후 대금납부기한이 잡히는 14일 동안 명도를 먼저 끝내라', '찾아가지 말고 소유권이전 이후에 만나라' 등 많은 지침이 있지만 이는 물건마다 달리해야 한다. 만약 매각이 불허가되면 잔금납부의 기회가 올지 안 올지도 모르는데 명도부터 해놓는 것은 순서가 맞지 않을 수 있고, 솔직히 명도할 법적지위도 되지 않는다. 최고가매수신고인이 낙찰자에서 소유자로 법적지위가 바뀌는 기간이 지나고 소유자가 되어야 인도명령할 자격이 생긴다. 본인이 낙찰받은 물건에서 단 한 번 경험한 것을 모든 물건에 일반화해서는 안 된다.

먼저 배당을 받을 수 있는 세입자라면 낙찰자의 인감증명서와 인감이 날인된 명

- **명도확인서** : 집을 비웠다는 확인서를 내야 배당금을 받을 수 있다. 소유자는 임차인과 달리 명도확인서가 필요 없다.

- **자료실Down** 명도와 관련된 서식(명도확인서, 명도 내용증명서)은 네이버 카페 경매공매가이드(cafe.naver.com/rhdao) → 서식&자료실에서 '명도' 검색, 다운받기

도확인서* 없이는 배당을 못 받는다는 사실을 알리자. 대금납부와 동시에 세입자에게 내가 새로운 소유자이니 이사 갈 준비를 하시라는 내용증명을 보내자. 내용증명 서식은 따로 정해진 건 없다. 잔금을 납부해서 소유자가 바뀌었으니 이사를 가라는 내용으로 적어 보내면 된다.** 그러나 계속 약속을 어긴다면 인도명령을 신청하면서 말과 행동을 동시에 하며 협상해나간다. 강제집행비용은 2평당 15만 원이다. 즉 30평이면 225만원이다.

명도 및 강제집행 내용증명서 샘플

명도합의서 샘플

때로는 이사비가 시간과 비용을 줄여준다

명도를 제외한 다른 것들은 입찰 전에 분석이 끝나지만 명도는 대금을 납부하고 나서야 비로소 이루어진다. 간혹 낙찰만 받으면 법원에서 알아서 명도를 대신해준다고 잘못 아는 분들이 있다. 심지어 강제집행비를 낙찰자가 부담해야 한다는 사실도 모르는데, 전혀 그렇지 않다.

앞서 경매절차에서 보듯이 모든 절차는 누군가의 신청에 의해서 진행된다. 시간이 됐다고 법원이 자동으로 알아서 해주는 게 절대 아니다. 그리고 모든 법원 서류는 송달되어야 그 효력이 발생하며, 모든 구간마다 발생하는 필요경비를 법원은 정확히 계산해서 받고 남으면 돌려준다.

결국 명도에 있어 가장 좋은 해결방법은 타협이다. 무조건 법대로 처리하겠다고 하는 것은 모두에게 크나큰 상처만 줄 뿐이다. 세입자의 아픔을 조금만 이해하고 보상해준다면 명도는 훨씬 더 수월해진다. 물론 세입자가 터무니없이 무리한 요구를 하면 협상은 어려워진다. 이럴 때 '강제집행 내용증명'은 최악의 상황을 막기 위한 협상카드가 된다.

대개 명도는 세입자에게 이사비 명목으로 얼마간 보상해주면서 마무리되는데, 이사비 협상이 결렬되면 강제집행 카드를 꺼낼 수밖에 없다. 이전에 인도명령제도가 없었을 때 명도소송하는 기간과 비용만큼 이사비를 주던 시절이 있었는데, 세입자가 이런 이야기를 어디선가 듣고 강제집행비용을 초과해 이사비를 요구하면 정확히 설명을 해주면 된다. 이사비는 양도세를 낼 때 필요경비로 인정되지 않으니 참고하길 바란다.

강제집행은 인도명령과 명도소송 2가지가 있다.

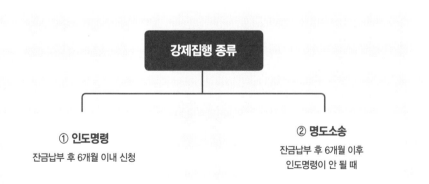

인도명령

인도명령이란 잔금납부를 완료하고 소유권을 취득한 낙찰자가 법원에 신청하는 것으로, 대항력 없는 모든 점유자에게 적용이 가능하다. 인도명령은 잔금납부 6개월 이내에 신청해야 한다. 인도명령의 절차, 준비물과 서류는 다음과 같다.

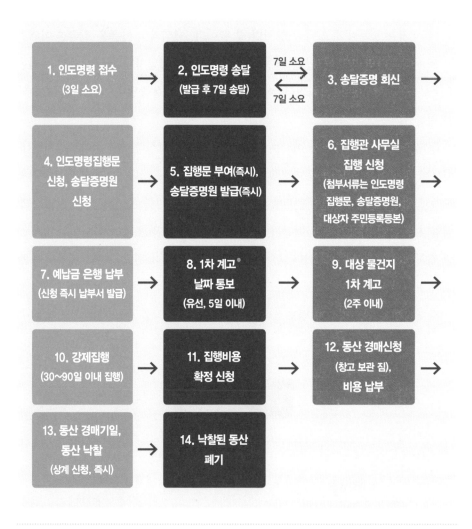

• **계고** : 일종의 경고 조치. 기간을 정하고 의무불이행시 행정청이 대(代)집행에 들어간다는 것을 문서로 알려주는 일.

명도소송

명도소송이란 인도명령이 안 될 때 쓸 수 있는 최악의 카드인데, 실제로 법원경매에서는 인도명령제도가 있기 때문에 명도소송까지 가는 경우는 거의 없다. 명도소송에서 승소해 그 승소한 판결문으로 강제집행을 신청할 수 있다. 단, 명도소송 당사자인 점유자가 거주지를 옮기면 승소하더라도 소(訴)장상 명시된 점유자에게만 적용되어 판결 효력이 사라지는데, 이를 막기 위해 명도소송 전에 점유이전금지가처분 신청으로 사전조치를 하는 것이 좋다.

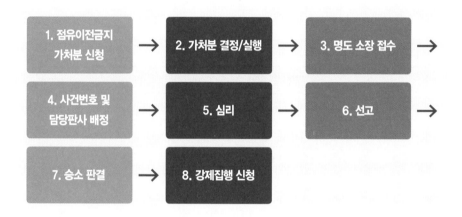

명도소송 접수 시 필요 서류	명도소송 집행 시 접수 서류
• 소장(본인 혹은 법무사 작성) • 낙찰허가결정 정본 • 부동산 등기부등본 • 별지 목록(건물 도면) • 낙찰대금납부서 • 권리신고 및 부동산 현황조사서 사본 • 제출된 피고 주민등록등본	• 집행력 있는 정본(승소 판결 채무 명의 정본 + 집행문 부여) • 송달증명원 • 도장 • 강제집행 예납금 • 인감증명서(위임할 경우) • 위임장(위임할 경우)

권리분석은 작정하고 공부하면 어느 정도 마스터할 수 있지만 명도는 사람과 협상이 따르는 문제라 '케바케'다. 필자도 경매 초보 시절 명도 때문에 마음고생한 기억이 난다. 하지만 그 경험이 지금의 경력과 맷집이 되었다. 노력 없이 얻어지는 게 어디 있겠는가? 실전을 너무 두려워하지 말고 용기를 내서 도전해보자.

 ## 강제집행비용과 빈집 명도 방법

강제집행 대상 평수에 따라 다르지만 대략 평당 5만~10만원 정도로, 통상 150만~250만원 소요된다.

1. 강제집행 접수비	약 4만원 × 명도접수건
2. 집행관 수수료	집무 2시간 미만 : 1만5,000원
	집무 2시간 초과 : 1시간마다 1,500원 가산
3. 노무자 수	5평 미만 : 2~4명
	5평 이상 10평 미만 : 5~7명
	10평 이상 20평 미만 : 8~10명
	20평 이상 30평 미만 : 11~13명
	30평 이상 40평 미만 : 14~16명
	40평 이상 50평 미만 : 17~19명
	50평 이상 : 매 10평 증가 시 2명 추가
4. 노무임금	노무자 1인당 7만원
	야간집행 : 노무자 1인당 비용 + 20% 정도 가산
	측량, 목수 등 특수인력 및 포클레인 등 장비 동원은 별도로 계산

강제집행 방법과 빈집 명도 방법

낙찰 대상 부동산에 점유자가 있음에도 불구하고 집행 방해를 목적으로 문을 열어주지 않거나 부재중이어서 2회 이상 집행 불능이 되면 성인 2인 또는 국가공무원(시, 구, 읍, 면, 동사무소 직원), 경찰공무원 1인 입회하에 강제집행을 할 수 있다. 이때 반출되는 유체동산에 대해서는 집행관이 목록을 작성해 채무자 비용으로 채권자에게 보관시킨다. 야간과 휴일에는 법원의 허가가 있을 때에만 집행을 할 수 있으며 허가명령을 제시해야 한다.

관리실 등 관리업체를 통해 낙찰 대상 부동산이 공가임이 입증되는 경우에는 강제집행을 할 필요가 없고, 관리 또는 경비실에 신고하고 잠금장치를 해제해 인도하는 방법도 가능하다.

그러나 장기간 방치된 유체동산이 있는 경우에는 국가공무원, 경찰공무원 또는 20세 이상의 관리사무소 직원 등의 입회하에 일정한 곳에 보관해야 한다. 고가의 물건이 아니어서 버렸는데 소유자가 값비싼 물건이라며 돌려달라고 할 경우 예상치 못한 비용이 청구될 수 있다.

명도 실전 궁금증 BEST 6

Q1 | 점유자는 언제까지 집을 비워야 하나요?

명도하려는 집에 거주 중인 이전 소유자나 세입자 모두 소유권이전과 동시에 집을 비워야 하는 것이 원칙이지만 세입자의 경우 배당받기 전까지 새 집을 구하기가 현실적으로 어렵다. 따라서 배당기일까지 집을 비우는 것이 통상적이다. 세입자는 배당금을 수령하려면 반드시 낙찰자의 인감이 날인된 명도확인서(집을 비웠다는 내용이 있는)와 인감증명서가 필요하기 때문에 이를 인지시키고 빨리 명도를 하는 작업이 필요하다.

Q2 | 공과금 부담 책임은 어떻게 나눠야 할까요?

모든 공과금은 수익자부담원칙에 따라 사용한 사람의 책임이며 이사하는 날까지의 비용은 모두 거주하는 사람이 부담해야 한다. 흔히 경매 들어간 집은 거주자들이 과도하게 수도, 전기 등을 사용해서 체납금액이 누적되는 경우가 많은데, 낙찰자는 소유권이전을 받은 날 이후 사용분만 부담하면 되므로 그 이전 사용분은 사용자의 책임이라는 것을 명심한다. 한전, 수도국, 도시가스공사에서도 사용자에게 계속 청구하며 재산이 있을 경우 압류한다. 그리고 향후 주택 소유시 연체금액이 정리되지 않으면 가스, 전기, 수도가 공급되지 않는다.

Q3 | 주택, 기물 파손은 누구에게 책임을 묻나요?

주택이나 기물이 파손되거나 훼손, 분실될 경우 현 점유자는 이에 대한 민사적, 형사적 책임을 지게 된다. 낙찰자는 정당하게 법원 매각을 통해 취득한 부동산에 관해 내부에 귀속된 싱크대, 새시, 보일러 등 벽이나 콘크리트에 부착되어 있던 것들은 종물 또는 부합물로서 보호받는다. 근거로는 민법 제358조 '저당권의 효력은 저당 부동산에 부합된 물건과 종물에 미친다'는 조항과 동법 제100조 '종물은 주물의 처분에 따른다'는 조항, 대법원 판례 83마469 '등기부상의 표시 없는 부합물, 종물에 대한 경락허가결정에 따라 모두 적법하게 경락인이 소유권을 취득한다'는 조항이 있다. 따라서 명도 시 부동산에 예속된 부속물을 하나라도 손괴, 적출 또는 이동할 경우 기물손괴죄, 절도죄, 강제집행면탈죄 등으로 처벌할 수 있다.

하지만 이렇게 무시무시한 얘기를 하기보다는, 명도 협상 시 주택이나 기물을 훼손하지 말아줄 것을 미리 알리고 양해를 구하는 게 좋을 것이다.

Q4 | 이사비는 어떻게 처리할까요?

흔히 경매를 당한 소유자나 세입자들이 이사비를 언급하는 경우가 많은데, 낙찰자가 이사비를 부담할 법적 근거는 없다. 과거에 사람을 내보내려면 많은 시간(6개월~1년)과 비용이 들다 보니 소송보다 당사자 간 합의를 통한 해결 과정에서 이사비라는 것이 발생했다. 2002년 7월 새 민사집행법 시행으로 지금은 1개월이면 인도명령을 통한 강제집행이 가능하고 비용도 저렴해 더 이상 이사비를 통한 해결은 불필요하다. 그래도 지금도 세입자가 원만하게 명도할 경우 인정상 실비 정도의 이사비 배려는 일반적이다.

하지만 정당한 권리 없는 불법점유인(주택 소유권 이후에 거주하는 사람들. 세입자도 소유권 이

전된 이후부터는 불법점유인이다)이 소유자에 대해 부당하게 금전을 요구하거나 부당한 요구사항을 강요하는 경우 이는 공갈협박죄에 해당하며, 주택을 비워주지 않는 경우 권리행사방해죄에 해당되어 형사적으로 문제될 수 있다.

필요하다면 이사비 영수증도 챙겨두자. 간혹 개인 짐(동산 등) 분실에 대한 책임을 묻기도 하므로 다음과 같이 '민형사상 이의를 제기하지 않겠다'는 내용을 추가해 영수증을 받으면 좋다.

이사비 영수증
금액 : ₩600,000

상기금액을 영수하고 2017타경123••(사건번호) 낙찰자에게 집을 인도하였습니다.

금일 이후 남아있는 동산이 있을 경우 모든 남아있는 동산에 대해 민형사상 이의를

제기하지 않겠습니다.

○○○○년 ○○월 ○○일
성명 : 홍길동 (서명)

이사비 영수증 샘플

Q5 | 명도지연에 따른 책임은 누가 지나요?

점유자(세입자 또는 전소유자)가 정당한 권리 없이 집을 비워주지 않을 경우 형사 문제와 별도로 민사 책임을 지게 된다. 강제집행이 있을 경우 그 비용 및 월세(주택점유 사용료, 현재 전세금 × 연 20% ÷ 12개월)를 부담해야 하고, 명도지연에 따른 별도의 손해를 배상할 책임을 지게 된다. 이러한 비용은 점유인의 급여, 가재도구 등에 대한 차압이나 세입자의 배당금을 압류해 충당할 수 있다.

Q6 | 명도가 완전하게 인정되려면 어떻게 하나요?

부동산 명도가 완전하게 인정되려면 다음 조건들이 충족되어야 한다.

① 제반 공과금 정산

② 해당 주택의 변경, 훼손, 분실 비품의 원상복구

③ 소유물의 완전한 반출

④ 관련 쓰레기 및 폐기물 처리

⑤ 주택 내외부 열쇠 인도

낙찰자에게 연락 없이 임의로 집을 비우거나 열쇠를 제3자에게 맡기거나 일정 장소에 보관하는 경우 등은 적법한 인도로 인정받지 못한다.

실전! 경매 7단계 총정리

내가 원하는 물건, 언젠가 꼭 나온다! 경매물건 검색을 습관화하라

　여름 휴가철이나 황금연휴, 올림픽이나 월드컵 기간에는 네이버 카페나 지식인 질문이 확 줄어든다. 유튜브 방송 조회수도 제자리걸음이다. 사람들은 평소에 별 관심 없다가 누군가 부동산으로 돈 벌었다고 하면 그제야 관심을 가진다.

　다이어트해본 사람은 다 알 것이다. 죽어라 식단관리를 해도 1kg이 빠질까 말까다. 그러다가 한 끼만 잘 먹어도 2kg이 다시 찐다. 게으름은 즉각적인 만족을 주지만 노력은 표시도 안 나고 힘들다. 종잣돈 느는 속도도 마찬가지다. '부동산을 어느 천년에 돈 모아 사겠어?'란 생각에 지금의 삶이 중요하다며 나를 위해 돈을 쓴다. 하지만 시간이 지나고 보면 노력을 한 삶과 그러지 않은 삶은 결과가 다르다.

　계속 무언가를 하다보면 자기 스스로 이제 때가 왔다는 것을 직감한다. 그럴 때는 과감하게 실천으로 넘어가면 된다. 부동산을 여러 번 사고팔고 낙찰 경험이 쌓이면 자기만의 투자지도가 손에 쥐어진다. 경매물건이 매일 나오고 투자로 돈 버는 게 눈에 뻔히 보이는데 가만히 있을 수가 없는 것이다. 좋은 경매물건을 발견하는 안목, 실패하지 않는 권리분석과 대출분석, 수익분석, 그리고 엑시트 후 재투자를 하는 선순환의 경험. 이 영역은 무조건 실천해야만 얻을 수 있다.

경매, 낙찰까지 총 7단계

경매물건을 낙찰받으려면 총 7단계를 거친다. **① 물건검색 → ② 권리분석 → ③ 대출분석 → ④ 현장분석 → ⑤ 수익분석 → ⑥ 입찰 → ⑦ 명도분석**이다.

사실 ② 권리분석까지는 척척 해내는 사람이 많다. 하지만 ③ 대출분석 단계부터 잘해내는 사람들이 급격히 줄어든다. 실천의 영역이며 직접 발품을 팔고 시간을 내서 움직여야 하기 때문이다.

경매가 대중화되면서 셀프경매를 하는 사람도 많아졌지만 경매컨설팅도 성업 중이다. 경매컨설팅은 경매물건 분석뿐만 아니라 적절한 입찰가를 제시해 낙찰받게 해주는 일로 대가를 받는다. 전문적인 서비스를 제공받고 적절한 비용을 지불하면 만족도는 높겠지만, 돈을 내면서 제대로 된 서비스도 받지 못하면 큰 손해다.

경매컨설팅 서비스는 권리분석비용과 낙찰수수료(통상 낙찰금액의 1.0~1.5%)를 내야 한다. 경매업체의 수익구조가 낙찰을 받아야만 수수료를 받을 수 있기 때문에 고가입찰을 유도하거나 아슬아슬하게 2등과 차이가 거의 없게 낙찰받은 것을 보여주기 위해 연출을 하는 경우도 있으니 주의하자.

이 책에서 추천하는 건 독자 스스로 공부하면서 실력을 키우는 것이다. 필자가 경매 왕초보에게 자주 하는 얘기는 "경매를 잘하려면 눈팅부터 시작하라"는 것이다. 경매정보를 매일 주시하다 보면 어느 순간 돈 되는 물건이 보인다. 하지만 부득이하게 경매컨설팅업체를 이용하려면 합법적인 자격과 경험이 있는지, 업무상 고의 또는 과실에 대한 보상을 해주는지, 수수료가 적절한지 등을 꼼꼼하게 확인해보자. 경매컨설팅업체를 맹신했다가는 손해를 볼 수 있음을 명심하자.

다음은 지금까지 살펴본 경매 7단계를 총정리한 것이다. 〈준비마당〉에서 배운 내용이 총망라되어 있으니 복습 차원에서 되돌아보길 바란다.

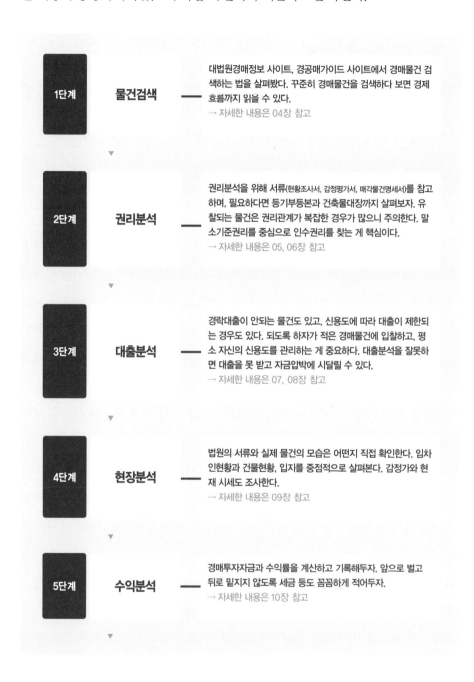

1단계 물건검색 — 대법원경매정보 사이트, 경공매가이드 사이트에서 경매물건 검색하는 법을 살펴봤다. 꾸준히 경매물건을 검색하다 보면 경제 흐름까지 읽을 수 있다.
→ 자세한 내용은 04장 참고

2단계 권리분석 — 권리분석을 위해 서류(현황조사서, 감정평가서, 매각물건명세서)를 참고하며, 필요하다면 등기부등본과 건축물대장까지 살펴보자. 유찰되는 물건은 권리관계가 복잡한 경우가 많으니 주의한다. 말소기준권리를 중심으로 인수권리를 찾는 게 핵심이다.
→ 자세한 내용은 05, 06장 참고

3단계 대출분석 — 경락대출이 안되는 물건도 있고, 신용도에 따라 대출이 제한되는 경우도 있다. 되도록 하자가 적은 경매물건에 입찰하고, 평소 자신의 신용도를 관리하는 게 중요하다. 대출분석을 잘못하면 대출을 못 받고 자금압박에 시달릴 수 있다.
→ 자세한 내용은 07, 08장 참고

4단계 현장분석 — 법원의 서류와 실제 물건의 모습은 어떤지 직접 확인한다. 임차인현황과 건물현황, 입지를 중점적으로 살펴본다. 감정가와 현재 시세도 조사한다.
→ 자세한 내용은 09장 참고

5단계 수익분석 — 경매투자자금과 수익률을 계산하고 기록해두자. 앞으로 벌고 뒤로 밑지지 않도록 세금 등도 꼼꼼하게 적어두자.
→ 자세한 내용은 10장 참고

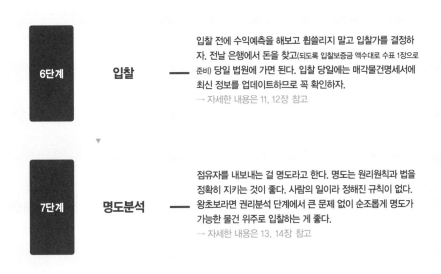

| 6단계 | 입찰 | 입찰 전에 수익예측을 해보고 휩쓸리지 말고 입찰가를 결정하자. 전날 은행에서 돈을 찾고(되도록 입찰보증금 액수대로 수표 1장으로 준비) 당일 법원에 가면 된다. 입찰 당일에는 매각물건명세서에 최신 정보를 업데이트하므로 꼭 확인하자.
→ 자세한 내용은 11, 12장 참고 |
| 7단계 | 명도분석 | 점유자를 내보내는 걸 명도라고 한다. 명도는 원리원칙과 법을 정확히 지키는 것이 좋다. 사람의 일이라 정해진 규칙이 없다. 왕초보라면 권리분석 단계에서 큰 문제 없이 순조롭게 명도가 가능한 물건 위주로 입찰하는 게 좋다.
→ 자세한 내용은 13, 14장 참고 |

〈첫째마당〉부터 다양한 경매물건의 입찰과정을 엿보면서, 권리분석, 물건분석, 대출분석 노하우를 살펴보도록 하겠다.

준비마당 2

왕초보를 위한 조언 6가지

서울법원

인천법원

대전법원

전주법원

광주법원

제주법원

대법원 경매정보
사이트(무료)

경공매가이드
사이트(유료)

• 현재 진행 중인 경매정보는 대법원 경매정보사이트 참고(무료, 과거정보는 삭제)
• 과거 경매정보는 유료 사설 경매정보 사이트 참고 요망

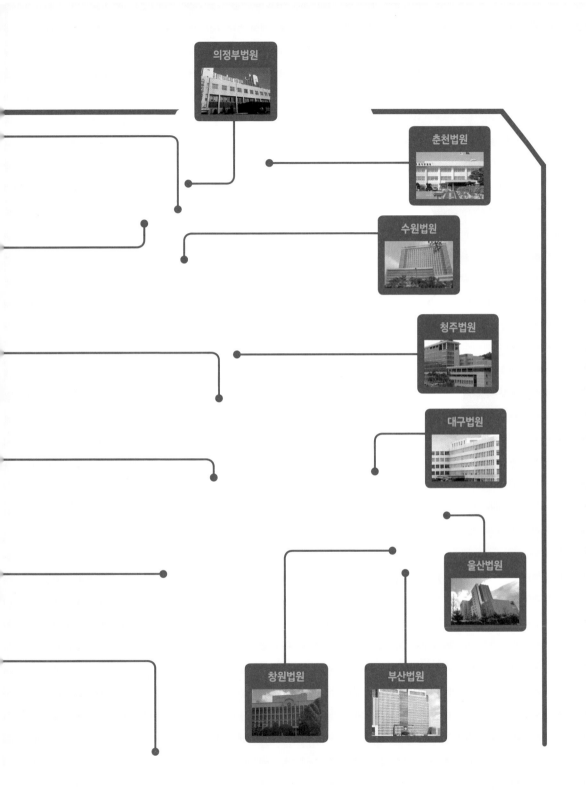

왕초보를 위한 조언 1 –
돈 되는 경매정보 3가지
(ft. ❶ 낙찰가, ❷ 응찰자수, ❸ 응찰가액)

부동산 바닥 민심? 뉴스보다 경매정보가 더 정확!

지금까지 경매절차와 기본개념을 살펴보았다. 이제는 초보자가 경매정보를 효율적으로 활용하는 법을 설명하겠다. 초보자에게 권하고 싶은 부동산 공부법은 나의 관심 지역 경매정보를 꾸준히 살펴보는 것이다. 경제를 알려면 뉴스부터 챙겨 보란 말이 있다. 하지만 대부분 부동산 뉴스 패턴은 비슷하다. '개발 호재', '공급 이슈', '전셋값', '이사철' 등. 최근에는 광고성 기사도 많아서 신뢰하기 힘들다. 하지

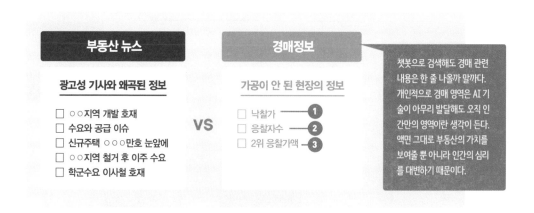

부동산 뉴스

광고성 기사와 왜곡된 정보

- ☐ ○○지역 개발 호재
- ☐ 수요와 공급 이슈
- ☐ 신규주택 ○○○만호 눈앞에
- ☐ ○○지역 철거 후 이주 수요
- ☐ 학군수요 이사철 호재

VS

경매정보

가공이 안 된 현장의 정보

- ☐ 낙찰가 ❶
- ☐ 응찰자수 ❷
- ☐ 2위 응찰가액 ❸

챗봇으로 검색해도 경매 관련 내용은 한 줄 나올까 말다나. 개인적으로 경매 영역은 AI 기술이 아무리 발달해도 오직 인간만의 영역이란 생각이 든다. 액면 그대로 부동산의 가치를 보여줄 뿐 아니라 인간의 심리를 대변하기 때문이다.

만 경매정보는 다르다.

❶ 낙찰가와 ❷ 입찰에 참여한 응찰자수, ❸ 2위 응찰가액 등은 누구의 관점이 들어가지 않은 날것의 자료이기 때문에 시장 상황을 빠르게 파악할 수 있다.

돈 되는 경매정보 ❶ 낙찰가 – 입지와 가치 파악 가능

낙찰가를 보면 매수심리는 물론 물건의 가치도 한눈에 파악할 수 있다. 하락장이어도 상급지일 경우 낙찰가의 낙폭이 크지 않고 굳건히 버티는 반면 하급지일수록 낙찰가의 낙폭이 큰 편이다. 실제로 하락장에서 굳건히 버티는 물건은 상승장이 오면 재빨리 반등하고 가격 오름폭도 크다. 하지만 낙폭이 큰 물건은 상승장이 와도 더디게 오르고 내릴 때는 더 빨리 내린다.

일반매매에서 체결된 가격의 속사정은 당사자들만 안다. 몇 사람이나 그 매물을 사려고 했었는지, 원래 호가는 얼마였는지, 최종 계약이 체결까지 어땠는지, 특약은 무엇인지 등 제3자는 전혀 알 수 없다. 게다가 부동산 실거래가는 몇 달 전 거래된 과거이지만 낙찰가는 현재를 보여준다.

하지만 법원에서 결정된 낙찰가는 온라인을 통해 전 국민에게 실시간으로 공유된다. 경매물건 낙찰가는 업 또는 다운 계약이 안 되어서 신뢰할 만하다. 물론 경매물건 특성상 낙찰이 되어도 실거래가 신고를 따로 안 해서 널리 공유가 안 된다. 그래서 사람들이 일반매매 실거래만 보고 시장을 파악하는 경향이 있는데 이것은 불완전한 정보다. 부동산 매수심리를 제대로 파악하려면 일반매매 실거래가와 법원경매 낙찰가를 둘 다 봐야 한다. 그러지 않으면 한쪽 눈만 뜨고 세상을 보는 것과 같다.

	일반매매	경매
차이점	• 계약 참여자만 내부 사정을 안다. • 일반매매 실거래가 신고는 자금출처 소명이나 취등록세 납부, 그리고 소유권 이전을 통해 실거래가에 반영된다.(계약 해지 시 그 사실을 30일 안에 신고) • 일반매매 실거래가는 시간차가 존재한다.	• 전 국민에게 낙찰가와 진행 과정이 투명하게 공개된다. • 경매 낙찰가는 실거래가 신고를 하지 않지만 100% 믿을 만하다. • 경매 낙찰가는 실시간으로 등록된다.

> 부동산 매수심리를 파악하려면 일반매매 실거래가와 경매 낙찰가를 함께 봐야 한다.

돈 되는 경매정보 ❷ 응찰자수 – 매수심리 파악 가능

낙찰가만큼 응찰자수도 중요하다. 이들은 매수의사가 있어 입찰보증금을 찾아 들고 매각기일 당일 입찰장까지 갔으나 패찰한 사람들로 아주 적극적인 매수자들이다. 그들은 언제라도 비슷한 물건이 나오면 입찰에 들어갈 준비가 되어 있는 사람들이다. 매수심리의 강도를 보는 데 중요한 지표다.

돈 되는 경매정보 ❸ 응찰가액 – 부동산 경기 파악 가능

경매 사건번호 앞의 숫자는 경매접수 연도다. 예를 들어 경매 사건번호가 2020 타경 1234라면 2020년 1월 1일~12월 31일 사이에 경매개시가 된 것이다. 보통 경매사건은 1년 안에 모두 종결되는데 경매개시가 결정되면 1~3개월 내에 감정을 한다. 감정한 시기가 부동산 가격 상승기인데 매각기일 즈음에 부동산경기가 하락하면 1~2회 유찰 후 낙찰되지만 그 반대면 1차에 응찰자수가 많아지면서 응찰가액이 감정가를 넘어서기도 한다. 물론 큰 문제가 없는 물건이라는 전제조건에서 말이다.

상승기에 감정한 후 하락기에 경매물건으로 나오면
1~2차 유찰 후 낙찰되는 경우가 많다.

하락기에 감정한 후 상승기에 경매물건으로 나오면
감정가 이상으로 낙찰되는 경우가 많다.

하지만 이런 원칙이 모두 통용되는 것은 아니다. 경매물건 중에서 부동산 하락기인데도 1차에 응찰자수가 몰리는 물건도 있고 상승기인데도 감정가의 50%로 이하로 유찰되다가 아예 낙찰이 안 되는 물건도 있다. 이런 물건을 클릭해서 왜 인기가 있었는지, 왜 유찰되었는지, 특수권리 물건이라 초보자들이 입찰에 못 들어간 물건인지 등등 구분하는 실력을 길러보자.● 부동산 하락장에도 똑똑한 1채를 찾아내고 상승기가 오면 가장 먼저 반등할 아파트를 알 수 있다면 수익창출은 어렵지 않을 것이다.

● 〈첫째마당〉 ~ 〈다섯째마당〉에 나오는 실제 입찰 사례는 경매물건과 가격의 상관성을 파악하는 데 큰 도움이 될 것이다. 꼼꼼히 권리분석+물건분석 포인트를 살펴보자.

낙찰을 받았지만 잔금납부를 포기하는 경우

낙찰을 받았지만 오히려 손해가 커서 잔금납부를 포기하고 입찰보증금을 날리는 경우가 종종 있는데 그 예는 다음과 같다.

| 잔금납부를 포기하고 입찰보증금을 날리는 경우 |

- 말소기준권리보다 앞서 전입한 대항력 있는 임차인을 확인하지 못한 경우
  ▸ **권리분석 착오**
- 물건 상태, 개발 행위에 대한 착오 ▸ **물건분석 실패**
- 명도의 어려움
- 낙찰 후 법원 서류에 명시되지 않은 결함을 뒤늦게 안 경우
  ▸ **매각물건명세서에 결함이 언급되지 않았다면 매각불허가 신청 가능**
- 입찰 금액을 실수로 잘못 기재한 경우
- 잔금 마련 실패, 경락대출을 못 받은 경우

경매는 권리분석과 물건분석이 중요하다. 자칫
입찰보증금을 날릴 수 있으니 주의해야 한다.

왕초보를 위한 조언 2 – '사연' 말고 '팩트'에 집중할 것!

사건의 본질을 파악할 것, 가급적 냉정해질 것!

이번에는 왕초보들이 자주 실수하는 부분을 짚어보도록 하겠다. 경매는 사건의 본질에 집중하고 최대한 냉정해야 한다. 사연 많은 경매물건을 처음 접하면 호기심이 슬슬 발동하여 꼬리에 꼬리를 무는 질문이 생기는데 사실 전혀 신경 쓸 필요가 없다. 법원경매물건은 모두 경매에 부쳐진 나름의 이유가 있고 세부 내용도 공개된다. 입찰하려면 사연에 집중하지 말고 법원 제공 자료의 팩트만 보면 된다.●

경매물건을 검색하다보면 일정한 패턴이 존재한다. 예를 들어 채무자와 소유자가 다른 물건은 고령의 아버지가 부동산을 담보로 제공하고 자녀가 대출을 받는 경우가 많다. 소유자나 채무자가 여러 명인 물건은 상속받은 물건으로, 상속받은 사람의 숫자만큼 지분이 표시된다.

● 법원경매정보는 임의·강제경매, 청구원인, 신청채권자의 청구금액, 등기부채권총액, 임차인 보증금 총액 등이 공개된다.

자의적인 해석, 자칫 보증금만 날린다?

이번에는 팩트를 확인하지 않고 자의적으로 해석하여 입찰보증금을 날린 사례를 소개해보겠다. A는 예전부터 기다렸던 물건이 경매로 나와서 입찰을 준비하고 있었다. 그런데 법원 자료를 보니 선순위임차인이 배당요구를 안 했다. 그래서 자신이 직접 관리사무실에 찾아가서 물어보니 채무자인 소유자와 선순위임차인이 부부라는 것이다. 이 사람은 속으로 '부부 간에는 임대차관계가 성립하지 않으니 낙찰받아도 되겠군' 하고 생각했다. 하지만 낙찰받은 후 막상 두 사람을 만나보니 실제 결과는 달랐다. 이 둘은 애초에 혼인신고를 한 적도 없었고 부부 사이도 아니었다. 꼼짝없이 선순위임차인의 보증금을 추가로 인수해야 하는 상황이었다. 이 사람은 당장 관리사무실에 가서 따져 물었다.

"아니 둘이 부부 사이가 아닌데 왜 부부 사이라고 했어요? 당장 내 입찰보증금 물어내세요!"

관리사무실 측은 성인남녀 둘이 같이 사니 부부인 줄 알았지, 사실혼 관계인지 불륜인지 동거 중인지 어떻게 아느냐고 항변했다. 만약 법원의 현황조사 때 관리사무실 측이 집행관 앞에서 부부가 살고 있다고 말했다면 법적 효력이 있었을 것이다. 하지만 A는 입찰보증금만 날리게 되었다.

B 역시 기다리던 물건이 경매로 나와 냉큼 낙찰을 받았다. 관리사무실로 달려가 냉큼 집 열쇠를 달라, 번호키를 알려 달라, 이사를 나가며 맡기지 않았느냐는 둥 닦달을 했다. 관리사무실 측은 자신들은 부동산을 관리하는 곳이지 부동산 소유자가 아니므로 아무것도 해줄 수 없다고 말했다. 그랬더니 B는 더 목청을 높이며 따졌다.

"돈 떼먹고 도망간 소유자와 관리사무실이 서로 짜고 치는 거 아니냐? 무슨 사이인데 낙찰자인 나에게 이렇게 비협조적인가?"

여기서 잠깐! 경매를 당한 전소유자는 과연 돈을 떼먹고 도망간 나쁜 사람일까? B는 드라마에서 본 경매 이슈를 자신의 사건에 대입하여 감정과잉 상태로 명도를 밀어붙이고 있다. 엄밀히 말해 채무자가 돈 떼먹고 도망갔더라도 채권자가 돈을 떼였지 낙찰자 돈을 떼먹고 도망한 것이 아니다. 이렇게 해봤자 득이 될 건 하나도 없다. 경매정보는 팩트만 봐야 한다. 낙찰자는 권리 변동으로 인해 어떤 결과가 미치는지 분석하면 된다. 그래야 본질에 접근하고 해결의 실마리를 풀 수 있다.

고수가 노리던 물건도 경매가 취하되면 올스톱!

경매사건의 패턴을 속속들이 파악하는 고수도 목표한 물건을 모두 낙찰받을 수 있는 건 아니다. 법원경매 진행 중에도 얼마든지 채권자 변동이 생길 수 있다.[•] 경매의 개시는 압류의 효력이 발생한 것일 뿐, 매도 금지 효력이 발생된 게 아니다. 시세가 오르면 빚을 갚을 수 있게 되어 경매가 진행 중이더라도 채무자가 신청 채권자의 청구 금액만 갚으면 경매를 취하할 수 있다. 경매가 취하되면 모든 진행과정은 올스톱이다. 이럴 땐 마음을 추스르고 새로운 목표를 위해 전열을 가다듬을 필요가 있다.

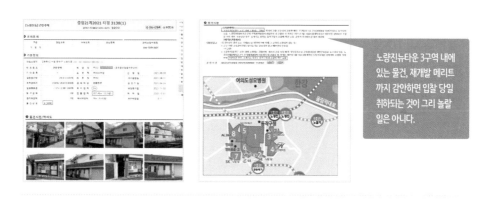

노량진뉴타운 3구역 내에 있는 물건, 재개발 메리트까지 감안하면 입찰 당일 취하되는 것이 그리 놀랄 일은 아니다.

[•] 채권은 사람을 따라다니므로 경매진행 중에도 얼마든지 양도 양수가 가능하다. 채무자가 신청 채권자의 빚을 갚아버리면 경매가 스톱된다.

18

왕초보를 위한 조언 3 – 투자의 고정관념을 버리자

상가를 원한다면 빌라나 단독주택도 후보군에 넣자

망리단길, 경리단길, 가로수길 사진이 SNS에 자주 보인다. 이 지역들은 원래는 주택가였지만 하나둘씩 특색 있는 상가와 맛집이 들어서면서 핫플레이스가 되었다는 공통점이 있다.

'이번에 마침 세입자가 나간다는데… 근처 상가들을 보니 은근 장사가 잘되네?'

'상가로 임대 주는 편이 월세를 더 받겠는데? 이참에 나도 상가로 바꿔볼까?'

이렇게 생각하는 사람이 많아지면 순식간에 주택보다 상가가 많아진다. 아래층은 상가인데 윗집은 주거용인 빨간 벽돌 건물들이 그런 경우다. 이 책을 읽는 독자분들도 내 상가를 갖고 싶다는 생각을 하며 경매물건을 찾아보는 분들도 많을 것이다. 그렇다면 상가만 찾지 말고 빌라나 단독주택도 공략해보길 바란다. 상권 활성화가 되기 전에 1층 용도를 주택에서 상가로 바꾸면 권리금 부담 없이 훨씬 적

· 상가를 주택으로 용도를 바꾸려면 주차장 확보가 필수다. 하지만 주택은 상대적으로 자유롭다. 이미 주차장 면적이 확보되어 있으니 주택으로 허가가 난 상태이며 상가로 바꾸어 사용하다가 다시 주택으로 바꿔도 된다는 뜻이다.

은 돈으로 상가 주인이 될 수 있다. 평수가 작은 상가는 주택과 달리 주차장을 추가로 확보하지 않아도 되어서 마음만 먹으면 얼마든지 용도를 바꿀 수 있고 경매로 낙찰받으면 대출도 많이 나오는 장점이 있다.

주택 → 상가 전환은 쉬워서 인기가 있다.

사고의 전환! 몇천만원으로 강남 상가 주인이 된다

다음 사례(중앙4계 2016타경3387(1))를 살펴보자. 서울 강남구 삼성동 반지하층 빌라지만 1층과 다름이 없고 오피스 상권이 형성되어 있어 상가로 바꾸면 딱 좋을 자리다. 경락대출을 활용해서 잔대금을 납부한 뒤 상가로 용도를 바꾸면 몇천만원 투자로 상가 주인이 될 수 있는 물건이다. 집주인이 진즉 이 사실을 알았더라면 이 물건이 경매에 부쳐지는 일은 없었을지도 모른다.

전국에서 경매 부쳐지는 부동산의 종류는 각양각색이고 난이도와 해법도 다양하다. 실력만 받쳐준다면 법원경매로 돈을 버는 방법은 정말로 무궁무진하다.

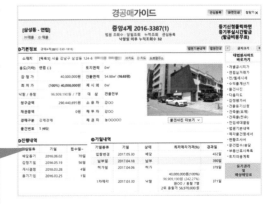

사고를 전환하면 몇천만원 투자로 강남 상가 주인이 되는 강남 삼성동 반지하 빌라 경매 사례

생각을 조금만 바꿔도 도전이 쉬워진다

대부분의 사람들은 생각하는 패턴이 정해져 있다. '1. 가게를 해야 하는데? → 2. 당장 가게 살 돈은 없으니 월세부터 알아봐야지.' 하지만 이렇게 생각하면 앞으로도 상가를 사는 것은 꿈도 못 꿀 것이다. 이럴 땐 '월세'라는 생각의 방에서 나올 필요가 있다. 나오기만 하면 더 좋은 기회를 얻을 수 있다. 하지만 주변에 그런 꿈을 꾼다거나 실천한 지인도 없다면 생각의 한계를 뛰어넘기란 쉽지 않다.

사람들은 일반적으로 여행지를 먼저 정하고 인근 호텔을 정한다. 하지만 어떤 이는 가고 싶은 호텔을 먼저 정한 뒤에 인근 관광할 곳을 정한다고 한다. A호텔에 가려고 아부다비행 비행기를 타거나, B호텔에 묵기 위해 북경에 가는 식이다. 호텔을 단순히 낯선 여행지에서 잠만 자고 나오는 곳이라고 여기는 사람에게는 이상하게 들릴지 모르나 생각을 조금만 바꿔도 새로운 경험을 할 수 있다. 경매도 마찬가지다. 발상을 전환하면 난해한 수학 문제처럼 어려워 보이는 물건이 쉽게 풀릴 수 있다. 경매야말로 상상력과 창의성이 필요한 영역이다.

 정부의 대출규제와 풍선효과

서울 규제를 풀었더니 광명 아파트 낙찰가 급하락?

2023년 1월 정부는 강남3구와 용산구를 제외한 서울 전 지역을 부동산규제지역에서 해제했다. 투기과열지역도 무주택자와 1주택자 담보 비율(LTV)을 50%씩 적용해준다고 발표했다. 그러자 광명 아파트 경매 낙찰가가 큰 폭으로 떨어졌다. 서울이 규제지역에서 해제되고 대출이 받쳐주니 서울로 수요가 몰린 것이다.

보유주택수 배제, 비규제 지점 - 정부 Pick! 집값 안 오를 곳?

2023년 1월 정부는 연천, 강화, 옹진의 3억원 이하 집은 보유주택수에서 뺀다는 발표를 했다. 이 지역은 장래에 인구 소멸 예상 지역이고 여유가 된다면 부담 없이 1채씩 사두라는 의미다. 하지만 투자자라면 이런 지역은 매수를 고민해봐야 한다. 부동산을 살 때 들어간 돈은 다음 매수자의 주머니 속에 있다는 것을 명심해야 한다. 다음 매수자가 안 나타나면 시세차익은 포기해야 하는 것이다.

부동산규제가 심했던 시기 김포와 파주까지 조정대상 지역으로 묶이자 서울 수도권에서 비규제지역은 가평, 연천, 동두천이 남았다. 가평, 연천에는 아파트가 별로 없으니 동두천 아파트값이 폭등했고 결과적으로 정부는 동두천까지 조정대상지역으로 지정하였다. 그런데 대출이 잘 나온다는 이유 하나만 보고 비조정대상지역과 인구 소멸이 예상되는 지역으로 간다? 거의 남한 전 지역이 규제지역으로 묶였는데 유독 그 지역만 아직도 안 묶였다는 것은 뭘 의미하는 걸까? 그것은 바로 정부가 비인기지역이라고 공식 인증해준 것이다. 만약 하락세로 돌아서면 가장 먼저 가장 큰 폭으로 폭락할 곳임을 예고하는 것이다.

정부 부동산규제에 따른 투자의 부작용

주거 시설은 단기에 '사팔사팔' 하면 몸만 바쁘고 매도 시에도 세금 떼면 남는 게 없다. 또 부지런히 물건을 찾아 돌아다녀야 한다는 고달픔도 따른다. 그렇다고 지방에 몇 년씩 장기투자하는 것은 위험부담이 크다. 지금 주택경기가 하락세로 돌아서자 지방 비규제지역 갭투자 물건부터 폭락하기 시작한다. 전세 세입자가 재연장을 거절하고 더 싼 임대매물로 골라서 나가겠다고 통보한다. 역전세를 맞는 것이다. 갭투자자는 호가가 올랐다고 기뻐했던 시절이 있었겠지만 지금은 수중에 가진 여윳돈까지 털어서 더 내놔야 하는 악순환에 빠지게 된다. 그 이유는 정부의 부동산규제 발표의 효과와 부작용에 대해 무지했던 결과다. 투자의 분석력이 성공을 좌우한다는 것을 보여주는 사례다.

내집마련이 우선! 그다음은 비주거 수익형 투자로!

필자는 가급적 내집마련부터 하고 비주거시설인 수익형 부동산 투자에 관심을 가지길 권한다. 경매 초심자들이 많이 뛰어드는 곳은 입찰경쟁이 치열하다. 오히려 비주거시설 쪽이 입찰 경쟁률이 낮아 더 싸게 취득이 가능하다. 부동산규제로 인한 효과와 부작용은 이 책이 만들어지는 동안 계속 바뀔 수 있다. 앞으로 실시간으로 네이버 카페 게시판과 오프라인 강연 유튜브 방송에서 소통하며 전달하도록 하겠다.

19 왕초보를 위한 조언 4 – 싼 물건만 찾지 말 것!
(인수권리, 지분매각, 복잡한 명도, 건물·토지 따로 매각, 특수목적 부동산)

시간은 돈! 유찰된 부동산만 찾지 마라

　사람들은 경매는 무조건 시세보다 싸다는 생각을 머릿속에 딱 세팅해놓는다. 그러다 보니 경매 초심자는 유찰이 많이 되어 감정가 반의 반 이하로 떨어진 복잡한 권리가 얽힌 물건 위주로 검색하는 경향이 있다. 다른 곳에 더 좋은 물건이 나와도 그쪽은 거들떠도 안 본다. 하지만 가격이 싸다고 꽂힌 물건은 매력도 없어서 유찰된 경우가 많다. 그렇다면 지금 가격도 결코 싼 게 아니다.

　이거다 싶은 물건이어서 임장까지 갔다 왔지만 싸게 사야 한다는 강박에 1차 입찰은 안 들어가겠다는 사람도 있다. 하지만 진짜 좋은 물건은 1차 감정가를 훌쩍 넘겨서 낙찰된다. 이런 경험을 몇 번 하다 보면 어느덧 1차 매각기일에 입찰법정에서 기일입찰표를 쓰고 있는 자기 자신을 발견한다.

　모든 입찰자들의 희망은 2등과 아슬아슬한 금액 차이로 낙찰받거나 응찰자가 많이 몰린 물건을 낙찰받는 것이다. 하지만 그렇게 낙찰받는다고 돈이 저절로 벌릴까? 아니다. 부동산은 뭐니 뭐니 해도 입지가 중요하다. 맘에 드는 물건이 다시 나타날 때까지 기약이 없고 시간을 허비하게 되면 그만큼 돈을 벌 기회가 점점 더 뒤로 밀려버린다는 것을 기억하자.

요즘 경매 초심자들에게 가장 많이 받는 질문 랭킹 1위는 '왜 유찰되었나요?'다. 유찰된 이유를 볼 줄 모르면서 혼자서 경매하겠다고 하는 사람들이 부쩍 늘었다. 최소한 경매사건 기록을 보고 유찰된 이유 정도는 파악하는 실력을 키워야 한다.

일반적으로 감정가 대비 50% 이하로 떨어진 물건은 뭔가 유찰된 이유가 있다. 이런 물건은 크게 ❶ 인수권리 ❷ 지분매각 ❸ 복잡한 명도 ❹ 건물 또는 토지만 매각 ❺ 특수목적 부동산 등 하자가 있는데 지금부터 그 내용을 자세히 살펴보자.

유찰로 싸지는 물건의 특징 ❶ 인수권리 有

먼저 인수권리를 제대로 파악하지 못해 낙찰을 포기한 사례에 관해서 살펴보자.

아래 화곡동 아데나팰리스(2020타경110363)는 HUG(주택도시보증공사)가 경매를 신청한 물건이다. 대항력을 갖춘 선순위세입자의 보증금 275,000,000원이 전액 배당이 안 되면 보증금은 낙찰자가 인수해야 하는 물건이다. 즉 275,000,000원 이하로는 절대로 못 사는 물건이다. 모르는 사람 눈에는 38,000,000원에 낙찰받은 것으로 보이지만 낙찰자는 추가인수권리(선순위세입자의 미배당된 보증금 차액)를 발견하지 못해서 대금을 미납했고 입찰보증금을 날렸을 것이다.

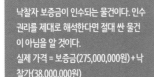

낙찰자 보증금이 인수되는 물건이다. 인수권리를 제대로 해석한다면 절대 싼 물건이 아님을 알 것이다.
실제 가격 = 보증금(275,000,000원)+낙찰가(38,000,000원)

유찰로 싸지는 물건의 특징 ❷ 지분매각

그다음으로 싸지는 물건은 지분매각이다. 강서구 등촌 10단지 주공아파트(2022 타경101882) 사례를 살펴보자. 토지와 건물을 합친 물건이지만 소유자가 여럿이고, 이들 중 7분의 2만 경매에 나와서 가격이 싼 것이다. 고작 아파트의 5평 지분매각 이니 지분만큼만 감정가를 책정한다. 하지만 실제로 지분만 낙찰받아서는 당장 실입주가 불가능하다. 나머지 지분을 마저 사든가, 이후 작업이 필요하기 때문에 가격이 싸다.

초보자 중에는 가격이 싸다고 덜컥 입찰하는 경우가 있는데 조심해야 한다. 그 렇다면 경매물건이 지분매각인지 아닌지 어떻게 알까? 매각 대상을 보면 '지분'이 란 글자가 등장한다. 대법원경매정보사이트의 감정평가서, 경공매가이드 사이트 의 부동산표시목록, 감정평가서 요약에 자세히 나와 있다. 입찰 사례를 통해 지분 매각을 확인하는 방법은 342쪽을 참고하자.

지분 물건은 한 사람이 부동산을 100% 소유할 수 없기에 가격이 싸다.

유찰로 싸지는 물건의 특징 ❸ 복잡한 명도

앞의 사례를 계속 살펴보자. 강서구 등촌 10단지 주공아파트는 1995년도 전입한 선순위임차인 1인이 배당요구를 아예 안 했다. 만약에 7분의 2 지분을 낙찰받고, 나머지 지분까지 사서 온전히 본인 소유로 만든다 해도 임차인을 어떻게 명도할 수 있을까? 7분의 2 소수지분만 낙찰받은 뒤 임차인이나 점유자에게 건물 전체를 명도해달라고 할 수 없다. 운이 좋아서 일반매매로 단기에 매도한다고 치자. 아파트 단기매도 차익에 따른 양도소득세율은 엄청 높다. 특별히 노하우가 있지 않은 한 이런 물건은 피하자.

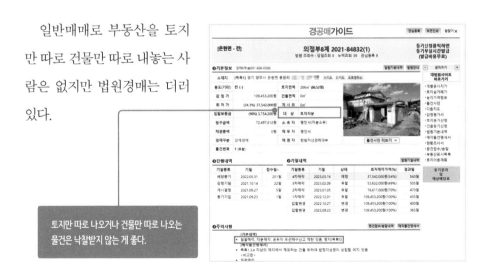

유찰로 싸지는 물건의 특징 ❹ 건물 또는 토지만 매각

일반매매로 부동산을 토지만 따로 건물만 따로 내놓는 사람은 없지만 법원경매는 더러 있다.

앞의 의정부 물건은(2021타경84832) 토지만 매각하는 경우로, 건물은 경매에 나오지 않았다. 이럴 경우 토지는 내 것이지만 건물은 남의 것이다. 낙찰 후 앞으로 어떻게 할 건지 대책이 없으면 아무나 살 수 없기에 가격이 계속 내려간다. 이런 물건도 왕초보는 들어가면 안 된다.

유찰로 싸지는 물건의 특징 ❺ 특수목적 부동산

특수목적 부동산은 종교용지, 학교법인, 복지법인, 의료재단 보유의 부동산으로 주무관청의 인허가가 있어야만 소유권을 취득할 수 있어 아무리 유찰이 거듭되어 싸지더라도 일반인은 살 수 없다. 아래 여주 부동산의 경우(2021타경32451) 만약 낙찰을 받더라도 주무관청의 인허가 서류를 제출하지 못하면 낙찰 허가가 안 되어 입찰 보증금을 떼이게 된다. 이런 사항은 법원에서 작성한 매각물건명세서 → 특별매각조건에 나와 있다. 나중에 안 읽어보고 억울하다고 해봐야 소용이 없다.

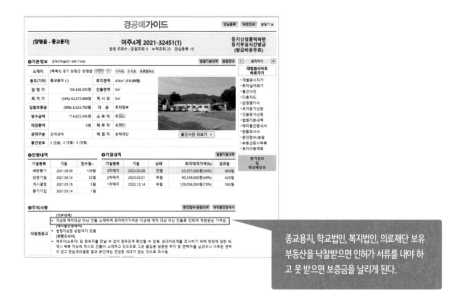

종교용지, 학교법인, 복지법인, 의료재단 보유 부동산을 낙찰받으면 인허가 서류를 내야 하고 못 받으면 보증금을 날리게 된다.

결론! 가격에 맞추지 말고 목표부터 정하자

초보자는 가격에 휘둘리고 뉴스에 혹하기 쉽다. 'ㅇㅇ호재', '어디가 핫플레이스' 등 연일 뉴스에 오르내리는 부동산은 이미 고점을 찍은 상태라 가격이 최고점일 때 사게 된다. 우선 자신의 목표부터 정확히 설정하자. 경매 목표가 내집장만인지, 따박따박 월세 받는 수익형인지 목표를 먼저 정한 뒤 본인이 잘 아는 지역을 중심으로 자금운용 범위에 맞게 도전해보자.

입찰 전 다음의 체크리스트를 활용하면 도움이 될 것이다.

| 체 | 크 | 리 | 스 | 트 |

나의 경매 목표 정하기

☐ **물건 정하기**
(☐ 아파트　☐ 빌라　☐ 오피스텔　☐ 다가구　☐ 상가주택　☐ 기타 _____)

☐ **용도 정하기**
(☐ 내집장만　☐ 임대수익　☐ 단기매매차익　☐ 기타 _____)

☐ **가격대 정하기**
_____원

☐ **투자비용 정하기**
보유자금 : _____원　　　대출자금 : _____원

☐ **보유기간 정하기**
_____년

왕초보를 위한 조언 5 –
감정가에 얽매이지 마라
(ft. 성수동 재개발 단독주택)

경매 감정가는 현재 가치가 아니다?

03장의 경매 절차 6단계를 보면 경매가 접수되고 첫 매각에 이르기까지 매각준비 기간만 평균 6개월이다. 여기에 낙찰자가 정해지고 배당까지 끝나려면 1년 정도 걸린다. 일반적으로 감정가[*]는 매각준비 단계에서 결정하게 되는데 이 시점을 기준으로 시세가 내린 부동산과 더 오른 부동산이 있다. 따라서 감정가를 불변의 진리로 받아들이지 말고 언제 감정했는지 그 시기를 기준으로 현재 시점과 미래 가치에 따른 가격 차이를 봐야 한다.

감정가보다 낙찰가가 높은 사례 – 재개발·재건축 매물과 상가 매물

다음 사례(2017타경53467)를 살펴보자. 성수동에 있는 단독주택으로 대지가 12평, 감정가는 3억원이 안 되지만 낙찰가는 감정가보다 347% 높았다. 응찰자도 162명

•   **감정가** : 감정가는 공시지가가 아니다. 인근 지역, 비슷한 물건의 평균 낙찰가와 가장 최근에 거래된 사례 등을 고려해서 법원이 감정평가사를 고용해서 매기는 가격이다.

이나 되었다. 결과적으로 높은 낙찰가 덕분에 채무자와 소유자에게 만족스러운 결과를 안겨주었을 것이다.

성수동 사례처럼 재개발·재건축 지역의 희귀 매물이 경매에 나오면 감정가보다 몇 배 더 높게 낙찰되는 경우가 많다. 이걸 보고 경매로 비싸게 산다고 생각할 수도 있다. 하지만 법원 감정가는 부동산이 앞으로 재개발·재건축으로 얻게 될 미래 이익까지 포함해서 감정하지 않는다. 상가의 경우도 마찬가지다. 아무리 장사가 잘된다고 해도 건물과 토지가격만 감정하지 권리금까지 포함하지 않는다. *

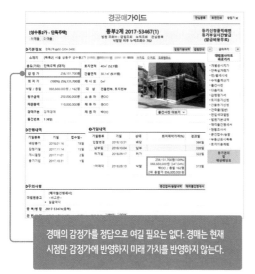

경매의 감정가를 정답으로 여길 필요는 없다. 경매는 현재 시점만 감정가에 반영하지 미래 가치를 반영하지 않는다.

성수동 재개발 최근 일반 매물 시세

경매 감정가는 3억 이하여도 일반 매매가는 20억대 육박!

경매정보를 통해 익히는 적정 낙찰가와 입찰 타이밍

법원경매는 감정가와 유찰되어 내려간 최저가를 유연하게 볼 필요가 있다. 경매는 매각기일에 최고가를 써낸 사람에게 낙찰된다. 따라서 물건에 메리트가 있

---

* 상가나 오피스텔이 법원경매로 매각될 경우 일반매매와 달리 재화의 이동으로 보지 않기 때문에 부가세를 안 낸다.

다 싶으면 감정가보다 더 쓰고 입찰에 들어가면 된다. 경매 초심자들이 주로 입찰에 들어가는 물건은, 대출이 잘 나오거나 권리분석이 쉽기 때문에 입찰 경쟁이 치열하다. 게다가 감정한 시기보다 현재 시세가 더 올랐다면 낙찰가가 높을 수밖에 없다. 하지만 반대로 대출이 불가능하고 권리분석이 복잡한 물건은 유찰이 되어 싸게 살 수 있다. 법원경매는 한 번 유찰될 때마다 20~30%씩 저감되니 감정가가 비싸다 싶으면 한 번 유찰되기를 기다렸다가 2차에 입찰 들어가면 된다.

낙찰가와 입찰 타이밍을 족집게처럼 알려주는 곳은 없다. 결국 자신이 경매정보를 꾸준히 살펴보고 해당 지역의 무슨 부동산이 얼마에 낙찰되었는지, 일반매매 시세는 어떠한지 비교하며 파악할 수밖에 없다. 경매는 다른 사람들이 낙찰받는 정보가 다 공개되어 있지 않은가? 처음부터 쉽지는 않겠지만 꾸준히 검색하다 보면 적정 낙찰가와 입찰 타이밍이 눈에 들어온다.

먹을 것도 적고 경쟁도 치열한 1억~3억원대 물건

1억~3억원대 부동산은 경쟁이 치열하고 낙찰가가 높다. 물건 종류는 상대적으로 가치측정이 쉬운 빌라나 구축 아파트, 오피스텔이 대부분이다. 하지만 3억원대 이상 물건부터는 경쟁률이 확 낮아진다. 이 구간에 들어가면 상대적으로 낙찰받기도 쉬워지고 수익률도 높아진다. 1억~3억원대 시장에서 낙찰받기란 힘들다. 그러나 한 번의 성공 경험이 중요하다. 그래야 3억원대, 6억원대, 10억원대 시장으로 진출할 수 있다. 최근에는 동호회나 친구, 가족끼리 소규모로 모여 사설 리츠[*]나 투자법인을 만들어 고가의 물건을 낙찰받는 경우가 많다. 10명이 1억원씩 모아서 10억원짜리 물건에 입찰하는 식이다. 물론 이렇게 모여서 공동투자할 경우 계약서와 공증 등은 필수다.^{**}

금액대별 평균 낙찰가율

최근 경매는 공동투자로 고가의 물건을 낙찰받는 경우가 많아졌다

• **리츠(REITs)** : Real Estate Investment Trusts의 약자로, 투자신탁이라는 뜻이다. 소액투자자들이 자금을 모아 부동산 등에 공동투자해 수익을 나누는 것으로, '부동산뮤추얼펀드'라고도 부른다.

•• [자료실Down] 공동경매 관련 서식은 네이버 카페 경공매가이드(cafe.naver.com/rhdao) → 서식&자료실에서 '공동경매' 검색, 다운받기

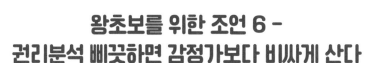

왕초보를 위한 조언 6 –
권리분석 삐끗하면 감정가보다 비싸게 산다
(ft. 장지역 빌라, 금천구 빌라, 중곡동 빌라)

경매는 빚이 더 많은 깡통부동산이 대부분

경매물건은 대부분 일반매매로 해결이 안 되는 부동산이고 때로는 경매에 부쳐져도 답이 없는 경우가 있다. 권리관계가 너무 얽혀 있어 이해관계자 외 다른 사람이 낙찰을 받으면 오히려 시세보다 더 비싸게 사는 경우다. 이런 물건을 구분할 줄몰라 최저가만 보고 싸다고 착각하고 낙찰받으면 손해다. 그 사실을 낙찰받고 나서야 알게 되고 잔금을 미납하면 입찰보증금은 몰수된다. 다음 사례를 통해 자세히 살펴보자.

> **사례** **송파구 장지역 역세권 빌라, 90% 할인해도 노답!**

서울 송파구 문정동 장지역 역세권에 있는 다세대빌라가 3억원대 감정가를 받았지만 10% 가격인 3,000만원대까지 떨어졌다. 어떻게 이런 일이 있을 수 있을까?

이 사건은 대항력을 갖춘 선순위임차인이 4년간 1억9,000만원에 전세를 살다가 전세보증금을 돌려받고자 강제경매를 신청하고 배당요구를 한 사건이다. 여기까지만 보면 다른 경매사건과 크게 다를 바 없다. 그런데 문제는 선순위전세권자다. 이 사람은 2억500만원에 전세권을 설정해놓았는데 배당요구를 하지 않았다. 이런 경우 낙찰자는 선순위임차인의 1억9,000만원과 배당요구를 하지 않은 선순위전세권자의 2억500만원을 합쳐 총 4억원에 가까운 돈을 내야 한다. 하지만 이 빌라의 감정가는 3억1,700만원이다. 아무리 감정가의 10% 이하까지 떨어졌다 해도 시세보다 1억원이나 비싼 셈이니 입찰 들어갈 사람이 나타나지 않는 것이다. 선순위임차인이 이 물건을 직접 낙찰받는다 해도 전세권 2억500만원을 인수해야 하니 이도 저도 할 수 없는 상황이다. 이 물건은 경매제도가 있어도 현재 시세로는 해결될 수 없는 물건이다.

경매로도 해결이 불가능한 사례. 이 경매사건에 대한 동영상 강의는 QR 참고

전세권은 물권이다. 채권과 물권의 차이만 알아도 초보티는 벗을 수 있다. 자세한 내용은 54쪽 참고.

서울 금천구 빌라, 입찰가가 전세가보다 낮다면?

아래 물건은 서울 금천구 독산동 빌라(2021타경7075)로 임차인이 219,000,000원에 전세로 들어가 살다가 보증금을 돌려받기 위해 경매에 부쳤다. 이 빌라는 2021년 12월 26일 감정가 245,192,000원이 책정되었고 계속 유찰이 되면서 전세가보다 낮아졌다. 경매로 낙찰받으려는 사람들은 조금이라도 더 싸게 사려는 사람들인데 감정한 이후 주택 경기가 하락해 감정가보다 시세가 내려갔지만 선순위임차인의 보증금은 그대로다. 역전세 물건이라 사람들이 기피하여 이해관계자인 임차인이 직접 방어입찰에 들어가 낙찰을 받았고 응찰자수는 1명 단독응찰이었다. 이런 물건은 임차인이 자신의 보증금을 지키기 위해 어쩔 수 없이 입찰하는 물건이다. 그래서 세입자는 전세 계약을 할 때부터 매매가와 전세가의 차이를 면밀히 살펴봐야 하는 것이다.

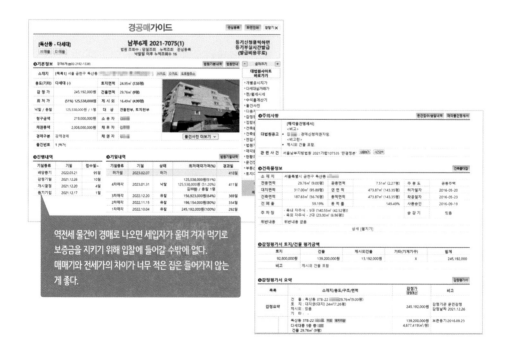

역전세 물건이 경매로 나오면 세입자가 울며 겨자 먹기로 보증금을 지키기 위해 입찰에 들어갈 수밖에 없다. 매매가와 전세가의 차이가 너무 적은 집은 들어가지 않는 게 좋다.

사례 서울 광진구 중곡동 빌라 1,000만원대에 살 수 있다는 착각?

다음 물건은 중곡동 빌라(2020타경54477)로 감정가가 152,000,000원인데 전세보증금이 190,000,000원이다. 앞의 사례는 감정한 이후 시세가 내려서 역전세가 된 물건이지만, 이건 아예 시작부터 역전세 물건이다. 이 물건은 감정가의 7%인 10,446,000원까지 떨어지자 결국 임차인이 직접 입찰에 참여해서 낙찰받았다. 응찰자수는 1명 단독응찰이었다. 광진구 중곡동 빌라 전세가보다 더 싼 1,000만원대 물건이지만 아무도 낙찰을 안 받는 데는 다 그만한 이유가 있다. 응찰자수, 낙찰가, 낙찰가율이 시사하는 바가 크다는 것을 알 수 있다.

155

아파트

최저가
내집마련
사례 14

첫째
마당

일산 · 행신

김포 · 장기

관악 · 신림

이 책의 78개 사례는 대한민국 경매 지도를 대표한다.
실제 입찰 사례를 분석하다 보면 실전투자에 큰 도움이 된다.

이 책은 '경공매가이드' 유료 사이트를 기반으로 설명하고 있다.
타 사이트 이용자라 해도 구성화면이 대동소이해서
책 내용을 이해하는 데 문제는 없다.
(임차인현황, 전입세대열람, 건축물대장, 등기부등본 콘텐츠 등은 유료)

무료 대법원 사이트
'법원경매정보'

유료 경매정보 사이트
'경공매가이드'

광명 · 하안

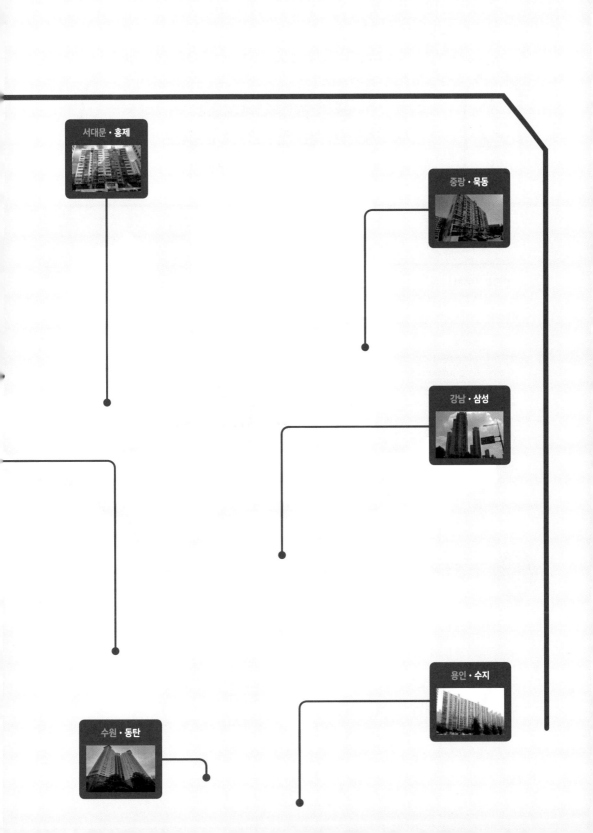

서대문 · 홍제

중랑 · 목동

강남 · 삼성

용인 · 수지

수원 · 동탄

22

경기 광명시 하안동
이편한세상센트레빌 아파트
(ft. 지분물건처럼 보이는 게 페이크!)

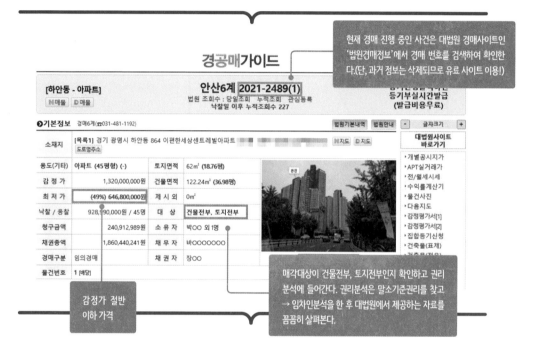

경공매가이드

현재 경매 진행 중인 사건은 대법원 경매사이트인 '법원경매정보'에서 경매 번호를 검색하여 확인한다.(단, 과거 정보는 삭제되므로 유료 사이트 이용!)

[하안동 - 아파트]
N매물 D매물

안산6계 2021-2489(1)
법원 조회수 : 당일조회 누적조회 관심등록
낙찰일 이후 누적조회수 227

등기부실시간발급
(발급비용무료)

○기본정보 경매6계(☎031-481-1192)

법원기본내역 법원안내 - 글자크기 +

소재지	[목록1] 경기 광명시 하안동 864 이편한세상센트레빌아파트 ▓▓▓▓ N지도 D지도		
	도로명주소		
용도(기타)	아파트 (45평형) (-)	토지면적	62m² (18.76평)
감정가	1,320,000,000원	건물면적	122.24m² (36.98평)
최저가	(49%) 646,800,000원	제시외	0m²
낙찰/응찰	928,990,000원 / 45명	대 상	건물전부, 토지전부
청구금액	240,912,989원	소유자	박○○ 외 1명
채권총액	1,860,440,241원	채무자	바○○○○○○
경매구분	임의경매	채권자	장○○
물건번호	1 [배당]		

대법원사이트 바로가기
› 개별공시지가
› APT실거래가
› 전/월세시세
› 수익률계산기
› 물건사진
› 다음지도
› 감정평가서[1]
› 감정평가서[2]
› 집합등기신청
› 건축물(표제)

감정가 절반 이하 가격

매각대상이 건물전부, 토지전부인지 확인하고 권리분석에 들어간다. 권리분석은 말소기준권리를 찾고 → 임차인분석을 한 후 대법원에서 제공하는 자료를 꼼꼼히 살펴본다.

권리분석
포인트

공동소유자 중 한 사람만 채무자인 물건

이 물건은 유찰을 거듭하며 감정가의 절반 가까이 떨어졌다. 매각대상도 건물 전부, 토지전부여서 문제가 안 된다고 판단해서 들어가려는데 아뿔싸! 소유자가 박○○ 외 1명, 지분물건이다.(개인정보 보호 차원에서 익명 처리) 감정가 13억원대 물건이 지만 유찰된 이유가 이것 때문이었을까?

은행 근저당권만 지분 표시가 없네? 은행이 경매신청하면 전체 매각!

먼저 이 물건의 등기부를 보면 말소기준은 ❶ 2010년 5월 28일 농협 근저당권으로, 이후에도 가압류가 주루룩이다. 그리고 복수의 채권자에 의해 경매가 부쳐졌는데 이 중 ❹ 2021년 5월 3일 장○○가 경매신청을 하였고(2021타경2014, 박○○ 지분), ❸ 2021년 5월 17일 중소기업은행에서 임의경매신청(2021타경2489)을 하였다. 그런데 좀 이상하다. 중소기업은행은 ❹ 채권자 장○○ 가압류 내용과 달리 박○○ 지분 표시가 없고 ❸ 전체 경매신청이 들어갔다. 왜 이랬을까?

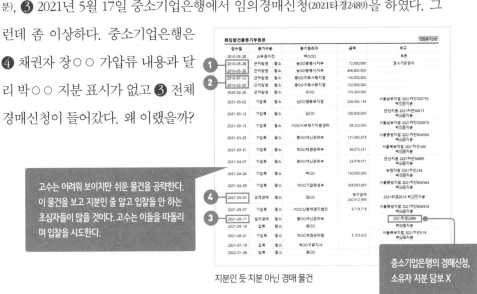

고수는 어려워 보이지만 쉬운 물건을 공략한다. 이 물건을 보고 지분인 줄 알고 입찰을 안 하는 초심자들이 많을 것이다. 고수는 이들을 따돌리며 입찰을 시도한다.

지분인 듯 지분 아닌 경매 물건

중소기업은행의 경매신청, 소유자 지분 담보 X

먼저 위 등기부에서 ❷ 중소기업은행에서 농협 다음으로 근저당권을 설정했으며 ❸ 2021년 5월 17일 임의경매 개시를 신청했다. 시중은행은 담보대출을 해줄 때 공동소유인 경우 소유자 모두에게 담보제공을 받고 대출해준다. 이렇게 담보대출을 해준 은행이 경매를 신청하면 전체 매각이다. 등기부등본에 채무액이 많고 '박○○' 지분 표시가 되어 있어 지분매각처럼 보이지만, ❹ 채권자 장○○가 신청한 강제경매는 지분매각이고 ❸ 중소기업은행에서 신청한 임의경매는 전체매각이다. 한 채무자에 다수의 채권자가 경매신청한 중복(병합)사건이지만 결과적으로 아파트 전체를 매각하는 물건이다.

세입자 문제만 해도 그렇다. 계약할 때 공동소유자와 계약을 하면서 시가로 책정된 보증금을 건네주었을 텐데 공유자 1인의 지분만 경매에 부치고 매각대금으로 임대보증금 중 일부만 배당해주면서 이사를 나가라는 게 말이 될까? 결과적으로 세입자의 보증금 중 일부만 내주면서 명도를 구한다는 것은 어불성설이다.

말소기준권리 중 일부만 농협 근저당권, 그 이하 빚은 사라진다!

이 물건의 말소기준권리는 ❶ 2010년 5월 28일 농협중앙회 근저당권이며 경매로 낙찰받은 낙찰자가 말소신청을 하면 말소기준권리부터 그 이하 가압류와 근저당권은 전부 소멸된다.

만약 매각으로도 가압류와 근저당권이 소멸되지 않는다면 어떻게 될까? 아마 낙찰자는 잔대금을 납부하고 소유권 등기까지 마쳐도 채무자의 남은 빚을 떠안아야 할 것이다. 이렇게 되면 임대를 놓거나 대출을 받거나 매매 자체가 불가능해진다. 말소기준권리 이하 빚이 사라지지 않는다면 누가 경매를 할 것인가?

일반매매는 수많은 채권자의 빚을 전부 다 갚고 말소 동의 서류를 받아야만 채무총액을 말소하고 등기부가 말끔하게 되는데(빨간 줄이 그어지는데) 어느 채권자가 돈을 안 받았거나 일부만 변제받고 채무자의 말소 동의요구에 응하겠는가? 아마도 이런 물건은 영원히 팔리지 않을 것이다.

하지만 경매는 다르다. 채권총액이 아무리 많아도 낙찰잔대금만 내면 말소기준권리 이하 전부 말소된다. 경매는 번거로운 절차를 생략할 수 있다. 낙찰자는 말소기준권리 이하의 채권자들에게 따로 연락하거나 동의 서류를 달라고 할 필요도 없다. 채권자가 말소에 동의하든 안 하든 낙찰자의 말소신청이 있으면 등기과에서 직권으로 말소해주기 때문이다. '매각으로 소멸되지 않고 인수되는 권리 없다'는 말이 바로 그 뜻이다.

임차인 분석 - 소유자이자 채무자 점유, 인수권리 X

그다음으로 임차인 분석에 들어가보자. 대부분 사설 유료 정보사이트에는 해당 물건 첫 화면에 임차인현황, 전입세대열람, 건축물대장, 등기부등본발췌본 요약이 있다. 하지만 이것만 보지 말고 세부 정보도 함께 보길 추천한다.

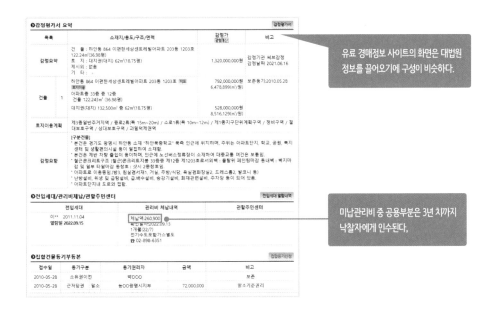

유료 경매정보 사이트의 화면은 대법원 정보를 끌어오기에 구성이 비슷하다.

미납관리비 중 공용부분은 3년 치까지 낙찰자에게 인수된다.

경공매가이드 메인 화면에서 임차인 세부 정보를 보려면 해당 물건 첫 화면에서 ❺ '현황조사서'로 들어가 '부동산의 현황 및 점유관계 조사서'와 '임대차관계조사서'를 보고 → ❻ '전입세대 열람내역'을 확인하면 된다.

전입세대 열람원을 보면 말소기준권리일보다 전입일자가 늦어져서 대항력 있는 임차인은 따로 없고 현재 소유자 겸 채무자 점유 물건임을 알 수 있다. *

＊ 경공매가이드를 비롯한 대부분의 사설 유료 경매정보사이트는 대법원 경매정보사이트의 내용을 끌어오기 때문에 구성이 비슷하다. 이 책을 통해 사례별 핵심 내용을 훈련하고 각자 자신에게 맞는 사이트에 들어가 활용해보자.

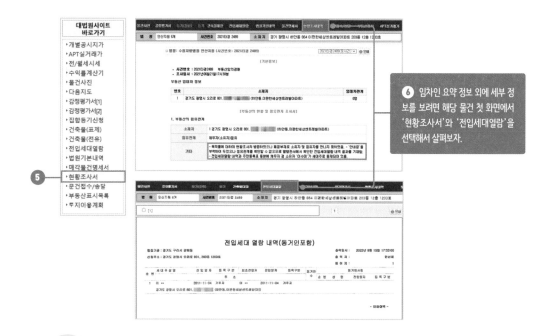

결론 낙찰 잔대금만 내면 소유권이전 OK! 미납관리비 확인은 필수!

　결론부터 말하면 이 물건은 낙찰자에게 인수되는 권리나 보증금이 없는 물건이다. 이 물건의 낙찰가는 928,990,000원이다. 등기부에 나온 채권총액은 1,860,440,241원으로 채무 초과 상태의 아파트라 일반매매로는 전혀 해결이 안 된다. 만약 이 물건을 일반매매로 사려면 빚 1,860,440,241원을 전부 다 물어줘야 한다. 하지만 법원경매로 낙찰받으면 낙찰자는 잔대금만 납부하면 끝! 낙찰가 외 추가로 낼 돈도 없다.

　그 외에 미납관리비를 확인할 필요가 있다. 2022년 9월 13일 기준으로 미납관리비가 260,900원이다. 그 이후 미납관리비는 더 늘었을 것이다. 입찰 전 임장하면서 관리사무실 미납관리비가 얼마 있는지 물어보자. 참고로 3년 치 미납관리비 중 공용부분은 낙찰자에게 인수된다. 소유자 세대 점유물건으로 배당받는 임차인이 없는 물건이라 낙찰자는 배당기일까지 기다릴 필요 없이 대금납부를 하면서 인도명령까지 신청하면 곧바로 발부된다. 점유자와 이사 날짜를 협의해서 부동산을 명도받으면 최종 마무리되는 물건이다.

경매 사건번호가 2개 이상인 중복사건과 병합사건

이 물건처럼 경매 사건번호가 2개 이상으로 진행되는 경우 이를 중복사건 또는 병합사건이라고 한다. 다수의 채권자가 각각 경매를 신청하게 되면 경매신청 사건마다 사건번호를 부여하기 때문에 생기는 현상이다. 이미 진행되는 경매사건에 추가로 경매를 신청한 경우를 중복(병합)하여 진행하게 되고, 입찰하는 사람들에게 채권자가 많다는 것을 알리기 위해 대법원의 매각물건명세서에도 표기된다.

'중복/병합' 사건임이 표시되어 있다.

만약 먼저 경매신청한 채권자가 경매를 취하한다면 어떻게 될까? 이럴 땐 처음부터 다시 경매를 진행하는 것이 아니라 후에 신청한 채권자가 이어받아 진행함으로써 채권회수 기간이 그만큼 빨라진다. 시중은행이 채권자인 경우 일반적으로 채무자가 이자를 3개월 연체하게 되면 이미 다른 채권자에 의해 경매절차가 진행되고 있는 것과 관계없이 다시 경매를 신청하고 있다.

참고로 공동담보물건이 경매로 넘어갈 경우 동시배당 사건이라 한다. 한 경매사건에 매각되는 부동산이 여러 개 있는 경우다. 동시배당 물건은 공동담보라 매각된 대금으로 각각의 부동산의 매각대금에 비례하여 그 채권액을 배당한다. 반면 중복(병합)사건은 한 부동산에 경매 사건번호가 여러 개지만 매각되는 부동산은 1개다. 동시배당 사건은 배당까지 시간이 많이 걸려서 초보자는 패스하는 걸 추천한다.(관련 내용은 532쪽 참고)

23

경기 고양시 덕양구 행신동 무원마을 아파트

(ft. 낙찰자 명도확인서가 필요한 임차인)

* 중복경매 설명은 163쪽 참고

말소기준권리 찾기

이 물건도 앞에서 살펴본 것처럼 중복경매 사건이다. 이번에도 등기부에서 말소기준권리 찾기부터 시작해보자. ❶ 2002년 10월 8일 하나은행 근저당이 말소기준권리이며, 그 이하는 매각될 경우 전부 소멸됨을 확인할 수 있다.

◆집합건물등기부등본　　　　　　　　　　　　　　　　　　　　　　　集合登記申請

접수일	등기구분		등기권리자	금액	비고
2002-10-08	소유권이전		김◼◼◼		전소유자:김◼◼◼ 매매(2002.09.06)
2002-10-08	근저당권	말소	하나은행	120,000,000	말소기준권리 서울은행의 근저이전
2007-03-14	근저당권	말소	하나은행	24,000,000	
2009-08-20	근저당권	말소	신용보증기금(고양지점)	204,000,000	
2013-12-18	압류	말소	국민건강보험공단(고양덕양지사)		
2015-07-31	압류	말소	고양시덕양구		
2016-01-12	압류	말소	고양시		
2022-02-25	임의경매	말소	신용보증기금(서부채권관리단)	청구금액 204,000,000	2022타경61952
2022-04-28	강제경매	말소	신용보증기금		2022타경64357

(등기부채권총액 : 348,000,000 / 열람일 : 2022.10.25)

법원 현황조사에서 임차인 세부 정보 확인하기

임차인 분석에 들어가보자. 요약 내용을 보니 ❷ 오○○는 보증금 2억원 월세 80만원에 거주하고 있으며 말소기준권리 이후 2019년 3월 20일에 전입했기에 인수액이 없다고 나와 있다.

◆임차인현황 (물건상담 ◼◼◼ ◼◼◼◼◼◼)　　　　현황조사서　매각물건명세서　수익률계산기

임차인	선순위대항력	보증금/차임	낙찰자 인수여부	점유부분	비고
오◼◼	전입 : 2019-03-20 (無) 확정 : 2019-03-20 배당 : 2022-03-23	보증 : 20,000,000원 차임 : 800,000원	배당액 : 16,000,000원 미배당 : 4,000,000원 인수액 : 없음		소액임차인 (기준 일:2002.10.08)
		총보증금 : 20,000,000 / 총월세 : 800,000원			

(말소기준권리일:2002-10-08, 소액임차기준일:2002-10-08, 배당요구종기일:2022-05-23)

세부 내용 확인 차원에서 경공매가이드 메인 화면에서 ❸ 현황조사서를 선택해 들어가보니 ❹ 임차인 오○○ 가족이 거주한다고 나와 있다.**

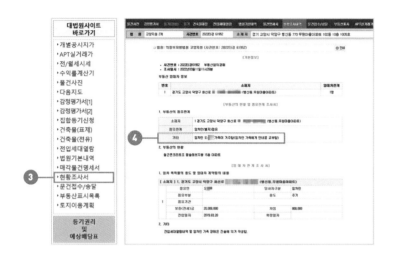

앞 화면에서 살펴보면 이 물건이 경매 부쳐진 날짜는 ❺ 신용보증기금 경매 신청날짜인 2022년 2월 25일로 ❻ 2023년 1월 26일 3차 매각 때 낙찰되었다. ❼ 보통 낙찰자가 대금을 낸 후 1달 후 배당날짜가 잡힌다. 실제로 2023년 4월 6일 배당기일이라 표시된 것을 확인할 수 있다.

❽ 임차인 분석을 할 때는 관리비 체납상황도 함께 체크해두자. 이 물건은 열람일 기준으로 관리비 체납내역이 없음이 확인되었다.

❶전입세대/관리비체납/관할주민센터		전입세대 열람내역
전입세대	관리비 체납내역	관할주민센터
오** 2019.03.20 열람일 2022.10.26	체납액:0 확인일자:2022.10.25 22년8월까지미납없음 ☎ 031-974-9170	

❽ 관리비 체납 X

낙찰자 명도확인서가 필요한 후순위임차인, 명도 수월!

임차인 오○○씨는 얼마를 배당받을까? 경공매가이드 메인 화면에서 ❾ '등기
권리 및 예상배당표' → ❿ '등기권리 및 예상배당표'를 클릭하면 확인할 수 있는데
스크롤을 내려 ⓫ '3. 권리분석' 항목을 살펴보자.

•• 일반적으로 경매 요약 정보에서는 개인정보 보호 때문에 실명을 공개하지 않는다. 하지만 법원에서 제공하는 현황조사 내
용 중 '부동산의 현황 및 점유관계 조사서'와 '임대차관계조사서'를 보면 실명을 공개하니 같이 봐두면 좋을 것이다. 이 책에
서는 개인정보 보호 차원에서 블러 처리를 하였다.

❷ 임차인 오○○의 예상 배당금액은 16,000,000원이지만 후순위임차인이라 미배당된 보증금은 낙찰자에게 인수되지 않는다. 참고로 임차인 오○○는 법원에서 배당일에 배당금을 받으려면 낙찰자의 인감증명이 날인된 명도확인서와 인감증명 1부가 필요하다. 낙찰자의 도움이 필요하니 명도는 수월한 물건이다.[*]

●기일내역				법원기일내역
기일종류	기일	상태	최저매각가격(%)	경과일
납부일	2023.03.07	납부		377일
허가일	2023.02.02	허가		344일
3차매각	2023.01.26	낙찰	255,780,000원(49%) 339,499,999원 (65.04%) 박██ / 응찰 59명 2위 응찰가 333,000,900 원	337일
2차매각	2022.12.14	유찰	365,400,000원(70%)	294일
1차매각	2022.11.09	유찰	522,000,000원(100%)	259일

임차인 배당일은 기일내역을 선택하면 알 수 있다. 배당기일에 꼭 반드시 가야만 배당받는 것은 아니다. 배당기일 이후 아무 때나 가면 '법원보관금 출금명령서'를 준다. 이 서류를 가지고 법원 1층 은행에 가면 현금, 수표, 온라인송금 지정하는 타인계좌로 송금이 가능하다.

임차인(세입자) 밀린 월세 80만원은 누가 받을까

그런데 여기서 잠깐! 경매가 진행되는 1년 동안 임차인이 전소유자에게 월세 80만원을 안 냈다면 낙찰자가 따로 받을 수 있느냐는 질문을 받게 되는데, 소유권 이전등기를 하기 전 세입자의 미납된 월세는 낙찰자가 받는 것이 아니다. 보통은 배당해줄 때 미납된 월세를 차감하고 배당해주는 추세다.

임차인은 현재 배당신청을 했고 나중에 법원에 가서 배당받을 때 미납한 월세가 있다면 차감하고 받는다. 차감한 월세만큼 늘어난 배당금액은 배당순서에 따라 다른 채권자들에게 배당해준다.

---

[*] 명도확인서 양식은 경공매가이드 첫 화면에서 '서식·양식' 항목을 선택 → 다운로드 받아서 사용하면 된다.

아파트 공용관리비 인수 총정리

집합 건물의 소유 및 관리에 관한 법률 제18조(공용부분에 관하여 발생한 채권의 효력)에 의하면 공유자가 공용부분에 관하여 다른 공유자에 대하여 가지는 채권은 그 특별승계인(낙찰자)에 대하여도 행사할 수 있다고 나와 있다. 공용부분은 전체 공유자의 이익에 공여하는 것이므로 공동으로 유지, 관리되어야 하고 유지, 관리에 들어가는 경비는 공유자 간의 채권이며 따로 보장할 필요가 있다는 것이다.

Q 공용관리비가 오래 밀려 연체료가 붙었는데 연체료도 인수될까? No!

결론부터 말하면 연체료까지 인수할 의무는 없다. 보통 관리단에서 연체료까지 청구하나 미납된 관리비만 내면 된다. 관리비 납부를 연체할 경우 부과되는 연체료는 위약벌의 일종이고, 전 구분소유자의 특별승계인(낙찰자)이 체납된 공용부분 관리비를 승계한다고 하여, 전 구분소유자가 관리비 납부를 연체함으로 인해 이미 발생하게 된 법률효과까지 그대로 승계하는 것은 아니다.(대법원 2004다3598,3604판결)

Q 체납된 전기 및 가스요금도 승계되는가? No!

낙찰자가 체납된 전기·가스요금을 납부할 의무가 없다. 법원경매든 일반매매든 구수용가가 체납한 전기료 납부의무의 승계에 관한 사항은 포함되지 않는다. 법으로도 낙찰받은 매수인에게 연체된 전기요금을 납부할 의무는 없다고 나와 있다.(전기사업법 제17조 제1항)

24 경기 용인시 수지구 풍덕천동 현대 아파트
(ft. '전입 없음' 임장이 필요한 이유)

경공매가이드

[풍덕천동 - 아파트]	**수원3계 2021-9257(1)**	등기신청클릭하면
N매물 D매물	법원 조회수 : 당일조회 누적조회 관심등록	등기부실시간발급
	낙찰일 이후 누적조회수 103	(발급비용무료)

기본정보 경매3계(☎031-210-1263)   법원기본내역 법원안내   − 글자크기 +

소재지	[목록1] 경기 용인시 수지구 풍덕천동 700-1 ▓▓▓▓ [수지로342번길 18] N지도 D지도 도로명주소	대법원사이트 바로가기
용도(기타)	아파트 (-)	토지면적	32.7㎡ (9.89평)	▸개별공시지가
감 정 가	751,000,000원	건물면적	60.03㎡ (18.16평)	▸APT실거래가
최 저 가	(49%) 367,990,000원	제 시 외	0㎡	▸전/월세시세
낙찰 / 응찰	548,299,000원 / 76명	대 상	건물전부, 토지전부	▸수익률계산기
청구금액	150,641,095원	소 유 자	신▓▓	▸물건사진
채권총액	2,764,316,234원	채 무 자	신▓▓	▸다음지도
경매구분	강제경매	채 권 자	김▓	▸감정평가서
물건번호	1 [납부]		물건사진 더보기 ∨	▸집합등기신청

▸건축물(표제)
▸건축물(전유)
▸전입세대열람
▸법원기본내역

> 강제경매는 재판 결정문을 토대로 진행

권리분석 포인트

재판 결정문을 토대로 나온 강제경매 물건

이 물건은 ❶ '중복'으로 표시되어 경매 사건번호가 2개 이상 진행되는 것임을 알 수 있다.[•] ❷ 과거사건 항목에 '2016-18868(수원지방법원 9계)'라고 표시된 것으로 보아 이전에 경매로 한 번 낙찰된 적이 있었던 물건이다. 그리고 ❸ 관련사건 항목에

•   중복사건에 대한 설명은 163쪽 참고

'서울북부지방법원 2021머38206 조정을 갈음하는 결정 또는 강제조정'이 적혀 있어 이 물건의 경매신청 채권자는 시중은행이 아닌 개인이며 재판 결정문을 권원으로 강제경매신청한 사건임을 알 수 있다.

❷주의사항	문건접수/송달내역 매각물건명세서
① 중 복/병 합	2022-73590(중복)
② 과 거 사 건	2016-18868(수원지방법원 9계)
③ 관 련 사 건	서울북부지방법원 2021머38206 '조정을갈음하는결정또는강제조정' [내용보기] [사건검색]

앞에서도 설명했듯이 경매의 종류는 임의경매와 강제경매가 있다. 임의경매는 담보권의 실행을 위한 경매이고 (근)저당권, 전세권, 유치권, 질권, 담보가등기 등의 권리를 가진 채권자가 경매를 신청하여 채권을 회수하는 절차를 말한다.

강제경매는 담보물이 아닌 집행권원에 의해서 경매를 신청한 경우를 말하며 여기서 집행권원이란 확정판결, 가집행선고부 판결, 화해조서, 조정조서, 인낙조서, 지급명령 결정, 공정증서 등을 말한다. 이 물건은 재판 결정문을 토대로 강제경매에 의해 나온 것이다.

말소기준권리는 금융권 근저당권

사건의 특성을 파악했다면 그다음은 말소기준권리부터 찾아볼 차례다. 등기부를 확인했더니 ❹ 말소기준권리는 2020년 10월 30일 국민에이엠씨금융대부 근저당권이며 이하는 매각으로 전부 소멸된다.

●집합건물등기부동본

집합등기신청

접수일	등기구분		등기권리자	금액	비고
2020-06-24	소유권이전		신■■■	477,500,000	전소유자:정■■■ 매매(2020.06.24)
2020-10-30	근저당권	말소	국민에이엠씨금융대부	516,000,000	말소기준권리 에스비아이저축은행의 근저이전
2020-11-20	가압류	말소	박■■	280,000,000	성남지원 2020카단63412
2020-12-07	가압류	말소	김■■	250,000,000	수원지법 2020카단100248
2021-09-13	가압류	말소	서울중앙지방검찰청	1,718,316,234	서울중앙지법 2021초기2496
2021-09-15	강제경매	말소	김■■	청구금액 150,641,095	2021타경9257
2021-11-26	근저질권	말소	웰컴저축은행	516,000,000	국민에이엠씨금융대부의 근저질권
2022-04-04	근저질권	말소	조■■	100,000,000	국민에이엠씨금융대부의 근저질권

(등기부채권총액 : 2,764,316,234 / 열람일 : 2022.09.19) 최종등기변동확인 📑 임의경매개시결정, 질권말소 2022.11.29
본 물건은 2022년 9월 19일 등기변동이 확인 된 경매물건 입니다. 등기변동사항이 근저당 말소 등기의 경우 대위변제 가능성이 있을
수도 있으며, 압류일 경우 예상배당표 순위에 영향이 있을 수 있으므로 등기권리 및 예상배당표를 확인하시고 입찰에 임해수시기 바랍니다.

임차인 분석 – '전입 없음' 의미는? 임장 필수!

그다음으로 임차인 분석에 들어가보자. 요약 내용을 보니 '전입 없음'으로 표기되어 있다. 좀더 자세한 정보를 위해 경공매가이드 메인 화면에서 ❺ '현황조사서'를 선택해서 → '부동산의 점유관계'를 살펴보면 ❻ '현장을 방문하였으나 폐문부재로 소유자나 점유자를 만나지 못했'고 나와 있다. 폐문부재란 말 그대로 문이 잠겨 있고 부재중이란 말이다. 이 말은 여러 가능성을 내포하고 있다. 사람은 살지만 전입신고를 안 하고 살거나, 경매 진행하는 동안 지인이나 가까운 사람에게 들어와 살라고 하는 경우, 또는 정말로 빈집일 수도 있는 것이다.

●전입세대/관리비체납/관할주민센터

전입세대 열람내역

전입세대	관리비 체납내역	관할주민센터
전입 없음 열람일 2022.09.23	체납액:205,390 확인일자:2022.09.21 2개월(22/7-22/8) 전기수도포함가스별도 ☎ 031-261-0515	

172

여기서 더 들어가보자. 경공매가이드 메인 화면에서 ❼ '문건접수/송달'을 선택하면 → ❽ '2. 송달처리내역' 내역 확인이 가능한데, 여기서도 '폐문부재', '송달간주'로 되어 있다.

이것만 봐서는 사람이 살지 않아서 우편물을 안 받았는지, 사람은 살고 있는데 법원 우편물을 안 받았는지 확인할 길이 없다. 이럴 땐 직접 임장을 가서 관리사무실이나 옆집 등을 탐문하여 점유자가 있는지 빈집인지 확인하는 수밖에 없다.

점유자 모른다면 전소유자 피신청인으로 인도명령 강행

이렇게 해도 점유자를 특정할 수 없거나 사람은 살지만 그 사람이 누구인지 모른다면 나중에 낙찰을 받고 누구를 상대로 인도명령*을 신청해야 할지 난감하다. 이렇게 전입신고가 없어서 점유권원이 없고 점유자 이름도 모를 때는 전소유자를 피신청인으로 하여 인도명령을 신청하는 수밖에 없다.

계고과정에서 점유자 인적사항 알아낼 수도!

여기서 조언을 하자면 인도명령이 송달되면 강제집행을 신청할 수 있는데 강제집행 전 단계로 '계고과정'이란 게 있다. 이때 해당 물건지에서 법원의 집행관이 점유인의 인적사항을 묻게 된다. 이럴 때 바로 옆에 서서 인적사항을 받아 적고 인도명령을 신청하는 방법도 있다.

물론 법원의 계고과정 중 점유자가 외출하고 없다면 인적사항을 알 도리는 없다. 나중에 강제집행 시 인도명령 피신청인과 현재 점유자가 일치하지 않을 경우 '집행불능'으로 처리되어도 당장은 어쩔 도리가 없다. 이렇게 되면 법원은 절차에 따라 '집행불능 조서 작성 → 점유자를 피신청인으로 다시 인도명령 신청 → 강제집행' 순으로 진행하게 되고 명도는 지연될 수밖에 없다.

---

* **인도명령** : 법원경매를 통해 부동산을 낙찰받은 사람이 낙찰대금을 완납한 후 정당한 권리가 없는 점유자(대항력이 없는 점유자)가 인도를 거부할 경우, 법원으로부터 받아내는 집행권원을 말한다. 인도명령은 명도소송에 비해 단기간에 부동산을 명도받을 수 있다. 다만 낙찰대금 납부 후 6개월 이내에 신청해야 하며, 이 기간이 지나면 명도소송을 해야 한다.

점유자를 설득해서 강제집행까지 가지 않는 게 최선!

보통 강제집행까지 가는 경우는 점유자를 만나지 못해서다. 어떻게든 사람을 만나서 대화로 풀면 안 될 일이 없다. 점유자를 만나서 이사 날짜를 조율하거나 협의 명도를 시도하면서 인도명령 → 강제집행 신청까지 병행하다 보면 방법이 생긴다. 경매접수 후 매각까지 평균 1년이 걸리는데 점유자도 이사 가야 한다는 것을 알고 있을 것이다. 낙찰자가 찾아오면 이사 갈 마음을 먹고 있을 수도 있는데 아예 찾아가지 않아서 이사를 안 가는 경우도 있는 것이다. 무슨 생각을 하는지 알 수 없으니 만나보고 대응을 세우는 게 명도의 기본이다. 강제집행 신청을 해놓았지만 협의 명도를 이끌어내서 강제집행 신청을 취소하면 남은 비용은 다시 되돌려받는다.

사람 만나는 것이 너무 번거롭고 귀찮아서 경매를 못 하겠다? 그렇다면 명도할 필요가 없는 토지경매를 하면 된다. 하지만 마음만 먹는다면 못 할 것은 없다. '전입 없음'의 의미를 너무 심각하게만 볼 필요는 없다. 점유자를 직접 만나면 의외로 명도가 빨리 해결될 수도 있다.

실제로 강제집행은 드라마에서 보듯이 남의 살림살이를 길바닥에 내팽개쳐서 온 식구가 길바닥에 나앉는 식으로 하지 않는다. 강제집행 시 외부로 반출된 유체동산(냉장고, 텔레비전, 가구, 사무실 집기, 비품 등)은 이삿짐 차에 실어서 별도의 창고에 3개월간 보관한다. 유체동산 소유자는 낙찰자가 법원에 납부했던 강제집행 비용＋창고보관 비용을 내면 짐을 다시 찾아갈 수 있다. 드라마는 드라마일 뿐 실전 경매와 천지 차이다.

사건이 끝난 경매정보는 사설 경매 사이트에서만 확인 가능!

법원경매정보 사이트의 사건기본내역 종국결과를 보면 미종국(진행 중), 종국배당(종결)으로 표시된다. 처리결과 종국인 경매물건은 법원경매정보 사이트에서 정보를 전부 다 내려서 정보가 하나도 없다. 과거 경매물건의 정보를 보고 싶으면 사설 유료 경매 사이트를 봐야 한다. 사설 경매 사이트는 자체 서버에 경매기록을 보관하고 있다가 정보를 제공해주기 때문에 이미 종국이 된 사건도 확인할 수 있는 것이다.

법원경매정보 사이트에서 종결된 사건은 스크롤을 내려도 사건 정보를 볼 수 없다.

176

25

경기 화성시 능동
숲속마을자연앤데시앙 아파트
(ft. 법원의 지급명령 5건이 페이크)

경공매가이드

관심등록　화면인쇄　창닫기✕

| [능동 - 아파트] | 수원7계 2021-8476(1) | 등기신청클릭하면 |
| N 매물　D 매물 | 법원 조회수 : 당일조회　누적조회　관심등록
낙찰일 이후 누적조회수 74 | 등기부실시간발급
(발급비용무료) |

❶ 기본정보 경매7계(☎031-210-1267)

법원기본내역　법원안내　-　글자크기　+

소재지	[목록1] 경기 화성시 능동 1131 숲속마을자연앤데시앙아파트 ▨▨▨ ▨▨▨ [동탄숲속로 68] N지도 D지도 도로명주소			대법원사이트 바로가기
용도(기타)	아파트 (29평형) (-)	토지면적	52.21㎡ (15.79평)	▸ 개별공시지가 ▸ APT실거래가
감정가	559,000,000원	건물면적	74.6㎡ (22.57평)	▸ 전/월세시세 ▸ 수익률계산기
최저가	(49%) 273,910,000원	제시외	0㎡	▸ 물건사진 ▸ 다음지도
낙찰 / 응찰	380,000,000원 / 33명	대 상	건물전부, 토지전부	▸ 감정평가서 ▸ 집합등기신청
청구금액	10,971,727원	소유자	김▨▨	▸ 건축물(표제) ▸ 건축물(전유)
채권총액	637,349,147원	채무자	김▨▨	▸ 전입세대열람 ▸ 법원기본내역
경매구분	강제경매	채권자	케이비국민카드	▸ 매각물건명세서
물건번호	1 [납부]			

물건사진 더보기 ✓

권리분석
포인트

강제경매? 지급명령? 채무과다 상태일 뿐!

　이 물건을 보니 ❶ 관련사건에 따른 지급명령이 주루룩이다. 이런 기록을 보고 뭔가 무시무시해 보이고 머리가 복잡해서 아예 거르는 분들이 많은데 경매물건의 특성상 채무과다 상태일 뿐 낙찰자가 신경 쓸 부분이 아니다. 생각을 해보자. 3억 원 하는 아파트에 빚이 5,000만원밖에 없으면 급매로 팔아서 몇억원을 손에 쥐는

데 누가 경매를 당하고 있을까? 아파트에 빚이 30억원이 있든 300억원이 있든 경매로 넘어가도 낙찰자는 신경 쓸 필요가 없다. 몇몇 특수 물건만 아니라면 매각대금을 납부한 후 모든 빚이 싹 말소되어 깨끗한 상태의 등기부등본을 받기 때문이다.

만약 이 물건이 교통 호재나 재개발·재건축 지역에 있더라도 소유자는 이미 채무과다 상태라 미래의 개발이익은 오롯이 낙찰자의 몫이 된다. 소유자는 이 부동산의 시세보다 훨씬 더 많은 빚을 졌기 때문에 수중에 쥐는 돈이 없다. 그래서 필자는 경매물건을 일명 '보물찾기'라고 말하는 것이다. 채권자들은 법원경매로 강제매각한 돈으로 자기 채권을 하루라도 빨리 회수하고 싶어 한다. 채권자의 만족을 위해 진행하는 법원경매는 낙찰자의 돈으로 채권자가 채권을 회수할 수 있게끔 말소기준권리를 마련한 것이다.

등기부 채권자 변경은 낙찰자 신경 안 써도 OK!

등기부에서 말소기준권리를 찾아보니 ❷ 2018년 1월 18일 국민에이엠씨금융대부 근저당권이며 이하 권리는 전부 매각으로 소멸되는 것을 확인할 수 있다. ❸ 비고란에 '현대캐피탈의 근저이전'은 채권자 변경을 표시한 것으로 낙찰받는데 전혀 문제가 안 된다. 채권은 양도 양수가 가능해서 경매 진행 중에도 채권자 변경은 얼마든지 일어난다. 그다음으로 ❹ 2021년 11월 25일 근저질권은 채권을 담보로 돈을 빌렸다는 뜻으로 이 또한 낙찰자가 신경 쓸 부분이 아니다.

결과적으로 낙찰자는 말소기준권리와 선순위임차인이 있는지만 확인하면 된다. 낙찰자가 낸 매각대금으로 채권자들끼리 누가 얼마를 배당받든 말든 경매당한 소유자와 채권자 그들의 빚잔치다. 집행법원은 낙찰자가 낸 돈으로 배당절차대로 배당해주고 남으면 그제야 소유자에게 배당해준다. 혹시 돈이 모자라서 잔존채무가 발생해도 경매당한 채무자가 갚아야 한다. 돈이 남아도 낙찰자 안 주고 모자라도 더 내놓으라고 안 한다.

❶집합건물등기부등본

접수일	등기구분		등기권리자	금액	비고
2008-07-30	소유권이전		김██		전소유자:경기도시공사 매매(2005.07.19)
❷ 2018-01-18	근저당권	말소	국민에이엠씨금융대부	300,000,000	**말소기준권리** ❸ 현대캐피탈의 근저이전
2018-10-23	가압류	말소	케이비국민카드(부점:채권관리부)	13,088,331	오산시법원 2018카단875
2018-11-20	가압류	말소	소상공인시장진흥공단	50,275,505	수원지법 2018카단3639
2018-12-20	가압류	말소	한국씨티은행	30,159,488	서울중앙지법 2018카단45633
2019-01-09	가압류	말소	신용보증기금(평택지점)	163,200,000	수원지법 2018카단205997
2019-01-15	가압류	말소	경기신용보증재단(화성지점)	6,851,000	오산시법원 2019카단5032
2019-01-25	가압류	말소	국민은행(여신관리센터)	60,124,299	수원지법 2019카단237
2019-03-12	가압류	말소	농협은행(안산여신관리단)	13,650,524	안산지원 2019카단514
2020-11-04	압류	말소	화성세무서장		
2021-06-09	압류	말소	국민건강보험공단(화성지사)		
2021-08-25	강제경매	말소	케이비국민카드(채권관리부)	청구금액 10,971,727	2021타경8476
❹ 2021-11-25	근저질권	말소	드림저축은행(원주출장소)	300,000,000	국민에이엠씨금융대부의 근저질권
2022-05-20	근저질권	말소	조██	50,000,000	국민에이엠씨금융대부의 근저질권

(등기부채권총액 : 637,349,147 / 열람일 : 2022.09.08) **최종등기변동확인** 📄 질권말소, 임의경매개시결정 2022.11.25
본 물건은 **2022년 9월 8일 등기변동이 확인** 된 경매물건 입니다. 등기변동사항이 **근저당 말소 등기**의 경우 **대위변제 가능성**이 있을 수도 있으며, **압류일** 경우 예상배당표 순위에 영향이 있을 수 있으므로 **등기권리 및 예상배당표**를 확인하시고 입찰에 임해주시기 바랍니다.

임차인 분석 - 자기 집에 자기가 전입신고한 것은 대항력 X

그다음으로 임차인 분석에 들어가보자. ❺ 2008년 7월 22일 전입으로 말소기준 권리보다 앞선 선순위 1인이 확인되며 관리비 체납내역은 없다. 세부 내용을 확인

179

하기 위해 ④ 경공매가이드 메인 화면 → '현황조사서'로 들어가 ⑤ '1. 부동산 점유 관계'를 살펴보면 '주소에는 채무자 겸 소유자를 세대주로 하는 세대가 전입되어 있다'고 적혀 있다. 확인이 필요하다고 되어 있지만 이럴 경우 전입일자가 말소기 준권일보다 빠른 1인이 해당 물건의 소유자이므로 임차인이 없다. 따라서 인수되 는 보증금 없는 깔끔한 물건이다.

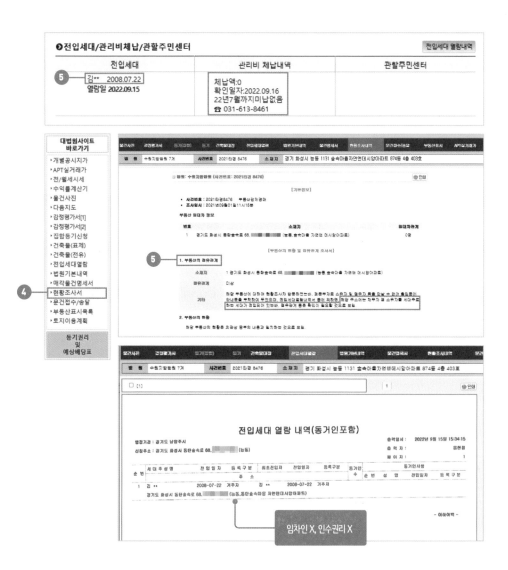

소유자 거주 물건 명도소송할 필요 X
대금납부하면서 인도명령 신청!

채무자 겸 소유자가 거주하고 있는 아파트는 인수해야 할 보증금이 없어서 초보자도 도전해볼 만하다. 참고로 명도가 상대적으로 용이한 물건은 배당받는 임차인이 있는 경우다. 167쪽에서 살펴봤듯이 이런 임차인은 배당받기 위해서 낙찰자의 명도확인서를 받아야만 하기 때문에 협조적이다. 반면 자기 집에서 나가야 하는 소유자는 명도 저항이 있을 수 있다.

인도명령에 있어서도 차이가 있다. 소유자는 배당을 안 받기 때문에 바로 인도명령이 발부되지만 배당을 받는 임차인은 배당기일이 지나야 인도명령이 발부된다. 간혹 경락받은 낙찰자 중에서 점유자를 상대로 명도소송부터 하려는 경우가 있는데 사실 그 단계까지 안 가는 경우가 많다.

매각대금 납부 후 6개월 이내 인도명령 신청 가능
공매는 인도명령이 없어서 곧바로 명도소송 진행

낙찰자는 명도를 위해 법원 경매절차에만 있는 인도명령이란 제도를 100% 활용하길 바란다. 가급적 낙찰대금을 납부하면서 인도명령 신청도 같이 하자. 매각대금 납부한 지 6개월이 지나면 인도명령 신청이 안 되므로 우물쭈물하지 말고 대금납부를 하면서 인도명령을 같이 신청하면 된다. 협의 명도가 되더라도 인도명령 신청을 취소하면 바로 취소가 되기 때문이다.

참고로 인도명령은 매각대금을 납부한 뒤 신청 가능하며 낙찰자와 낙찰자의 상속자만 신청 가능하다. 예를 들어 낙찰자가 낙찰받고 인도명령을 신청하지 않고 바로 일반매매로 팔았다고 하자. 새로운 매수자는 낙찰자가 아니기 때문에 매각

대금을 납부한 뒤 6개월이 경과되지 않았어도 인도명령 신청 자격이 없으므로 명도에 어려움이 생긴다.

경매에만 인도명령 제도가 있고 공매는 인도명령 제도가 없어서 공매로 낙찰받은 사람은 점유자를 강제집행하려면 명도소송하는 점 기억해두자.

명도를 할 때 법의 절차가 중요한 이유

점유자가 연락이 안 되어 강제집행까지 절차대로 가야 한다면 증인을 입회해서 개문하거나 집행관이 강제로 개문해야 한다. 이사 나갔다는 것을 주변 사람들이 전부 다 알고 있을 경우 관리사무실 직원에게 도움을 요청하고 입회 하에 개문을 해서 명도받는 경우도 있다. 여러 방법으로 개문을 했는데 점유자의 물건이 없다면 명도는 이대로 끝이다. 하지만 강제개문을 했는데 점유자의 물건(유체동산*)이 남아 있다면 명도분석 편에 나와 있는 절차대로 명도하면 된다.(113쪽 참고)

어찌 보면 대금까지 납부했고 등기부등본을 떼어보면 내가 소유자이니 열쇠공을 불러서 강제집행 과정을 건너뛰고 내 맘대로 개문해도 되지 않을까 생각할 수 있다. 이럴 때 공실이면 다행인데 만약 점유자가 짐을 일부 남겨두고 갔거나 점유자가 그 집에 있다면 복잡해진다. 일견 내 집인데 점유자를 무단침입으로 신고해서 명도할 수도 있겠다 생각할 것이다. 하지만 점유자에게 부동산을 인도받지 못한 상태에서 점유자가 자기가 살던 집에 들어오는 것은 무단침입이 아니다. 엄밀히 말해 점유할 권리가 없는 점유자이지 무단침입한 사람은 아니다.

결과적으로 배당을 받는 임차인이 점유한 경우가 가장 명도받기 수월하다는 이유가 바로 이런 것이다. 빈집이고 명도가 다 끝났으니 바로 문 열고 들어가면 될 것이라 생각하면 안 된다. 그 이유는 내부에 남아 있는 '유체동산'이 남의 것이기 때문이다. 남의 것을 함부로 손대고 소유자가 문제 삼으면 불미스러운 일에 휘말릴 수 있는 여지가 있다. 모든 사람이 다 내 맘 같지 않으니 절차대로 하는 것을 권한다.

빈집으로 보이더라도 현관 출입문이 활짝 열려 있지 않은 한 가능하다면 절차대로 명도를 구하는 것이 뒤탈이 없다.

---

* **유체동산** : 가전제품이나 가구, 그 밖의 집기 등이 대표적인 유체동산이다. 구 민법에서는 물건을 유체물과 무체물로 분류하였으므로 동산에 유체·무체의 구별을 두었다. 구 민법의 재산법에서 말하는 유체동산은 현행 민법상 동산에 해당한다.

26

경기 김포시 장기동
한강현대성우오스타 아파트
(ft. 배당요구 안 한 후순위임차인이 페이크)

경공매가이드

관심등록 | 화면인쇄 | 창닫기 ×

[장기동 - 아파트]
Ⓝ매물 Ⓓ매물

부천7계 2021-6124(1)
법원 조회수 : 당일조회 누적조회 관심등록
낙찰일 이후 누적조회수 55

**등기신청클릭하면
등기부실시간발급
(발급비용무료)**

▶ 기본정보 경매7계(☎032-320-1137)

법원기본내역 | 법원안내 | - 글자크기 +

소재지	[목록1] 경기 김포시 장기동 1868-2 한강현대성우오스타 ▨▨▨ ▨▨ ▨▨ [김포한강2로 292] Ⓝ지도 Ⓓ지도		
	도로명주소		
용도(기타)	아파트 (46평형) (-)	토지면적	79.68㎡ (24.1평)
감 정 가	615,000,000원	건물면적	122.61㎡ (37.09평)
최 저 가	(49%) 301,350,000원	제 시 외	0㎡
낙찰 / 응찰	433,010,000원 / 23명	대 상	건물전부, 토지전부
청구금액	359,694,691원	소 유 자	허○○
채권총액	2,474,562,091원	채 무 자	허○○
경매구분	임의경매	채 권 자	한○○○○○○○
물건번호	1 [배당]		

**대법원사이트
바로가기**
▸개별공시지가
▸APT실거래가
▸전·월세시세
▸수익률계산기
▸물건사진
▸다음지도
▸감정평가서
▸집합등기신청
▸건축물(표제)
▸건축물(전유)
▸전입세대열람
▸법원기본내역
▸매각물건명세서

물건사진 더보기 ⌄

**권리분석
포인트**

점유인 무상거주가 의미하는 바는?

이 물건의 ❶ 말소기준권리는 2015년 10월 12일 근저당권이다. 대법원 공고에 따르면 후순위 근저당권자로부터 ❷ '임차인은 채무자 동생의 배우자이며 무상거주 사실 확인서를 제출했다'고 나와 있다. 그렇다면 후순위근저당권자는 왜 임차인 무상거주라는 확인서를 법원에 제출했을까? 그 이유는 선순위임차인이 배당요구를 하지 않아 남은 계약 기간과 임대 보증금이 인수되는 것처럼 보이지만 진정한 임대차 계약을 체결한 임차인이 아니라 무상 거주자니, 낙찰받아도 된다는 것을 알려서 채권 회수가 용이하도록 이 서류를 제출하였다.

◐ 집합건물등기부등본　　　　　　　　　　　　　　　　　　　　集合登記申請

접수일	등기구분		등기권리자	금액	비고
2013-08-09	소유권이전		허○○	405,146,993	전소유자:성우종합건설(주) 매매(2013.08.06)
2015-10-12	근저당권	말소	한○○○○○○○○○○	450,000,000	말소기준권리
2015-11-16	근저당권	말소	한○○○○○○○○○○	450,000,000	
2020-12-30	근저당권	말소	박○○	156,000,000	
2021-03-30	근저당권	말소	이○○	330,000,000	
2021-04-12	가압류	말소	서○○○○○	820,000,000	서울중앙지법 2021카단805416
2021-05-25	가압류	말소	중○○○○○○	42,500,000	부천지원 2021카단10583
2021-09-10	가압류	말소	기○○○○○	170,750,000	부산동부지원 2021카단104147
2021-09-14	근저가처	말소	기○○○○○		이영오의 근저가처
2021-12-14	압류	말소	영○○○○○○		
2021-12-22	임의경매	말소	한○○○○○○○○○○	청구금액 359,694,691	2021타경6124
2021-12-23	압류	말소	김○○		
2022-02-03	가압류	말소	신○○○○○○○	36,985,413	서울중앙지법 2022카단30393
2022-03-08	가압류	말소	우○○○○○○○	18,326,678	서울중앙지법 2022카단804083

(등기부채권총액: 2,474,562,091 / 열람일: 2022.10.06)

◐ 주의사항　　　　　　　　　　　　　　　　　　　　문건접수/송달내역　매각물건명세서

대법원공고	[매각물건명세서] <비고란> • 이 사건의 후순위 근저당권자로부터 '임차인은 채무자의 동생의 배우자이며, 채무자의 동생은 자신(후순위 근저당권자)과 채무자의 금전소비대차계약 당시 연대보증인으로서 본건 목적물에 무상으로 거주한다는 내용이 기재된 확인서를 작성해줬다.'는 의견이 제출되었음(2022.11.29.자). • 채권자 또한 위 임차인으로부터 받은 '무상거주 사실각서(공증됨)'를 제출함(2022.12.06.자)

선순위임차인이 배당요구를 하지 않은 이유는?

임차인 현황을 보자. ❸ 말소기준권리보다 앞선 선순위임차인이 있다. 이 사람이 후순위 근저당권자가 말하는 무상거주자인 셈이다. 이 사람은 배당요구를 하지 않았다.

그렇다면 여기서 잠깐 선순위임차인이 배당요구를 하지 않는 경우를 살펴보자.

임차인	선순위대항력	보증금/차임	낙찰자 인수여부	점유부분	비고
박○○	전입 : 2015-02-03 (有) 확정 : - 배당 : -		배당액 : 미상 미배당 : 미상 인수액 : 미상		

●임차인현황 (물건상담 : ▓▓▓▓▓ ▓▓▓▓▓) 　　현황조사서　매각물건명세서　수익률계산기

총보증금 : 0　/　총월세 : 0원

(말소기준권리일:2015-10-12, 소액임차기준일:2015-10-12, 배당요구종기일:2022-03-21)

의문 : 이 사람은 무상거주자일까?

선순위임차인이 배당요구하지 않는 경우 3가지

1. 진정한 임대차관계가 아니고 무상거주 중이니 받을 돈이 없어서다.
2. 이미 이사를 갔지만 주민등록을 타지로 전출하지 않아서다.
3. 배당요구를 안 하면 선순위임차인의 보증금을 낙찰가 외 추가로 더 물어줘야 하니 유찰이 계속 반복된다. 이때 임차인이 자신의 전세가에서 조금만 더 보태서 직접 낙찰받고 싶어서다.

이 물건의 선순위임차인의 경우 1번 사항에 해당하니 낙찰받고 경락대출을 받는 데 전혀 문제가 없는 케이스다.

만약 진정한 임대차관계인 선순위임차인이 경매절차에서 배당요구종기일 내에 배당요구를 안 하면 낙찰자에게 남은 계약기간과 그 보증금이 인수된다. 선순위임차인이 배당요구를 안 한 경매물건 중 시세의 절반 이하로 유찰된 물건은 대부분 3번 케이스다.

참고로 선순위임차인이 배당요구를 안 했더라도 남은 계약기간은 인정되나 그 이후 낙찰자가 실거주 의사를 표명하면 임차인의 계약갱신요구는 거절할 수 있다. 만약 선순위임차인이 배당요구를 했지만 배당요구종기일을 넘겼다면? 무효처리가 된다. 결과적으로 배당요구를 안 한 것과 같다. 배당요구는 배당요구종기일

내에 해야 유효하다.

선순위임차인이 배당요구를 날짜를 넘겨서 했고 결국 무효화 처리되어 15차까지 유찰된 사례

결론
임차인 문제 X 경락대출 가능성 파악하는 법

결과적으로 선순위임차인이 배당요구를 안 해서 권리관계가 복잡해 보일 뿐이다.

이 물건은 ④ 2023년 1월 12일 총 23명이 응찰 433,010,000원에 낙찰되었다. 선순위임차인이 있지만 후순위근저당권자와 채권자 측에서 무상거주 중이라는 확인서가 2번 제출된 이 물건에 시중은행 경락대출이 나왔을까, 안 나왔을까?

여러분이 케이스 스터디를 하는 이유는 비슷한 유형의 물건이 나올 때 입찰하기 위해서다. 권리분석, 임차인분석과 대출분석까지 염두에 둬야 한다. 이 물건이 대출되었을지 알고 싶다면 낙찰되고 1개월 전후 매각대금이 납부될 때까지 기다렸다가 등기부등본을 떼서 을구에 근저당권이 설정되었는지를 보면 된다. 물론 돈 들여서 등기부등본 안 떼어봐도 아는 방법이 또 있다. 경락대출을 받으면 매각대금이 납부되는 날 '등기촉탁신청'이 원칙이다. 문건접수 내역에서 매각대금이 완납된 1월 30일 등기촉탁서류가 경매계에 접수되었다는 말은 대출을 받았다는 의미이므로 이 물건은 은행권 대출이 가능함을 알 수 있다.

등기의 5대 원칙 중 공시의 원칙이 있는데 법원경매물건은 매각대금만 납부하고 등기에 공시하지 않아도 사용, 수익하는 데 전혀 지장이 없다. 단, 매도하기 전까지만 등기하면 된다. 하지만 시중은행 담보 대출을 받으면 매각대금을 납부한 날 등기촉탁서류도 같이 접수된다. 현금 납부한 물건은 대금만 납부하고 등기촉탁서류가 접수 안 된 경우도 많다. 이런 사실을 알면 각 사례별로 시중은행 담보 대출이 가능한지 여부를 파악할 수 있다.

❯진행내역

기일종류	기일	접수일~
배당종기	2022.03.21	91일
감정기일	2021.12.30	10일
개시결정	2021.12.22	2일
등기기입	2021.12.21	1일

❯기일내역

기일종류	기일	상태	최저매각가격(%)	경과일
입찰변경	2023.03.08	배당		443일
납부일	2023.01.30	납부		406일
허가일	2023.01.19	허가		395일
3차매각	2023.01.12	낙찰	301,350,000원(49%) 433,010,000원 (70.41%) 박OO / 응찰 23명 2위 응찰가 417,900,000 원	388일
2차매각	2022.11.24	유찰	430,500,000원(70%)	339일
1차매각	2022.10.20	유찰	615,000,000원(100%)	304일
입찰변경	2022.07.07	변경	615,000,000원(100%)	199일

선순위임차인의 대항력

일반적으로 '대항력이 있다'는 말은 말소기준권리일보다 전입일자가 하루라도 빠르다는 뜻이다. 대항력을 갖춘 선순위임차인은 보증금 전액을 돌려받을 때까지 매수인(낙찰자)에게 임대주택의 인도를 거절할 수 있고 잔여 임대차기간까지 거주할 수 있는 권리를 가진다. 법원의 매각물건명세서를 보면 대항력 문구가 조금씩 다르게 적혀 있는데 그 뜻은 다음과 같다.

> **대항력이 있다.** → 전입이 말소기준권리일보다 하루라도 빠르다.
>
> **대항력을 갖추었다.** → 말소기준권리일보다 전입이 하루라도 빠르고 + 점유하고 있다.

대항력이 없는 경우는 다음과 같다.

> 전입신고일과 말소기준권리일이 같으면? → **대항력이 없다.**
>
> 전입신고일만 빠르고 점유하지 못했다면? → 대항력이 없다.

주택임대차보호법상 대항력의 조건은 전입신고로, 주택인도(점유)와 전입신고를 마치면 익일(다음날) 0시부터 제3자에 대해 대항력이 발생한다.

이사를 간다면 임차권등기를 해야 대항력 유지!

경매나 공매절차에서 임차인이 대항력을 인정받으려면 배당요구종기일 내까지 전입신고 및 대항력 요건을 유지해야 한다. 부득이한 사유로 주민등록을 이전해야 할 경우 임차권등기를 해야 대항력이 유지된다. 임차권등기란 임대계약이 종료되었는데도 보증금을 반환받지 못한 상태에서 임차인이 이사를 갈 경우 대항력을 유지하기 위해 등기를 하는 것을 말한다.

27

서울 관악구 신림동 건영아파트
(ft. 세대합가 후순위임차인이 페이크)

경공매가이드

| [신림동 - 아파트]
N 매물 D 매물 | 중앙10계 2020-102748(1)
법원 조회수 : 당일조회 누적조회 관심등록
낙찰일 이후 누적조회수 61 | 등기신청클릭하면
등기부실시간발급
(발급비용무료) |

● 기본정보 경매10계(☎02-530-2714)

법원기본내역 법원안내 - 글자크기 +

소재지	[목록1] 서울 관악구 신림동 746-43 건영아파트 ▇▇▇ ▇▇▇ [문성로 74] N지도 D지도 도로명주소		대법원사이트 바로가기
용도(기타)	아파트 (31평형) (-)	토지면적	50.3㎡ (15.22평)
감정가	601,000,000원	건물면적	74.22㎡ (22.45평)
최저가	(80%) 480,800,000원	제시외	0㎡
낙찰 / 응찰	509,000,000원 / 1명	대 상	건물전부, 토지전부
청구금액	16,800,000원	소유자	전▇▇
채권총액	449,600,000원	채무자	최▇▇
경매구분	임의경매	채권자	(주)스탠다드스타에이엠씨
물건번호	1 [납부]		

물건사진 더보기 ⌄

- 개별공시지가
- APT실거래가
- 전/월세시세
- 수익률계산기
- 물건사진
- 다음지도
- 감정평가서
- 집합등기신청
- 건축물(표제)
- 건축물(전유)
- 전입세대열람
- 법원기본내역

권리분석 포인트

세대합가 기준으로 봤을 때 후순위임차인

❶ 말소기준권리일은 2010년 1월 22일 장흥새마을금고의 근저당권 설정일이며, 나머지는 말소된다. ❷ 임차인 최○○는 말소기준권리보다 전입일자가 3년이 늦다. 참고로 은행 근저당권이 임차인 전입 이전에 잡혔던 물건이기에 전세는 아니고 월세일 확률이 높다.

❶집합건물등기부등본

접수일	등기구분		등기권리자	금액	비고
2010-01-22	소유권이전		전▨		전소유자:박▨ 경매취득
2010-01-22	근저당권	말소	장흥새마을금고	332,800,000	**말소기준권리**
2013-12-09	근저당권	말소	신▨	100,000,000	
2014-05-28	근저당권	말소	(주)스탠다드스타에이엠씨	16,800,000	임무숙의 근저이전
2014-08-06	압류	말소	구로세무서		
2014-08-20	압류	말소	시흥세무서		
2015-03-10	압류	말소	서울특별시관악구		
2020-04-03	임의경매	말소	(주)스탠다드스타에이엠씨	청구금액 16,800,000	2020타경102748
2021-05-26	임의경매	말소	신▨		2021타경104307

❶집합등기신청

❷전입세대/관리비체납/관할주민센터

전입세대 열람내역

전입세대	관리비 체납내역	관할주민센터
❷ 최** 2019.02.07 (최초: 박** 2013.07.12) ❺ 열람일 2021.04.01	체납액:0 확인일자:2021.03.31 21년1월까지미납없음 아파트: 건영(1차) ☎ 02-854-3718	▶ 관할주민센터 관악구 미성동 ☎ 02-879-4591

후순위임차인이면서 배당신청 안 하면 한 푼도 못 받는다?

임차인에 대해 좀 더 자세한 내용을 살펴보기 위해 경공매가이드 메인 화면에서 ❸ '현황조사서' 선택 → ❹ '1. 부동산 점유관계'를 살펴보자. '최○○가 세대주로 등재되어 있다'고 적혀있으며 2019년 2월 7일 세대주로 전입을 한 상태다. 물론 ❺ 가족 중 박○○가 2013년 7월 12일 최초전입을 했다고 나와 있지만 역시 말소기준권리보다 늦다.

여기서 잠깐 세대합가˚를 살펴보자. ❺ 2013년 7월 12일 박○○씨가 단독세대주로 전입신고를 하고 살다가 2019년 2월 7일 최○○씨가 전입하면서 박○○는

˚ **세대합가** : 대항력의 판단기준은 가족 중 최초 전입자의 전입일자를 기준으로 한다. 전입세대 열람내역에 세대주 밑에 세대원이 있는 경우 세대원의 전입일자가 만약 말소기준권리일보다 빠르다면 대항력이 있으니 주의해야 한다. 전입세대 열람원을 볼 때는 가족 중 최초 전입자의 전입일자를 확인하라.

190

세대원이 되고 최○○가 세대주가 되었다.

하지만 대항력의 판단기준은 가족 중 최초 전입자를 기준으로 하니 실질적으로는 2013년 7월 12일이다. 그래도 말소기준일(2010년 1월 22일)보다는 늦다.

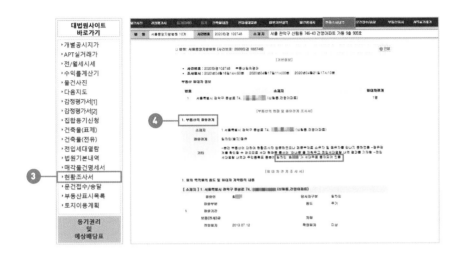

자, 정리해보자. 어떤 세입자라도 전세 사기를 감내하고 새마을금고 대출이 3억원이 넘게 설정된 집에 올전세로 들어가는 경우는 거의 없다. 만약 임차인이 전세사기를 당했더라도 낙찰자와 무관하다. 아무리 집주인이 세입자의 전세금을 받아서 새마을금고 대출을 갚기로 계약을 해놓고 안 갚았다 하더라도 그 둘의 문제지 낙찰자와는 무관하다. 이 아파트가 낙찰자에게 인도된 후 둘이 재판을 하든지 해야 한다.

일반적으로 경매절차에서 후순위임차인은 반드시 배당요구종기일 내에 권리신고 겸 배당요구를 해야 배당을 받는다. 선순위임차인은 배당요구를 하거나 안 하거나 둘 중 택일이 가능하지만 후순위임차인은 무조건 배당요구를 해야 한다. 후순위임차인이 배당요구를 안 해서 배당을 못 받아도 임대보증금 낙찰자에게 인수되지 않고 미배당된 보증금을 낙찰자에게 요구할 수 없다.

임차인 인수권리 없으므로 명도 대상, 인도명령 신청하기!

결국 임차인 인수권리가 없으므로 명도 대상이 된다. 낙찰자가 법원에 인도명령을 신청하면 발부되는 물건이다.

법원은 임차인 현황을 100% 파악할 수 없다?

집행법원은 신이 아니다. 현황조사에 응하지 않고 배당요구도 하지 않은 사람이 진정한 임차인인지 아닌지 법원도 사실 알 길이 없다. 경매는 채권자의 요청에 의해 공신력 있는 국가기관이 부동산을 강제매각해주는 절차다. 형사사건처럼 수사를 하거나 현황조사에 응하지 않는 사람을 일일이 찾아다니면서 '혹시 이 집 지금 경매 부쳐진 것 아시나요? 빨리빨리 배당신청 하세요' 하지 않는다. 하지만 임차인이 적극적으로 행동하면 일부 받아들인다. 예를 들어 보증금을 못 받았는데 이사 가야 할 경우 임차권등기를 해두면(첫 경매 개시결정 등기 전에 임차권등기를 한 자는 당연 배당권자) 법원은 그 임차인이 배당요구를 안 해도 배당요구를 한 것으로 간주하고 순서에 맞춰 배당해준다.

진짜 임차인을 밝히는 것은 입찰자의 몫

일반적으로 소유자와 채무자 외 전입된 사람은 임차인으로 분류해서 표시한다. 진정한 임차인을 찾아서 법원이 공식 인정을 하는 건 아니다. 결국 임차인인지 아닌지 밝혀내는 것은 입찰받을 사람의 몫이다. 후순위임차인이라면 신경쓸 필요가 없지만 선순위임차인이라면 발품 팔며 탐문 조사를 해야 한다.

임차인인수권리가 있는 물건인 줄 알고 유찰이 된 물건이 있다고 하자. 이런 물건은 은행에서 경락대출이 안 나와서 현금으로 납부할 수밖에 없다. 하지만 연속 유찰된 물건이지만 가장 임차인이란 것을 밝혀내면 결과적으로 시세의 반의 반 값으로 원하는 부동산을 살 수 있다. 경매는 알면 알수록 고수익을 거둔다.

아래 사례를 살펴보자. 선순위임차인이 있는 목동 반지하 빌라 감정가는 121,000,000원이지만 2019년 7월 9일 경매 개시 후 서울 집값이 올라버려 전세가가 125,000,000원까지 올랐다. 결국 52,180,000원을 쓴 낙찰자는 선순위임차인의 보증금 95,000,000원 중 미배당된 보증금 67,660,000원을 물어줘도 총 119,840,000원이 들어갔으며 전세가보다 싸게 사는 셈이다. 아래 사례는 가장 임차인이라는 것까지 밝혀내어 전세 125,000,000원인 목동 반지하 빌라를 단돈 52,180,000원에 사게 되었다.

경공매가이드

관심등록 회면인쇄 창닫기 ✕

[목동 - 다세대] ⊡매물 ⊡매물

남부9계 2019-105075(1)
법원 조회수 : 당일조회 누적조회 관심등록
낙찰일 이후 누적조회수 **80**

등기신청클릭하면
등기부실시간발급
(발급비용무료)

⊙**기본정보** 경매9계(☎02-2192-1339)

법원기본내역 법원안내 ＋ 글자크기

소재지	[목록1] 서울 양천구 목동 231-155 ▨ ▨▨ [목동중앙본로20길 72] ▨지도 ⊡지도 도로명주소		대법원사이트 바로가기
용도(기타)	다세대 (-)	토지면적	26.3㎡ (7.96평)
감 정 가	121,000,000원	건물면적	60.73㎡ (18.37평)
최 저 가	(41%) 49,562,000원	제 시 외	0㎡
낙찰/용찰	52,180,000원 / 1명	대 상	건물전부, 토지전부
청구금액	117,496,725원	소 유 자	이○○
채권총액	199,500,000원	채 무 자	이○○
경매구분	임의경매	채 권 자	현○○○○
물건번호	1 [배당]		

• 개별공시지가
• 다세대실거래가
• 전/월세시세가
• 수익률계산기
• 물건사진
• 다음지도
• 감정평가서
• 집합등기신청
• 건축물(전유)
• 전입세대열람
• 법원기본내역
• 매각물건명세서

물건사진 더보기 ✔

전세가 이하로 낙찰받았다.

| 법 원 | 서울남부지방법원 9계 | 사건번호 | 2019타경 105075 | 소 재 지 | 서울 양천구 목동 231-155 지하1층 비이0 호 |

2020.04.16	기타 서○○○○○○ 사실조회회신 제출
2020.05.13	집행관 윤○○ 기일입찰조서 제출
2020.06.17	집행관 윤○○ 기일입찰조서 제출
2020.08.18	집행관 윤○○ 기일입찰조서 제출
2020.10.07	집행관 양○○ 기일입찰조서 제출
2020.11.10	집행관 양○○ 기일입찰조서 제출
2021.02.16	집행관 양○○ 기일입찰조서 제출
2021.03.16	집행관 양○○ 기일입찰조서 제출
2021.03.23	최고가매수신고인 열람및복사신청 제출
2021.03.23	최고가매수신고인 법원보관금환급신청서 제출
2021.03.23	최고가매수신고인 법원보관금계좌입금신청서 제출
2021.04.20	집행관 윤○○ 기일입찰조서 제출
2021.05.10	최고가매수인 매각대금완납증명
2021.05.10	최고가매수인 부동산소유권이전등기촉탁신청서 제출
2021.05.10	최고가매수인 등기필증우편송부신청서 제출
2021.05.11	**채권자 현○○○○ ○○○○ 배당배제신청서 제출**
2021.05.11	채권자 현○○○○ ○○○○ 채권계산서 제출
2021.05.13	교부권자 서○○○○ ○○○ 교부청구서 제출
2021.05.20	교부권자 국○○○○○○○ ○○○○ 감정평가서 제출
2021.05.28	최고가매수신고인 배당표등본 제출
2021.05.28	최고가매수인 열람및복사신청 제출
2021.05.31	채권자대리인 유○○ 보정서(소재가증명원) 제출
2021.06.01	임차인 한이○ 열람및복사신청 제출
2021.09.16	채권자 현○○○○ ○○○○ 배당금교부신청(배당표경정) 제출

문건접수내역에 2021년 5월 11일 채권자 현대캐피탈 측에서 배당배제신청을 제출한 것으로 보아 선순위임차인의 미배당된 보증금을 물어주지 않았을 확률이 매우 높은 물건이다. 고수들은 이런 물건을 찾아내서 낙찰받기 때문에 고수익을 내는 것이다.

193

28 경기 광명시 철산동 28평 주공아파트

(ft. 고액 전세금 날린 임차인의 저항 주의!)

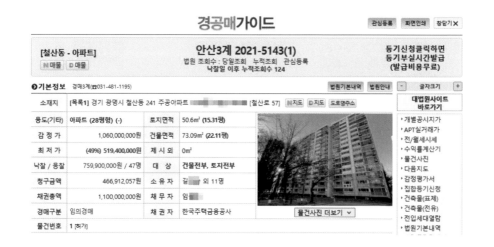

경공매가이드

관심등록 화면인쇄 창닫기×

[철산동 - 아파트]
N매물 D매물

안산3계 2021-5143(1)
법원 조회수 : 당일조회 누적조회 관심등록
낙찰일 이후 누적조회수 124

등기신청클릭하면
등기부실시간발급
(발급비용무료)

기본정보 경매3계(☎031-481-1195)

법원기본내역 법원안내 - 글자크기 +

소재지	[목록1] 경기 광명시 철산동 241 주공아파트 ▢▢▢▢▢ [철산로 57] N지도 D지도 도로명주소		
용도(기타)	아파트 (28평형) (-)	토지면적	50.6㎡ (15.31평)
감정가	1,060,000,000원	건물면적	73.09㎡ (22.11평)
최저가	(49%) 519,400,000원	제시외	0㎡
낙찰/응찰	759,900,000원 / 47명	대상	건물전부, 토지전부
청구금액	466,912,057원	소유자	김▢▢ 외 11명
채권총액	1,100,000,000원	채무자	임▢▢
경매구분	임의경매	채권자	한국주택금융공사
물건번호	1 [허가]		

물건사진 더보기 ∨

대법원사이트
바로가기
▶개별공시지가
▶APT실거래가
▶전/월세시세
▶수익률계산기
▶물건사진
▶다음지도
▶감정평가서
▶집합등기신청
▶건축물(표제)
▶건축물(전유)
▶전입세대열람
▶법원기본내역

권리분석
포인트

주택연금을 지급하는 한국주택금융공사 근저당이 말소기준권리

　등기부를 보니 ❶ 2007년 10월 22일 한국주택금융공사* 근저당권이 말소기준권리다. ❷ 임차인은 이보다 4년 늦은 2021년 8월 9일 450,000,000원 고액 전세로 들어왔지만 후순위임차인이다. ❸ 관리비 체납액도 2,472,000원에 이른다.

　● **한국주택금융권사** : 주택저당채권 등의 유동화와 주택금융 신용보증 및 주택담보노후연금보증 업무를 수행하는 곳. 최근 많은 관심을 받고 있는 특례보금자리론과 전세자금보증 업무는 물론 주택연금, 건설자금보증 등의 업무도 하고 있다.

❶ 집합건물등기부등본 | | | | | 집합등기신청

접수일	등기구분		등기권리자	금액	비고
2007-10-22	근저당권	말소	한국주택금융공사(경기중부지사)	1,100,000,000	말소기준권리
2021-12-09	소유권이전		길◼◼외11		전소유자:임◼◼ 상속(2021.06.10)
2021-12-16	임의경매	말소	한국주택금융공사(경기중부지사)	청구금액 466,912,057	2021타경5143

(등기부채권총액 : 1,100,000,000 / 열람일 : 2022.10.21)

❷ 임차인현황 (물건상담 ◼◼◼ ◼◼◼ ◼◼◼) | | | | 현황조사서 매각물건명세서 수익율계산기

임차인	선순위대항력	보증금/차임	낙찰자 인수여부	점유부분	비고
이◼◼	❷ 전입 : 2021-08-09 (無) 확정 : 2021-08-09 ❹ 배당 : 2022-02-04	보증 : 450,000,000원	배당액 : 0원 미배당 : 450,000,000원 인수액 : 없음		
함◼◼	전입 : 2015-07-15 (無) 확정 : - 배당 : -		배당액 : 미상 미배당 : 미상 인수액 : 없음		
		총보증금 : 450,000,000 / 총월세 : 0원			

(말소기준권리일:2007-10-22, 소액임차기준일:2007-10-22, 배당요구종기일:2022-03-07)

❸ 전입세대/관리비체납/관할주민센터 | | 전입세대 열람내역

전입세대	관리비 체납내역	관할주민센터
함** 2015.07.15 이** 2021.08.09 열람일 2022.10.28	❸ 체납액:2,472,000 확인일자:2022.10.26 기간미상 전기수도포함가스별도 ☎ 02-2685-0759	▶ 관할주민센터 광명시 철산3동 ☎ 02-2680-6610

❹ 후순위임차인 이○○는 2022년 2월 22일 배당신청을 했는데 과연 얼마나 받을 수 있을까? 경공매가이드 메인 화면에서 ❺ '등기권리 및 예상배당표'를 클릭 → ❻ '3. 권리분석'을 살펴보자. 임차인은 배당요구를 했지만 소액임차인이 아니어서 배당이 한 푼도 안 나온다.

2007년 10월 22일 기준 말소기준권리일이 소액임대차 최우선변제기준일

명도 저항이 예상되는 임차인이지만 인도명령 가능!

적지 않은 전세금을 손해 보는 임차인이 점유하고 있는 물건이다. 배당받을 돈이 없기에 낙찰자의 명도확인서가 필요하지 않으므로 협조는 기대할 수도 없다. 하지만 이 임차인은 대항력이 없어서 낙찰자가 인도명령을 신청하면 발부된다. 그래서일까? 임차인은 현재 관리비를 안 내고 있는 중이다. 미납관리비 중 3년 치 공용부분은 낙찰자에게 인수되므로 빠른 명도가 필요하다.

소액임차인을 위한 '최우선변제권'이란?

최우선변제권이란 주택임대차보호법에 의하여 세입자가 살고 있던 집이 경·공매로 넘어가면 소액임차인의 보증금 중 일정액을 다른 담보물권자보다 우선하여 변제받는 권리를 말한다. 최우선변제권의 성립요건을 갖춘 임차인은 낙찰가격의 2분의 1 범위 내에서 보증금 중 일정액을 가장 먼저 변제받게 된다. 주택임차인이 소액 최우선변제금액을 배당받기 위해서는 경매개시결정 기입등기 이전에 대항력(입주 + 전입신고)을 갖추어야 한다. 그리고 주택임대차보호법에서 정하는 임차보증금의 상한액을 초과하지 않아야 한다.(상한액은 기준일자, 지역별로 상이) 최근 정부에서는 전세금 사기 문제 등으로 상한액을 올릴 계획이라며 공표했다.

지역 구분	최우선변제 대상 임차인의 보증금액		최우선변제금액	
	현행	개정안	현행	개정안
서울특별시	1억5,000만원 이하	1억6,500만원 이하	5,000만원 이하	5,500만원 이하
과밀억제권역 (용인, 화성, 세종, 김포)	1억3,000만원 이하	1억4,500만원 이하	4,300만원 이하	4,800만원 이하
광역시(안산, 광주, 파주, 이천, 평택)	7,000만원 이하	8,500만원 이하	2,300만원 이하	2,800만원 이하
그 밖의 지역	6,000만원 이하	7,500만원 이하	3,000만원 이하	2,500만원 이하

이번 사례 임차인의 보증금은 4억5,000만원이라 해당 사항 X

최우선변제기준일은 말소기준일과 같다

앞의 사례에서 최우선변제기준일을 설명하자면 ❼ 임차인의 소액임대차 최우선변제기준일은 말소기준권리일(2007년 10월 22일)과 같다. 이 기준일을 두고 봤을 때 임차인 보증금 4억 5,000만원은 경기도 광명시 소액임대차 보증금 한도를 훨씬 넘는다. 따라서 최우선변제권을 행사할 수 없다.

앞의 사례 등기부에서 ❶을 다시 살펴보자. 근저당권자[•]가 한국주택금융공사다. 이 물건은 주택연금을 받던 소유자의 사망으로 12명에 상속되어 경매 부쳐진 물건으로 보인다. 주택연금 물건은 임대를 주지 않고 소유자가 점유한다는 조건으로 연금이 지급된다. 그런데 후순위임차인이 4억5,000만원 전세로 들어갔고 배당요구까지 했다니 의아할 뿐이다. 하지만 후순위임차인이라 대항력이 없어 낙찰자에게 추가인수되는 임대보증금 없는 물건이다.

❶집합건물등기부등본				집합등가신청
접수일	등기구분	등기권리자	금액	비고
2007-10-22	근저당권 말소	한국주택금융공사(경기중부지사)	1,100,000,000	말소기준권리
2021-12-09	소유권이전	김▨▨외11		전소유자:임▨▨ 상속(2021.06.10)
2021-12-16	임의경매 말소	한국주택금융공사(경기중부지사)	청구금액 466,912,057	2021타경5143

(등기부채권총액 : 1,100,000,000 / 열람일 : 2022.10.21)

• 담보 물권에는 근저당권과 담보가등기권은 포함되지만 가압류권은 포함되지 않는다.

29 서울 동작구 대방동 아파트
(ft. 조합원 지위 승계 vs 현금청산)

| 경공매가이드 | | | | 관심등록 | 화면인쇄 | 창닫기✕ |

| [대방동 - 아파트]
N매물 D매물 | 중앙10계 2022-101060(1)
법원 조회수 : 당일조회 누적조회 관심등록
낙찰일 이후 누적조회수 60 | 등기신청클릭하면
등기부실시간발급
(발급비용무료) |

▶기본정보 경매10계(☎02-530-2714)

				법원기본내역	법원안내	− 글자크기 +

소재지	[목록1] 서울 동작구 대방동 ▩▩▩▩▩▩▩ [등용로14길 40] N지도 D지도 도로명주소		대법원사이트 바로가기
용도(기타)	아파트 (-)	토지면적	68.46㎡ (20.71평)	›개별공시지가
감 정 가	1,490,000,000원	건물면적	131.24㎡ (39.7평)	›APT실거래가 ›전/월세시세
최 저 가	(64%) 953,600,000원	제 시 외	0㎡	›수익률계산기 ›물건사진
낙찰 / 응찰	1,111,880,000원 / 9명	대 상	건물전부, 토지전부	›다음지도 ›감정평가서
청구금액	666,12❶ 원	소 유 자	이▩	›집합등기신청 ›건축물(표제)
채권총액	1,365,80❷ 원	채 무 자	이▩외1	›건축물(전유) ›전입세대열람
경매구분	임의경매	채 권 자	대한금융자산관리대부	›법원기본내역
물건번호	1 [납부]			

물건사진 더보기 ⌄

 권리분석 포인트

재개발 조합원 지위를 승계받으면 대박!

이 물건은 재개발 지정 구역 안에 있는 아파트가 경매로 나온 것이다. 소유자가
❶ '이○○'이고 채무자는 ❷ '이○○ 외 1'로 소유자 외 다른 1명이 공동 채무자란
뜻이다.

❸ 대법원 공고 내용을 살펴보니 이 물건은 재개발 조합원의 지위를 보유하고 있음을 확인할 수 있다. 현재 소유자가 34평형 분양신청을 했기 때문에 낙찰자는 조합원의 지위를 승계받을 가능성이 높다. 하지만 반대로 현재 소유자가 현금청산 대상이라면 낙찰자는 분양신청을 할 수 없고 현금청산 대상이 되므로 주의하란 뜻이다.

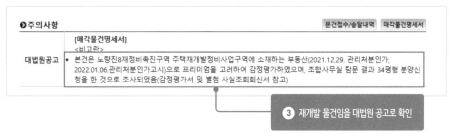

❸ 재개발 물건임을 대법원 공고로 확인

대출 안고 집을 사면 나오는 등기부 기록

등기부를 보면 ❸ 대한금융○○의 담보권 실행에 의한 임의경매이며 청구금액은 666,129,616원이다. ❹ 이 물건의 말소기준권리는 2014년 10월 13일 신한은행 근저당권이 된다. 근저당권 설정 이후 ❺ 이○○에게 소유권이전이 되었는데 대출을 안고 집을 사면 이런 기록이 나온다.

❯집합건물등기부등본   집합등기신청

접수일	등기구분		등기권리자	금액	비고
2014-10-13	근저당권	말소	신한은행(유한양행지점)	100,800,000	말소기준권리
2016-11-14	근저당권	말소	신한은행(본점)	120,000,000	
2017-03-27	소유권이전		이	400,000,000	전소유자:오 매매(2016.11.28)
2021-01-12	근저당권	말소	대한금융자산관리대부	845,000,000	테라크라우드대부의 근저이전
2021-09-03	근저당권	말소	김	112,500,000	
2021-09-03	근저당권	말소	이	112,500,000	
2021-09-03	근저당권	말소	김	75,000,000	
2022-01-12	근저질권	말소	제이비우리캐피탈	845,000,000	대한금융자산관리대부의 근저질권
2022-02-15	임의경매	말소	대한금융자산관리대부	청구금액 666,129,616	2022타경101060

(등기부채권총액 : 1,365,800,000 / 열람일 : 2022.10.18) 최종등기변동확인 📄 압류기입 2022.11.29
본 물건은 **2022년 10월 18일 등기변동이 확인** 된 경매물건 입니다. 등기변동사항이 근저당 말소 등기의 경우 대위변제 가능성이 있을 수도 있으며, 압류일 경우 예상배당표 순위에 영향이 있을 수 있으므로 **등기권리 및 예상배당표**를 확인하시고 입찰에 임해주시기 바랍니다.

소유자 가족 점유, 세대합가를 걱정할 필요 없는 물건

임차인 분석을 하기 위해 ⑥ 경공매가이드 메인 화면에서 '현황조사서'를 선택한 후 → ⑦ 부동산 점유관계를 살펴보면 전입세대 열람내역에 채무자(소유자)가 세대주로 등재되어 있다. '채무자를 만나 조사한 바, 자신 가족만 거주하고 임차인은 없다고 진술'했다는데 소유자 가족 중 최초 전입자가 2002년 3월 28일에 전입했으므로 세대합가를 염려할 필요가 없다.

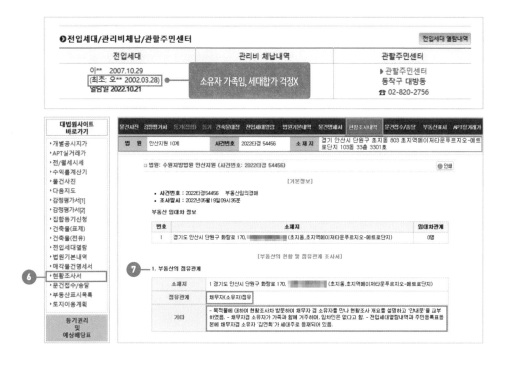

결론

재개발·재건축 물건 필수 확인 – 1. 분양신청 가능성 2. 조합원 감정가

등기부를 보면 ⑤ 이○○가 2017년 3월 27일 소유권이전을 했고 ⑧ 전소유자

오○○ 매매(2016년 11월 28일)로 적혀 있다. 전소유자가 대출을 받아 집을 샀는데 매수자가 대출을 안고 사면서 채무자 변경(채무인수)을 한 물건이다. 등기 총채무액은 1,365,800,000원이고 낙찰가는 1,111,880,000원으로 결과적으로 채무 초과 부동산이다. 이 물건은 노량진8재정비촉진구역 주택재개발정비사업에 포함된 것이라 소유자는 기다리면 34평형 아파트를 분양받을 수 있지만 채무 초과 상태라 경매에 부쳐졌다.

재개발·재건축 지역은 호재가 발표되기 전에 먼저 산 사람이 훨씬 싼 가격에 부동산을 사고 호재가 발표된 뒤에 사는 사람은 개발 프리미엄을 고려해서 더 높은 가격에 산다. 뒤에 산 사람의 매입가격을 100% 다 인정 보상해주다가는 수익성이 맞지 않는다. 그래서 법원경매로 매각하기 위한 감정가와 재개발 사업을 위한 조합원 보상 감정가는 다를 수 있다.

일반적으로 재개발·재건축 물건을 임장할 때는 다음의 2가지 사항을 꼭 확인하고 입찰해야 한다. 만약 현금청산 대상자 보유 물건이라면 패스하는 것이 좋다.

1. 분양신청이 가능한 상태인지, 아니면 이미 전소유자가 조합원(분양신청 했나)인지 여부
2. 조합원 보상감정시기와 감정가는 얼마인가? 확인 후 낙찰가 정하기

 아파트 공동 상속자, 모두 주택수 1채 추가될까?

아파트 1채를 12명이 상속받았다. 이럴 경우 12명 전부 다 보유 주택수가 1채씩 추가될까? Yes! 12명 전부 골고루 보유 주택수가 1채씩 추가된다. 실제로 유주택자가 주택을 상속받는 바람에 보유세가 확 올라가서 문제가 된 경우가 있었다. 그러자 정부는 상속받은 부동산은 4년 동안 보유 주택수에 포함하지 않는다고 2022년 발표했다.

30 서울 강남구 삼성동 아이파크삼성 아파트

(ft. 토지거래허가구역 자금출처 소명 여부)

경공매가이드

[삼성동 · 아파트]	중앙1계 2021-106402(1)	등기신청클릭하면
N매물 D매물	법원 조회수 : 당일조회 누적조회 관심등록 낙찰일 이후 누적조회수 92	등기부실시간발급 (발급비용무료)

▶기본정보 경매1계(☎02-530-1820)

법원기본내역 법원안내 | - 글자크기 +

소재지	[목록1] 서울 강남구 삼성동 87 아이파크삼성동 ▨▨▨▨▨ [영동대로 640] N지도 D지도 도로명주소	대법원사이트 바로가기
용도(기타)	아파트 (55평형) (-)	토지면적	61.3m² (18.54평)	
감정가	5,000,000,000원	건물면적	145.05m² (43.88평)	
최저가	(80%) 4,000,000,000원	제시외	0m²	
낙찰 / 응찰	5,100,000,000원 / 3명	대 상	건물전부, 토지전부	
청구금액	910,000,000원	소유자	김▨▨	
채권총액	4,870,000,000원	채무자	김▨▨	
경매구분	임의경매	채권자	이▨▨외1	
물건번호	1 [허가]			

▸개별공시지가
▸APT실거래가
▸전/월세시세
▸수익률계산기
▸물건사진
▸다음지도
▸감정평가서
▸집합등기신청
▸건축물(표제)
▸건축물(전유)
▸전입세대열람
▸법원기본내역

물건사진 더보기 ∨

권리분석 포인트

강남 경매 물건은 자금출처 소명, 토지거래허가 절차 패스

이 물건은 감정가 50억원이고 51억원에 낙찰되었다. 일반매매의 경우 토지거래허가구역*에서는 자금출처 소명을 해야 한다. 하지만 경매물건도 그럴까?

기일내역을 먼저 보자. 경매는 매각기일 → 매각허가 → 허가결정 → 대금납부 → 배당 → 종국 이렇게 정해진 절차와 기간이 있다. 그런데 주택거래허가 구역 경

---

* **토지거래허가** : 2020년 6월 17일 부동산 주요 대책들 중 하나로 사실상 주택거래허가제다.

매물건만 별도로 자금출처 소명 과정을 주고 이 기간 동안 대금납부기한을 늦춰줄 수가 없다. 모든 경매물건은 민사집행법에서 정한 절차가 우선이기에 자금출처 과정, 주택거래허가 과정을 생략하고 대금납부기한을 정해준다. 전국의 경매물건 중 강남물건만 별도로 추려서 자금출처소명 + 주택거래 허가를 받아오라고 할 수가 없다.

> 경매는 법에서 정한 기일대로 진행해야 하므로
> 토지거래허가구역 자금출처 의무 X

❶진행내역   **❷기일내역**   법원기일내역

기일종류	기일	접수일~	기일종류	기일	상태	최저매각가격(%)	경과일
배당종기	2021.09.30	73일	허가일	2023.02.07	허가		568일
감정기일	2021.07.28	9일	2자매각	2023.01.31	낙찰	4,000,000,000원(80%) 5,100,000,000원 (102.00%) 김■■장■■ / 응찰 3명 2위 응찰가 4,545,000,000 원	561일
개시결정	2021.07.21	2일					
등기기입	2021.07.20	1일					
			입찰변경	2022.12.13	변경	4,000,000,000원(80%)	512일
			입찰변경	2022.10.04	변경	4,000,000,000원(80%)	442일
			1차매각	2022.08.30	유찰	5,000,000,000원(100%)	407일

근저당 채권은 양도 양수 가능!

❶ 등기부를 보면 2019년 8월 30일 우리은행 근저당권이 말소기준권리임을 확인할 수 있다. ❷ 2019년 10월 18일 오케이에프앤아이대부 근저당권 설정(투게더대부의 근저이전)은 투게더대부 근저당 채권이 양도된 것이다. 앞에서 살펴봤듯이 경매진행 중 경매진행 전 언제든지 채권은 양도 양수가 가능하다.

❶집합건물등기부등본   집합등기신청

접수일	등기구분		등기권리자	금액	비고
❶ 2019-08-30	근저당권	말소	우리은행	1,628,000,000	말소기준권리
2019-08-30	소유권이전		김■■	3,500,000,000	전소유자:김■■ 매매(2019.06.25)
❷ 2019-10-18	근저당권	말소	오케이에프앤아이대부	2,327,000,000	투게더대부의 근저이전
❸ 2019-10-18	전세권	말소	투게더대부	5,000,000	(2019.10.18 ~2021.10.17)
2021-06-22	근저당권	말소	이.■외1	910,000,000	
2021-07-21	임의경매	말소	이■■외1	청구금액 910,000,000	2021타경106402
2022-07-20	압류	말소	강남구		
(등기부채권총액 : 4,870,000,000 / 열람일 : 2022.08.04)					

임차인 분석 – 문신한 대부업자가 점유인? 페이크!

❸ 등기부에서 2019년 10월 18일 투게더대부의 전세권 설정이 되었다. 이것만 보면 대부회사에서 전세로 산다고 생각할 수도 있다. 근저당권 설정과 전세권 설정을 동시에 하는 것은 실제로 대부회사에서 전세 들어와 살고 있다는 것이 아니다. 근저당권 설정액을 보자. 20억원이 넘는다. 만약 채무자가 대출이자를 변제기가 도래했는데 임의변제하지 않아 근저당권 설정액 23억원으로 경매를 신청하면 비용이 엄청나게 든다. 그런데 전세권 500만원으로 경매를 부치면 신청비용이 적게 든다. 총 23억500만원을 빌려주고 같은 날에 근저당 23억원, 전세권 500만원으로 각각 설정한 것일 뿐이다. ❹ 현황조사서를 봐도 전세권자인 투게더 대부가 점유한 걸로 보이지 않는다.

204

문신한 대부업자 임차인 점유 물건이 아니다!

경매신청 비용은 청구금액을 기준으로 한다. 근저당권 설정된 2,327,000,000원을 경매부치려면 집행비용이 몇천만원 든다. 그런데 전세권 500만원을 경매 부치면 집행비용은 몇백만원이면 충분하다. 어차피 근저당권자는 당연 배당권자이므로 배당을 받는다. *

이 기록을 보고 온몸에 문신한 대부업자가 전세 살고 있어서 무서워서 낙찰 못받겠다고 겁먹지 않아도 된다. 전세권은 우리가 일반적으로 알고 있는 '전세'가 아니다. 전세는 임차권으로서 채권이므로 물권인 전세권과 구별된다. 하지만 전세권은 전세금을 지불하고 타인의 부동산을 점유하여 그 부동산을 사용·수익할 수 있는 용익물권으로 반드시 등기해야 하며 전세금액과 존속기간을 기재해야 한다. 양도 양수 담보제공이 가능하며 존속기간은 10년을 넘지 못한다. 즉 전세권은 해당 부동산에 꼭 거주해야 하는 것은 아니다. 유튜브 영상으로 설명한 것이 있으니 참고하길 바란다.

---

* 　관련 내용은 149쪽, 244쪽을 참고하자.

31 경기 성남시 분당구 수내동 푸른마을 아파트

(ft. 세입자 '무상거주확인서'가 핵심 열쇠)

권리분석 포인트

1번의 불허, 1번의 미납, 3번째 낙찰된 물건

이 물건의 ❶ 기일내역을 보니 2022년 7월 18일에 불허가 떨어진 적이 있다. 이 물건의 불허가 사유는 집행절차상의 하자인 경우로 보인다. 이럴 때는 매각을 불허가하고 하자를 치유한 뒤 다시 매각기일을 잡기 때문에 최저가가 저감되지 않고 종전 최저가 그대로 매각을 실시한다˚. 불허가는 재매각이 아니니 재입찰 시 입찰보증금 10%를 낸다. 그리고 불허가된 사건의 최고가매수신고인은 입찰보증금을 돌려받을 수 있고 다음번 매각에도 입찰 참여가 가능하다.˚˚

그런데 이대로 끝난 게 아니다. ❷ 3차 매각 낙찰자가 대금 미납을 했다. 그 이후 ❸ 5차 매각에 5명 응찰하여 1,630,000,000원에 낙찰되었다. ❹ 재매각은 특별매각조건 확인이 필수이며, 입찰보증금 20%가 필요하다. 대법원 공고에도 주의를 주고 있다.

최근 경매에 대출규제가 없을 거라 오판하고 입찰하여 자금 확보를 못해 대금을 미납한 경우가 많았다. 이렇게 대금을 미납한 낙찰자(최고가매수신고인)는 입찰보증금 전액을 몰수당하고 재매각 사건에도 입찰 참여를 못 한다.

˚ 법원에서는 하자가 치유되었기 때문에 더 이상 같은 이유로 매각이 불허가되지 않으므로 불허가 사유는 비공개로 진행한다. 하지만 불허가 사유를 공개해야 한다고 판단되는 경우에만 공개한다.

˚˚ 매각불허가 사유는 212쪽 참고

경매신청 채권자가 사건 해결의 핵심

등기부를 보니 ❺ 말소기준권리일은 2021년 7월 30일 유칸에셋대부 근저당권이며 ❻ 조은저축은행이 신청 채권자다. 조은저축은행 근저당권이 부실채권으로 분류되어 ❼ 유칸에셋대부로 근저당권이 이전되고 제이비우리캐피탈에 근저질권*이 설정되었다.

	접수일	등기구분		등기권리자	금액	비고
	2002-07-29	소유권이전		이⬛외1		매매(2002.04.30)
❺	2021-07-30	근저당권	말소	(유)칸에셋대부	1,800,000,000	말소기준권리 조은저축은행의 근저이전
❻	2021-10-05	임의경매	말소	조은저축은행	청구금액 1,523,157,060	2021타경58160
❼	2021-12-28	근저질권	말소	제이비우리캐피탈	1,800,000,000	유칸에셋대부의 근저질권

❶집합건물등기부등본 · 집합등기신청

(등기부채권총액 : 1,800,000,000 / 열람일 : 2022.11.01)

선순위임차인, 진짜 임대차관계가 아닐 수도?

임차인 분석에 들어가보자. 말소기준권리보다 앞선 ❽ 선순위임차인 이○○가 2013년 12월 26일 전입한 상태다. 그런데 이상하다. 선순위임차인이 버젓이 있는데 ❻ 2021년 7월 30일 조은저축은행이 근저당권을 설정하였다. 참고로 이 아파트의 대출금은 1,500,000,000원이고 경매신청 채권자 조은저축은행 청구금액은 1,523,157,060원이며, 채권최고액은 원금의 120%인 1,800,000,000원임을 확인할수 있다. 즉, 소유자는 이 아파트의 시세 대비 꽉 채워서 담보대출을 받은 것이다. 경매기록은 하나도 허투루 볼 게 없다. 올전세 사는 선순위임차인이 버젓이 있는

---

* **근저당권과 근저질권** : 근저질권은 은행에서 부동산을 담보할 때 생긴 근저당권을 담보로 다시 돈을 빌려주는 것을 의미한다.

데 15억원이나 빌려주는 은행은 없다. 그렇다면 ❽ 2013년도 전입된 이○○는 진정한 임대차관계가 아니라고 볼 수 있지 않을까?

임차인현황 (물건상담 :010-7379-2027)				현황조사서 매각물건명세서 수익률계산기		
임차인	선순위대항력	보증금/차임	낙찰자 인수여부		점유부분	비고
❽ 이○○	전입 : 2013-12-26 (有) 확정 : - 배당 : -		배당액 : 미상 미배당 : 미상 인수액 : 미상			
		총보증금 : 0 / 총월세 : 0원				

(말소기준권리일:2021-07-30, 소액임차기준일:2021-07-30, 배당요구종기일:2021-12-07)

최고가매수신고인이 매각대금을 미납한 이유

그런데 이와 별개로 ❷ 2022년 8월 16일 3차 매각 때 낙찰받은 최고가매수신고인은 매각대금을 미납했을까? 2가지 이유를 추정해보겠다.

1. **15억원 초과 아파트 담보대출 불가였던 시기였다.** 낙찰자는 15억원 초과 아파트를 낙찰받았다. 2022년 8월 16일 당시에는 부동산규제로 15억원 초과 아파트 시중은행 담보대출 취급 불가였던 시기였고 경매도 마찬가지다. 경락대출은 예외라 착각했을 수 있으나 그렇지 않다. 대출을 못 받으니 15억원을 전부 현금 납부해야 하는 일이 벌어졌다. 그래서 미납했을 거라 본다.

2. **대항력 있는 1인 때문이다.** 대법원 공고 매각물건명세서에는 소유자들이 작성한 '무상거주사실확인서'가 제출되었다. 무상거주확인서는 점유자가 직접 써주든가 공신력 있는 금융기관(채권자측)에서 써주었다면 인정받으나 소유자들이 작성한 무상거주확인서는 그냥 참고용이지 공신력은 없다. 하지만 소유자들은 임대를 안 줬다고 부인하고 세입자는 임대를 줬다고 하면 분쟁 다

톰의 여지가 있다. 하지만 조은저축은행은 당시 점유하고 있는 1인의 무상거주확인서를 분명히 받아뒀을 것이고, 그래서 대출이 나갔을 것이다. 낙찰자는 그 서류를 손에 얻든지 조은저축은행 대부계 담당자가 무상거주라고 말해주든 이 둘 중 하나가 있어야만 경락대출을 받을 수 있는데, 2022년 8월 당시에는 그 서류가 있더라도 15억원 초과 아파트는 취급 불가였던 시절이었기에 미납되었으리라 생각한다.

2023년 들어와 15억원 초과 담보대출 취급이 허용되었다. 하지만 여전히 대항력 있는 1인이 직접 무상거주라고 확인해주든지, 전입을 타지로 전출해주든지, 조은저축은행이 무상거주라고 확인해주든지 셋 중 하나가 있어야 경락대출을 받을 수 있다. 경락대출이 나가는 시점에 선순위임차인이 전입되어 있는데 전액배당을 못 받으면 경락대출받기 만만치 않다.

결론 ## 세입자 무상거주확인서 받으면 명도 해결!

등기부상에서만 봤을 때 대항력이 있는 임차인이 있어 인도명령이 발부되지 않을 수 있다.

인도명령은 비교적 간단하게 더 살 권리 없는 점유자를 강제집행할 수 있다. 하지만 별도의 재판 없이 서류신청 하나만으로 인도명령을 발부해버리면 혹시 모를 피해자가 생길 수도 있으니 인도명령을 신청하면 '점유하고 있는 권원을 제출하라'는 심문절차를 거친다. 이 심문절차에서 점유자가 억울함을 나타내면 인도명령은 발부되지 않을 수 있다. 그렇게 되면 명도소송으로 가야 한다. 이럴 경우 낙찰자는 명도소송과 별개로 어떻게 해야 할까? 채권자 조은저축은행의 협조를 구해 이전에 대출이 나갈 때 받아놓은 무상거주확인서를 받아서 인도명령 신청할 때 첨부하면 인도명령은 발부될 것이다.

무상거주확인서 획득하는 다양한 방법

낙찰받고 법원기록을 열람해보면 채무자가 담보대출을 받을 때 은행에 자필서명을 하면서 제출한 서류가 법원에 제출되어 있을 것이다. 기록을 열람해보면 무상거주확인서가 있을 수 있으니 복사해와서 인도명령 신청할 때 첨부하면 인도명령은 발부된다.

낙찰되기 전에는 법원경매기록 열람 복사 신청 자격이 없다. 하지만 낙찰자가 받고 나면 법원에 가서 신청 채권자가 경매신청을 할 때 제출한 서류를 볼 수 있다. 드물지만 법원의 경매 계장님 중 민사집행법 90조만 보고 최고가매수신고인은 이해관계인°으로 볼 수 없다고 하면서 사건기록 열람을 허락하지 않을 수도 있다. 이럴 때는 부동산 등에 대한 경매절차 처리지침 제53조(경매기록의 열람, 복사°°)를 보여주면 될 것이다.

인도명령 심문 과정에서 가짜 임차인이 진짜라고 한다면?

여기서 잠깐! 앞의 인도명령 심문 절차에서 세입자가 진정한 자신은 진짜 임차인이라면서 인도명령을 기각시켜 낙찰자를 골탕 먹인다면 어떻게 될까? 명도소송

° **부동산 경매에서 이해관계인의 범위** : 압류채권자 및 집행력 있는 정본에 의하여 배당을 요구한 채권자, 채무자 및 소유자, 등기부에 기입된 부동산 위의 권리자, 부동산 위의 권리자로서 그 권리를 증명한 사람.

°° **경매기록 열람, 복사 어떻게 하나?** : 낙찰된 당일은 서류가 경매계에 없다. 3일쯤 지나서 해당경매계로 신분증＋입찰보증금 영수증을 가지고 가서 최고가매수신고인이라는 것을 보여주면서 경매기록 열람 복사 신청서를 제출하면 경매기록을 내어준다. CCTV 아래 지정된 장소에서만 경매기록을 봐야 하며 열람한 기록 중 몇 페이지 몇 부를 복사할 것인지 원하는 부분을 특정, 복사비용을 지불하고 복사해올 수 있다.

재판결과 허위임이 밝혀지면 경매방해죄로 형사처벌 받을 수 있다. 실제 명도소송까지 가게 되면 임대차계약서 한 장 달랑 가지고 진정한 임대차관계를 주장하면 인정을 못 받는다. 이렇게 되면 명도 지연에 따른 낙찰자의 피해도 보상해줘야 한다.

법원의 기록 중 아주 사소해 보이는 문구 하나를 보고 남들 눈에는 안 보이는 실체를 찾아내는 것, 절대로 비협조적일 것 같은 사람을 설득해서 원하는 결과를 도출하는 것은 고수익으로 바로 직결된다. 그래서 알면 알수록, 하면 할수록 재미있는 것이 법원경매. 실전에 돌입하지 않고 책상머리에 앉아서 공부만 해서는 그 묘미를 맛볼 수 없다.

 매각불허가 사유 & 낙찰 못 받는 사람 총정리

법률 규정상 매각불허가 사유는 총 8가지다. 참고로 실수로 낙찰가에 0을 더 쓰거나, 권리분석 실패로 임차인의 보증금 인수를 몰랐거나, 지분매각을 전체매각으로 잘못 알고 받은 경우 등은 매각불허가 사유가 아니다.

법원 매각불허가 사유 8가지

1. 최고가 매수신고인이 부동산을 취득할 능력이나 자격이 없는 경우
2. 최고가 매수신고인이나 그 대리인이 타인의 입찰을 방해하였거나 단합하여 입찰했을 경우
3. 법률상 매각조건에 위반하여 매수하였거나 모든 이해관계인의 합의 없이 매각조건을 변경할 경우
4. 경매기일공고가 법률 규정을 위반한 경우
5. 최저매각가격의 결정, 일괄경매의 결정 또는 매각물건명세서의 작성 등에 중대한 하자가 있는 경우

6. 기타 경매진행 절차상의 중대한 하자가 있는 경우

　　(이해관계인들에게 적법한 송달이 이루어지지 않은 경우, 감정가가 현실과 차이가 있어 재감정이 필요한 경우, 개별경매로 진행하였으나 여러 원인으로 일괄경매가 필요한 경우 또는 반대의 경우, 감정 시점과 매각 시점 사이에 부동산 훼손 손실이 상당한 경우, 경매 부동산의 부속물이 감정에 포함되지 않은 경우)

7. 복수의 부동산을 경매한 경우, 하나의 부동산 매각대금으로 채권금액과 집행비용, 지불이 충분한 때는 나머지 부동산에 대하여 경매를 불허가(과잉 경매 시 불허가)

8. 최고가격 매수신고 후 천재지변 등 기타 최고가 매수신고인이 책임질 수 없는 사유로 인하여 부동산이 훼손된 때 매각불허가 신청, 대금납부하기 전까지 매각 허가결정 취소 신청도 가능

다음은 낙찰받을 수 없는 사람이다. 아래에 해당되는 사람이 낙찰받으면 매각이 불허가 된다.

낙찰받을 수 없는 사람

1. 채무자
2. 매각절차에 관여한 집행관
3. 매각부동산을 감정한 감정인
4. 재경매 사건에 있어서 대금을 납부하지 않았던 전 매수인
5. 무능력자, 미성년자, 금치산자, 한정 치산자는 단독으로 유효한 법률행위를 할 수 X(법정대리인을 통해 대리입찰 가능)

★ 단, 공유물 분할경매의 경우 채무자 입찰참여 가능하나 공유자 우선 매수권 X

경기 안산시 단원구
초지역메이저타운푸르지오 아파트
(ft. 토지 구분지상권? 토지 별도등기가 페이크)

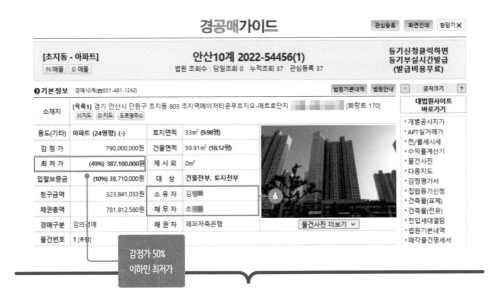

감정가 50%
이하인 최저가

아파트에 토지 구분지상권 있는 경우, 지하철이 있어서?

이 물건은 유찰을 거듭하며 최저가가 50% 이하로 떨어졌다. 법원 매각물건명세서를 살펴보니 ❶ 토지 을구 1번 구분지상권에 등기가 걸려 있고 '구분건물의 대지권(의 목적인 토지)에 별도등기 있음'을 고지하고 있다.

· **집합건물 등기사항전부증명서** : 단독주택은 토지 따로 건물 따로 등기부등본 각각 발급해야 하지만 아파트, 오피스텔 등 집합 건물은 등기부등본을 발급하면 토지와 건물 내역이 등기부등본 1장에 다 나온다.

대법원공고	[매각물건명세서] <등기부상의 권리 또는 가처분으로 매각허가에 의해 그 효력이 소멸되지 않는 것> • 토지 을구 1번 구분지상권(2020. 4. 28. 등기) 　<비고란> • 구분건물의 대지권(의 목적인 토지)에 별도등기 있음 ❶
중 복/병 합	2022-2462(중복)

선순위임차인이라고 섣불리 결론 내지 말 것!

다음 페이지의 등기부를 보니 ❷ 말소기준권리는 2020년 6월 12일 우리은행 근저당권이다. 기본 정보를 보니 ❸ 2019년 7월 11일 전입신고 된 사람이 있다. 이 사람은 선순위임차인일 테니 걸러야 할까? 여기서 멈추면 안 된다. ❹ 경공매가이드 메인 화면에서 '현황조사서'를 선택하고 → ❺ '부동산의 현황 및 점유관계 조사서'를 살펴보자. '채무자 겸 소유자가 가족과 함께 거주하며 임차인은 없다'고 쓰여 있다. 따라서 이 물건은 낙찰자 임차인 인수권리가 없다.

215

소유자와 채무자가 다른 이유? 상속물건이기 때문!

❻ 214쪽 기본정보를 보니 소유자와 채무자가 다른데 그 이유는 등기부등본에 답이 나와 있다. ❼ 소유자 겸 채무자 조○○씨가 사망하자 2022년 4월 26일 김○○씨에게 상속되었기 때문에 소유자와 채무자가 서로 다른 것이다. 이렇게 소유자와 채무자가 서로 달라도 낙찰받는 데 전혀 지장이 없다.

❿집합건물등기부등본 · 집합등기신청

접수일	등기구분		등기권리자	금액	비고
2020-06-12	근저당권	말소	우리은행(반월공단금융센터)	264,000,000	말소기준권리
2020-08-04	근저당권	말소	한나투자대부	120,000,000	안양저축은행의 근저이전
2021-07-13	근저당권	말소	페퍼저축은행	176,400,000	
2021-12-08	근저당권	말소	페퍼저축은행	120,000,000	
2021-12-23	근저당권	말소	페퍼저축은행	82,800,000	
2022-04-26	소유권이전		김▓▓▓		전소유자:조▓▓▓ 상속(2022.02.02)
2022-05-04	임의경매	말소	페퍼저축은행	청구금액 323,841,033	2022타경54456
2022-07-11	가압류	말소	신용보증기금(마포재기지원단)	18,612,560	대구지법 2022카단33738
2022-07-18	임의경매	말소	우리은행(여신관리부)		2022타경2462
2022-09-15	근저질권	말소	제이비우리캐피탈	120,000,000	한나투자대부의 근저질권

(등기부채권총액: 781,812,560 / 열람일 : 2023.01.13 / 토지별도등기 있음)

결론

신축 역세권 집합건물의 토지 별도등기, 특별매각조건 확인 필수!

집합건물은 토지와 건물등기가 따로 있지 않고 등기부 1장으로 되어 있다. 집합건물이 신축하기 전에 토지 등기부등본에 구분지상권 등기가 있다? 이것은 지하철역이 가까운 곳에 위치해 있다는 것이다. 집합건물이 위치한 토지 지하에 지하철이나 지하철연결통로 등이 있으면 구분지상권이 토지등기부등본에 설정되고, 집합건물 등기부등본에는 토지 별도등기가 있다는 공시가 나타난다. 이런 별도등기는 공공시설의 소유나 설치를 목적으로 하기에 소유권을 취득하고 사용, 수

익 처분하는 데 전혀 영향을 미치지 않는다. 따라서 토지 별도등기가 있는 물건은 특별매각조건을 유심히 보자. 집합건물이지만 토지등기를 별도로 발급받아서 '근저당권, 가압류가 설정되어 있는데 토지 별도등기를 매수인이 인수해야 한다'는 특별매각조건이 없다면 낙찰받아도 안심이다.

이 아파트는 지하철 수인분당선, 4호선 초지역 바로 옆에 위치해 있어 토지 등기부 을구에 구분지상권이 설정되어 있는 것이다. 따라서 구분지상권이 인수되어도 전혀 문제가 안 된다. 아파트가 지하철역 출입구가 가까운 역세권이라는 뜻이다.

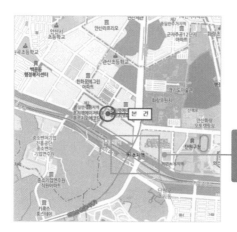

지하철역 근처 아파트는 등기부에 구분지상권이 설정된 경우가 많다.

T·I·P 전소유자가 에어컨을 떼어서 이사 간다고 한다면?

보통 시스템 에어컨은 아파트 분양할 때 별도로 추가요금을 내고 설치한다. 하지만 전소유자가 이사 가면서 천장에 설치된 에어컨을 떼어 가겠다고 하면 어떻게 할까? 엄밀히 말해 에어컨을 떼어 가겠다고 하는 것까지는 말릴 수 없다. 그런데 천장을 뜯고 에어컨을 떼다가 부동산을 훼손하게 되면 원상복구해줘야 한다. 현실에서는 어느 정도 협상이 필요하다. 시스템 에어컨은 어차피 필요하니 낙찰자가 소유자로부터 중고가격에 사는 경우도 있다는 점 참고하자.

33

경기 수원시 영통구 망포동 동수원자이 아파트

(ft. 소유자가 선순위임차인? 페이크)

권리분석 포인트
말소기준은 은행권 근저당권

    등기부를 보니 이 물건의 ❶ 말소기준권리는 2014년 9월 15일 신한은행 근저당권이며 이하 권리는 전부 소멸된다.

접수일	등기구분		등기권리자	금액	비고
2003-04-21	소유권이전		김▇▇		전소유자:이▇▇ 매매(2003.03.18)
2014-09-15	근저당권	말소	신한은행(성포동지점)	264,000,000	말소기준권리
2015-12-15	가압류	말소	한국주택금융공사(서울채권관리센터)	91,244,840	서울중앙지법 2015카단813071
2015-12-15	가압류	말소	한국주택금융공사	91,950,060	서울중앙지법 2015카단813074
2022-05-16	강제경매	말소	한국주택금융공사(채권관리센터)	청구금액 349,376,538	2022타경59488

❶집합건물등기부등본 집합등기신청

(등기부채권총액 : 447,194,900 / 열람일 : 2022.10.31)

임차인 분석 - 소유자 가족이 임차인? 대항력 X

❷ 2017년 7월 12일 전입신고 된 세대주 송○○씨 가족 중 최초 전입자 김○○ 2003년 4월 19일이 있는 걸 보니 세대합가 여부를 확인해야 한다. 경공매가이드 메인 화면에서 ❸'현황조사서' 선택 → ❹ 1. 부동산 점유관계를 살펴보면 '소유자의 배우자를 세대주로 하여 거주하고 있다'고 나와 있다. ❹ 전입세대 열람내역서도 함께 살펴보면 가족 중 최초 전입자의 전입일자는 2003년 4월 19일이고 2003년 4월 21일 소유권이전등기를 하면서 전입한 것으로 보인다. 결론부터 말하면 이 물건은 임차인이 따로 없고 소유자(=채무자) 가족 점유 물건이다. 말소기준권리일보다 전입일자가 빠른 세대가 있지만 '현황조사내역'의 점유관계를 보니 소유자의 배우자를 세대주로 하여 소유자와 자녀 1명이 등재되어 있다. 소유자(=채무자) 가족 세대 점유라 의미가 없다. 자기 집에 자기가 전입신고하고 사는 경우는 대항력을 인정하지 않는다.

❷전입세대/관리비체납/관할주민센터 전입세대 열람내역

전입세대	관리비 체납내역	관할주민센터
송** 2017.07.12 (최초: 김** 2003.04.19) 열람일 2022.11.03	체납액:0 확인일자:2022.11.03 22년9월까지미납없음 ☎ 031-273-0765	▶관할주민센터 수원시 영통구 망포1동 ☎ 031-228-1066

결론 낙찰 후 하루라도 빨리 인도명령 신청할 것

　이 물건은 인도명령을 신청하면 발부된다. 상대방이 법원에서 보낸 인도명령문을 받아보는 것과 인도명령문 없이 낙찰자가 말로만 이사 가라 하는 것은 천지 차이다. 정석은 점유자와 직접 만나서 이사 날짜를 조율하면서 인도명령은 신청도 같이 하는 것이다. 이것이 하루라도 빨리 부동산을 명도받는 방법이다.

전소유자가 세입자로 바뀐 경우, 대항력이 있을까?

전소유자가 집을 팔고 임대차계약을 체결한 경우 계속 거주하고 있다. 전소유자이자 세입자로서 점유인인 이 사람은 말소기준권리일보다 전입일자가 빠르다. 이럴 경우 대항력은 어떻게 되는 걸까? 결론부터 말하면 원래부터 살았던 집이니 전입을 계속 유지할 수 있다. 하지만 부동산을 매도하기 전에 전입되어 있던 시절은 소유자 상태일 뿐이다. 따라서 세입자로서 가지게 되는 대항력이 없다.

34

서울 중랑구 묵동 신내아파트

(ft. 대지권 미등기가 페이크)

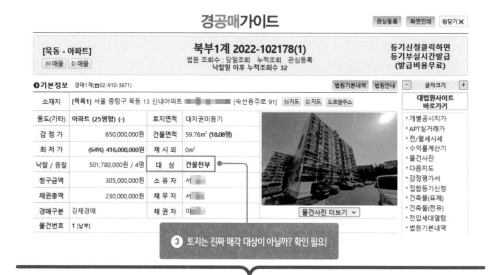

경공매가이드

관심등록 화면인쇄 창닫기 X

| [묵동 - 아파트]
Ⓝ매물 Ⓓ매물 | 북부1계 2022-102178(1)
법원 조회수 : 당일조회 누적조회 관심등록
낙찰일 이후 누적조회수 32 | 등기신청클릭하면
등기부실시간발급
(발급비용무료) |

⊙기본정보 경매1계(☎02-910-3671)

법원기본내역 법원안내 [-] 글자크기 [+]

소재지	[목록1] 서울 중랑구 묵동 13 신내아파트 ▩▩▩ ▩▩▩▩▩ [숙선옹주로 91] Ⓝ지도 Ⓓ지도 도로명주소		
용도(기타)	아파트 (25평형) (-)	토지면적	대지권미등기
감 정 가	650,000,000원	건물면적	59.76㎡ (18.08평)
최 저 가	(64%) 416,000,000원	제 시 외	0㎡
낙찰 / 응찰	501,780,000원 / 4명	대 상	건물전부
청구금액	305,000,000원	소 유 자	서▩
채권총액	230,000,000원	채 무 자	서▩
경매구분	강제경매	채 권 자	이▩
물건번호	1 [납부]		

물건사진 더보기 ∨

대법원사이트 바로가기
· 개별공시지가
· APT실거래가
· 전/월세시세
· 수익률계산기
· 물건사진
· 다음지도
· 감정평가서
· 집합등기신청
· 건축물(표제)
· 건축물(전유)
· 전입세대열람
· 법원기본내역

❸ 토지는 진짜 매각 대상이 아닐까? 확인 필요!

권리분석 포인트

대지권 미등기 아파트, 감정평가서에 토지 포함 여부 확인할 것!

　대법원의 매각물건명세서를 보면 ❶ 대지권(토지 소유권)이 미등기 상태이므로 주의사항을 요하고 있다. 실제로 ❷ 감정평가서를 보면 토지 455,000,000원 건물 195,000,000원 합계 650,000,000원을 감정했다. 건물과 토지대금을 전부 다 주고 낙찰받았는데 대지권등기를 할 수 없다? ❸ 그리고 매각대상도 '건물전부'로만 표시되어 있다. 토지 빼고 매각한다는 뜻일까?

일반적으로 아파트 같은 집합건물은 등기부를 떼면 건물과 대지 사용권이 함께 나오고 집합건물을 토지만 따로 건물만 따로 매각할 수 없다. ❸ 경공매가이드 메인 화면에서 '감정평가서'를 선택하면 나타나는 화면을 보면 토지가 포함되어 감정가가 산출되었음을 확인할 수 있다.

토지	건물	합계
455,000,000원	195,000,000원	650,000,000원

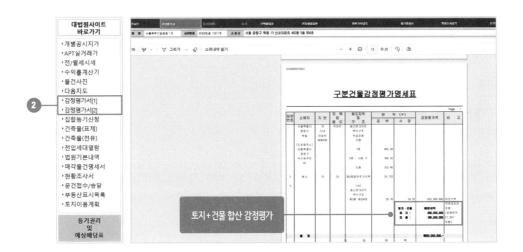

입찰해도 되는 대지권 미등기 아파트는 따로 있다?

결론부터 말하면 매각대금에 건물과 토지가격이 포함되었고 아파트를 분양받을 때 대지분양대금을 납부했지만 대지권등기를 아직 하지 않은 상태이다. 이유는 여러 가지 추론해볼 수 있다. 당시 취등록세가 없어서? 또는 소유권이전등기할 법무사비용이 없어서? 등등 대지권 미등기 사유는 여러 가지이지만 이 경우는 대지 공유지분을 포함하여 아파트를 분양받았고 분양대금을 완납한 경우이므로 문제가 안 된다.

한 걸음 더 나아가 대지권 미등기의 다양한 원인을 살펴보자. 대지의 분필이나 합필의 정리 또는 환지절차의 정리 지연, 집합건물 각 세대 간의 지분비율에 대한 분쟁, 시행사의 내부사정 대지대금 미지급 등으로 대지권 미등기 사태가 생길 수 있다. 간혹 매각대상에 대지가격이 포함되어 있어도 대지권등기를 할 수 없는 물건도 있다. 이런 물건인지 아닌지 대법원매각공고를 잘 읽어보고 초보자는 패스해야 한다. 이런 물건을 대지권등기하려면 낙찰자의 촉탁신청만으로 등기할 수 있는 것이 아니라 종전 토지소유자에게 소유권이전 서류를 받아야만 등기할 수 있기 때문이다. 물론 집합건물이니 사용, 수익하는 데 전혀 지장이 없지만 대출받거나 임대, 매도할 때는 문제가 된다.

임차인이 없는 물건, 명도 용이

❹ 등기부를 보면 2020년 4월 28일 이○○가 건 가압류가 말소기준권리이다. 2019년 5월 27일 전입한 전입세대주 서○○씨는 소유자로 임차인은 없는 물건이다.

▶집합건물등기부등본　　　　　　　　　　　　　　　　　　　　　　집합등기신청

접수일	등기구분		등기권리자	금액	비고
1998-04-16	소유권이전		서.▮		매매(1997.04.30)
2020-04-28	가압류	말소	이▮	230,000,000	말소기준권리 서울가정법원 2020즈단30398
2022-03-14	강제경매	말소	이▮	청구금액 305,000,000	2022타경102178

(등기부채권총액 : 230,000,000 / 열람일 : 2022.11.03)

▶전입세대/관리비체납/관할주민센터　　　　　　　　　　　　　　전입세대 열람내역

전입세대	관리비 체납내역	관할주민센터
서** 2019.05.27 열람일 2022.11.10	체납액:0 확인일자:2022.11.07 22년9월까지미납없음 ☎ 02-3421-8552	

소유주

결론 ## 낙찰 후 등기를 완료하면 대지사용권 취득 가능!

이 물건이 왜 대지권 미등기가 되었는지 더 파고들어보자. 대법원 매각물건명세서에 따르면 HUG(서울주택도시보증공사)의 사실조회 회신서에 분양 당시 시행사는 대지지분을 포함하여 분양을 하였으며, 대지 공유지분은 38.199㎡이고 분양대금(금 80,563,000원)을 납부하였다고 나와 있다. 대지권 미등기 이유는 분양대금 중 토지대금을 납부했지만 등기가 안 된 상태라는 뜻임을 유추할 수 있다.

이렇게 대지권 등기가 완료되지 않은 상태에서 전유(집합건물) 부분에 관한 경매절차 진행 시 전유 부분을 매수한 매수인은 등기를 완료하면 대지사용권을 취득할 수 있다. 이 아파트는 분양사인 HUG가 대지지분을 포함하여 분양하였다고 확인해주었으므로 경락받고 대금납부하면서 대지권등기에 필요한 서류를 분양한 HUG에서 받으면 된다. 1997년도에 매매하면서 분양대금에 대지지분을 포함해서 지불했지만 소유자가 등기를 안 하고 있었기 때문에 대지권 미등기가 표시된 것이다.

앞에서 살펴봤듯이 대지권 미등기 이유는 여러 가지이다. 분양자가 거주할 경

우 어차피 대지지분을 포함해 분양받았기 때문에 누가 지료(地料)를 내놓으라고 하는 일도 없고 하니 등기만 안 했을 뿐 사는 데 전혀 지장이 없었을 것이다. 그러다가 경매에 부쳐지면 이런 기록이 나오는 것이다.

 대지권이 아예 없는 건물, 경매 금물!

애초에 대지권 사용권 없는 건물만 매각대상인 경우에는 감정가가 싸다. 그래서 속사정은 잘 모르고 전략도 부재한 채 낙찰을 받는 경우가 종종 있다. 대지권이 아예 없는 물건은 토지 소유자가 매수인(낙찰자)을 상대로 협의 또는 재판상 지료를 청구할 수 있는 복잡한 물건이다. 초보자는 아예 거르는 게 좋다.(관련 사례는 370쪽 참고)

35 서울 서대문구 홍제동 무악청구 아파트

(ft. 부모 자식 간 임대차, 미납, 유찰이 페이크)

[홍제동 - 아파트] Ⓝ매물 Ⓓ매물		서부5계 2022-50532(1) 법원 조회수 : 당일조회 누적조회 관심등록 낙찰일 이후 누적조회수 68		등기신청클릭하면 등기부실시간발급 (발급비용무료)

Ⓞ기본정보 경매5계(☎02-3271-1325) 　　　　법원기본내역 법원안내 [-] 글자크기 [+]

대법원사이트 바로가기

소재지	[목록1] 서울 서대문구 홍제동 453 무악청구아파트 ▓▓▓ [등일로 348] Ⓝ지도 Ⓓ지도 도로명주소		
용도(기타)	아파트 (39평형) (-)	토지면적	44.3㎡ (13.4평)
감 정 가	1,100,000,000원	건물면적	84.78㎡ (25.65평)
최 저 가	(64%) 704,000,000원	제 시 외	0㎡
낙찰 / 응찰	751,500,000원 / 1명	대　상	건물전부, 토지전부
청구금액	114,096,033원	소 유 자	안OO
채권총액	596,798,710원	채 무 자	안OO
경매구분	강제경매	채 권 자	김OOO
물건번호	1 [배당]		

물건사진 더보기 ∨

개별공시지가
APT실거래가
전·월세시세
수익률계산기
물건사진
다음지도
감정평가서
집합등기신청
건축물(표제)
건축물(전유)
전입세대열람
법원기본내역
매각물건명세서

권리분석 포인트

가족끼리 임대차? 미납 유찰? 하자가 있을까?

　이 물건은 ❶ 재매각이며 입찰시 20% 보증금이 필요하다. ❷ 소유자의 아버지가 임차인으로 배당요구신청서를 보완하기 위하여 여러 차례 보정서를 제출했음을 확인할 수 있다.

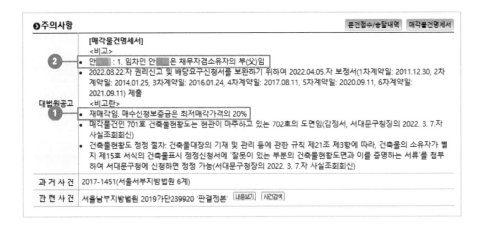

❸ 기일 내역을 보니 2차 매각 때 낙찰자가 있었지만 미납으로 유찰되었다. 입찰을 앞두고 문제가 있는 물건인지 의심이 드는 상황이다.

기일종류	기일	상태	최저매각가격(%)	경과일
입찰변경	2023.03.09	배당		408일
납부일	2023.03.09	납부		408일
허가일	2023.01.25	허가		365일
4차매각	2023.01.17	낙찰	704,000,000원(64%) 751,500,000원(68.32%) 홍OO / 응찰 1명	357일
3차매각	2022.12.13	유찰	880,000,000원(80%)	322일
납부일	2022.11.18	미납		297일
허가일	2022.10.11	허가		259일
2차매각	2022.10.04	낙찰	880,000,000원(80%) 891,550,000원(81.05%) 주.하늘AMAC / 응찰 1명	252일
1차매각	2022.08.30	유찰	1,100,000,000원(100%)	217일

임차인 분석 - 부모 자식 간 임대차관계 성립 Yes!

❹ 등기부를 보니 2009년 6월 16일 홍ㅇㅇ의 근저당권이 말소기준권리다.

❺ 현재 임차인은 2012년 1월 11일 전입하여 후순위임차인으로 낙찰자가 추가로 물어줘야 할 보증금은 없다. 임차인은 채무자겸 소유자의 부친인데 부모 자식 간의 임대차관계가 성립될까? 결론부터 말하면 성립한다. 형제 자매 간의 임대차계약도 인정받을 수 있지만 부부간의 임대차계약은 인정받을 수 없다. 임차인이 보증금 5억5,000만원 배상을 신청했다. 하지만 후순위라 전액 배당을 못 받아도 낙찰자에게 인수되지 않는 권리다.

❏집합건물등기부등본　　　　　　　　　　　　　　　　　　　　　집합등기신청

접수일	등기구분		등기권리자	금액	비고
2005-08-18	소유권이전		안〇〇		전소유자:홍종월 증여(2005.08.17)
2009-06-16	근저당권	말소	홍〇〇	273,600,000	말소기준권리 중소기업은행의 근저이전
2009-12-14	근저당권	말소	홍〇〇	150,000,000	
2011-07-20	가압류	말소	서〇〇〇〇〇〇〇〇〇〇〇	7,263,860	서울서부지법 2011카단5155
2011-07-28	가압류	말소	하〇〇〇〇〇〇〇〇	14,587,775	서울서부지법 2011카단5744
2014-05-30	가압류	말소	윤〇〇	20,000,000	서울남부지법 2014카단3527
2014-10-23	근저이전	말소	홍〇〇	57,600,000	홍종월의 근저일부이전
2017-05-02	근저이전	말소	홍〇〇	30,000,000	홍종월의 근저일부이전
2017-05-16	압류	말소	국〇〇〇〇〇〇〇〇〇〇〇〇		
2018-04-20	가압류	말소	예〇〇〇〇〇	7,110,157	서울중앙지법 2018카단806308
2018-09-17	가압류	말소	주〇〇〇〇〇〇〇〇	87,403,287	서울서부지법 2018카단1435
2019-03-21	압류	말소	국〇〇〇〇〇〇〇〇〇〇〇〇		
2019-04-23	압류	말소	용〇〇〇〇		
2019-07-18	압류	말소	영〇〇〇		
2019-08-29	압류	말소	영〇〇〇〇〇		
2021-08-09	압류	말소	서〇〇〇		
2022-01-27	강제경매	말소	김〇〇〇	청구금액 114,096,033	2022타경50532
2022-03-28	가압류	말소	한〇〇〇〇〇〇〇〇〇〇〇〇	36,833,631	부산동부지원 2022카단101180

(등기부채권총액 : 596,798,710 / 열람일 : 2022.08.10) 최종등기변동확인 📑 근저당권말소, 근저당권이전 2022.12.05
본 물건은 2022년 8월 10일 등기변동이 확인 된 경매물건 입니다. 등기변동사항이 근저당 말소 등기의 경우 대위변제 가능성이 있을 수도 있으며, 압류일 경우 예상배당표 순위에 영향이 있을 수 있으므로 등기권리 및 예상배당표를 확인하시고 입찰에 임해주시기 바랍니다.

❏전입세대/관리비체납/관할주민센터　　　　　　　　　　　　　　　전입세대 열람내역

전입세대	관리비 체납내역	관할주민센터
안** 2012.01.11 ❺ 열람일 2022.08.18	체납액:0 확인일자:2022.08.16 22년6월까지미납없음 ☎ 02-379-0269	▶관할주민센터 서대문구 홍제2동 ☎ 02-330-8127

법인 낙찰자, 주택담보대출 불가능으로 미납했을 듯

결론

❸ 앞의 기일내역에서 2022년 10월 4일 2차 매각 미납자는 법인이다. 2020년 6월 19일 발표된 부동산규제가 해제되기까지 3년 동안 법인은 주거시설 담보대출이 안 되어 전액 100% 현금으로만 잔대금을 납부해야 하던 시기였는데 이때 법인 명의로 주거시설을 낙찰받고 대금을 미납했다.

이 물건의 경우 잔대금이 10억원 가까이 되고 법인의 취등록세는 12%*다. 아마도 자금조달계획 실패로 대금을 미납한 것으로 추정된다. 이 당시 경매를 통해 법인으로 낙찰받으려고 일부러 돈을 들여 신규법인을 만들었지만 법인 명의 주담대 전면금지라는 대출규제를 몰라 낙찰을 잘 받아놓고도 잔대금 마련에 실패해서 입찰보증금을 몰수당한 분들이 많았다.

아래는 법인 낙찰물건 대출에 규제에 관한 유튜브 설명 영상이다. 법인 명의 주담대 전면금지는 2023년 3월 셋째주부터 해제되었다. 대출은 정부 규제의 영향을 받기 때문에 수시로 최신정보로 업데이트해야 한다. 경공매가이드 네이버 카페와 유튜브 부동산경매TV 채널을 통해 수시로 정보를 제공하니 입찰 전에 활용하시기 바란다.

법인,사업자대출 지금부터 안된다.(2020.6.26)

* 법인 주택 취등록세 변경 건 내용 77쪽 참고

불황에는 규제가 풀린다! - 법인 경락대출 해제

2023년 상반기 법인 명의 주택담보대출(경락 대출 포함)이 풀렸다. 제1금융권은 아직 아니고 제2금융권(단위농협, 단위수협, 단위신협, 새마을금고 등)이 그 대상이다. 신규 법인도 대출이 가능하며 규제지역(서울 강남3구, 용산)은 30%(방공제 차감), 비규제지역은 60%(방공제 차감) 조건이다. 하지만 대다수 법인은 방공제를 안 하고 신탁대출을 받는 추세다.

대출을 실행할 때마다 나오는 '방공제' 뜻?

여기서 방공제란? 담보물권설정일 기준 해당 지역 소액임대차 최우선변제금을 차감한다는 뜻이다. 앞서 소액임대차 최우선변제를 설명했다.(196쪽 참고) 해당 물건이 경공매에 부쳐지면 은행대출보다 임차인의 전입일자가 늦어도 매각대금의 2분의 1 한도 내에서 최우선변제를 해주니 금융권 경락대출 나갈 때 최우선변제금을 차감하고 대출해준다.

개인은 MCI, MCG 보증보험을 가입하면 방공제를 하지 않고 근저당 대출을 받을 수 있지만 법인은 보증보험 가입이 안 되니 방공제를 하지 않고 대출을 받기 위해 신탁대출을 받는 것이다. 신탁대출을 받은 부동산은 임대를 놓게 될 경우 임대보증금을 대출원금 갚는 용도로 써야 하고 임대차계약을 신탁회사와 체결해야만 적법한 임대차계약으로 보호받을 수 있다.

아파트 입주권 ←

둘째
마당

빌라&
단독주택
사례 12

성북 · 정릉

양천 · 목동

★
이 책의 78개 사례는 대한민국 경매 지도를 대표한다.
실제 입찰 사례를 분석하다 보면 실전투자에 큰 도움이 된다.

★
이 책은 '경공매가이드' 유료 사이트를 기반으로 설명하고 있다.
타 사이트 이용자라 해도 구성화면이 대동소이해서
책 내용을 이해하는 데 문제는 없다.
(임차인현황, 전입세대열람, 건축물대장, 등기부등본 콘텐츠 등은 유료)

영등포 · 대림

무료 대법원 사이트
'법원경매정보'

유료 경매정보 사이트
'경공매가이드'

부천 · 중동

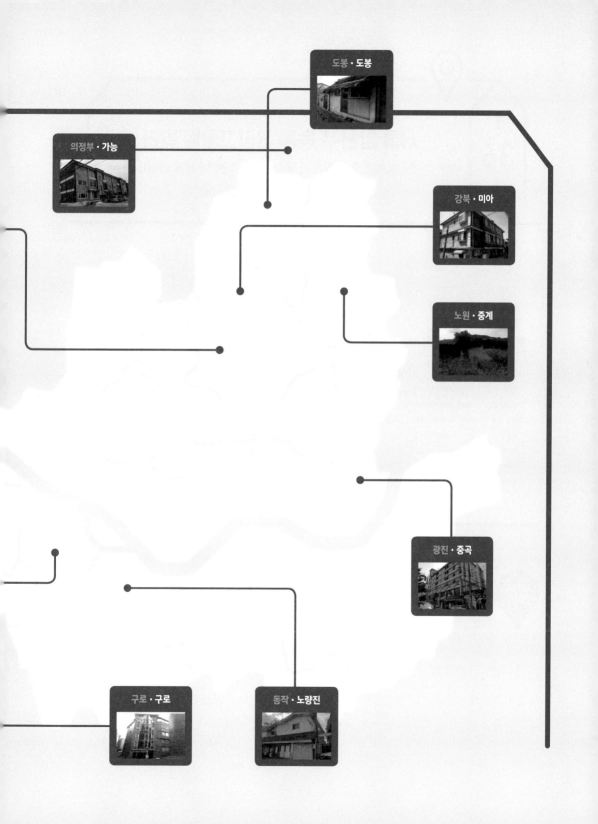

도봉·도봉

의정부·가능

강북·미아

노원·중계

광진·중곡

구로·구로

동작·노량진

36 서울 양천구 목동 서림그랑빌 빌라

(ft. HUG의 임차권등기 말소로 전세가보다 싸게 낙찰!)

경공매가이드

[목동 - 다세대]	남부1계 2022-101929(1)	등기신청클릭하면
N매물 D매물	법원 조회수 : 당일조회 누적조회 관심등록	등기부실시간발급
	낙찰일 이후 누적조회수 42	(발급비용무료)

▶기본정보 경매1계(☎02-2192-1331)

법원기본내역 법원안내

- 글자크기 +

소재지	[목록1] 서울 양천구 목동 545-17 서림그랑빌 ▇▇▇ ▇▇▇ [목동중앙본로28길 29] N지도 D지도 도로명주소
용도(기타)	다세대 (-)	토지면적	19m² (5.75평)
감정가	259,000,000원	건물면적	29.95m² (9.06평)
최저가	(64%) 165,760,000원	제시외	0m²
낙찰 / 응찰	205,111,000원 / 28명	대 상	건물전부, 토지전부
청구금액	244,278,902원	소유자	박▇
채권총액	230,000,000원	채무자	박▇
경매구분	강제경매	채권자	주택도시보증공사
물건번호	1 [납부]		

물건사진 더보기 ∨

대법원사이트 바로가기
- 개별공시지가
- 다세대실거래가
- 전/월세시세
- 수익률계산기
- 물건사진
- 다음지도
- 감정평가서
- 집합등기신청
- 건축물(표제)
- 건축물(전유)
- 전입세대열람
- 법원기본내역

권리분석 포인트

선순위임차인의 임차권과 HUG의 청구금액 모두 인수?

　대법원 매각물건명세서를 보니 ❶ 이 물건의 신청채권자는 HUG(주택도시보증공사)다. 임차인현황을 보니 ❷ 2019년 1월 28일 세입자가 보증보험을 가입하고 올전세 230,000,000원에 입주하였다. ❸ 2년 후 계약기간이 만료하자 HUG 보증보험 230,000,000원을 돌려받고 임차권등기를 하고 나간 상태다.

HUG는 임차인의 보증금 반환채권을 양도받아 강제경매를 신청했고 신청채권자의 청구금액은 230,000,000원이다. 하지만 경매 개시 이후 2023년도 들어 주택경기 하락이 시작되자 전세가 보다 시세가 더 떨어졌다. ❹ 이에 HUG는 매수인에게 배당받지 못한 잔액에 대한 임대차보증금 반환청구권을 포기하고 임차권등기를 말소해주겠다며 대항력 포기를 했고 이 조건으로 매각한 사건이다.

HUG의 임차권등기 말소 조건, 입찰자들 싸게 낙찰 가능!

❺ 기일내역을 보니 이 물건은 2023년 2월 21일 4차 매각 때 28명이 몰려 205,111,000원에 최종 낙찰되었다. 선순위대항력을 갖춘 임차인의 미배당된 보증금은 추가로 더 물어주지 않아도 되고 임차권등기도 말소해주겠다는 조건의 매각이다. 결국 낙찰자는 2019년도 전세가인 2억3,000만원보다 싼 2억500만원에 양천구 목동 다세대 빌라 소유자가 된 것이다. 이 빌라를 일반매매로 사려면 임차인의 전세금 2억3,000만원 이하로는 절대로 못 사는데 HUG가 대항력을 포기한다는 특별매각조건이 붙은 경매물건이라 28명이라 몰려 입찰경쟁이 치열했다.

지하철 9호선 염창역 직선거리 500미터 도보 7분 거리의 역세권 빌라이므로 사회초년생들이 도전하면 좋은 물건이다.

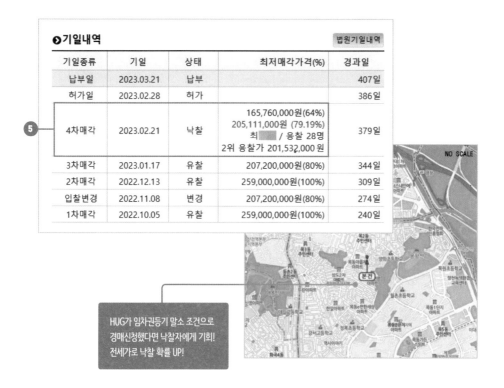

◎기일내역

법원기일내역

기일종류	기일	상태	최저매각가격(%)	경과일
납부일	2023.03.21	납부		407일
허가일	2023.02.28	허가		386일
4차매각	2023.02.21	낙찰	165,760,000원(64%) 205,111,000원(79.19%) 최 ▨▨ / 응찰 28명 2위 응찰가 201,532,000 원	379일
3차매각	2023.01.17	유찰	207,200,000원(80%)	344일
2차매각	2022.12.13	유찰	259,000,000원(100%)	309일
입찰변경	2022.11.08	변경	207,200,000원(80%)	274일
1차매각	2022.10.05	유찰	259,000,000원(100%)	240일

HUG가 임차권등기 말소 조건으로 경매신청했다면 낙찰자에게 기회! 전세가로 낙찰 확률 UP!

임대인 '납세증명서' 제출 의무화, 임차권등기도 빨라진다

2023년 3월 30일 '주택임대차보호법' 개정안이 통과되었다. 기존에는 임차인이 계약을 체결할 때 임대인의 세금 체납 정보, 선순위보증금 정보 등 추후 보증금 회수 가능성에 제약이 되는 정보를 확인할 수 없었다. 하지만 개정안에는 계약 시 임대인이 해당 주택의 선순위확정일자 부여일, 차임 및 보증금 등 임대차 정보와 납세증명서를 임차인에게 제시할 것을 의무화했다.

또한 임차권등기도 빨라진다. 임대인에게 임차권등기명령 결정이 고지되기 전에도 임차권등기가 이루어져서 임차인의 대항력·우선변제권 및 거주이전의 자유를 보장하고, 임차인의 보증금 반환채권 보호를 강화했다.

또한 피치 못할 사정(예 : 경매로 넘어간 집의 임차인이 입찰하여 낙찰받은 경우)으로 낙찰자가 되었을 때 이후 아파트 분양신청을 할 경우 무주택자로 간주하여 불이익이 없도록 하는 제도도 도입되었다.

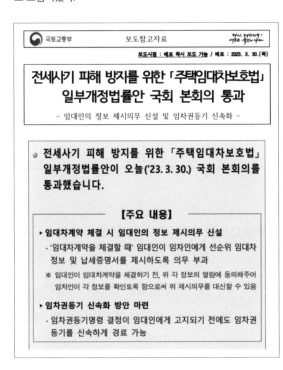

37

서울 도봉구 도봉동
건물 14평, 토지 16평 단독주택
(ft. 1억2,000만원으로 아파트 입주권 매입!)

경공매가이드

[도봉동 - 단독주택]   Ⓝ매물   Ⓓ매물

북부2계 2018-10470(1)
법원 조회수 : 당일조회   누적조회   관심등록
낙찰일 이후 누적조회수 152

등기신청클릭하면
등기부실시간발급
(발급비용무료)

기본정보   경매2계(☎02-910-3672)

법원기본내역   법원안내   − 글자크기 +

소재지	[목록2] 서울 도봉구 도봉동 ▓▓▓ ▓ 외 2개 목록 Ⓝ지도 Ⓓ지도 도로명주소		
용도(기타)	단독주택 (대지) ⑦	토지면적	53.9㎡ (16.3평)
감 정 가	303,189,800원	건물면적	48.07㎡ (14.54평)
최 저 가	(51%) 155,234,000원	제 시 외	0㎡
입찰 / 응찰	218,800,000원 / 8명	대 상	건물전부, 토지지분
청구금액	71,304,710원	소 유 자	윤○○ ❶
채권총액	141,000,000원	채 무 자	윤○○
경매구분	임의경매	채 권 자	노○○○○○○
물건번호	1 [배당]		물건사진 더보기 ∨

대법원사이트
바로가기
▸개별공시지가
▸단독실거래가
▸전/월세시세
▸수익률계산기
▸물건사진
▸다음지도
▸감정평가서
▸등기(토지)
▸등기(건물)
▸건축물(일반)
▸전입세대열람
▸법원기본내역

권리분석 포인트

'건물전부, 토지지분'? 토지보다 건물이 작은 주택?

이 물건은 도봉 제2구역 주택재개발정비사업에 있는 단독주택 물건으로 ❶ 매각대상이 '건물전부, 토지지분'이다. ❷ 대법원의 매각물건명세서와 ❸ 전입세대열람을 보니 임차인 '미발견'으로 되어 있다.

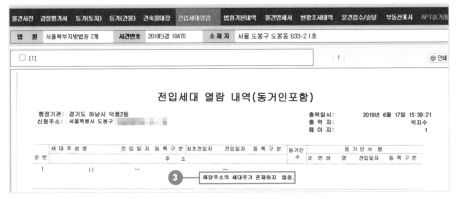

❷주의사항

	문건접수/송달내역 매각물건명세서
대법원공고	[매각물건명세서] <비고란> • 일괄매각 • 감정평가서에 의하면 현재는 전부 공실 상태임. [현황조사서] • 본 건 현황조사를 위하여 현장을 방문. 폐문부재로 소유자 및 점유자들을 만나지 못하여 안내문을 투입하였으나 아무 연락이 없어 점유자 확인 불능임. ❷ 전입세대열람 미발견.

물건사진 감정평가서 등기(토지) 등기(건물) 건축물대장 전입세대열람 법원기본내역 물건명세서 현황조사내역 문건접수/송달 부동산표시 APT실거래

법 원	서울북부지방법원 2계	사건번호	2018타경 10470	소 재 지	서울 도봉구 도봉동 633-2 1호

☐ [1]   1   🖨인쇄

전입세대 열람 내역(동거인포함)

행정기관 : 경기도 하남시 덕풍2동   출력일시 : 2019년 6월 17일 15:39:21
신청주소 : 서울북별시 도봉구 ▨▨▨▨   출 력 자 :   박지수
                                                       페 이 지 :   1

순 번	세 대 주 성 명 주 소	전 입 일 자 등 록 구 분 최초전입자 전입일자 등 록 구 분	동거인 수	동 거 인 사 항 순 번 성 명 전입일자 등 록 구 분
1	( )	— —		
	❸ 해당주소의 세대주가 존재하지 않음.			

등기부를 보니 ❹ 2012년 3월 2일 노○○ 근저당권이 말소기준권리다. ❺ 2018년 12월 13일 임차권등기가 있지만 대항력이 없어 후순위다. 낙찰자가 따로 인수할 필요가 없다.

❷건물등기부등본   건물등기 토지등기

접수일	등기구분		등기권리자	금액	비고
1974-12-21	소유권이전		윤○○		매매(1974.12.20)
2012-03-02	근저당권	말소	노○○	91,000,000	말소기준권리
2012-08-16	근저당권	말소	강○○	10,000,000	
2018-11-01	임의경매	말소	노○○	청구금액 71,304,710	2018타경10470
2018-12-13	임차권	말소	민○○	40,000,000	(전입:2016.05.11 확정:2016.05.11)

(등기부채권총액 : 141,000,000 / 열람일 : 2019.05.17)

❷임차인현황 (물건상담 ▨▨▨▨▨▨)   현황조사서 매각물건명세서 수익률계산기

임차인	선순위대항력	보증금/차임	낙찰자 인수여부	점유부분	비고
민○○	전입 : 2016-05-11 (無) 확정 : 2016-05-11 배당 : -	보증 : 40,000,000원	배당액 : 0원 미배당 : 40,000,000원 인수액 : 없음		임차권등기자
		❻ 총보증금 : 0 / 총월세 : 0원			

(말소기준권리일:2012-03-02, 소액임차기준일:2012-03-02, 배당요구종기일:2019-01-15)

경매 개시 이후 임차권등기를 한 후순위임차인

임차권등기를 첫 경매 개시결정 전에 해놓으면 배당요구를 따로 안 해도 배당을 받는다. 그리고 임차권등기를 하지 않으면 배당요구를 따로 해야 배당을 받는다.

임차권등기는 보증금을 돌려받지 못한 임차인이 주민등록을 전출하기 전에 해 놓는 것이다. 임차권자가 아무 연락 없이 이사를 가면 경매 부쳐진 사실을 연락해 주려고 해도 어디로 이사 갔는지 알 방법이 없다. 경매는 민사집행법을 기본으로 진행한다. 형사사건이 아니기 때문에 임차권등기를 해놓고 이사 간 임차인을 찾아 낼 수가 없다. 그래서 경매개시결정 기입등기 전에 임차권등기를 해놓으면 경매 부쳐진 사실을 몰라 배당요구를 못 해도 배당요구한 것으로 간주해주는 것이다.

이 사건의 임차인은 ❺ 2018년 11월 1일 임의경매 개시결정 1달이 지나서야 12월 13일 임차권등기를 했다. 이럴 때는 배당요구를 따로 해야만 배당받는 채권자로 분류된다. ❻ 그런데 임차인은 배당요구를 하지 않았다. 이렇게 되면 배당을 받지 못하며 후순위임차인이라 낙찰자가 보증금 4,000만원을 추가로 물어줄 이유가 없다.

참고로 임차권등기는 임차인 동의 없이 촉탁 신청으로 말소된다.

이 물건의 매각 대상(238쪽)을 보니 ❼ 건물면적은 14.54평, 토지 지분 면적은 16.3평으로 토지보다 건물이 작다. 토지가 지분이라고 하더라도 타인 토지 침범 부분은 없다. 따라서 분양신청 대상인지 온전한 아파트 분양이 가능한지만 확인 되면 입찰할 만하다.

	[토지]
감정요항	• 본건은 서울 도봉구 도봉동 소재 서울북부지방검찰청 남동측 인근(도봉역 한양수자인 아파트 남측근)에 위치하며 부근은 아파트단지,시장 각종 상용건물,이면지로 단독 다세대주택 등이 혼재하는 주거지역으로 주거지로서의 환경은 보통시됨. • 본건까지 차량 접근 용이하며 인근에 버스정류장 등이 있는 등 교통사정 무난시됨. • 2필지 1단지의 구형에 가까운 세장형 평지이며 단독주택 건부지로 이용함. • 본건 동측으로 폭 2미터 정도의 세로와 접하며 남측으로폭 약4미터 정도의 도로와 접함.
	[건물] • 세멘부록조 세멘와즙 평가건이며외벽:물탈위 페인트 마감.내벽:벽지 마감.창호:샷시창임. • 1966년도 사용승인되고 준공후 보수사용한 것으로 4가구로 분리 사용하는 것으로 탐문되며 현재는 전부 공실(오랜동안 거주자 없는 것으로 탐문됨)상태임. • 급.배수설비 도시가스설비 되어있음.

감정평가서와 비교해서 타인 토지 침범 부분이 있는지 직접 살펴보기 위해 찾아가보았다. (아래 임장 영상 참고) 대법원 물건사진에 나온 지적 및 건물개황도 도면을 보면 단층 건물의 바닥면적이 토지 전체 면적보다 작다. 토지가 지분이라고 하더라도 건물은 타인의 토지를 침범하지 않은 것이다. 물론 타인 토지를 침범했다고 분양신청을 못 하는 것은 아니지만 건물이 타인 토지를 침범한 만큼 건물면적을 줄이거나 침범한 부분만큼 토지 소유자에게 사용 지료를 줘야 한다. 조합사무실에 문의하면 분양신청 자격과 기준을 알려준다.

해당 물건 임장 동영상

결론

조합원 분양신청 가능! 지분이라 해서 패스할 필요 X

매각 대상에 토지지분이라고 쓰여 있다고 무조건 패스할 필요는 없다. 이 물건의 입찰을 결정하기 전에 보상 감정가와 낙찰가의 갭이 어느 정도인지 파악해야 한다.

| 도봉제2구역 주택재개발정비사업(2007년도에 조합설립인가) |

- 59㎡ 평당 1,760만원 조합원 분양가 4.4억원
- 84㎡ 평당 1,550만원 조합원 분양가 5.4억원

조합원 분양가와 일반인 분양가는 다르다. 조합원은 일반인보다 낮은 금액대로 분양받을 수 있고 청약경쟁을 하지 않아도 된다. 조합원은 헌 집을 제공한 보상금액에서 추가금액을 내고 일반인보다 낮은 금액대로 분양받는다. 조합원 보상금액은 법원의 법사감정가와 차이가 있을 수 있다. 법원이 경매감정한 시기와 조합원 보상을 위한 감정 시기가 다르기 때문이다.

분양신청 전 낙찰받으면 조합원 분양신청 가능!

도봉제2구역은 2007년도에 조합이 설립되었고 보상 감정 시기는 2007년도, 경매감정기일은 2018년도이다. 법원의 감정가는 그동안 시세가 오른 것을 반영하니 더 높을 수 있다. 낙찰된 금액보다 조합원 보상금액이 더 적을 수도 있다는 말이다. 하지만 재개발·재건축 지역은 늦게 합류할수록 프리미엄을 더 얹어주고 사야 한다. 개발 이야기가 나오기 전에 살았던 원주민이 가장 적은 금액으로 새집을 분

양받는 구조이기 때문이다. 이럴 땐 현금청산 대상인가 분양자격이 주어지나 이걸 봐야 한다. 낙찰받은 2019년도는 분양신청 전이고 2020년 봄에 분양신청을 받았다. 따라서 낙찰받은 사람은 이후 아파트 분양신청이 가능했을 것이다.

재개발 입주권 수익 분석

낙찰가의 50% 대출을 받았다고 가정할 경우 취등록세와 대출을 제외한 투자금은 약 1억2,000만원이다. 조합원 보상으로 약 2억원을 받는다고 가정하면 32평을 분양신청했을 경우 조합원 분양가는 5억4,000만원 − 2억원(현 집을 제공한 보상가) = 자부담금 3억4,000만원이다. 자부담금 3억4,000만원을 분양대출로 처리하면 추가부담금 없이 서울 아파트 입주가 가능한 물건이다. 조합원 분양가로 싸게 분양받고 보상을 받으니 실투자금 1억2,000만원으로 서울 32평 신축 아파트가 될 단독주택을 경매로 받은 것이다.

│ 도봉제2구역 재개발 세부 내용 │

· 서울 도봉구 도봉2동 95번지 일대 13,436.3㎡
· 용적률 260% 지하2층~지상18층 공동주택 5개동 299가구
· 서울 1호선 도봉역과 방학역 사이 7호선 수락산역 입지
· GTX-C 노선 창동역이 지나가는 입지에 있는 한양수자인 아파트 입주가 가능한 물건

이 물건은 매수타이밍도 좋았다. 이 물건의 매각기일인 2019년 10월 14일에 부동산대출규제가 발표되었는데 그중 하나가 서울지역 담보대출 비율 LTV를 낮추겠다는 소식이었다.

이 물건은 대출규제의 영향을 받아 규제 발표 이전보다 대출 가능액이 줄어드는 물건에 해당되었다. 규제 발표로 입찰을 포기한 사람이 늘어나 예상했던 것보다 응찰자수가 적었고 낙찰금액도 낮았다. 만약 대출규제 발표날과 입찰날이 겹치지 않았다면 경쟁이 더 치열했을 것이고 더 높은 금액에 낙찰되었을 것이다.

 ### 배당요구 신청을 하지 않아도 배당받는 경우는?

배당요구란 다른 채권자에 의해 개시된 집행(경매)절차에 참가하여 매각대상인 부동산의 매각대금에서 변제받으려는 집행법상의 행위를 말한다. 다음은 배당요구 신청을 하지 않아도 당연히 배당받을 수 있는 채권자이다.

배당요구 신청을 하지 않아도 배당받을 수 있는 채권자	배당요구 신청을 해야만 배당받을 수 있는 채권자
1. 배당요구의 종기까지 중복경매를 신청한 압류채권자	1. 주임법이나 상임법의 적용을 받는 임차인
2. 첫 경매개시결정등기 전에 등기된 가압류 채권자	2. 담보가등기권자
3. 저당권, 임차권, 전세권 그 밖의 우선변제 청구권으로서 첫 경매개시결정등기 전에 등기되었고 매각으로 소멸하는 권리를 가진 채권자	3. 임금채권자
	4. 집행력 있는 정본(판결문, 화해조서, 조정조서, 공정증서 등)을 가진 채권자
	5. 첫 경매개시결정이 등기된 후의 가압류채권자
4. 체납처분에 의한 압류채권자	6. 압류를 하지 않은 국세 및 지방세 등 조세 채권자, 기타 공과금

> 이번 사례의 임차권은 경매개시 결정 이후 설정해서 배당요구 신청은 필수!
> 만약 후순위임차인이 임차권을 등기하고 배당요구 신청을 안 하면? →
> 낙찰자는 인수할 필요 X

38

서울 강북구 미아동 민간 재개발 빌라
(ft. 공공 재개발은 현금청산! 확인 필수!)

경공매가이드

[미아동 - 다세대] N매물　M매물	**북부2계 2020-104217(1)** 법원 조회수 : 당일조회　누적조회　관심등록 낙찰일 이후 누적조회수 653	**등기신청클릭하면 등기부실시간발급 (발급비용무료)**

❷**기본정보** 경매2계(☎02-910-3672)

소재지	[목록1] 서울 강북구 미아동 ▨▨▨ ▨▨ [오패산로52다길 24] N지도 D지도 도로명주소		
용도(기타)	다세대 (-)	토지면적	31.3㎡ (9.47평)
감 정 가	137,000,000원	건물면적	41.16㎡ (12.45평)
최 저 가	(100%) 137,000,000원	제 시 외	0㎡
낙찰 · 응찰	256,916,100원 / 29명	대 상	건물전부, 토지전부
청구금액	40,000,000원	소 유 자	박OO
채권총액	172,121,424원	채 무 자	박OOO
경매구분	임의경매	채 권 자	현OOOOOOO
물건번호	1 [배당]		

물건사진 더보기 ∨

**대법원사이트
바로가기**
▸개별공시지가
▸다세대실거래가
▸전/월세시세
▸수익률계산기
▸물건사진
▸다음지도
▸감정평가서
▸집합등기신청
▸건축물(전유)
▸전입세대열람
▸법원기본내역
▸매각물건명세서

**권리분석
포인트**

선순위전세권 인수 여부와 현금청산 가능성 여부

　최근 공공 재개발·재건축 지역 물건은 과도한 현금 청산 기준으로 입찰을 기피하는 경우가 많다. 이 물건은 미아 민간 재개발 지역에 위치하고 있으며 입찰 전에 공공 재개발인지 민간 재개발인지 확인이 필요하다.

● **공공 재개발과 민간 재개발 확인** : 국토교통부 자료 열람실과 서울특별시 정비사업 정보몽땅(cleanup.seoul.go.kr)에서 하면 된다.

법원 매각물건명세서를 보니 ❶ 전세권 등기가 매수인에게 인수된다는 주의사항이 있다. 선순위전세권자가 경매신청 채권자가 아니고 배당요구도 하지 않았기 때문에 이 전세권은 촉탁등기˚로 말소되지 않고 낙찰자에게 인수된다. 하지만 오른쪽 등기부를 보니 ❷ 전세권자와 ❸ 근저당권자가 동일인물로 보이며 이는 앞서 설명한 대부업체의 전세권과 같은 유형으로 추정된다.˚˚ ❷ 게다가 선순위전세권자의 설정금액이 500만원밖에 안 되기 때문에 이 돈을 물어주더라도 낙찰받는 것을 포기할 이유가 없는 물건이다.

대법원 매각물건명세서를 보니 ❸ 말소기준권리일(2017년 12월 5일)보다 ❹ 빨리 전입한(2010년 11월 10일) 선순위임차인 박○○는 ❺ 채무자의 동생이며 임대차계약을 작성한 임차인이 아니라고 신청채권자가 문건을 제출했다. 이 문건은 아마도 무상거주 확인서일 것으로 추정된다. 대법원의 매각공고에 버젓이 나와 있으니 이 부분을 첨부해서 인도명령을 신청하면 발부될 것으로 보인다.

˚ **촉탁등기**: 법원 등 국가기관에서 등기소에 일방적으로 등기사무를 위임하는 등기. 파산등기, 경매신청기입등기, 경매취하등기, 대금납부에 따른 소유권이전등기 등을 촉탁등기하고 있다.

˚˚ 근저당권자와 전세권자가 동일한 경우 사례는 202, 525쪽 내용 참고

같은 인물?

◐집합건물등기부등본　　　　　　　　　　　　　　　　　　　　集合등기신청

접수일	등기구분		등기권리자	금액	비고
1996-12-30	소유권이전		박OO		매매(1996.11.23)
2017-12-05	전세권	인수	현OO	5,000,000	(2017.12.05 ~2022.12.04)
2017-12-05	근저당권	말소	현OO	60,000,000	말소기준권리
2017-12-05	근저질권	말소	엠OO	60,000,000	현대파이낸스대부의 근저질권
2019-04-09	가압류	말소	케OO	8,667,831	서울북부지법 2019카단606
2019-04-18	가압류	말소	제OO서울동부채권센터	30,252,182	서울북부지법 2019카단686
2019-05-03	압류	말소	남OO		
2019-05-23	가압류	말소	현OO	68,201,411	서울북부지법 2019카단21380
2019-11-18	압류	말소	도OO		
2019-11-25	압류	말소	강OO		
2020-04-29	임의경매	말소	현OO	청구금액 40,000,000	2020타경104217
2020-05-11	압류	말소	국OO강북지사		
2021-06-21	압류	말소	구OO		

(등기부채권총액 : 172,121,424 / 열람일 : 2022.07.21)

➋ (2017-12-05 전세권)
➌ (2017-12-05 근저당권)

◐전입세대/관리비체납/관할주민센터　　　　　　　　　　　　　　전입세대 열람내역

전입세대	관리비 체납내역	관할주민센터
박** 2010.11.10 열람일 2022.07.27		▶관할주민센터 강북구 송중동 ☎ 02-3778-4117

➍ 무상거주인으로 추측

말소기준권리 + 인도명령은 낙찰자의 특혜

　법원경매에만 있는 말소기준권리와 인도명령은 낙찰자에게 유리한 특혜이다. 이해관계가 얽히고설켜서 이러지도 저러지도 못하고 있을 때 소유자의 빚이 얼마인지, 남은 빚이 얼마인지 상관없이 더 이상 낙찰자가 부담하지 않아도 되는 것이 말소기준권리다. 그리고 이 물건을 낙찰받은 뒤 부동산을 명도받는 것을 법원에서 적극적으로 도와주는 것이 인도명령이다.

　낙찰자가 인도명령을 신청하면 피신청자에게 언제까지 소명자료를 제출하라는 통보를 한다. '소명자료가 없다, 억울하다' 이러면서 부동산 인도를 거절해도 인

도명령은 곧바로 발부된다. 현재 이 물건은 임차인이 채무자의 동생이고 임대차 계약이 없다는 취지의 문건을 채권자 측에서 제출했으니 이를 첨부해서 신청하면 인도명령결정문 발부받기가 훨씬 수월하다.

인도명령 신청하면 강제집행 신청 가능!

법원에 강제집행을 신청하려면 명도소송에서 승소한 판결문이나 인도명령 송달증명원이 반드시 필요하다. 명도소송을 하려면 변호사 비용이 들고 재판기간도 오래 걸리는데 인도명령이 발부되어 피신청자에게 송달되었다는 송달증명원만 있으면 강제집행 신청이 가능하니 낙찰자는 인도명령 제도를 적극 활용해야 한다. 결과적으로 강제집행 신청을 하든 안 하든 일단 인도명령 결정문이 있는 게 더 낫다. 인도명령 결정이 된 뒤 강제집행 신청을 취소한다고 누가 뭐라고 할 사람은 없다.

결론

민간 재개발이라 현금청산 X, 전세권 500만원은 물어줄 각오하고 입찰

결과적으로 이 물건은 민간 재개발 지역이라 현금청산 우려는 없다. 그래서 유찰되지 않고 1차 매각에 성공한 케이스다. 이 물건의 임차인이 임대차계약을 체결하지 않은 무상거주 상태지만 전세권은 다르다. ❺ 말소기준권리인 근저당권을 설정한 날짜와 같은 날짜에 대부업체에서 설정해둔 전세권 500만원은 추가로 갚

• **인도명령 확인 방법** : 대금납부 후 배당절차 종료되기 전 경매사건 하나를 골라 대법원 사이트 사건내역 아래에 있는 관련 사건 내역을 보면 '2023타인000'이라고 인도명령 신청 여부가 표시된다. '타경'은 경매 사건번호이고 '타인'은 인도명령 사건번호다. 참고로 배당절차 종료된 물건은 대법원정보가 없어 확인할 수 없다. 이 부분은 사설 경매 사이트에서도 서버에 저장하고 제공하는 정보가 아니다.

아줄 생각을 하고 낙찰가를 적어내야 한다.

전세권은 기타 채권자보다 전세금을 우선 변제받을 수 있는 권리다. 반드시 등기를 해야 하고 등기내용에 전세금액과 존속기간을 기재해야 한다. 다만 전세권은 반드시 거주해야 하는 것이 아니며, 일상적으로 흔히 말하는 '전세'는 임차권으로서 채권이므로 물권인 전세권과 구별된다.[*]

● 물건과 채권의 차이는 54쪽 내용 참고

빌라 입찰 시 민간 재개발 여부를 확인하는 이유

서울의 경우 신속통합기획 재개발 사업이 속도를 내고 있는 가운데 현금청산 가능성이 있는 물건은 기피하는 현상이 뚜렷하다. 정부는 2020년 5·6대책, 2021년 2·4대책에서 공공 재개발·재건축 발표를 했는데 공익성을 확충해 민간개발의 단점을 보완하고 용적률 인센티브를 줘서 사업성 확보와 신속한 인허가로 빠른 주택공급을 추진하겠다는 취지를 가지고 있다. 한때 서울은 재개발 가능 지역에서 지분 쪼개기가 극성이었다. 다가구 1채를 6평씩 쪼개어 소유자가 10명이 넘었고 그 사람들 모두 입주권을 주려면 민간개발로는 엄두도 못 낸다. 이런 물건은 공공 주도가 아니면 답이 없다. 그래서 서울시는 공공이 주도하는 개발을 시도하는 것이다. 하지만 문제는 과도한 현금청산 기준이다.

공공 재개발 현금청산 때문에 빌라 경매도 양극화!

2021년 2월 4일 이후 신규 매매계약한 사람은 모두 현금청산시키겠다고 발표하자 어느 지역이 지정될지 알 수 없는 상태에서 매수했다가 공공개발 사업지로 지정되면 현금청산자로 재산권 박탈당하는 문제점이 있어 항의가 빗발쳤다. 그러자 국회 본회의 의결일 2021년 6월 29일 이후 소유권이전등기한 자는 현금청산하겠다고 재발표했다. 그러나 그 이후로도 서울도심 공공주택 복합사업은 6차, 7차, 8차 계속 지정되고 있다. 실소유 목적으로 2021년 6월 29일 이후에 등기 쳤다가 해당 지역이 공공개발지로 선정되면 하루아침에 투기꾼으로 몰려 현금청산당할 수도 있는 것이다. 따라서 서울 매수자는 민간 주도 재개발 지역을 선호하는 현상이 뚜렷하다.

이번 사례가 위치한 강북구 미아동은 민간 주도 재개발 예정지로 현금청산의 우려가 없다는 점이 강점이다. 재개발·재건축 지역의 물건은 대지지분이 넓을수록 좋은데 9.47평이니 선호할 만하다. 요즘 지어지는 신축빌라의 대지지분은 대부분 6평이 넘지 않지만 예전에 지어진 다세대빌라는 대지지분이 10평이 넘는 물건도 많았다. 대지지분이 크면 평가금액을 많이 받을 수 있어 추가분담금 부담이 덜해 그만큼 적은 돈으로 신축 아파트 입주가 가능하다. 개발 가능한 용적률도 중요하다. 용적률이 높으면 새롭게 지어지는 아파트의 세대수가 많아져 사업성이 그만큼 좋아지기 때문이다. 용적률은 용도지역에 따라 달라지는데 조금만 검색해보면 용적률에 대한 정보가 차고 넘친다. 최근 빌라 낙찰가를 보면 민간 재개발·재건축, 선순위대항력 포기 물건 등 실소유자들이 선호하는 물건은 응찰자수가 확 몰려 빌라 경매도 양극화 현상이 뚜렷하다.

39
서울 동작구 노량진동 상가주택
(ft. 국공유지 지상권도 재개발 입주권 가능)

경공매가이드

관심등록 화면인쇄 창닫기 ✕

[노량진동 - 근린주택]	중앙21계 2021-3138(1) 법원 조회수 : 당일조회 누적조회 관심등록	등기신청클릭하면 등기부실시간발급 (발급비용무료)

◑ 기본정보 경매21계(☎02-530-1822)

법원기본내역 법원안내   - 글자크기 +

대법원사이트
바로가기

소재지	[목록1] 서울 동작구 노량진동 ▓▓▓▓▓▓ N지도 D지도 도로명주소		
용도(기타)	근린주택 (-)	토지면적	0㎡
① 감 정 가	29,610,830원	건물면적	107.45㎡ (32.5평)
최 저 가	(100%) 29,610,830원	제 시 외	18㎡ (5.45평)
입찰보증금	(10%) 2,961,083원	대 상	건물전부
청구금액	0원	소 유 자	우○○○○
채권총액	0원	채 무 자	우○○
② 경매구분	형식적경매	채 권 자	우○○
물건번호	1 [취하]		

물건사진 더보기 ∨

› 개별공시지가
› 상업용실거래가
› 수익률계산기
› 물건사진
› 다음지도
› 감정평가서
› 토지등기신청
› 건물등기신청
› 건축물(일반)
› 전입세대열람
› 법원기본내역
› 매각물건명세서

권리분석
포인트

건물만 매각대상이지만 입주권을 노리는 사람에게 대박!

❶ 이 물건의 감정가는 29,610,830원이다. 토지는 0㎡로 건물만 매각대상이다.
❷ 동작구 소유 국공유지이며, 지상에 지어진 건물만 공유물 분할을 위해 형식적 경매로 부쳐졌다.

재개발 지역의 경우 건물, 토지, 지상권 중 하나만 있어도 조합원 조건이 충족되기 때문에 입주권을 노리는 사람들에게는 3,000만원도 안 되는 감정가로 매겨진 그야말로 대박 물건이다. ❸ 노량진3재정비촉진구역 주택재개발정비사업지역 내 건물로 이 지역은 2021년 3월 사업시행계획인가가 이루어진 상태다. 조합사무실과 동작구청에 문의하면 수분양권 유무, 승계 가능 여부를 확인할 수 있다.

		문건접수/송달내역　매각물건명세서
대법원공고		**[기본내역]** • 국공유지(동작구 소유) 상에 소재하는 건물로 제시외 건물 포함하여 건물만 매각, 무단증축으로 건축물대장상 위반건축물로 표기되어 있음, 노량진3재정비촉진구역 주택재개발정비사업지역 내 건물로 위 지역은 2021년 3월 사업시행계획인가가 이루어진 상태이며 조합원 지위 여부, 수분양권 유무, 승계가능 유무는 동작구청과 조합에 확인 요함, 공유자 우선매수권 행사 제한됨 ❸ **[매각물건명세서]** <등기부상의 권리 또는 가처분으로 매각허가에 의해 그 효력이 소멸되지 않는 것> • 갑구 19번 소유권이전청구권가등기는 말소되지 않고 매수인이 인수함 <비고란> • 국공유지(동작구 소유) 상에 소재하는 건물이며, 제시외 건물 포함 매각, 무단증축으로 건축물대장상 위반건축물로 표기되어 있음, 노량진3재정비촉진구역 주택재개발정비사업지역 내 건물로 위 지역은 2021년 3월 사업시행계획인가가 이루어진 상태이며 조합원 지위 여부, 수분양권 유무, 승계가능 유무는 동작구청과 조합에 확인 요함
관련사건		서울중앙지방법원 2020가단5283847 '판결정본' ［내용보기］ ［사건검색］

결론

공유물 분할 경매물건, 제3의 인물이 승리자!

이 물건은 매각기일 직전에 취하되었지만 경매로 왜 부동산을 처분하려고 했는지 유추해보면 좋을 듯해서 선별했다.

법원경매는 채무를 갚지 못한 소유자가 보유한 부동산이 압류되어 나오는 것이라 생각하지만, 멀쩡한 부동산이 공유물 분할 형식으로 법원경매 부쳐지기도 한다. 공유물 분할경매가 나오는 경우는 소유권을 공유하고 있는 지분 소유자 중 한 사람이 신청채권자로서 공유물 분할경매를 신청하기 때문이다. 채권자가 아니지만 채권자의 역할을 하는 셈이다.

등기부를 보니 ❹ 경매신청 채권자의 청구금액이 '0원'이다. 실제 빚이 없는데 경매를 진행할 경우 이를 '형식적 경매'라고 한다. 반대로 정말 빚이 있어서 진행되는 경매는 '실질적 경매'라고 한다.

접수일	등기구분		등기권리자	금액	비고
2005-03-18	압류	말소	동OO		말소기준권리 김용심지분
2013-10-15	소유권이전		우OOO		전소유자:이동호외1 증여(2013.10.10)
2020-12-17	소유가등	인수	이OO		최남중의 소유가등이전 이준호지분
2021-08-11	임의경매	말소	우OO	청구금액 0	2021타경3138

◐건물등기부등본   건물등기신청

(등기부채권총액 : 0 / 열람일 : 2022.09.16)

보통 공유물 분할청구 소송은 소유주들 사이에 재산분할에 서로 이견이 있는 경우 공유자 중 누군가 신청하게 된다. 현물 분할이 가능한 토지는 100평을 두 사람이 50평씩 쪼개어 등기할 수 있다. 하지만 건물은 불가능하다. 누구는 주방 쪽을 쪼개서 등기하고 누구는 안방 쪽을 쪼개서 따로 등기한다는 것이 불가능하다. 그래서 경매를 부쳐서 공개 매각한 뒤 매각대금을 현금으로 나눠 가지는 것으로 끝난다. 만약 타인에게 매각되는 것을 원치 않는다면 일반 참가자와 같이 공유자도 경쟁 입찰에 참여해서 낙찰받으면 1인 단독 소유물로 만들 수 있다.

재산을 처분해야 할 필요가 있는데 나머지 소유자가 처분에 동의하지 않을 때 공유물분할청구소송을 제기하고 재판 결과로 얻은 판결문을 권원으로 공유물분할을 위한 형식적 경매를 부친다.

그렇다면 이런 물건을 취하시키는 사람은 누굴까? 아마 등기부에 적힌 주소지로 제3의 인물이 공동소유자에게 매수의사가 있다는 편지도 써서 보내고, 찾아가고, 설득하는 수고를 마다하지 않은 사람일 것이다. 이런 사람이 대박 물건의 주인이 된다.

경매 변경 정보 확인하는 법

경매는 10시에 시작한다. 만약 제주법원 물건이라면 전날 또는 당일 새벽에 가야 한다. 그런데 취하, 변경, 정지 물건이라면 헛걸음을 하게 된다. 사전에 확인하려면 출발 전 ❺ 경공매가이드 메인 화면 → 팝업창에서 '진행속보'를 체크하고 해당 물건의 ❻ '문건접수내역'과 ❼ '기일내역'을 확인하고 ❽ 입찰 법정 앞 10시에 공고되는 매각공고를 확인해보자.

이번에는 '진행속보' 물건 중 중앙 2022타경108962를 살펴보자. '문건접수내역'을 보니 매각기일 7일 전에 변경신청이 되어 5월 30일 진행 리스트에서 빠졌다. 이것을 모르고 법원에 가면 헛걸음을 하게 된다. 당일 진행을 안 하는 사건에 입찰한 사람들이 꼭 한두 명씩 보인다. 법원 측은 입찰 마감 후에 이들을 따로 호명하며 기일입찰봉투를 되돌려준다. 디지털 정보화 시대이니만큼 경매정보를 100% 활용하여 시간을 아끼길 바란다.

| 물건사진 | 감정평가서 | 등기(집합) | 등기 | 건축물대장 | 전입세대열람 | 법원기본내역 | 물건명세서 | 현황조사내역 | 문건접수/송달 | 부동산표시 |

| 법 원 | 서울중앙지방법원 3계 | 사건번호 | 2022타경 108962 | 소재지 | 서울 서초구 양재동 215 하이브랜드 |

☐ 법원 : 서울중앙지방법원 (사건번호 : 2022타경108962) [자료수집 : 2023년 06월 04일 11시 47분] 🖨 인쇄

1. 문건접수내역

접수일	접수내역	결과
2022.09.08	채권자 성OO 보정서 제출	
2022.09.15	채권자 성OO 보정서 제출	
2022.09.15	채권자 성OO 보정서 제출	
2022.09.16	등기소 서OOOOOOO OOO 등기필증 제출	
2022.09.23	집행관 정OO 현황조사보고서 제출	
2022.09.30	기타 이OO 감정평가서 제출	
2022.10.04	감정인 (주)OOOOOOOO 감정평가서 제출	
2022.10.17	감정인 (주)OOOOOOOO 사실조회회신 제출	
2023.02.14	집행관 이OO 기일입찰조서 제출	
2023.03.21	집행관 이OO 기일입찰조서 제출	
2023.04.25	집행관 이OO 기일입찰조서 제출	
2023.05.23	채권자 성OO 매각기일연기신청서 제출	

◉기일내역

기일종류	기일	상태	최저매각가격(%)	경과일	법원기일내역
입찰변경	2023.05.30	변경	145,408,000원(51%)	265일	
3차매각	2023.04.25	유찰	181,760,000원(64%)	230일	
2차매각	2023.03.21	유찰	227,200,000원(80%)	195일	
1차매각	2023.02.14	유찰	284,000,000원(100%)	160일	
※매각기일 미지정 2023.05.25. 변경 후 추후지정					

빌라 여러 채 낙찰받는 것을 추천하지 않는 이유

과거 일부 전문가 집단만 공유했던 법원경매, 지금은 유튜브와 커뮤니티 등을 통해 쉽게 접할 수 있다. 최근 주식, 비트코인에서 눈 돌린 2030세대도 경매로 싸게 사자며 실수요자로 성장하고 있다. 서울·수도권 지역 법원에 가보면 평균연령대가 확 낮아진 것을 체감한다. 그중에서도 빌라, 오피스텔은 경매초심자들이 주로 공략하는 물건이다. 간혹 빌라 여러 채를 대출받아 갭투자해서 얼마 벌었다는 얘기도 심심찮게 들린다. 여러 채 낙찰받아 월세를 주면 1채당 월세 20만원이고 빌라가 10채면 월세 200만원… 이런 희망회로를 돌리는데 지금은 불가능한 시기다.

DSR 대출 규제가 무분별한 낙찰을 허용 X

예전과 달리 DSR 규제와 대출원리금 상환 때문에 여러 채 경락대출은 불가능하다. 그리고 주거시설은 이자만 내면 안 된다. 원금상환과 이자납부까지 동시에 해야 하기 때문에 유동성에 타격을 준다. 그리고 소득이 높고 DSR이 충분한 사람은 대출은 남들보다 더 받을 수 있겠지만 보유주택 수가 추가되면 보유세가 많이 나오는 것도 문제다. 보유세는 재산세, 취등록세와 다르다. 아무리 많이 내봐야 양도세 신고할 때 필요경비로 인정받지 못한다. 이런 요건 때문에 주거시설(다세대빌라)을 여러 채 사서 갭투자하는 것은 과거에는 유행했던 투자 중하나이지만 신중히 생각해봐야 한다. 참고로 비주거시설(오피스텔, 상가, 토지, 빌딩, 공장 등)은 원리금 상환 없이 이자만 내는 것이 가능하다.

40 서울 동작구 대방동 노량진 재개발 아파트
(ft. 현금청산 위험 체크)

권리분석 포인트

재개발 입주권 승계 여부 확인

대법원 매각물건명세서를 보면 ❶ 이 물건은 노량진8재정비 촉진구역 주택재개발정비사업구역에 소재한 물건이다. 그리고 이 물건의 소유자는 34평형 분양신청을 한 것으로 조사되어 낙찰자는 조합원의 지위를 승계받게 된다.

	[매각물건명세서] <비고란> • 본건은 노량진8재정비촉진구역 주택재개발정비사업구역에 소재하는 부동산(2021.12.29. 관리처분인가, 2022.01.06.관리처분인가고시)으로 프리미엄을 고려하여 감정평가하였으며, 조합사무실 탐문 결과 34평형 분양신청을 한 것으로 조사되었음(감정평가서 및 별첨 사실조회회신서 참고)
대법원공고	①

결론

2022년 이주개시 예정, 명도도 필요 없는 물건

이 물건은 2022년 말 이주개시 예정이라 명도를 할 필요도 없는 물건이다. 보통은 낙찰받고 점유자로부터 부동산을 명도 받아 실입주하거나 임대를 줘야 하지만 이 물건은 이미 2022년도 말 철거단계라 임차인이 없는 상태라서 낙찰자가 직접 명도할 필요가 없다.

34평형 분양신청을 해둔 물건인 데다가 재개발 철거 단계이니 점유자 명도는 낙찰받은 사람이 직접 하지 않아도 된다. 낙찰자는 34평형 아파트 분양가격에 보상금을 제외한 나머지 자부담금을 부담하고 철거 후 아파트가 다 지어지면 입주하면 된다. 자부담금은 신규 아파트 분양대출을 이용할 수 있다.

② 실제 기일내역을 보니 1, 2차 매각 때 유찰이 되었고 3차 매각 때 1,111,880,000원을 쓴 최고가매수신고인이 낙찰받았다. 2위 응찰가는 1,101,099,820원으로 별 차이가 없다. 대출 규제가 강한 시기인 데다가 현금이 많이 동원되는 물건이지만 많은 관심을 끌었던 물건이다.

❷기일내역   법원기일내역

기일종류	기일	상태	최저매각가격(%)	경과일
납부일	2023.03.16	납부		406일
허가일	2023.02.08	허가		370일
3차매각	2023.02.01	낙찰	953,600,000원(64%) 1,111,880,000원 (74.62%) 조▇▇ / 응찰 9명 2위 응찰가 1,101,099,820 원	363일
2차매각	2022.12.07	유찰	1,192,000,000원(80%)	307일
1차매각	2022.11.02	유찰	1,490,000,000원(100%)	272일

41

서울 광진구 중곡동 민간 재개발 빌라
(ft. 치열한 경쟁 예상, 대출 자금 계획 필수!)

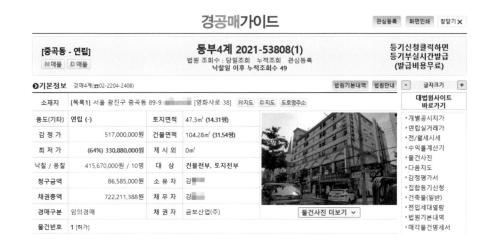

경공매가이드 　　　관심등록　화면인쇄　창닫기✕

| [중곡동 - 연립] N매물 D매물 | 동부4계 2021-53808(1) 법원 조회수 : 당일조회 누적조회 관심등록 낙찰일 이후 누적조회수 49 | 등기신청클릭하면 등기부실시간발급 (발급비용무료) |

♪ 기본정보 　경매4계(☎02-2204-2408) 　　　법원기본내역　법원안내　[-] 글자크기 [+]

소재지	[목록1] 서울 광진구 중곡동 89-9 　　　　 [영화사로 38] N지도 D지도 도로명주소			대법원사이트 바로가기
용도(기타)	연립 (-)	토지면적	47.3㎡ (14.31평)	▸개별공시지가
감정가	517,000,000원	건물면적	104.28㎡ (31.54평)	▸연립실거래가 ▸전/월세시세
최저가	(64%) 330,880,000원	제시외	0㎡	▸수익률계산기 ▸물건사진
낙찰 / 응찰	415,670,000원 / 10명	대 상	건물전부, 토지전부	▸다음지도 ▸감정평가서
청구금액	86,585,000원	소유자	강■■	▸집합등기신청 ▸건축물(일반)
채권총액	722,211,388원	채무자	강■■	▸전입세대열람
경매구분	임의경매	채권자	금보산업(주)	▸법원기본내역
물건번호	1 [허가]			▸매각물건명세서

물건사진 더보기 ∨

권리분석 포인트

소유자 거주물건 명도에 큰 어려움 X, 낙찰 대금 체크!

　　이 빌라는 지하철 5호선 아차산역에서 가까운 데다 4층이지만 엘리베이터도 설치되어 있고 건물의 유지관리 상태가 좋아 실소유자들에게 인기 있는 물건이었다. 이 물건은 ❶ 2013년 5월 2일 우리은행 근저당권이 말소기준권리다. ❷ 2013년 5월 15일 전입신고 된 강○○는 소유자 겸 채무자로 명도에 큰 어려움이 없는 물건이다.

◉전입세대/관리비체납/관할주민센터　　　　　　　　　　　　　　　전입세대 열람내역

전입세대	관리비 체납내역	관할주민센터
② 강** 2013.05.15 열람일 2022.11.02		▶ 관할주민센터 광진구 중곡제4동 ☎ 02-450-1088

◉집합건물등기부등본　　　　　　　　　　　　　　　　　　　　　　집합등기신청

접수일	등기구분		등기권리자	금액	비고
2013-05-02	소유권이전		강▧	380,000,000	전소유자:박▧ 매매(2013.02.27)
① 2013-05-02	근저당권	말소	우리은행(본점)	233,200,000	말소기준권리
2018-08-17	근저당권	말소	우리은행(마들역지점)	240,000,000	
2020-06-05	가압류	말소	금보산업(주)	86,585,000	의정부지법 2020카단201729
2020-06-16	근저당권	말소	금보산업(주)	86,585,000	
2020-11-17	압류	말소	성동세무서장		
2021-08-05	임의경매	말소	금보산업(주)	청구금액 86,585,000	2021타경53808
2021-12-20	압류	말소	광진구		
2022-01-11	임의경매	말소	우리은행(여신관리부)		2022타경54
2022-03-17	가압류	말소	중소기업은행(장한평역지점)	75,841,388	서울동부지법 2022카단50722

(등기부채권총액: 722,211,388 / 열람일 : 2022.10.26)

경매로 빌라를 살 때 대출이 많이 나오는 이유

이 물건은 3차까지 유찰되어 가격이 많이 떨어졌고 빌라로 내집마련을 하려는 실소유자들의 경쟁이 치열했다. 아파트를 제외하고 빌라, 단독주택, 오피스텔, 토지 등은 경매로 낙찰받으면 일반매매로 사는 것보다 담보대출받기에 유리해서 가진 돈이 적은 사람일수록 경매로 눈을 돌린다.

빌라는 국민은행 시세가 안 뜨는 경우가 많아 일반매매로 사려면 별도의 감정을 해야 하고 감정하는 기간이 오래 걸린다. 그리고 빌라 대출해주는 은행 대출조건도 별로다. 하지만 빌라 경매물건은 이미 공신력 있는 국가기관에서 의뢰한 전문가의 감정가를 제공하는데 이는 시중은행에서 아주 신뢰하는 정보인 데다 경락대출해주는 은행 상품 조건이 더 좋다. 따라서 사건번호와 낙찰자에 대한 간략한 정보만 있으면 별도의 감정을 하지 않고 바로 대출 가능액이 산출된다. 낙찰받은 물건은

법원이 정한 대금납부기한 안에 대금을 내야 하는 특수한 상황이라는 것을 경락대출해주는 은행들도 다 알기 때문에 신속하게 더 좋은 조건으로 대출을 해준다.

결론 서민 실소유자라면 보금자리론·디딤돌 대출 가능!

응찰자수는 10명이지만 최저가보다 8,500만원을 더 쓴 415,670,000원에 최종 낙찰되었다. 2023년부터 서울 강남3구와 용산을 제외한 지역이 투기과열지역에서 해제되었고 서민 실소유자라면 생애최초 보금자리론 등 혜택이 많은 정부의 기금대출을 적극적으로 활용해보자. 조건에 맞으면 경락받은 물건도 해당 대출이 가능하다.

오랫동안 무주택자인 분들의 공통점은 집값이 더 하락하기만을 기다린다는 것이다. 소형 평수는 상승기에 별로 안 오를 것 같아서, 대형 평수는 수중에 가진 돈이 부족해서, 상승기에는 버블이라 거품이 빠질 때까지 기다렸다가, 금리가 높을 땐 낮을 때까지 기다리고, 하락기에는 또다시 내리기를 기대한다. 이들에게는 항상 매수 타이밍이 아닌 것이다.

법원경매는 소유자 채무자가 특수한 상황에 처해졌기 때문에 멀쩡한 부동산도 경매 부쳐진다.

권리분석만 할 줄 안다면 타이밍을 기다리기만 할 것이 아니라 내가 타이밍을 만들어낼 수 있다. 다음은 경매로 낙찰받아 정부 기금대출을 받는 법에 대해 설명하는 영상이니 참고하길 바란다.

서울 노원구 중계동 6평 단독주택

(ft. 건물만 사도 입주권 확보)

42

경공매가이드

관심등록　화면인쇄　닫기 ✕

[중계동 - 단독주택] Ⓝ매물　Ⓓ매물	북부1계 2021-104283(1) 법원 조회수 : 당일조회　누적조회　관심등록 낙찰일 이후 누적조회수 38	등기신청클릭하면 등기부실시간발급 (발급비용무료)

Ⓞ **기본정보** 　경매1계(☎02-910-3671)

법원기본내역　법원안내　[-] 글자크기 [+]

대법원사이트 바로가기

소재지	[목록1] 서울 노원구 중계동 ▨▨▨▨ Ⓝ지도 Ⓓ지도 도로명주소			
용도(기타)	단독주택 (-)	➊ 토지면적	0㎡	
➌ 감 정 가	6,401,000원	건물면적	22.5㎡ (6.81평)	
최 저 가	(100%) 6,401,000원	제 시 외	0㎡	
➍ 낙찰 / 응찰	62,000,000원 / 8명	대　상	건물전부	
청구금액	3,990,000원	소 유 자	강○○	
채권총액	65,000,000원	채 무 자	강○○	
경매구분	강제경매	채 권 자	김○○	
물건번호	1 [배당]			

물건사진 더보기 ⌄

▸개별공시지가
▸단독실거래가
▸전/월세시세
▸수익률계산기
▸물건사진
▸다음지도
▸감정평가서
▸등기(토지)
▸등기(건물)
▸전입세대열람
▸법원기본내역
▸매각물건명세서

권리분석 포인트

건물만 매각 대상, 입주권 나옴!

　이 물건은 ➊ 토지면적이 0㎡이고 매각 대상이 건물전부로 건물만 사는 경우다. 이 물건은 입주권이 나오는 지역에 있지만 매각물건명세서에는 언급되지 않는다. 재개발·재건축 정보를 아는 사람만 이런 물건의 진가를 알아볼 것이다.

　다시 말하지만 재개발·재건축 지역의 조합원 자격은 토지만 있어도 나오고 건물(지상권)만 있어도 나온다. 반지하든 다 쓰러져가는 집이든 어차피 철거되면 허물 것이기 때문에 상관없다. 분양신청할 수 있는 조합원 자격을 얻을 수만 있다면 OK인 것이다.

❸ 이 물건의 감정가는 6,401,000원이지만 ❹ 최종 낙찰가는 62,000,000원이다. 하지만 그 전에 각각 약 4억6,400만원, 약 2억원에 낙찰받고 대금을 미납한 사람이 있었고 3차 매각 때 최종 62,000,000원에 낙찰받았다. 대금을 미납한 사람은 대출 문제에 봉착하는 등 잔대금 계획에 착오가 생겼을 것이다. 대출 계획을 제대로 세우지 않으면 자칫 매수신청보증금을 날릴 수 있으니 주의해야 한다.

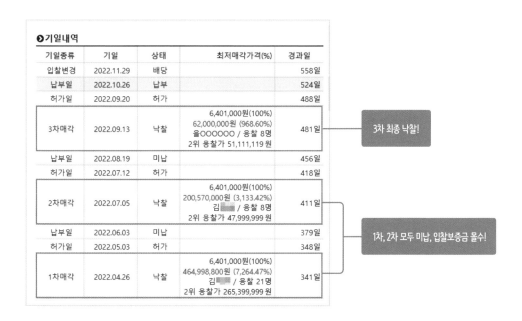

낙찰자는 입주권을 프리미엄 받고 되팔 수 있으니 이득!

이런 물건은 낙찰받은 후 분양신청 때까지 기다리지 않아도 같은 조합원 중 부동산을 더 사고 싶어 하는 사람에게 프리미엄을 받고 되팔아도 수익이 날 수 있다. 여기서 중요한 것은 입찰 전 임장이다. 임장을 가서 분양신청 자격과 개발 진행이 어느 단계인지 확인이 필수다. 토지 몇 평 이상, 건물 몇 평 이상 등 조합마다 분양신청 자격 조건이 조금씩 차이가 있다. 조합 사무실에 가면 대부분 친절하게 소상히 알려준다. 조합 측에서는 조합원들 대부분 분양을 신청했는데 해당 물건의 소유자는 연락이 안 된다면 여기저기 수소문하고 있을 것이다. 경매에 넘어갔다는 소식을 들었다면 낙찰자가 언제 나타날까 기다렸을 수도 있다. 분양신청 시기에는 등기부 현재 소유자에게만 자격이 주어지는데 만약 경·공매에 부쳐졌다면 소유자가 바뀔 것이기 때문에 빨리 낙찰되기만을 손꼽아 기다릴 것이다.

43 경기 의정부시 가능2구역 재개발 빌라
(ft. 재개발 진행 단계 확인 필수)

경공매가이드

[가능동 - 연립]
N매물 D매물

의정부10계 2020-74456(1)
법원 조회수 : 당일조회 누적조회 관심등록
낙찰일 이후 누적조회수 147

등기신청클릭하면
등기부실시간발급
(발급비용무료)

기본정보 경매10계(☎031-828-0359)

법원기본내역 | 법원안내 | - 글자크기 +

대법원사이트
바로가기

소재지	[목록1] 경기 의정부시 가능동 680-16 ▒▒▒ ▒▒▒▒▒ [의정로163번길 16] N지도 D지도 도로명주소		
용도(기타)	연립 (-)	토지면적	34.66m² (10.48평)
감정가	89,000,000원	건물면적	65.48m² (19.81평)
최저가	(49%) 43,610,000원	제시외	0m²
낙찰 / 응찰	118,880,000원 / 43명	대 상	건물전부, 토지전부
청구금액	53,303,952원	소유자	한○○
채권총액	88,253,775원	채무자	한○○
경매구분	임의경매	채권자	현○○○○
물건번호	1 [배당]		

물건사진 더보기 ∨

› 개별공시지가
› 연립실거래가
› 전/월세시세
› 수익률계산기
› 물건사진
› 다음지도
› 감정평가서
› 등기(집합)
› 건축물(표제)
› 건축물(전유)
› 법원기본내역
› 매각물건명세서

권리분석 포인트

임차인 문제 X, 재개발 초기일수록 가격은 싸고 리스크 커진다

이 물건은 ❶ 2014년 8월 13일 근저당권이 말소기준권리이며, ❷ 임차인 강○○는 배당요구를 안 했지만 말소기준권리일 이후 전입, 후순위라서 대항력이 없다. 이 물건은 가능2구역 재개발 지역에 있으며 1980년대 지어진 낡은 연립빌라다.

재개발·재건축 지역은 초기 단계는 싸게 살 수 있어 수익성은 좋지만 아파트가 될 수 있을지 여부는 확실치 않아서 리스크는 최상이다. 그리고 재개발 형태가 민간인지 공공인지 확인도 중요하다.(공공은 현금 청산) 하지만 시행 준비단계 → 시행 완료단계로 갈수록 리스크는 줄어든다. 따라서 해당 물건이 어떤 단계에 있는지 알아보고 보유와 매도 계획을 세운 후 입찰을 준비해야 할 것이다.

◆집합건물등기부동본　　　　　　　　　　　　　　　　　　　　　　　　　　　　집합건물등기

접수일	등기구분		등기권리자	금액	비고
1984-02-29	소유권이전		한OO		매매(1984.02.28)
2014-08-13	근저당권	말소	현OO	81,900,000	말소기준권리
2019-03-25	가압류	말소	한OO	6,353,775	의정부지법 2019카단200738
2020-03-16	임의경매	말소	현OO	청구금액 53,303,952	2020타경74456

(등기부채권총액 : 88,253,775 / 열람일 : 2020.09.24)

◆임차인현황 (물건상담 : ■■■■■■■■)　　　　　　　　현황조사서　매각물건명세서　수익율계산기

임차인	선순위대항력	보증금/차임	낙찰자 인수여부	점유부분	비고
강OO	전입 : 2019-07-22 (無) 확정 : - 배당 : -		배당액 : 미상 미배당 : 미상 인수액 : 없음		
		총보증금 : 0　/　총월세 : 0원			

(말소기준권리일:2014-08-13, 소액임차기준일:2014-08-13, 배당요구종기일:2020-06-01)

결론

현금청산 위험 없는 입주권, 교통 호재 기대

이 지역은 노후도가 충족되고 교통 호재가 예상되는 지역인 데다 민간 주도 재개발 지역이라 현금청산 염려가 없다. SRT 노선과 GTX 노선 공유로 동탄~의정부 SRT 운행이 예정되어 있고 이 SRT는 수서역이 종점인데 삼성역까지 연결되고 GTX-C 노선을 따라 의정부역까지 연결되어 겹호재라 할 수 있다. 이 외에도 교외선(의정부역~능곡) 호재가 겹쳐 있다.

❸ 2차례 유찰되었지만 응찰자 43명이 몰려 3차에 매각되었다. 감정가 89,000,000원이지만 낙찰가는 118,880,000원이다. 2023년 시세 최고가를 알아보

니 2억1,400만원이다.(하우스머치 기준) 일반 거래보다 경매로 싸게 사들였고 입주권

까지 얻게 되었으니 이득이다.

●기일내역

기일종류	기일	상태	최저매각가격(%)	경과일
입찰변경	2021.03.31	배당		388일
납부일	2021.02.25	납부		354일
허가일	2021.02.09	허가		338일
3차매각	2021.02.02	낙찰	43,610,000원(49%) 118,880,000원 (133.57%) 서OO / 응찰 43명	331일
입찰변경	2020.12.22	변경	43,610,000원(49%)	289일
입찰변경	2020.11.17	변경	62,300,000원(70%)	254일
2차매각	2020.11.17	유찰	62,300,000원(70%)	254일
1차매각	2020.10.13	유찰	89,000,000원(100%)	219일

대상물건

SRT, GTX 겹호재가 예상되는 지역의 재개발 빌라.
신축 아파트가 되면 높은 수익을 거두게 될 것이다.
정부개발계획과 재개발·재건축 정보를 유심히 봐
야 하는 이유다.

44

서울 영등포구 대림동 5평 우영채움빌
(ft. 빌라처럼 보이는 상가? 역발상 필요!)

경공매가이드 관심등록 화면인쇄 창닫기 ✕

[대림동 - 다세대] N매물 D매물

남부1계 2021-110926(1)
법원 조회수 : 당일조회 누적조회 관심등록
낙찰일 이후 누적조회수 20

등기신청클릭하면
등기부실시간발급
(발급비용무료)

▶기본정보 경매1계(☎02-2192-1331) 법원기본내역 법원안내 - 글자크기 +

소재지	[목록1] 서울 영등포구 대림동 660-4 우영채움빌 ▨▨ [대림로40다길 3] N지도 D지도 도로명주소			대법원사이트 바로가기
용도(기타)	다세대 (-)	토지면적	10.7㎡ (3.24평)	› 개별공시지가
감정가	147,000,000원	건물면적	17.64㎡ (5.34평)	› 다세대실거래가
최저가	(33%) 48,169,000원	제시외	0㎡	› 전/월세시세
낙찰 / 응찰	67,770,000원 / 3명	대 상	건물전부, 토지전부	› 수익률계산기
청구금액	112,028,219원	소유자	김OO	› 물건사진
채권총액	2,118,000,000원	채무자	김OO	› 다음지도
경매구분	강제경매	채권자	서OO	› 감정평가서
물건번호	1 [배당]			› 집합등기신청

물건사진 더보기 ∨

› 건축물(표제)
› 건축물(전유)
› 전입세대열람
› 법원기본내역
› 매각물건명세서

권리분석
포인트

상가인데 주택처럼 사용, 입찰 고민?

　법원의 매각물건명세서를 보니 ❶ 빌라처럼 보이지만 주택이 아닌 상가(근린생활시설)다. 실거주를 위해 빌라를 입찰하려 했으나 포기해야 할까? 유찰을 거듭하며 최저가도 많이 낮아진 상태고 입지가 좋아서 아쉬움이 남는다면 어떻게 하는 게 좋을까?

❶주의사항   문건접수/송달내역   매각물건명세서

대법원공고
[매각물건명세서]
<비고>
• 서한별 : 경매신청채권자임
<비고란>
• 공부상 근린생활시설(소매점)이나 주거용으로 사용 중

관 련 사 건   서울남부지방법원 2021차전140107 '지급명령'   내용보기   사건검색

후순위임차인이 신청채권자

등기부를 보니 ❷ 2021년 2월 16일 가압류가 말소기준권리다. ❸ 임차권등기가 있지만 후순위다. 임차권 내용을 보니 올전세 보증금 110,000,000원에 전입신고일은 2021년 6월 17일이다. 이상하다. 임차인 전입신고일보다 4개월이 빠른 2021년 2월 16일에 2,008,000,000원의 가압류가 설정되었다. 그런데 이후에 올전세로 입주했다? 임차권등기 내용만 보면 확정일자는 2019년 6월 21일로 전입신고일보다 2년이 빠르다. 도중에 전입을 다른 곳으로 잠깐 뺐는데 그사이에 가압류가 설정되었는지 아니면 확정일자만 받고 전입신고를 안 하고 살았는지 모르지만 결과적으로 전입신고일이 가압류보다 늦어 대항력이 없다. 등기부상 어마어마한 금액의 가압류를 갚아야 다음 세입자를 받을 수 있는 물건이다. 이 물건은 경매 외에는 보증금을 회수할 길이 없기에 임차인은 경매신청을 한 것이다.

❖집합건물등기부등본   집합등기신청

접수일	등기구분		등기권리자	금액	비고
2017-03-14	소유권이전		김OO		전소유자:유▤ 매매(2016.06.01)
2021-02-16	가압류	말소	주OOOOOOOOOOOOOOOO	2,008,000,000	말소기준권리 부산동부지원 2021카단100646
2021-07-14	임차권	말소	서OO	110,000,000	(전입:2021.06.17 확정:2019.06.21)
2021-09-09	강제경매	말소	서OO	청구금액 112,028,219	2021타경110926
2022-04-13	압류	말소	강OOOOO		

(등기부채권총액 : 2,118,000,000 / 열람일 : 2022.05.26) 최종등기변동확인 📄 압류기입 2022.07.11

❹ 전입세대 열람원에 아무도 없다고 안심해서는 안 된다. 등기부에 임차권, 전세권을 설정해놓지는 않았는지 확인하고 전입일자와 말소기준권리일을 비교해서 선순위인지 확인하는 것은 임차인 분석의 기본이다. 전세권은 전입을 하지 않아도 되고 임차권은 주민등록을 전출할 때 등기하는 것이다. 그러니 전입세대 열람원에 등재된 세대가 없어도 임차인이 얼마든지 있을 수 있다. 등기부등본과 전입세대 열람원을 같이 대조해서 봐야 한다.

❶전입세대/관리비체납/관할주민센터		전입세대 열람내역
전입세대	관리비 체납내역	관할주민센터
❹ 전입 없음 열람일 2022.05.31		▶관할주민센터 영등포구 대림제3동 ☎ 02-2670-1444

임차권등기 해놓은 집의 공과금은 어떻게 될까?

임차권자가 임차권등기를 해놓고 내부 집기와 사람이 함께 이사 나가면서 집주인에게 점유를 넘겨준 경우(출입문 열쇠를 주거나 번호키 비밀번호를 알려준 경우) 경매진행을 하는 기간 동안 해당 부동산을 사용, 수익할 권리는 집주인에게 있다. 참고로 이사 간 임차인은 관리비, 수도,공과금을 납부할 의무가 없어진다. 이럴 경우 명도는 집주인에게 받으면 된다.

결론
발상의 전환! 상가의 장점을 적극적으로 활용하라!

이런 물건을 만나면 주택을 매수하려 했기에 포기할 수도 있다. 하지만 입지가 좋다면 발상을 전환하여 상가로 임대를 주거나 본인이 역량이 된다면 직접 창업해도 될 것이다. 이 빌라 저층은 건축물대장상 용도는 상업시설이다. 이런 물건을 주거용으로 내부 인테리어 한 다음 임대를 주는 경우가 많은데 불법이다.

보유 주택수 X 경락대출도 잘 나오는 상가

입지가 좋은 지역의 1층일 경우 주변 상가보다 훨씬 저렴한 가격에 권리금 없이 상가를 매입할 수 있는 찬스가 된다. 배달 전문 업종이나 사무실로 임대를 줘도 수익률이 빌라보다 좋고 보유주택 수에 포함되지 않는 데다 DSR이 꽉 차 추가로 대출 나올 것이 없어도 신규사업자라도 경락대출을 이용할 수도 있으니 소액투자자라면 도전해 볼 만하다.

지난 정부의 부동산 규제는 주거시설 신규 취득 가계대출에 집중되었다. 비주거시설, 사업자대출, 보유주택(신규 취득 후 6개월 경과) 담보대출은 규제 대상이 아니었다. 한곳을 누르면 다른 곳으로 몰리는 것을 '풍선효과'라고 한다. 정부가 강력하게 대출규제를 한다고 전국의 은행이 손 놓고만 있었을까? 5년 동안 줄기차게 대출규제를 발표했지만 수익을 못 내서 문 닫은 은행은 한 군데도 없었다. 그만큼 다른 쪽으로 대출을 더 해주었고 대출 혜택을 보는 물건 위주로 투자한 사람은 돈 벌어들일 기회를 경쟁 없이 얻었다. 남들이 몰라서 못할 때 눈 밝은 사람들은 다 했다. 정확하고 빠른 정보를 습득하는 것이 빨리 성공하는 방법이다.

지난 정부의 부동산 규제 첫 시작은 2017년 8월 2일부터였다. 필자는 규제의 진단이 잘못되었기 때문에 결과는 정반대로 갈 것이라 주장했다. 방송을 보고 행간을 읽은 많은 구독자들이 규제의 시기에도 수익을 거두었다.

45

서울 성북구 정릉동 빌라

(ft. 지하? 주거용으로 매력이 없는 게 페이크?)

지하 빌라여서 감정가 절반 이하?

이 물건은 유찰을 거듭하다 감정가 절반 가까이 떨어졌다. 등기부를 보니 ❶ 2011년 7월 13일 근저당권이 말소기준권리이며 현황조사 내역을 보니 ❷ 보증금 3,000만원의 임차인 김○○는 전입일자가 말소기준권리보다 늦어서 전액배당을 받지 못하더라도 낙찰자에게 미배당된 보증금을 요구할 수 없다.

▶전입세대/관리비체납/관할주민센터

전입세대	관리비 체납내역	관할주민센터
김** 2014.07.31 열람일 2019.07.15		▶관할주민센터 성북구 정릉제2동 ☎ 02-2241-5320

▶집합건물등기부등본

접수일	등기구분		등기권리자	금액	비고
2005-08-04	소유권이전		권OO		전소유자:이■■■ 매매(2005.06.15)
2011-07-13	근저당권	말소	하OO	360,000,000	말소기준권리
2014-07-10	근저당권	말소	하OO	200,000,000	
2015-10-14	가압류	말소	수OO	471,396,650	서울중앙지법 2015카단1838
2016-01-20	근저당권	말소	엠OO	300,000,000	
2017-09-25	압류	말소	성OO		
2018-02-07	임의경매	말소	하OO여신관리부	청구금액 95,000,000	2018타경1377
2018-02-19	가압류	말소	하OO여신관리부	11,601,666	서울중앙지법 2018카단802277

경공매가이드

접수일	등기구분		등기권리자	금액	비고
2005-08-04	소유권이전		권OO		전소유자:이■■ 매매(2005.06.15)
2011-07-13	근저당권	말소	하OO	360,000,000	말소기준권리
2014-07-10	근저당권	말소	하OO	200,000,000	
2015-10-14	가압류	말소	수OO	471,396,650	서울중앙지법 2015카단1838
2016-01-20	근저당권	말소	엠OO	300,000,000	
2017-09-25	압류	말소	성OO		
2018-02-07	임의경매	말소	하OO여신관리부	청구금액 95,000,000	2018타경1377
2018-02-19	가압류	말소	하OO여신관리부	11,601,666	서울중앙지법 2018카단802277

(등기부채권총액 : 1,645,546,983 / 열람일 : 2019.07.10)

▶임차인현황 (물건상담 :010-7379-2027)

임차인	선순위대항력	보증금/차임	낙찰자 인수여부	점유부분	비고
김OO	전입 : 2014-07-31 (無) 확정 : 2014-07-31 배당 : 2018-04-19	보증 : 30,000,000원	배당액 : 16,840,000원 미배당 : 13,160,000원 인수액 : 없음		소액임차인 (기준 일:2011.07.13)
	총보증금 : 30,000,000 / 총월세 : 0원				

(말소기준권리일:2011-07-13, 소액임차기준일:2011-07-13, 배당요구종기일:2018-01-02)

실제로는 1층 빌라 3,000만원대 낙찰!

이 물건은 직접 임장을 가보니 공부상 반지하로 표시되어 있지만 실제로는 1층 빌라였다. 물건 사진에 보이는 주차장에 세워진 자동차 뒤로 들어가면 바로 출입문이 있어서 실입주하거나 월세 물건으로 적합해 보였다.

실제로 임장 영상이 나간 한참 뒤에 낙찰받고 싶다며 전화를 하거나 댓글을 단 분들이 있었다. 하지만 이미 다른 사람에게 낙찰된 상태였다. 낙찰가는 36,120,000원, 지방에서 서울로 올라와 옥탑방이나 반지하 전세만 얻어도 이 정도 돈은 필요하다. 이런 물건을 놓칠 때마다 부지런히 경매물건 검색을 해야 이런 물건의 주인이 된다는 사실을 절감하게 된다.

1층이나 다름이 없는 반지하 빌라 입구

46
서울 구로구 구로동 1+1 빌라형 아파트
(ft. 위반건축물 표시가 페이크)

경공매가이드
관심등록 화면인쇄 장닫기 ×

[구로동 - 아파트]
N매물 D매물

남부10계 2019-100087(1)
법원 조회수 : 당일조회 누적조회 관심등록
낙찰일 이후 누적조회수 36

등기신청클릭하면
등기부실시간발급
(발급비용무료)

▶기본정보 경매10계(☎02-2192-1340)

법원기본내역 법원안내 ─ 글자크기 ＋

소재지	[목록1] 서울 구로구 구로동 ▒▒▒ ▒ ▒ N지도 D지도 도로명주소		
① ─ 용도(기타)	아파트 (-)	토지면적	19.8㎡ (5.99평)
감 정 가	165,000,000원	건물면적	58.25㎡ (17.62평)
최 저 가	(64%) 105,600,000원	제 시 외	0㎡
낙찰 / 응찰	126,650,000원 / 5명	대 상	건물전부, 토지전부
청구금액	6,031,348원	소 유 자	이○○○○
채권총액	88,818,529원	채 무 자	이○○○○
경매구분	강제경매	채 권 자	유○○○○
물건번호	1 [배당]		

물건사진 더보기 ∨

대법원사이트
바로가기
›개별공시지가
›APT실거래가
›전/월세시세
›수익률계산기
›물건사진
›다음지도
›감정평가서
›등기(집합)
›건축물(전유)
›전입세대열람
›법원기본내역
›매각물건명세서

권리분석
포인트

위반건축물? 한 건물을 쪼개 2명의 임차인이 있다?

이 물건은 겉으로 봤을 땐 빌라처럼 보이지만 ❶ 건축물대장상 용도는 아파트*
다. 래미안, 푸르지오, 이편한세상처럼 이름만 들어도 아는 대단지 아파트가 아닌

• **건출물 대장상 아파트 조건** : 주택으로 사용하는 층수가 5개층 이상인 공동주택을 말한다.(필로티, 주차장 층수 제외)

이렇게 한 동만 달랑 있는 '나홀로 아파트'이며 다세대 연립빌라와 같다고 보면 된다. 건축물대장 표제부를 보니 위반건축물로 등재되어 있으나, 이 물건에 해당하는 게 아니라 위층 세대의 무단 증축 때문이다.

대법원 매각물건명세서를 보니 ❷ 공부상 1층은 101호만 존재하나, 현황상 101호를 2개 호로 나누어 101호 및 102호로 사용 중이라 나와 있다. 이렇게 사용하게 된 이유는 이 지역의 특수성 때문이다. 이곳은 과거 아주 열악한 주거환경으로 집집마다 화장실이 없고 공동화장실을 이용해야 하던 시절이 있었다. 열악한 주거환경 개선을 위한 특단의 대책으로 용적률, 건폐율 상향조정을 해준 시기에 맞춰 1개 호수를 2개 호수로 나눴던 것으로 위반사항이 아니다. 이런 이유로 이 지역의 빌라는 건축물대장상의 용도가 아파트로 표시되어 있다.

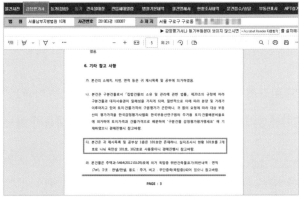

❸ 전입세대 열람 내역을 확인해보니 '전입 없음'으로 나와 있고 ❹ 등기부를 보면 1998년 4월 2일 근저당권이 말소기준권리로 나와 있어 전입되어 있는 사람 3명 모두 후순위라 인수되는 권리나 보증금이 없는 물건이다. 전입이 10명이든 100명이든 후순위임차인의 숫자가 아무리 많아도 낙찰자는 신경 쓸 필요 없다.

❖전입세대/관리비체납/관할주민센터

전입세대	관리비 체납내역	관할주민센터
❸ 전입 없음 열람일 2019.11.20		▶ 관할주민센터 구로구 구로제4동 ☎ 02-2620-7500

❖집합건물등기부등본 집합건물등기

접수일	등기구분		등기권리자	금액	비고
❹ 1998-04-02	근저당권	말소	서OO	65,630,000	말소기준권리
1998-07-16	소유권이전		이OO		전소유자:양재옥 매매(1998.04.12)
1999-07-14	압류	말소	구OO세무관리과		
2000-03-22	가압류	말소	김OO	20,000,000	서울남부지법 2000카단4879
2007-10-09	가압류	말소	진OO	3,188,529	서울중앙지법 2007카단96748
2011-05-20	압류	말소	서OO		
2016-02-24	압류	말소	국OO구로지사		
2019-01-07	강제경매	말소	유OO	청구금액 6,031,348	2019타경100087

(등기부채권총액 : 88,818,529 / 열람일 : 2020.03.19)

❖임차인현황 (물건상담 :010-7379-2027) 현황조사서 매각물건명세서 수익률계산기

임차인	선순위대항력	보증금/차임	낙찰자 인수여부	점유부분	비고
안OO	전입 : 2002-10-22 (無) 확정 : 2002-10-22 배당 : 2019-01-16	보증 : 27,000,000원	배당액 : 27,000,000원 미배당 : 0원 인수액 : 없음		소액임차인 (기준 일:1998.04.02)
양OO	전입 : 2005-11-11 (無) 확정 : - 배당 : -		배당액 : 미상 미배당 : 미상 인수액 : 없음		
최OO	전입 : 2015-07-09 (無) 확정 : - 배당 : -		배당액 : 미상 미배당 : 미상 인수액 : 없음		
		총보증금 : 27,000,000 / 총월세 : 0원			

말소기준권리 이후 전입, 낙찰자 인수 X

(말소기준권리일:1998-04-02, 소액임차기준일:1998-04-02, 배당요구종기일:2019-04-08)

1채를 사면 2명의 임차인을 받을 수 있는 건물

이 물건은 1채를 사면 1채가 더 생기는 1+1 빌라나 다름없다. 보유 주택수는 1채지만 임대를 줄 수 있는 공간은 2곳이다. 지하철 7호선 남구로역이 가까워 임대 수요도 많은 곳이다. 재매각이라 불안해할 수 있는데 걱정할 것 없다. 2차 매각 때 임차인 안○○씨가 낙찰받았지만 대금을 미납해서 다시 나온 것이다. 낙찰자를 보라. 임차인과 동일인임을 확인할 수 있다.

미납 사유를 추정하자면 대출 때문이다. 이 물건은 각각의 세대로 나뉘어 있어 방공제를 2번 한다. 1세대만 있는 물건에 비해 이 물건은 별도의 2세대 임대 줄 수 있는 공간이 있어 방공제를 2번 하는 것이다. 그래서 대출금액이 생각보다 안 나왔고 미납되었으리라 추정한다. 임차인이 20년 동안 이 집에 살면서 입찰까지 들어왔다는 말은 그만큼 이 지역이 살기 좋다는 뜻이기도 하다. 20여 년 전부터 현재까지 전세금 2,700만원을 그대로 깔고 살아왔다는 것도 낙찰받으려는 이유 중 하나일 것이다. (현 소유자 요양원 계신다고 함)

47

경기 부천시 중동 동원아파트
(ft. 공공개발 지역 분양권? vs 현금청산?)

권리분석
포인트

2021년 6월 29일 이후 매수자는 현금청산?

　　5차 도심 공공주택복합 사업 후보지 내에 위치한 부천시 중동의 공공개발 예정 구역 내 아파트가 경매로 나왔다. 부천시는 2021년 6월 23일 공공개발 후보지 5곳 선정 발표를 하였는데 이렇게 지정된 곳은 2021년 6월 29일 이후 소유권이전등기 한 사람은 현금청산 대상자가 된다. 그렇다면 이 물건은 2023년 4월 25일 경매로 낙찰되었는데 낙찰자는 아파트 분양신청 자격이 될까? 앞으로 공공 재개발 지역에서 비슷한 물건이 경매로 나오면 어떻게 해야 할까?

24	경기부천	소사역 북측	41,378	92%	2종, 3종	1,282	5차 선정 (6.23)
25	경기부천	중동역 동측	51,263	89%	2종, 3종	1,680	
26	경기부천	중동역 서측	53,901	88%	2종, 3종	1,766	
		합계				28,458	

□ 준공업(주거산업융합지구)

연번	지역	위치	면적(㎡)	노후도(%)	택용도 지역	공급 규모	비 고
1	도봉	창동 674 일대	9,787	63%	준공업	213	1차 선정 (3.31)
2	도봉	창2동 주민센터 인근	15,456	71%	준공업	334	
3	경기부천	송내역 남측	55,590	84%	준공업	2,173	5차 선정 (6.23)
		합계				2,720	

무분별한 지분 쪼개기를 막기 위해 공공 재개발 구역을 정해진 기일 이후 매수자는 입주권을 주지 않고 현금청산, 주의!

주의! 개인이 경매신청한 물건은 현금청산 대상!

결론부터 말하면 이 물건을 낙찰받은 사람은 새 아파트 분양신청 자격이 없다. 공공개발 물건의 경우 금융기관 채무 불이행, 체납세금 미납 경공매 물건은 현금청산 예외를 인정받아 분양권 신청을 할 수 있지만 경매신청 채권자가 개인인 경매물건을 낙찰받으면 현금청산 대상자가 된다.

이 물건의 경우 ❶ 말소기준권리인 1순위 근저당권자 부천지구축협(중동지점)에서 담보권 실행에 의한 임의경매로 부쳐졌다면 낙찰자가 분양권 신청이 가능했겠지만 ❷ 개인이 경매신청한 물건이라 낙찰자는 현금청산 대상자가 되는 것이다.

❯전입세대/관리비체납/관할주민센터 전입세대 열람내역

전입세대	관리비 체납내역	관할주민센터
최** 2005.10.04 열람일 2023.01.31	체납액:2,262,050 확인일자:2023.01.31 기간미상 수도포함전기가스별도 ☎ 032-664-9642	▶관할주민센터 부천시 중동 ☎ 032-625-5392

❯집합건물등기부등본 집합등기신청

접수일	등기구분		등기권리자	금액	비고
1992-09-01	소유권이전		방▓▓		상속(1992.06.13)
❶ 2005-02-18	근저당권	말소	부천지구축협(중동지점)	52,000,000	말소기준권리
2008-04-22	근저당권	말소	부천지구축협(중동지점)	13,000,000	
2016-07-18	근저당권	말소	부천지구축협(중동지점)	12,000,000	
2017-05-18	근저당권	말소	부천지구축협(중동지점)	8,400,000	
2017-07-20	근저당권	말소	부천지구축협(중동지점)	12,000,000	
2018-03-29	근저당권	말소	부천지구축협(중동지점)	3,400,000	
2021-07-16	근저당권	말소	최▓	138,000,000	
2021-07-16	전세권	말소	최▓	5,000,000	(2021.07.16 ~2022.07.15)
❷ 2022-05-16	임의경매	말소	최▓	청구금액 92,000,000	2022타경35051
2022-06-16	압류	말소	부천시		

(등기부채권총액 : 243,800,000 / 열람일 : 2023.01.27)

> 공공개발 구역 물건의 경우, 개인이 경매신청자라면 낙찰자는 현금청산자가 된다.

월세 수익

셋째
마당

오피스텔&
지식산업센터
사례 22

마포·성산

강서·마곡

마포·공덕

이 책의 78개 사례는 대한민국 경매 지도를 대표한다.
실제 입찰 사례를 분석하다 보면 실전투자에 큰 도움이 된다.

이 책은 '경공매가이드' 유료 사이트를 기반으로 설명하고 있다.
타 사이트 이용자라 해도 구성화면이 대동소이해서
책 내용을 이해하는 데 문제는 없다.
(임차인현황, 전입세대열람, 건축물대장, 등기부등본 콘텐츠 등은 유료)

무료 대법원 사이트
'법원경매정보'

유료 경매정보 사이트
'경공매가이드'

영등포·당산

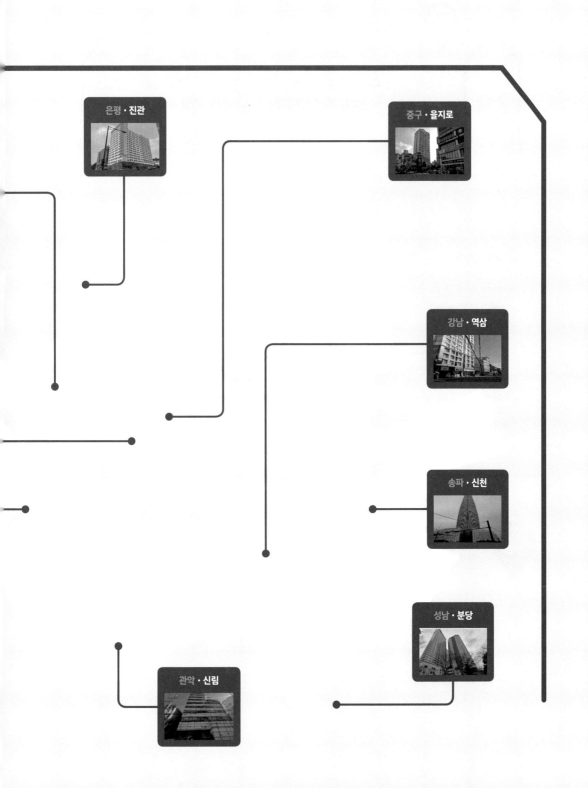

은평 · 진관

중구 · 을지로

강남 · 역삼

송파 · 신천

성남 · 분당

관악 · 신림

경기 성남시 분당구 정자동
분당인텔리지 오피스텔
(ft. 주거 임차인? vs 상가 임차인?)

<table>
<tr><td colspan="3" align="center">경공매가이드</td><td align="right">관심등록 화면인쇄 창닫기✕</td></tr>
<tr><td>[정자동 - 오피스텔]</td><td colspan="2" align="center">성남5계 2022-892(1)
법원 조회수 : 당일조회 누적조회 관심등록
낙찰일 이후 누적조회수 71</td><td align="center">등기신청클릭하면
등기부실시간발급
(발급비용무료)</td></tr>
<tr><td colspan="2">❶기본정보 경매5계(☎031-737-1325)</td><td colspan="2" align="right">법원기본내역 법원안내 [-] 글자크기 [+]</td></tr>
<tr><td>소재지</td><td colspan="2">[목록1] 경기 성남시 분당구 정자동 24 분당인텔리지2■■■■ ■■■■ [정자일로 177] N지도 D지도 도로명주소</td><td>대법원사이트
바로가기</td></tr>
<tr><td>용도(기타)</td><td>오피스텔 (-)</td><td>토지면적</td><td>5.2m² (1.57평)</td><td rowspan="8">›개별공시지가
›오피스텔실거래가
›수익률계산기
›물건사진
›다음지도
›감정평가서
›집합등기신청
›건축물(표제)
›건축물(전유)
›전입세대열람
›법원기본내역
›매각물건명세서
›현황조사서</td></tr>
<tr><td>감 정 가</td><td>218,000,000원</td><td>건물면적</td><td>33.12m² (10.02평)</td></tr>
<tr><td>최 저 가</td><td>(70%) 152,600,000원</td><td>제 시 외</td><td>0m²</td></tr>
<tr><td>낙찰 / 응찰</td><td>208,411,000원 / 55명</td><td>대 상</td><td>건물전부, 토지전부</td></tr>
<tr><td>청구금액</td><td>2,167,582,690원</td><td>소 유 자</td><td>송○○</td></tr>
<tr><td>채권총액</td><td>5,167,000,000원</td><td>채 무 자</td><td>주○○○○○○○○</td></tr>
<tr><td>경매구분</td><td>임의경매</td><td>채 권 자</td><td>민○○○○○○</td></tr>
<tr><td>물건번호</td><td>1 [배당]</td><td colspan="2" align="center">물건사진 더보기 ⌄</td></tr>
</table>

 **권리분석
포인트** ## 오피스텔이나 지식산업센터는 시세차익보다 임대수익이 목적!

　주거시설은 시세차익이 목적이며 대출도 매달 원금상환 + 월이자가 묶여서 나가지만 오피스텔이나 지식산업센터(아파트형 공장)는 월세 수익이 목적이고 원금상환 의무 없이 이자만 내면 된다. 따라서 대출금 이자보다 월세 수익이 높은지가 포인트다. 오피스텔과 지식산업센터는 낙찰 후 세입자에게 보증금을 받으면 투자한 비용(순수 투자금 + 취등록세 등) 일부가 회수되므로 적은 비용으로 입찰하는 게 장점이다.

지식산업센터와 상가는 경기를 민감하게 타는데 내년 예측도 힘든 불황의 시기에 시세차익만 노리고 들어가면 위험하다. 가급적 매달 안정적으로 받는 월세에 초점을 맞춰 입찰하길 바란다.

임차인 분석 – 주거 전입? or 사업자등록 개설?

이 물건의 등기부를 보면 ❶ 말소기준권리는 2009년 10월 14일 민○○ 근저당권이며 이하는 다 말소된다.

◎집합건물등기부등본 `집합등기신청`

접수일	등기구분		등기권리자	금액	비고
2005-02-17	소유권이전		송○○		전소유자:에스케이건설(주)외2 매매(2001.10.15)
2009-10-14	근저당권	말소	민○○	3,250,000,000	말소기준권리
2020-05-15	가압류	말소	테○○	1,500,000,000	서울중앙지법 2020카단808400
2020-08-14	가압류	말소	서○○	317,000,000	수원지법 2020카단504697
2020-11-04	가압류	말소	가○○	100,000,000	수원지법 2020카단506621
2022-03-07	임의경매	말소	민○○	청구금액 2,167,582,690	2022타경892
2022-05-04	압류	말소	송○○		
2022-08-16	압류	말소	분○○		

(등기부채권총액 : 5,167,000,000 / 열람일 : 2022.09.29)

❷ 2018년 12월 21일 김○○가 전입하였고 말소기준권리 이후이므로 후순위임차인이다. 보증금과 월세도 확인할 수 있다.

◎임차인현황 (물건상담 :010-7379-2027) `현황조사서` `매각물건명세서` `수익율계산기`

임차인	선순위대항력	보증금/차임	낙찰자 인수여부	점유부분	비고
김○○	전입 : 2018-12-21 (無) 확정 : 2016-10-28 배당 : 2022-03-21	보증 : 5,000,000원 차임 : 600,000원	배당액 : 5,000,000원 미배당 : 0원 인수액 : 없음		소액임차인 (기준 일:2009.10.14)
		총보증금 : 5,000,000 / 총월세 : 600,000원			

(말소기준권리일:2009-10-14, 소액임차기준일:2009-10-14, 배당요구종기일:2022-05-16)

현황조사 내역을 추가로 살펴보면 임차인 실명도 확인할 수 있다. 경공매가이드 메인 화면에서 ❸ '현황조사서' → ❹ 임대차관계조사서를 보면 점유용도를 주거로 표시했다. 상가로 사업자등록을 하지 않고 주거로 전입하고 사용하고 있음을 확인할 수 있다.

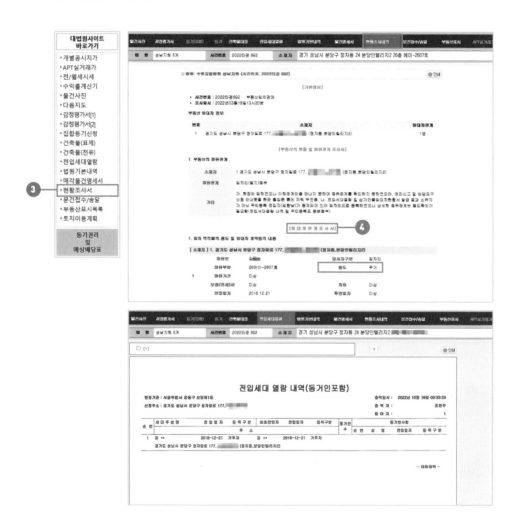

오피스텔을 상가로 점유 시 전입일 확인하려면?

그런데 오피스텔에 주거가 아닌 상가로 사용된다면 어떻게 전입일을 확인할 수 있을까? 일반적으로 상가는 세무서에서 사업자등록을 개설하는 날이 전입일자다. 상가의 사업자등록 현황은 개인정보 보호 때문에 세무서 민원실에 가서 임대차정보제공 요청을 해도 이해관계인 외 열람이 불가하다. 이런 이유 때문에 집행법원이 직권으로 상가건물 임대차현황서를 발급받아 부동산의 현황 및 점유관계 조사서에 해당 정보를 공개한다. 따라서 대법원 기록을 토대로 권리분석을 하고 입찰 받으면 된다. 혹시라도 법원기록이 잘못되어 선순위임차인이 사업자등록을 했는데도 고지하지 않았다면 매각불허가 신청으로 구제받을 수 있으니 안심하고 낙찰받아도 된다.

아래 전입세대열람은 성남시 분당구 정자1동 주민센터에서 2022년 10월 18일 열람한 것이다. ❺ 임차인현황에 사업자는 '사업'으로 표시하며, 주거는 '전입'으로 표시된다. ❻ 법원의 임대차관계조사서 용도 항목에는 사업자는 '점포', 주거를 위한 임차인은 '주거'로 표시된다.

❺	전입세대	관리비 체납내역	관할주민센터
김** 2018.12.21 열람일 2022.10.18			▶관할주민센터 성남시 분당구 정자1동 ☎ 031-729-8261

[임대차관계조사서]

1. 임차 목적물의 용도 및 임대차 계약등의 내용

[소재지] 1. 경기도 성남시 분당구 정자일로 177, (정자동,분당인텔리지2)

	점유인	김		당사자구분	임차인
1	점유부분	26에이-2607호	❻ 용도	주거	
	점유기간	미상			
	보증(전세)금	미상	차임	미상	
	전입일자	2018.12.21	측정일자	미상	

사업자가 전입했다면 '점포'로 표시된다.

전세가 수준으로 낙찰받기 좋은 소형빌라와 오피스텔

❼ 경공매가이드 메인 화면에서 '수익률계산기'를 누르면 대략의 수익률을 파악할 수 있다.

❽ 낙찰가와 감정가의 갭이 거의 없으므로 경락대출은 감정가의 70%만 잡았다.

❾ 취등록세 4.6%를 제하고 실투자금은 65,397,906원 정도이다.

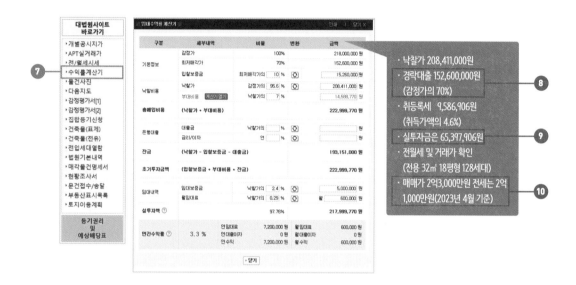

소형빌라와 오피스텔의 특징은 전세 수요가 많기 때문에 시세와 전세가의 차이가 많이 안 난다. ❿ 이 물건은 전세가보다 낮은 금액으로 낙찰받았다. 주변 아파트 인프라를 이용할 수 있고 오피스텔치고 용적률도 좋다. 정자역(신분당선, 수인분당선)과 노선버스 정류장이 가깝고 인근 아파트 단지 상업업무시설 및 근린생활이 혼재하여 주거 인프라가 잘 갖춰져 있어 실소유로도 딱인 물건이다. 경기가 나빠지면 몇몇 사람들은 대형평수를 팔아 여유자금을 확보하고 소형 평수로 갈아타는 수요가 많아 불경기가 와도 낙찰가보다 가격이 빠질 염려는 하지 않아도 되는 물건이다.

49 서울 강서구 화곡동 엔에스타운 오피스텔
(ft. HUG 강제경매가 페이크)

경공매가이드		관심등록 화면인쇄 창닫기✕
[화곡동 - 오피스텔]	**남부3계 2022-104614(1)** 법원 조회수 : 당일조회 누적조회 관심등록 낙찰일 이후 누적조회수 37	**등기신청클릭하면 등기부실시간발급 (발급비용무료)**

◑기본정보 경매3계(☎02-2192-1333)

소재지	**[목록1]** 서울 강서구 화곡동 368-32 엔에스타운 [가로공원로 208] N지도 D지도 도로명주소
용도(기타)	오피스텔 (-)	토지면적	18.2㎡ (5.51평)
감 정 가	304,000,000원	건물면적	45.2㎡ (13.67평)
최 저 가	(64%) 194,560,000원	제 시 외	0㎡
낙찰 / 응찰	234,180,000원 / 13명	대 상	건물전부, 토지전부
청구금액	287,689,639원	소 유 자	김■■
채권총액	278,000,000원	채 무 자	김■■
경매구분	강제경매	채 권 자	주택도시보증공사
물건번호	1 [납부]		

법원기본내역 법원안내 글자크기 - +

대법원사이트 바로가기
› 개별공시지가
› 오피스텔실거래가
› 수익률계산기
› 물건사진
› 다음지도
› 감정평가서
› 집합등기신청
› 건축물(표제)
› 건축물(전유)
› 전입세대열람
› 법원기본내역
› 매각물건명세서
› 현황조사서

물건사진 더보기 ∨

권리분석 포인트

오피스텔은 주거용 vs 업무용 파악부터!

오피스텔은 오피스(Office Building)와 호텔(Hotel)의 합성어로 낮에는 사무실 등 다양한 목적으로 사용하고 밤에는 잠을 잘 수 있도록 지은 건물이다. 주거로 사용하면 주택의 과세체계로, 업무용으로 사용하면 주택 외 건물로 과세체계가 적용된다. 만약 주거로 사용하면 건물분 부가세가 면제되지만 양도소득세율은 다주택으로 중과된다. 청약 시 주택수에도 포함되어 무주택 자격을 획득할 수 없다. 업무용으로 사용하면 건물분 부가세가 부과되지만, 양도소득세율은 주택으로 중과되지 않는다. 오피스텔의 특징을 인지하고 투자해야 하는데, 달라진 법 개정으로 인한 몇 가지 주의사항을 알아보자.

| 오피스텔 투자시 주의사항 |

㉠ 2020년 8월 12일 이후에 취득한 오피스텔은 주택수에 포함되므로 주의!
　법 시행 전 취득한 오피스텔은 주거용으로 사용하든, 업무용으로 사용하든 주택수에서 배제된다.(단 매도 시 주거로 전입되어 있다면 양도소득세 계산 시 주택수 포함)
㉡ 법 시행 후 취득한 오피스텔을 주택으로 사용하면 주택수에 포함되어 추후 주택을 추가로 취득 시 2주택자가 된다.
㉢ 법 시행 후 취득한 오피스텔이라도 주택으로 사용하지 않고 업무용으로 사용하면 주택수에서 배제된다.

　결론적으로 오피스텔에 주거용으로 전입하면 주택수에 포함되며, 업무용으로 사용하면 주택수에 포함되지 않아 주택수에서 배제되고 주택 외 건물로 과세된다.[*] 법 시행 이후 오피스텔은 신규 취득한 후 주민센터에서 주거로 전입하면 주택, 세무서에 사업자등록을 하면 업무용으로 나뉜다.

임차권을 넘겨받은 HUG, 채권회수를 위해 대항력 포기

　이 물건의 등기부를 보면 ❶ 2021년 2월 1일 노원세무서장의 압류가 말소기준

---

* **주택 외 건물 과세 종류** : 부가가치세, 종합부동산세, 양도소득세 계산 시 주택 외 건물로 과세

권리다.

❷ 2021년 9월 10일 임차권*이 설정되었는데 비고 항목을 보면 전입은 2019년 9월 9일로 말소기준권리일보다 전입일자가 빨라 선순위임차인이다.

등기부를 보니 임차인은 2019년 9월 9일 전세 들어올 때 HUG(주택도시보증공사) 보증보험을 가입한 것으로 보인다. 임대차계약 만기에 노원세무서의 압류 때문에 집주인이 새로운 임차인을 구할 수 없게 되자 HUG로부터 임대보증금을 먼저 반환받고 이사 나가면서 임차권등기를 한 것이다. ❸ HUG는 임차인의 보증금 반환채권을 집주인을 대신해서 먼저 내주고 임차인의 보증금 반환채권을 양도받아 강제경매를 신청한 채권자다. (2021타기100204)** 선순위임차인의 전세보증금 278,000,000원 이하로는 절대로 못 사는 경매물건이라 아무도 낙찰받으려는 사람이 없어 유찰이 거듭되었다.

❻집합건물등기부등본

접수일	등기구분		등기권리자	금액	비고
2019-09-26	소유권이전		김▩▩		전소유자:김▩▩ 매매(2019.07.20)
2021-02-01	압류	말소	노원세무서장		**말소기준권리**
2021-09-10	임차권	인수	이▩▩	278,000,000	(전입:2019.09.09 확정:2019.08.16)
2021-12-08	강제경매	말소	주택도시보증공사(서울동부관리센터)	청구금액 287,689,639	2021타기100204
2022-04-01	강제경매	말소	주택도시보증공사(서울동부관리센터)		2022타경104614

(등기부채권총액 : 278,000,000 / 열람일 : 2022.09.28)

❶ ❷ 표시 (좌측)

❸ HUG가 강제경매 신청

---

* **임차권** : 주택이나 상가 임대차가 적법하게 해지되었음에도 임대인이 보증금을 반환해주지 않을 때 피치 못할 사정으로 이사 가면서 타지로 전출해야 할 때 임대인 동의 없어도 임차인 단독으로 건물 소재지 관할 지방법원 또는 시군 법원에 임차권등기명령을 신청할 수 있다. 임차권등기명령에 의하여 임차권등기가 경료되면 기왕에 임차인이 취득하고 있던 대항력과 우선변제권의 효력이 그대로 유지되며, 퇴거하거나 사업자등록을 이전 또는 폐업하더라도 유지된다.

** **타기, 타경 뜻** : 법원사건번호는 조합원리가 있다. 모음 'ㅏ'는 민사사건을 의미하여 '경'은 경매를 의미한다. 여기서 '타기'는 '기타집행사건'의 의미를 갖고 있다.

그래서일까? ❹ 매각물건명세서 대법원 공고 '특별매각조건'을 보면 '신청채권자인 HUG 측에서는 배당받지 못하는 잔액에 대한 임대차보증금 반환 청구권을 포기하고 임차권을 말소하는 조건의 매각'이라 쓰여 있다. 이는 얼마에 낙찰되든 낙찰가 외 추가로 인수되는 보증금이 없다는 뜻이다.(이 사례에서는 HUG에서 약 5,000만원 정도 손해 본다.) 그리고 ❺ 공부상 업무시설이나 현황은 '주거용'으로 이용되고 있음까지 확인해주었다.

이런 조건이 안 붙었다면 미배당된 보증금을 추가로 물어주지 않고는 임차권등기를 말소할 수 없다. 특별매각조건에 대항력 포기 조건이 있었는데 낙찰되어 대금을 납부하고 났더니 HUG 측이 갑자기 태도가 돌변하여 미배당된 보증금을 요구한다면? 이것은 '신의칙'*을 위반하는 것이다.

	❹주의사항	문건접수/송달내역 매각물건명세서
대법원공고 ❹	**[매각물건명세서]** <비고> • 이희준 : 주택도시보증공사. 이희준의 임대차보증금반환채권을 승계하여 권리신고함 <비고란> • **특별매각조건**: 임차인 및 임차권승계인 주택도시보증공사는 매수인에 대해 배당받지 못하는 잔액에 대한 임대차보증금 반환청구권을 포기하고, 임차권등기를 말소하는 것을 조건으로 매각 • 공부상 업무시설이나 현황은 주거용 으로 이용되고 있음 ❺	
관 련 사 건	서울중앙지방법원 2021차전404332 '지급명령' 내용보기 사건검색	

주택 경기 하락기는 줍줍의 시간

빌라나 소형 평수 오피스텔은 생애 최초 주택으로서의 구입 목록은 아니다. 일반적으로 아파트 청약을 기다리면서 돈을 모으는 사람들이 주로 전세로 들어간

---

* **신의칙(신의성실의 원칙)** : 권리의 행사나 의무의 이행은 신의에 좇아 성실히 하여야 한다는 근대 민법의 수정원리. '금반언(한번 한 말 다시 무르기 없기)의 원칙'은 약속하여 상대방을 신뢰하게 한 다음 그 후에 그 언명을 부정하거나 그 약속을 신뢰하여 행동한 상대방에 대하여 약속을 부정하는 것을 금한다는 법률상의 원칙.

다. 전세를 선호하는 사람이 많다보니 전세가와 매매가 차이가 거의 없거나 역전세 깡통전세 물건이 많은 이유다.

시세가 내리면 손해 보고라도 싸게 팔면 되지만 선순위임차인이 이미 들어와 있으면 싸게 내놓을 수 없다. 전세금을 껴안고 사줘야 하는데 시세보다 더 비싼 전세금을 안고 누가 사줄까? 경매에 부쳐져도 찬밥신세다. 그러니 대항력 포기 물건 중 거의 대부분은 다세대 빌라, 소형 평수 오피스텔이지 아파트는 거의 없다. 이런 물건 중 입지가 좋은 물건을 찾아내면 전세가보다 싼 가격에 살 수 있어 눈이 밝은 낙찰자는 이익이다.

간혹 임차인이 직접 방어입찰을 받아 임대를 놓거나 가격이 오르기를 기다렸다가 되팔기도 한다. 하지만 개인이 아닌 HUG는 직접 낙찰받지 않는다. 보증금 중 일부를 손해 보더라도 어떻게든 보증금을 빨리 회수하기 위해 대항력 포기 조건을 내거는 것이다. 이런 유형의 경매물건 중 대부분은 채권자가 HUG 물건이다.

임대 줄 때 보증보험을 의무 가입하는 조건이기 때문에 앞으로도 HUG가 채권자인 물건은 대항력 포기 사례가 속출할 것이 불 보듯 뻔하다. 이런 물건 중 입지가 좋은 경매물건을 노리면 좋을 것이다. 전세가보다 싼 금액으로 소유권을 확보할 수 있고 경락대출까지 활용하면 소액으로 집주인이 될 기회를 얻을 수 있다. 최근 이런 물건에 응찰자가 몰리는 줍줍 현상이 눈에 띄는데 20~30대들이 주를 이룬다.

결론 채권자가 HUG라면? 전세가 낙찰 확률 UP! 무피투자도 가능한 물건!

❻ 경공매가이드 메인 화면에서 '수익률계산기'를 누르면 대략의 수익률을 파악할 수 있다.

❼ 낙찰가와 감정가의 갭이 거의 없으므로 경락대출은 감정가의 70%만 잡았을 때 약 163,926,000원 정도다. ❽ 취등록세 4.6%를 제하고 실투자금은 6,000만원

선이다.

❾ 이 물건의 현재 전세가 시세는 약 2억5,000만원으로 낙찰가보다 상회한다. 따라서 무피투자도 가능한 물건이다. 보증금 3,000만원에 월세 60만~80만원도 가능하다.

오피스텔 물건에 법인 낙찰자가 많은 이유? 주거와 상가 둘 다 가능!

그런데 여기서 잠깐! ❿ 낙찰자명이 법인인데 경락대출을 받을 수 있을까? 2020년 6월 19일부터 3년 동안 법인 명의 주거시설 경락대출은 불가능했다. 하지만 2023년 3월 들어와 해제되었다. 앞서도 언급했듯이 오피스텔은 주거시설이 아니다. 취등록세도 4%로 주거시설보다 비싸다. 따라서 법인 명의로 오피스텔을 낙찰받으면 경락대출받을 수 있다. 이렇듯 오피스텔은 다주택자든 법인이든 대출규제 자체를 아예 적용받지 않는다. 유난히 오피스텔 낙찰자명이 법인명의가 많은 것은 대출규제를 안 받고 매입하려는 사람들이 많아서다.

❯기일내역

기일종류	기일	상태	최저매각가격(%)	경과일
입찰변경	2023.04.13	배당		379일
납부일	**2023.03.16**	**납부**		**351일**
허가일	2023.02.15	허가		322일
4차매각	2023.02.08	낙찰	194,560,000원(64%) 234,180,000원 (77.03%) 주OOOOO / 응찰 13명 2위 응찰가 228,999,900 원	315일
3차매각	2023.01.04	유찰	243,200,000원(80%)	280일
2차매각	2022.11.30	유찰	304,000,000원(100%)	245일
입찰변경	2022.11.30	변경	243,200,000원(80%)	245일
1차매각	2022.10.25	유찰	304,000,000원(100%)	209일

⑩

오피스텔 규제 완화 총정리

다음 표는 1995~2010년도까지 오피스텔 대상으로 바닥 난방, 욕실 설치 관련 규제완화 표다. 오피스텔은 주택이자 상가이기에 아슬아슬하게 규제를 받거나 해제된 시간을 확인할 수 있다.

구분	1995.7.	2004.6.	2006.12.	2009.1.	2009.9.	2010.6.
바닥 난방	규제 없음	전면 금지	전용 50㎡ 초과 금지	전용 60㎡ 초과 금지	전용 85㎡ 초과 금지	
욕실 설치	규제 없음	1개 이하 가능하나 3㎡ 초과 불가		1개 이하 가능하나 5㎡ 초과 불가		전면 허용

서울 마포구 공덕동 에스테반 오피스텔

(ft. 주거용 임차인 공고가 페이크)

경공매가이드

관심등록　화면인쇄　창닫기✕

[공덕동 - 오피스텔]		서부3계 2022-52170(1)		등기신청클릭하면 등기부실시간발급 (발급비용무료)
		법원 조회수 : 당일조회　누적조회　관심등록 낙찰일 이후 누적조회수 19		

❖ 기본정보 경매3계(☎02-3271-1323)

법원기본내역　법원안내　[-] 글자크기 [+]

대법원사이트 바로가기

소재지	[목록1] 서울 마포구 공덕동 16-10 에스테반오피스텔 ▒▒▒▒▒ [만리재로 95] N지도 D지도 도로명주소			
용도(기타)	오피스텔 (-)	토지면적	4.9㎡ (1.48평)	˙개별공시지가
감 정 가	146,000,000원	건물면적	18.83㎡ (5.7평)	˙오피스텔실거래가
최 저 가	(80%) 116,800,000원	제 시 외	0㎡	˙수익률계산기 ˙물건사진
낙찰 / 응찰	118,990,000원 / 3명	대 상	건물전부, 토지전부	˙다음지도
청구금액	195,949,473원	소 유 자	김▒▒	˙감정평가서 ˙집합등기신청
채권총액	115,200,000원	채 무 자	김▒▒	˙건축물(표제)
경매구분	임의경매	채 권 자	중소기업은행	˙건축물(전유) ˙전입세대열람
물건번호	1 [허가] 2 [허가]			˙법원기본내역 ˙매각물건명세서

물건사진 더보기 ⌄

법원의 공고, 이번 사례는 큰 의미 X

　이 물건은 대법원 공고 주의사항으로 ❶ '주거용으로 이용 중임'이 떴다. 오피스텔 용도는 귀에 걸면 귀걸이 코에 걸면 코걸이다. 오피스텔을 소유자가 주거용으로 이용 중이라고 하지만 오피스텔은 건축법상 주택이 아니다. 비주거시설이다.

	[매각물건명세서]		
대법원공고	<비고란>		
	● 감정평가서 기재에 따르면, 주거용으로 이용중임.		

후순위임차인의 주거 vs 상가 배당금액 차이

등기부를 보니 ❷ 말소기준권리는 2017년 7월 24일 중소기업은행 근저당권이다. ❸ 임차인은 이보다 늦은 2018년 5월 28일에 전입했으므로 낙찰자가 추가로 물어줄 보증금은 없다.

❷ 집합건물등기부등본   집합등기신청

접수일	등기구분		등기권리자	금액	비고
2017-07-24	소유권이전		김■■		전소유자:코리아신탁(주) 매매(2016.09.05)
2017-07-24	근저당권	말소	중소기업은행(동대문지점)	115,200,000	말소기준권리
2022-04-21	임의경매	말소	중소기업은행(여신관리부)	청구금액 195,949,473	2022타경52170

(등기부채권총액 : 115,200,000 / 열람일 : 2022.12.13)

❷ 전입세대/관리비체납/관할주민센터   전입세대 열람내역

전입세대	관리비 체납내역	관할주민센터
원** 2018.05.28 ❸ 열람일 2022.12.20		▶관할주민센터 마포구 공덕동 ☎ 02-3153-6500

❷ 집합건물등기부등본   집합등기신청

접수일	등기구분		등기권리자	금액	비고
2017-07-24	소유권이전		김■■		전소유자:코리아신탁(주) 매매(2016.09.05)
2017-07-24	근저당권	말소	중소기업은행(동대문지점)	115,200,000	말소기준권리
2022-04-21	임의경매	말소	중소기업은행(여신관리부)	청구금액 195,949,473	2022타경52170

(등기부채권총액 : 115,200,000 / 열람일 : 2022.12.13)

후순위임차인이라 낙찰자가 신경 쓸 필요는 없지만, 그래도 주거 임차인과 상가 임차인의 배당액 차이를 알고 넘어가자. 일반적으로 임차인은 주거는 배당을

받을 때 보증금만 한도 내 계약인지 확인하고 소액임대차 최우선변제를 하지만 상가는 환산보증금을 기준으로 소액임대차 최우선변제®를 한다.

환산보증금 = 상가 보증금 + 월세 × 100

→ 환산보증금으로 소액임대차 최우선변제 가능!

임차인 상가용 vs 주거용 사용 확인하려면?

임차인 현황에 상가로 사업자등록을 개설했으면 '사업', 주거용으로 전입신고했으면 '전입'으로 표시한다. ❹ 이번 물건은 '전입'으로 표시했으므로 주거용이다.

❶임차인현황 (물건상담 : ■■■■■■■)　　　　　　현황조사서　매각물건명세서　수익율계산기

임차인	선순위대항력	보증금/차임	낙찰자 인수여부	점유부분	비고
❹ 원예지	전입 : 2018-05-28 (無) 확정 : 2018-05-28 배당 : 2022-06-15	보증 : 20,000,000원 차임 : 400,000원	배당액 : 20,000,000원 미배당 : 0원 인수액 : 없음		소액임차인 (기준 일:2017.07.24)
		❼ 총보증금 : 20,000,000　/　총월세 : 400,000원			

(말소기준권리일:2017-07-24, 소액임차기준일:2017-07-24, 배당요구종기일:2022-07-01)

임차인현황 외에 경공매가이드 메인 화면에서 ❺ '현황조사서' → ❻ '임대차관계조사서'를 보면 용도 항목에 '주거' 또는 '점포'라고 표시하기 때문에 사업자등록

• **최우선변제권** : 임차인이 경매개시결정 기입등기 이전에 대항력(주거는 전입 + 점유, 상가는 입점 + 사업자등록)을 갖춘 때에는 비록 후순위더라도 보증금 중 일정금액을 다른 담보물권자보다 우선하여 변제받을 수 있는 권리를 말한다. 담보물권 설정일 기준 소액임대차 최우선변제 한도 내 보증금을 걸어야 하고, 배당요구종기일 내에 권리신고 겸 배당요구 하면 매각대금의 2분의 1 한도 내에서 최우선변제를 해준다. 대항력을 갖추지 못한 후순위임차인이 배당요구를 안 하면 배당 X, 낙찰자 인수 X, 대항력의 요건은 배당요구종기일까지 유지해야 한다. 피치 못할 사정으로 이사 갈 경우 임차권등기를 해놓고 전출한 뒤 새로 이사 간 주소지로 우편물을 보내달라는 취지의 우편물송달장소 변경신청서를 경매계에 제출한다.

을 했는지 주거로 전입했는지 알 수 있다.*

❻ 601호는 마포구 공덕동 주민센터 전입세대 결과, 주민등록을 전입했고 임대차관계조사서 용도에 주거라고 임차인이 나와 있으니 이 임차인은 주거 임차인으로 배당받는다. 만약 상가로 배당요구를 했다면 환산보증금 20,000,000 + 400,000 × 100 = 60,000,000원이며, 소액임차인에 해당되지 않아 최우선변제를 못 받게 될 것이다.**

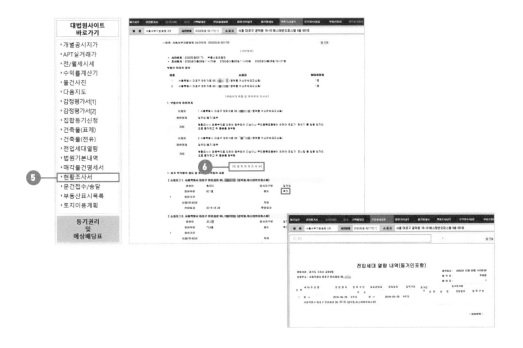

* 참고로 경공매가이드를 비롯한 유료 경매 정보 사이트에서 제공하는 임차인 정보는 대부분 유료 콘텐츠다. 전입세대 열람원은 법원에서 제공하는 정보가 아니라 경공매가이드가 주민센터에 발급을 요청해 제공하기 때문이다. 유료 정보를 사용하지 않는 경우 전입세대 열람원을 발급받으러 직접 주민센터에 가야 한다. 상가는 제3자가 세무서에 임대차정보제공 요청을 할 수 없어서 유료 경매 정보 사이트에서도 제공하지 않는다. 따라서 상가는 집행법원의 임대차조사서를 보고 권리분석을 한다. 단, 일반인이 세무서에 가서 상가임대정보를 요청하면 '접수증'을 준다.

** 서울 마포구 담보물권 설정시점 기준(2017년 7월 24일)으로 주택소액보증금은 3,400만원, 상가소액보증금은 2,200만원 한도 내 계약이어야 소액임차인 해당된다.

실투자금 3,000만원으로 취득 가능, 곧바로 되파는 것도 대안

❼ 298쪽의 임차인현황에서도 임차인이 권리신고한 내용을 보면 2018년도에 보증금 2,000만원에 월세 40만원이고, 2023년 현재 이 오피스텔 시세는 전세 1억 2,000만원 정도로 월세는 매물이 거의 없다. 이 물건을 낙찰받으면 월세는 50만원 이상 충분히 받을 수 있을 것으로 보인다. 그리고 오피스텔 경락대출은 원금상환 없이 월이자만 내는 것이 가능하니 본인이 낙찰받은 이유에 맞춰 월세나 전세로 전환하면 좋을 물건이다.

❽ 경락대출은 낙찰가 80%인 9,400만원 정도 나온다. 근거리에 지하철 공덕역이 있다. 경락대출 채무인수(빚 안고 사는 것)*를 해주는 조건으로 곧바로 되파는 것도 시도해볼 만한 물건이다.

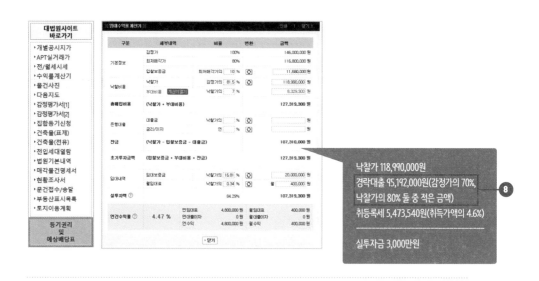

---

* **채무인수** : 일반적으로 흔히 말하는 '빚을 안고 산다'는 뜻. 이미 대출이 나와 있어 취등록세와 나머지 잔대금만 있으면 매매가 성사되니 대출을 많이 받아놓으면 오히려 매매가 잘된다. 대출이 필요 없는 사람이 산다고 하면 갚아버리면 된다. 돈을 갚는 것은 언제든 마음만 먹으면 되지만 빌리는 것은 마음만 먹는다고 쉽게 되지 않으니 대출 잘 나올 때 최대한 받아두는 것을 권한다.

법인도 주택 낙찰 후 경락대출 받는다!

이 물건의 경우 기일내역을 보니 낙찰자가 법인이다. 이럴 때 경락대출이 나올까? 나온다. 오피스텔은 건축법상 비주거시설이기 때문에 규제 시기에도 법인에게 경락대출이 가능했다. 그래서 규제 시기 오피스텔 낙찰자 중 법인이 많았다.

법인이 오피스텔을 낙찰받으면 경락대출 나온다.

❶기일내역				법원기일내역
기일종류	기일	상태	최저매각가격(%)	경과일
허가일	2023.02.14	허가		301일
2차매각	2023.02.07	낙찰	116,800,000원(80%) 118,990,000원 (81.50%) 제오○○ (주)/ 응찰 3명 2위 응찰가 117,700,000 원	294일
1차매각	2023.01.03	유찰	146,000,000원(100%)	259일

2023년 법인, 임대·매매사업자도 주담대 가능!

2020년 6월 19일부터 3년간 법인의 주거시설 경락대출은 불가능했다. 하지만 2023년 3월부터 법인과 임대·매매사업자도 규제지역(강남3구, 용산)의 경우 KB시세 또는 감정가 기준 30%(-방공제1), 비규제지역의 경우 KB시세 또는 감정 60%(-방공제1)로 주택담보대출이 가능해졌다.

법인은 MCI, MCG보증보험 가입이 안 되기에 방공제를 해야 한다. 방공제 안 하고 대출을 더 받고 싶으면 신탁대출을 받으면 된다. 앞의 사례(2022타경104614 화곡동 엔에스타운)도 등기부등본을 떼보면 법인이 신탁대출을 받아 대금납부했다.

갑구에서 소유권이전 수탁자 무궁화신탁(신탁원부제2023-3209) 신탁대출은 근저당권설정을 안 하기 때문에 대출금액이 등기부에 표시가 안 된다. 따라서 등기과에 가서 신탁원부를 발급받아서 봐야 한다. 을구에서는 근저당 1,000만원이 설정되었다. 경락대출을 1,000만원만 받았나? 아니다.

등기부 갑구(소유권에 관한 직접적인 제한)

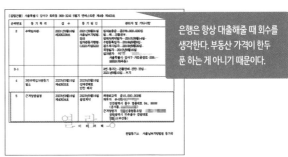

등기부 을구(소유권에 관한 간접적인 제한)

은행은 항상 대출해줄 때 회수를 생각한다. 부동산 가격이 한두 푼 하는 게 아니기 때문이다.

신탁대출 받은 경우 연체 시 공매로 넘어간다

신탁대출을 받은 물건은 이자 연체 시 공매로 부쳐진다. 공매는 경매와 달리 인도명령 제도가 없어 낙찰가가 낮은 편이다. 그래서 은행은 최악의 상황을 생각하며 경매를 넣기 위해 대출해주는 금액 중 일부는 신탁등기하고 일부는 근저당권을 설정한다. 혹시라도 이자를 연체하면 임의경매를 부치고 배당요구하는 방식을 택하는 것이다. 204쪽 사례처럼 대부업체가 근저당 + 전세권 설정하는 것과 같은 스킬인 셈이다.

대출 없이 부동산을 산다는 것은 불가능하다. 은행 대출을 많이 받아 금융 레버리지를 최대한 활용하고 싶다면 '은행에서 환영받는 사람'이 되도록 스펙을 갖춰야 한다. 은행은 소득, 자산 등 객관적인 자료를 기반으로 대출심사를 한다. 세금 적게 내겠다고 소득신고를 줄여서 하면 은행에서 환영받지 못한다는 것도 염두에 두자.

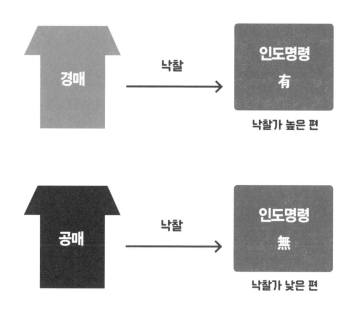

서울 은평구 진관동
웅신미켈란의아침 오피스텔
(ft. 인수되는 임차권 주의!)

경공매가이드

관심등록 | 화면인쇄 | 창닫기 ✕

[진관동 - 오피스텔]	서부3계 2022-53043(1)	등기신청클릭하면
	법원 조회수 : 당일조회 누적조회 관심등록	등기부실시간발급
	낙찰일 이후 누적조회수 13	(발급비용무료)

❱ 기본정보 경매3계(☎02-3271-1323)

법원기본내역 | 법원안내 | - 글자크기 +

소재지	[목록1] 서울 은평구 진관동 73 웅신미켈란의아침 ▓▓▓▓ [진관2로 15-8] N지도 D지도 도로명주소				대법원사이트 바로가기
용도(기타)	오피스텔 (-)	토지면적	대지권미등기		▸개별공시지가 ▸오피스텔실거래가
감 정 가	141,000,000원	건물면적	19.06㎡ (5.77평)		▸수익률계산기 ▸물건사진
최 저 가	(51%) 72,192,000원	제 시 외	0㎡		▸다음지도 ▸감정평가서
낙찰 / 용찰	85,550,000원 / 1명	대 상	건물전부 ❷		▸집합등기신청 ▸건축물(표제)
청구금액	140,117,700원	소 유 자	조▓▓		▸건축물(전유) ▸전입세대열람
채권총액	148,362,258원	채 무 자	조▓▓		▸법원기본내역 ▸매각물건명세서
경매구분	강제경매	채 권 자	임▓▓		
물건번호	1 [납부]		물건사진 더보기 ✓		

대지권 미등기와 임차권 파악 후 입찰 결정

이 물건의 대법원 매각물건명세서 주의사항으로 ❶ 임차권등기한 선순위임차인이 경매신청보증금은 1억4,000만원 ❷ 매각 대상이 '건물전부'로, '대지권 미등기'가 떠 있지만 감정평가서에 토지 57,810,000원 건물 83,190,000원을 모두 감정했다. 인근 부동산, 관리사무실, 분양사무실에 문의해서 대지권 미등기 사유를 임

장을 통해 알아봐야 한다. •

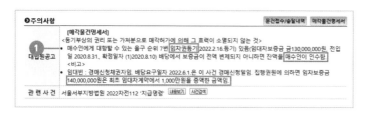

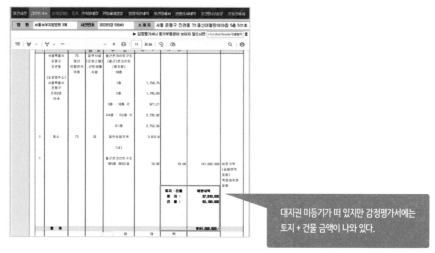

> 대지권 미등기가 떠 있지만 감정평가서에는 토지 + 건물 금액이 나와 있다.

임차인 분석 – 선순위 임차권 때문에 연속 유찰!

등기부를 보면 ❸ 2021년 6월 4일 덕양구청장 압류 ••가 말소기준권리다. 임차인 현황을 보니 ❹ 2020년 8월 31일 전입한 선순위임차인 임ㅇㅇ가 있으며 법원에서 주의사항을 표기한 것처럼 선순위임차인의 임차권은 전액배당이 안 될 경우 미배당된 보증금은 낙찰자에게 인수된다.

•　집합건물의 대지권 미등기 물건 사례는 366쪽 참고

••　**압류와 가압류** : 압류의 사전적 의미는 채권자의 신청으로 법원이 재산처분, 권리행사를 못 하게 하는 것을 말한다. 가압류는 미리 채무자의 재산을 압류한다는 의미다. 압류는 확정판결과 같은 집행권원이 있어야 가능하다.

❺ 등기부를 보니 선순위임차인은 2022년 2월 16일 2건의 임차권등기를 하고 이사를 나갔고 ❻ 소유자가 이○○에게 점유를 넘겨준 케이스다. ❹ 선순위임차인은 최초 계약 이후 보증금을 1,000만원 증액했다. 최초 계약(2020년 8월 31일)과 두 번째 계약(2021년 7월 27일) 사이에 2021년 6월 4일 덕양구청의 압류가 설정되었다. 따라서 두 번째 계약 증액분은 후순위라서 미배당되어도 낙찰자가 추가로 인수할 필요는 없다.

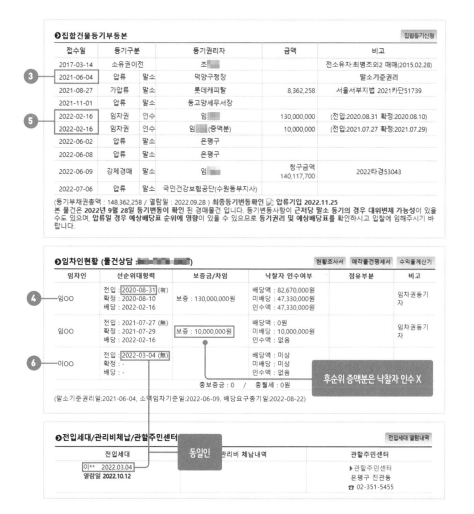

임차권은 등기일과 계약일을 함께 봐야 한다!

임차권은 등기부를 자세히 봐야 한다. 등기된 순서가 말소기준권리보다 늦더라도 계약내용이 선순위면 대항력이 있다. 임○○ 선순위계약 보증금 130,000,000원이 전액 배당이 안 된다면 낙찰자가 추가로 인수해야 하기 때문에 유찰이 많이 되었고 4차 매각 응찰자수도 1명뿐이었다. 이 물건을 통해 배워야 할 것은 임차권등기된 날짜와 전입날짜를 함께 보자는 것이다. 임차권등기된 날짜만 보고 후순위 임차인일 거라 생각하고 입찰을 들어가는 사람들이 생각보다 많아서 예상치 못한 임차인의 보증금까지 인수하기 때문이다.

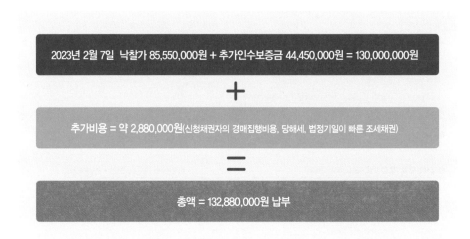

경락대출이 나오기 힘든 물건

게다가 이 물건은 선순위임차인의 보증금을 추가인수한 데다가 대지권 미등기 문제까지 포함되어 경락대출을 받기 힘든 물건이다. 낙찰가의 80%를 대출받는다 해도 68,440,000원이고 여기에 선순위임차인의 미배당된 보증금을 차감하면 대출이 나올 것이 거의 없다. 등기부등본을 발급받아 보면 을구에 근저당권이 설정되어 있지 않다. 낙찰자가 대출을 쓰지 않고 전액 현금납부를 했다.

임차권등기 후 이사 간 임차인도 배당 시 명도확인서가 필요할까?

결론부터 말하면 필요하다. 하지만 이 물건의 임차인은 보증금 전부가 아닌 일부를 배당받기 때문에 낙찰자의 명도확인서가 없어도 배당을 받을 수 있다. 즉, 보증금 일부를 배당받는 선순위임차인은 명도확인서가 필요 없다. 생각을 해보자. 보증금 중 일부만 배당받는데 낙찰자에게 집을 비워주고 명도확인서를 받아오라는 것은 말이 안 된다. 단, 낙찰자는 선순위임차인의 미배당된 보증금을 추가로 물어줄 때 임차권등기 말소 동의 서류도 같이 달라고 요구해야 한다.

낙찰가 + 선순위임차인 보증금 = 취득가액 : 이 기준으로 취등록세 부과

이 낙찰자는 85,550,000원에 낙찰받고 선순위임차인의 보증금 47,330,000원을 추가로 물어주기 때문에 이 물건의 실질 취득가액은 132,880,000원이다. 취득가액을 기준으로 취등록세를 납부해야 한다. 낙찰가 기준으로 취등록세를 내면 나중에 구청 세무과에서 '경·공매 과소신고에 따른 취득세 신고 납부' 고지서가 날아온다. 경과된 금액에 20% 무신고 가산세와 1일당 22/100,000의 납부불성실 가산세가 부과되니 주의해야 한다.

경매.공매 과소신고에따른 취득세 신고납부 안내

- 지방세정에 깊은 관심에 감사드리며, 우리 구청과 세정발전에 협조하여 주신데 대하여 감사드립니다.
- 경매·공매로 취득하는 경우 낙찰대금으로 취득세 신고하나 대항력있는 임차인이 있으면 낙찰대금만이 아니다 임차인의 보증금으로 변제하지 않고 있는 물건을 인수할 수 있어 대항력있는 임차인의 보증금도 취득세 과표에 해당됩니다.
- 취득세를 신고납부하였지만 대항력있는 임차인의 임차보증금이 조사되 취득세액이 추징됩니다.

취득세액	가산세	과세표준액	기존신고취득액	임차보증금	배당액
600,000	205,970	15,000,000	436,000,000	15,000,000	
소재지				취득일자	2020-03-10

- 취득세 신고 장소 : 미추홀구청 종합인원실 2층 세무1과 부동산 취득세 신고 접수 창구
- 취득세 신고시 제출서류
  1. 임차보증금 지급영수증(통장압류, 통장사본, 입금영수증)
- 경매,공매 에의한 부동산 취득문의 (취득세팀 032-880-4169,4170)
- 경과된 경우에는 20%의 무신고가산세와 1일당 22/100,000의 납부불성실 가산세가 부과됨.

307

52

경기 화성시 영천동 오피스텔

(ft. 선순위임차인 2명처럼 보이지만 1명!)

경공매가이드

관심등록 | 화면인쇄 | 창닫기 ✕

[영천동 - 오피스텔]

수원17계 2021-6487(1)
법원 조회수 : 당일조회 4 누적조회 243 관심등록 133

등기신청클릭하면
등기부실시간발급
(발급비용무료)

▶기본정보 경매17계(☎031-210-1378)

법원기본내역 | 법원안내 - 글자크기 +

대법원사이트
바로가기

소재지	[목록1] 경기 화성시 영천동 679-2 ▨▨▨▨▨ [동탄순환대로 725] N지도 D지도 도로명주소		
용도(기타)	오피스텔 (-)	토지면적	6.4㎡ (1.94평)
감 정 가	100,000,000원	건물면적	19.46㎡ (5.89평)
최 저 가	(6%) 5,765,000원	제 시 외	0㎡
입찰보증금	(10%) 576,500원	대 상	건물전부, 토지전부
청구금액	21,723,377원	소 유 자	송▨▨
채권총액	245,498,326원	채 무 자	송▨
경매구분	강제경매	채 권 자	동양생명보험
물건번호	1 (진행)		

▸개별공시지가
▸오피스텔실거래가
▸수익률계산기
▸물건사진
▸다음지도
▸감정평가서
▸집합등기신청
▸건축물(표제)
▸건축물(전유)
▸전입세대열람
▸법원기본내역
▸매각물건명세서

물건사진 더보기 ⌄

법원의 주의사항 - 임차권등기

　이번 사건은 지금까지 공부한 권리분석 내용의 총집합 사례가 담겨 있다. 아래의 순서대로 차근차근 살펴보자. 대법원 공고 주의사항을 보니 ❶ '등기부상의 권리 또는 가처분으로 매각허가에 의해 그 효력이 소멸되지 않는 것'으로 '임차권등기가 있고 매수인이 인수'한다는 내용이 표시되어 있다.

> **◐주의사항** 　　　　　　　　　　　　　　　　문건접수/송달내역　매각물건명세서
>
> **대법원공고** [매각물건명세서]
> <등기부상의 권리 또는 가처분으로 매각허가에 의해 그 효력이 소멸되지 않는 것>
> ① 매수인에게 대항할 수 있는 을구 순위 1번 임차권등기(2021.11.16. 등기) 있음 (임대차보증금 110,000,000원, 전입일: 2019.9.26., 확정일자: 2019.8.26.). 배당에서 보증금이 전액 변제되지 아니하면 잔액을 매수인이 인수함
>
> **중 복/병 합** 2022-52869(중복) ②
>
> **관 련 사 건** 서울중앙지방법원 2021차전1153 '지급명령' 내용보기 사건검색

먼저 이 사건은 ② 중복경매로, '지급명령' 판결문을 권원으로 경매 부친 강제경매 사건이다. ③ 전입세대 열람원을 보면 2019년 9월 26일 김○○가 전입했는데 개인정보 보호 때문에 이름 안 나오고 성씨 또한 우리나라에서 흔한지라 누구인지 특정하기 힘들다.

> **◐전입세대/관리비체납/관할주민센터** 　　　　　　　　　　　전입세대 열람내역
>
> | 전입세대 | 관리비 체납내역 | 관할주민센터 |
> |---|---|---|
> | 김** 2019.09.26 ③
열람일 2022.06.08 | | ▶관할주민센터
화성시 동탄5동
☎ 031-5189-4951 |

매각준비 → 매각공고 → 세대열람 과정 중 전출하면? - 대항력 상실

④ 법원이 제공한 임차인현황 정보를 보니 김인○ 전입은 2021년 2월 19일, 김지○ 전입은 2019년 9월 26일. ③을 보니, 현재 전입세대는 김지○이다. 전입세대 열람내역은 전출해버리면 기록에 안 나온다. 그래서 경매사이트는 전입세대열람을 가장 늦게 공개한다.

> 법원임대차관계조사서는 선순위임차인이 2명, 전입세대열람은 1명(그 사이 전출)

> **◐임차인현황 (물건상담 : ▩▩▩▩)** 　　　현황조사서　매각물건명세서　수익률계산기
>
> | 임차인 | 선순위대항력 | 보증금/차임 | 낙찰자 인수여부 | 점유부분 | 비고 |
> |---|---|---|---|---|---|
> | 김지■ | 전입 : 2019-09-26 (有)
확정 : 2019-08-26
배당 : 2021-08-27 | 보증 : 110,000,000원 ④ | 배당액 : 3,180,000원
미배당 : 106,820,000원
인수액 : 106,820,000원 | | 임차권등기자 |
> | 김인■ | 전입 : 2021-02-19 (有)
확정 : -
배당 : - | | 배당액 : 미상
미배당 : 미상
인수액 : 미상 | | |
> | | | 총보증금 : 110,000,000 　 총월세 : 0원 | | | |
>
> 말소기준권리일:2021-03-05, 소액임차기준일:2021-06-18, 배당요구종기일:2021-09-02

❺ 말소기준권리는 2021년 3월 5일 동양생명보험 가압류인데 김지○ 외 선순위로 대항력 있는 임차인 김인○이 더 있다. 그런데 왜 ❸ 법원의 임차인현황 정보에 김인○는 안 나와 있을까? 그 이유는 전입만 해놓고 배당요구를 안 했기 때문이다. 전입세대 열람원은 현재 전입된 사람인 김지○이 표시된다. [*] 결과적으로 두 사람 모두 대항력이 있는 것처럼 보이지만 현황조사 후 김인○는 전출했다. 따라서 임차인 정보는 전입세대열람원과 등기부를 함께 봐야 한다. ❻ 등기부를 보니 2021년 11월 16일 임차권을 등기한 사람이 김지○ 동일인물이다. (등기부는 주민번호는 가리지만 이름은 다 보여준다.)

ⓓ집합건물등기부등본　　　　　　　　　　　　　　　　　　　　　集합등기신청

접수일	등기구분		등기권리자	금액	비고
2016-05-27	소유권이전		송■■■		전소유자:(주)스마트시티 매매(2014.11.21)
❺ 2021-03-05	가압류	말소	동양생명보험	20,887,489	**말소기준권리** 서울중앙지법 2021카단30984
2021-03-10	가압류	말소	주택도시보증공사	84,090,241	부산동부지원 2021카단100935
2021-05-28	가압류	말소	우리은행(여신관리부)	14,575,186	서울중앙지법 2021카단32438
2021-06-17	가압류	말소	서울보증보험(강북신용지원단)	15,945,410	서울중앙지법 2021카단809588
2021-06-18	강제경매	말소	동양생명보험	청구금액 21,723,377	2021타경6487
❻ 2021-11-16	임차권	인수	김지■	110,000,000	(전입:2019.09.26 확정:2019.08.26)
2022-02-15	강제경매	말소	김지■		2022타경52869
2022-04-27	압류	말소	영등포구		

등기부채권총액 : 245,498,326 / 열람일 : 2023.03.22)

전입을 유지한 채 임차권등기를 할 필요 X

그런데 ❼ 김지○은 전입을 유지하고 있으면서 임차권등기까지 했다. 사실 전입을 유지하면 임차권등기를 안 해도 되는데 한 것이다. 임차권등기가 등기부에

---

* **은행에서 주민등록 초본을 요청하는 이유** : 어떤 사람의 이사 기록을 보려면 주민등록초본을 떼야 한다. 대출을 신청할 때 은행에서 최근 5년 치 초본을 떼서 오라는 이유는 남의 집에 전입을 해놓았다가 이사를 갔는데도 전출을 안 하다가 강제 퇴거당한 사람을 걸러내려고 하는 것이다.

턱 하고 나오니 세입자 입장에서는 뭔가 강력한 아이템 하나를 얻는다고 느낄 것이다. 하지만 전입을 유지한 채 임차권등기를 한다고 혜택 보는 것은 없다. 임차권등기명령제도는 보증금을 못 받았는데 이사 가야 하는 경우 등기부에 기왕의 계약 내용을 공시해놓는 제도이기 때문이다.

다가구 물건에서 임차인들이 점유중인데 다른 호수가 임차권등기를 했다고 따라하는 건 과잉대처다. 반대로 후순위임차인인데 임차권등기를 한다고 선순위가 되는 것도 아니다.

앞서도 말했지만 임차인이 아무런 말 없이 이사를 가면 임차인 정보를 공표할 길이 없다. 하지만 임차권등기를 해놓으면 보증금, 전입일자, 확정일자를 알 수 있으니 이를 토대로 경매를 진행하고 배당할 수 있다. 이런 이유 때문에 전입세대 열람원에 전입된 세대원이 없다고 임차인이 없을 것이라고 섣불리 판단하면 안 되고 등기부등본에 전세권과 임차권이 없는지 확인해야 한다.

| **임차권등기를 한 1명의 세입자** |

> 김인○ : 전입이 빨라 대항력 있는 것처럼 보이지만 경매 진행 중 주민등록 전출
> ❼ 김지○ : 임차권 등기 하고 전입 유지

선순위임차인이 있을 때 대항력 포기 여부가 입찰 포인트

이 물건은 최저가 500만원까지 떨어졌지만 임차인은 대항력 포기 신청을 하지 않았다. 앞서도 말했지만 대항력 포기 물건은 거의 100% HUG 측에서 제출한다. 개인이 대항력을 포기하는 경우는 거의 없다. 이 물건은 대항력 포기도 안 했고 감

정가는 1억원인데 선순위임차인의 보증금은 1억1,000만원이다. 경매로 사는 것이 더 비싸니 9차 매각, 최저가 5,765,000원까지 떨어져도 낙찰이 안 되는 이유다. 이 물건은 1억1,000만원 + α 이하로는 절대로 못 산다.

ⓘ 권리순위 및 예상배당표 단위:만원

권리	권리자	등기/확정일	전입일	채권액	배당금	미수금	인수 여부	비고
법원경비	법원	-	-	-	208	0	-	-
소유이전	송윤나	2016-05-27	-	0	0	0	-	-
임차권	김지현	2019-09-26	2019-09-26	1억1000	(소액:0)367	1억632	인수	-
가압	동양생명보험	2021-03-05	-	2,088	0	2,088	말소	말소기준권리
가압	주택도시보증공사	2021-03-10	-	8,409	0	8,409	말소	-
가압	우리은행(여신관리부)	2021-05-28	-	1,457	0	1,457	말소	-
가압	서울보증보험(강복신용지원단)	2021-06-17	-	1,594	0	1,594	말소	-
강제	동양생명보험	2021-06-18	-	-	0	0	말소	-
강제	김지	2022-02-15	-	-	0	0	말소	-
압류	영등포구	2022-04-27	-	0	0	0	말소	-
임차권	김인	-	2021-02-19	0	(소액:0)0	0	인수	-
합계				3억5549	576	1억632		

> 말소기준권리보다 앞선 선순위임차인이 2명이나 있다. 일반매매보다 비싼 물건이다. 경매로 전세가보다 싼 좁좁물건을 낙찰받고 싶으면 신청채권자가 개인이 아닌 HUG(주택도시보증공사)인 물건 위주로 검색해보자. 대법원경매 정보 사이트와 사설 경매 정보 사이트를 같이 보면 유용하다.

꼬리에 꼬리를 무는 것이 경매 권리분석이다. 조금만 더 가보자. 신청채권자가 배당받을 가능성이 없어 보이는데 혹시 무잉여* 아닐까? 물론 아니다. 이 사건은 2021년 3월 5일 가압류 설정한 동양생명이 신청채권자이며 하나의 부동산에 경매 사건번호를 중복(병합)으로 건 경매다.(2021타경6487, 2022타경52869)

검색역량을 키워서 손품 → 발품 → 머리품으로 넘어가자

이런 식으로 분석하고 거르다보면 어느 순간 나와 딱 떨어지는 물건을 만나게

• **무잉여** : 신청채권자에게 배당 등 잉여 가능성이 없을 때를 말한다.

된다. 그땐 임장을 가보자. 손품을 팔았으니 이제는 발품을 팔 단계로 넘어가는 것이다. 그런 다음 적정 낙찰가를 선정해보고 경락대출은 얼마를 받고 세금은 얼마를 내고 머리품을 파는 것이다.

임장까지 다녀오면 누가 얼마에 낙찰받아 갔는지 궁금하다. 낙찰가와 응찰자를 보며 매수심리를 파악할 수 있다. 경매는 감정가 대비 최저가는 얼마인지 전부 공개되고 낙찰은 얼마에 받았는지 몇 명이나 응찰했는지 매각대금은 현금을 냈는지 아니면 경락대출은 얼마나 받았는지도 파악된다. 나만 관심의 끈을 놓지 않으면 책상머리에 앉아서 이 모든 것을 알 수 있다.

필자가 처음 경매를 시작하던 20년 전에는 정보 공개가 지금처럼 대중화되지 않았다. 그래서 해당 물건 주소지 주민센터로 직접 가야만 전입세대 열람원을 열람할 수 있었다. 지금은 인터넷을 활용하여 로드뷰만 보고도 여러 정보가 파악된다. 여러모로 편리한 세상이다.

서울 중구 을지로6가 타임캐슬 오피스텔

(ft. 신청채권자의 매수신청 주의 ❶)

53

경공매가이드

관심등록　화면인쇄　창닫기✕

| [을지로6가 - 오피스텔] | | 중앙1계 2019-5940(1)
법원 조회수 : 당일조회　누적조회　관심등록
낙찰일 이후 누적조회수 23 | | 등기신청클릭하면
등기부실시간발급
(발급비용무료) |

❷기본정보　경매1계(☎02-530-1820)

법원기본내역　법원안내　-　글자크기　+

소재지	[목록1] 서울 중구 을지로6가 23 타임캐슬오피스텔 ▨▨▨ [을지로 254] Ⓝ지도 Ⓓ지도 도로명주소			대법원사이트 바로가기
용도(기타)	오피스텔 (-)	토지면적	28.4㎡ (8.59평)	›개별공시지가
감 정 가	630,000,000원	건물면적	99.37㎡ (30.06평)	›오피스텔거래가 ›수익률계산기
최 저 가	(80%) 504,000,000원	제 시 외	0㎡	›물건사진 ›다음지도
낙찰 / 응찰	550,240,000원 / 1명	대　상	건물전부, 토지전부	›감정평가서 ›집합등기신청
청구금액	500,000,000원	소 유 자	씨▨	›건축물(전유) ›전입세대열람
채권총액	1,044,000,000원	채 무 자	씨▨	›법원기본내역 ›매각물건명세서
경매구분	임의경매	채 권 자	박▨	물건사진 더보기 ▾
물건번호	1 [허가]			›현황조사서

권리분석
포인트

경매신청 채권자가 매수의지를 표현한 물건

　이번 사례는 권리분석보다 경매의 특수 상황에 대한 이해를 하는 데 집중하려 한다. 이 물건은 법원 매각물건명세서에 ❶ 경매신청 채권자가 550,240,000원에 매수하겠다고 공고가 떠 있다. 신청채권자의 청구금액은 5억원이고 이 물건은 신청채권자가 쓴 550,240,000원 이하로는 낙찰을 못 받는다는 의미다. 낙찰받고 싶은 사람은 550,240,000원보다 더 써내야 한다.

이 물건은 감정가 630,000,000원에서 1차 유찰되고 ❷ 2023년 1월 31일 2차 매각기일에 신청채권자가 550,240,000원에 단독으로 낙찰받았다. 채권자 낙찰이니 낙찰받고 7일 내에 상계신청을 하면 배당받을 금액만큼 공제한 후 나머지 잔대금만 납부하면 된다.

❶주의사항		문건접수/송달내역	매각물건명세서
대법원공고	[매각물건명세서] <비고란> ❶ • 신청채권자로부터 금 550,240,000원의 매수신청의 보증이 있음		
관 련 사 건	서울중앙지방법원 2020가합537188 '민사본안' 내용보기 사건검색		

❶기일내역				법원기일내역
기일종류	기일	상태	최저매각가격(%)	경과일
허가일	2023.02.07	허가		1297일
❷ 2차매각	2023.01.31	낙찰	504,000,000원(80%) 550,240,000원 (87.34%) 박상천 / 응찰 1명	1290일
입찰변경	2020.06.03	변경	504,000,000원(80%)	318일
1차매각	2020.05.06	유찰	630,000,000원(100%)	290일

신청채권자가 550,240,000원에 낙찰받으려 한 이유

등기부등본을 보면 ❸ 2004년 11월 12일 말소기준권리인 중소기업은행 근저당과 ❹ 2010년 2월 24일 연결된 근저당이 합쳐져서 채권최고액 모두 544,000,000원이고 그다음이 신청채권자 박○○의 근저당권 5억원이다. 신청채권자보다 앞선 선순위채권의 과다로 배당순위가 뒤로 밀리기 때문에 배당이 1원도 안 나오는 금액대로 낙찰되면 이 경매사건은 무잉여 기각된다. 만약 다른 채권자에 의해 중복경매 신청이 들어왔어도 낙찰가가 낮으면 이 신청채권자는 배당받을 것이 없어 경매를 신청한 실익이 없다. 따라서 신청채권자는 무잉여 기각 처리되지 않기 위

• **상계** : 배당받을 채권자가 매수인(낙찰자)인 경우 배당받을 금액을 제외한 나머지 대금을 배당기일에 내는 것을 말한다.

•• **기각** : 기각은 신청인의 신청내용이나 청구내용이 이유 없다고 인정될 경우 그 신청이나 청구를 받아들이지 않는 것을 말한다.

해 550,240,000원으로 써냈고 결국 최고가매수신고인이 된 케이스다.

❹집합건물등기부등본

접수일	등기구분		등기권리자	금액	비고
2004-10-14	소유권이전		씨엠산업개발(주)		보존
2004-11-12	근저당권	말소	중소기업은행(울지6가지점)	280,000,000	말소기준권리
2010-02-24	근저당권	말소	중소기업은행(울지6가지점)	264,000,000	
2016-04-21	근저당권	말소	박■■	500,000,000	
2019-08-06	임의경매	말소	박■■	청구금액 500,000,000	2019타경5940

(등기부채권총액 : 1,044,000,000 / 열람일 : 2023.01.05)

결론

법원의 무잉여 기각(잉여 가능성이 없는 경매취소) 언제 결정하는가?

❺ 이 사건은 이미 중소기업은행 근저당권 대출 채권최고액 544,000,000원이 있는데 뒤늦게 5억원을 빌려주고 근저당권을 설정한 채권자가 경매를 부친 사건이다. 최저가가 504,000,000원까지 떨어져 배당받을 가망성이 없는 금액대로 떨어져버렸다. 이럴 때 집행법원은 신청채권자에게 배당받을 금액대로 낙찰받을 의사가 있는지 통지해야 하며, 신청채권자가 이 통지를 받은 날로부터 7일 이내에 잉여 가능한 금액으로 매수하겠다는 매수신고가 없는 경우에는 해당 경매 절차를 취소해야 한다. 경매는 채권자의 만족을 위해 공신력 있는 국가기관인 법원에 매각해달라고 신청한 뒤 강제매각하여 부동산을 환가하여 채권을 회수하는 절차인데 신청채권자가 배당을 한 푼도 못 받는 경매는 진행할 이유가 없다.

무잉여의 반대는 과잉경매

복수의 부동산을 경매에 부친 경우, 1개의 부동산 매각대금으로 각 채권자에 대한 변제 및 강제집행 비용 지불이 충분한 경우에는 다른 부동산에 대한 매각을 허가하지 않는다.

54 서울 마포구 성산동 두산위브센티움 오피스텔
(ft. 신청채권자의 매수신청 주의 ❷)

경공매가이드

관심등록 화면인쇄 창닫기✕

[성산동 - 오피스텔]

서부1계 2022-53036(1)
법원 조회수 : 당일조회 누적조회 관심등록
낙찰일 이후 누적조회수 10

등기신청클릭하면
등기부실시간발급
(발급비용무료)

▶기본정보 경매1계(☎02-3271-1321)

법원기본내역 법원안내 [-] 글자크기 [+]

소재지	[목록1] 서울 마포구 성산동 590-1 상암두산위브센티움 ▨▨▨ [월드컵로36길 14] Ⓝ지도 Ⓓ지도 도로명주소			대법원사이트 바로가기
용도(기타)	오피스텔 (-)	토지면적	5.9m² (1.78평)	▸개별공시지가
감정가	181,000,000원	건물면적	28.36m² (8.58평)	▸오피스텔실거래가
최저가	(80%) 144,800,000원	제시외	0m²	▸수익률계산기
낙찰 / 응찰	158,800,000원 / 1명	대 상	건물전부, 토지전부	▸물건사진 ▸다음지도
청구금액	200,000,000원	소유자	김○○	▸감정평가서
채권총액	433,263,296원	채무자	김○○	▸집합등기신청 ▸건축물(표제)
경매구분	강제경매	채권자	김○○	▸건축물(전유)
물건번호	1 [배당]		물건사진 더보기 ⌄	▸전입세대열람 ▸법원기본내역 ▸매각물건명세서

❹ 임차인 보증금 2억원보다도 낮은 강정가

권리분석
포인트

선순위임차인이 신청채권자

　이번 사건도 앞의 사례와 비슷하다. ❶ 이 물건의 말소기준권리는 2019년 8월 1일 씽○○의 가압류이고 ❷ 임차인 김○○는 2017년 9월 11일 전입으로 대항력을 갖춘 선순위임차인이다. ❸ 임차인 김○○는 2022년 6월 7일 경매신청을 했고(2022타경53036) ❹ 이 물건의 감정가는 보증금 2억원보다 낮다. 김○○는 보증금을 돌려

받지 못해 경매신청을 했고 1차 유찰을 거쳐 본인이 낙찰받았다. 결국 임차인이
방어입찰을 해서 낙찰받은 것이다.

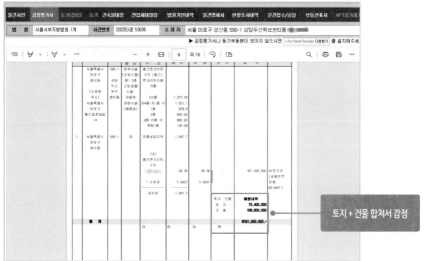

❺ 경공매가이드 메인 화면에서 '문건접수/송달'을 선택하면 ❻ 2023년 1월 10일 임차인이 상계신청을 했고 이후 배당받을 금액을 공제한 후 나머지 잔대금을 냈을 것으로 보인다.

결론 감정가보다 높은 시세, 나중에 팔면 보증금은 회수할 듯

이 임차인은 낙찰가 158,800,000원에서 자신의 배당예상금액인 155,770,000원을 뺀 나머지를 납부하면 소유자가 된다. *

이 오피스텔의 일반매매 최고가를 보니 2억5,000만원이다. 시간이 지나 오피스텔의 최고 시세를 회복할 때 매도하게 되면 매도차익이 생길 것으로 기대한다.

---

* 이해를 돕기 위해 경매집행비용과 당해세, 신청채권자의 집행비용을 빼고 단순계산한 것이다. 낙찰받고 7일 내에 상계신청하면 법원에서 알아서 계산해준다. 만약 금액이 남으면 되돌려준다.

경매물건의 양도소득세 기준은 낙찰가 + α

이번 사례에서 취득가액은 낙찰가 + 본인의 미배당된 보증금이다. 경매에서 양도소득세를 계산할 때는 매도할 금액에서 취득가액 203,030,000원 + 필요경비(경매신청 집행비용 등)를 공제하고 매도차익이 있으면 양도소득세를 낸다. 일반적으로 경매물건은 낙찰가 외 추가로 인수되는 금액이 있는 경우가 있기 때문에 낙찰가대로 실거래가 신고를 하지 않는다.

이번 사례 경매물건 취득가액 구하기

❶ 낙찰가 158,800,000원 + ❷ 미배당된 보증금 44,230,000원 = 203,030,000원

• 미배당된 보증금 = 200,000,000원(보증금) - 158,800,000원(낙찰가) - 3,000,000원(경매신청 집행비용)

> 경매신청 집행비용은 일반매매의 복비개념. 경매는 신청할 때 선불로 내고 낙찰되면 가장 먼저 되돌려준다. 양도소득세 신고 시 제출하면 필요경비로 인정받는다.

선순위임차인의 미배당된 보증금은 낙찰자 추가인수 대상이다. 이번 사례에서 경매신청 채권자인 선순위임차인 대신 제3자에게 낙찰되었다면 미배당된 보증금을 낙찰자에게 요구하거나 전 집주인에게 민사로 청구 가능하다.

선순위임차인은 배당요구하거나 안 하거나 선택이 가능하다. 미배당된 보증금도 낙찰자나 전소유자 둘 다 청구 가능하다. 일반적으로 흔히 경매당한 집주인은 연락도 안 되고 경제활동을 안 하거나 본인명의로 된 재산이 없으면 임의변제할 여력이 없으니 낙찰자에게 청구하는 경우가 많다.

그런데 이 물건은 임차인이 낙찰받아 새로운 집주인이 되었다. 대항력을 갖춘 임차인이 낙찰을 받아 소유권을 취득하게 될 경우, 종전 임차인의 지위는 혼동에 의해 소멸한다. 임차인이 임대인의 지위를 승계하게 되는 만큼 임차보증금 손실분에 대하여 전소유자에게 청구할 수 없게 된다. 본인이 선순위임차인의 보증금을 물어줄 의무가 있는 물건을 낙찰받았기 때문인데 이는 전소유자의 임대대보증금을 반환의무를 승계받은 사람은 바로 자기 자신이기 때문이다.

55 서울 강남구 역삼동 역삼역 센트럴푸르지오시티 오피스텔

(HUG가 선순위채권자, 배당도 OK!)

경공매가이드

관심등록 화면인쇄 창닫기✕

[역삼동 - 오피스텔]	중앙21계 2022-136(1)	등기신청클릭하면
	법원 조회수 : 당일조회 누적조회 관심등록	등기부실시간발급
	낙찰일 이후 누적조회수 23	(발급비용무료)

● 기본정보 경매21계(☎02-530-1822)

법원기본내역 법원안내 - 글자크기 +

소재지	[목록1] 서울 강남구 역삼동 719-24 역삼역센트럴푸르지오시티 ▨▨ [연주로85길 32] N지도 D지도				
	도로명주소				
용도(기타)	오피스텔 (-)	토지면적	3.2m² (0.97평)		
감 정 가	280,000,000원	건물면적	18.18m² (5.5평)		
최 저 가	(80%) 224,000,000원	제 시 외	0m²		
낙찰 / 응찰	224,070,000원 / 1명	대 상	건물전부, 토지전부		
청구금액	50,000,000원	소 유 자	엄OO		
채권총액	170,027,877원	채 무 자	엄OO		
경매구분	강제경매	채 권 자	양OO		
물건번호	1 [배당]				

물건사진 더보기 ⌄

대법원사이트 바로가기
› 개별공시지가
› 오피스텔실거래가
› 수익율계산기
› 물건사진
› 다음지도
› 감정평가서
› 집합등기신청
› 건축물(표제)
› 건축물(전유)
› 전입세대열람
› 법원기본내역
› 매각물건명세서
› 현황조사서

권리분석 포인트

HUG가 임차인 대신 채권자가 된 물건

법원 매각물건명세서를 보니 ❶ HUG가 임차인의 임대차보증금 반환채권을 양수하고 권리신고 겸 배당요구했다는 매각공고를 확인할 수 있다.

❶	대법원공고	[매각물건명세서] <비고> • 최█████ : 주택도시보증공사가 최인영의 임대차보증금 반환채권을 양수하고 권리신고 및 배당요구함(우선변제권 승계함)	문건접수/송달내역 매각물건명세서
	중 복/병 합	2022-2743(중복)	
	관 련 사 건	서울중앙지방법원 증서2019년제595호 '공정증서' 서울중앙지방법원 증서 2019년 제595호 '공정증서'	

등기부를 보면 ❷ 말소기준권리가 2021년 7월 5일 하○○의 150,000,000원 근저당권이지만, HUG가 인수받은 ❸ 임차인 최○○는 2021년 6월 25일 말소기준권리일보다 1달 먼저 전입하여 대항력을 갖춘 선순위임차인이다. 감정가가 280,000,000원이라 역전세 물건은 아니다. 실제로 낙찰가 224,070,000원으로 선순위임차인의 보증금(200,000,000원)은 전액 배당이 가능하며 낙찰가 외 추가로 부담할 금액은 없다.

현재 임차인은 전입 유지 상태여서 임차권등기를 하지 않은 것으로 보인다. HUG는 임차인의 보증금 반환채권을 양수하고 우선변제권을 승계받았기에 임차인 보증금(200,000,000원)은 HUG가 배당받는다. 그렇다면 여기서 질문! 배당받을 때 필요한 낙찰자의 명도확인서는 누구에게 써줘야 할까? HUG측에 써줘야 한다.

322

선순위임차인의 보증금이 낙찰가로 배당 가능하면 입찰 OK

❹ 경공매가이드 메인 화면에서 '현황조사서' → ❺ '부동산 점유관계'를 보면 점유자를 만나지 못했고 주민등록은 유지되고 있다고 쓰어 있다. 다만 이 물건은 ❸ 임차인 최○○가 2021년 6월 25일 전입으로 들어온 뒤 ❻ 1년 반이 지난 2022년 2월 4일 채권자 양○○가 강제경매를 부쳤다. 임차인 최○○는 2023년 6월이 되어야 전세 계약기간 2년 만기가 된다. 만약 1년만 살고 보증보험에서 돈을 돌려받고 이미 나간 상태라면 1년 정도 집이 비어 있었을 확률이 높아 보인다. 임장을 가서 이 부분을 집중적으로 체크해야 한다.

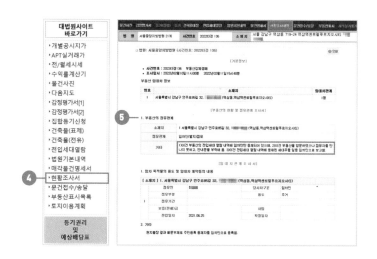

 임차권등기된 집에 집주인이 살아도 될까?

임차인이 임차권등기를 해놓고 집주인에게 점유를 넘겨준 집이 경매에 넘어갔다. 경매진행을 하는 동안 집주인이 다시 들어와 살면 무단침입일까? 아니다. 임차인이 점유를 집주인에게 넘겨주고 이사 갔다면 경매진행 기간 동안 해당 부동산을 사용·수익할 수 있는 권리가 집주인에게 있기 때문이다.

56 서울 관악구 신림동 신림오피스텔

(ft. 진짜 위반건축물일까?)

경공매가이드

관심등록   화면인쇄   창닫기 ✕

[신림동 - 오피스텔]	중앙2계 2021-110173(1) 법원 조회수 : 당일조회 누적조회 관심등록 낙찰일 이후 누적조회수 31	등기신청클릭하면 등기부실시간발급 (발급비용무료)

● 기본정보   경매2계(☎02-530-1814)   법원기본내역   법원안내   -   글자크기   +

소재지	[목록1] 서울 관악구 신림동 1431-38 신림오피스텔 ▢▢▢ [신림동1길 7] N지도 D지도 도로명주소		대법원사이트 바로가기
용도(기타)	오피스텔 (-)	토지면적 6.6㎡ (2평)	› 개별공시지가
감 정 가	146,000,000원	건물면적 28.35㎡ (8.58평)	› 오피스텔실거래가
최 저 가	(64%) 93,440,000원	제 시 외 0㎡	› 수익률계산기 › 물건사진
낙찰 / 응찰	100,460,000원 / 1명	대 상 건물전부, 토지전부	› 다음지도 › 감정평가서
청구금액	90,520,547원	소 유 자 김○○	› 집합등기신청 › 건축물(일반)
채권총액	208,087,990원	채 무 자 김○○	› 전입세대열람 › 법원기본내역
경매구분	강제경매	채 권 자 문○○	› 매각물건명세서
물건번호	1 [배당]		› 현황조사서

물건사진 더보기 ⌄

**권리분석
포인트**

중복경매 물건, 선순위임차인 전액 배당 가능, 추가인수 ✕

법원 매각물건명세서에 보면 **❶** 선순위임차인 문○○가 보증금 8,000만원을 돌려받기 위해 경매를 신청했는데 등기부를 보니 **❷** 2022년 7월 20일 김○○가 강제경매 신청을 해서 진행된 중복경매 사건이다.

주의사항 문건접수/송달내역 매각물건명세서

대법원공고	[매각물건명세서] <등기부상의 권리 또는 가처분으로 매각허가에 의해 그 효력이 소멸되지 않는 것> • 매수인에게 대항할 수 있는 을구 순위 10번 임차권등기(2020. 5. 15. 등기) 있음(임대차보증금 80,000,000원, 전입일 2016. 10. 7., 확정일자 2016. 11. 30.). 배당에서 보증금이 전액 변제되지 아니하면 잔액을 매수인이 인수함 <비고> ① • 문[redacted] : 경매신청채권자이며, 서울중앙지방법원 임차권등기명령(2020카임30113) 있음. <비고란> ⑥ • 집합건축물대장(갑)상 위반건축물로 등재되어 있음.
중 복/병 합	2022-2279(중복)
관 련 사 건	서울중앙지방법원 2020가단5242495 '판결정본' 내용보기 사건검색

임차인현황 (물건상담 [redacted]) 현황조사서 매각물건명세서 수익률계산기

임차인	선순위대항력	보증금/차임	낙찰자 인수여부	점유부분	비고
④ 문OO	전입 : 2016-10-07 (有) 확정 : 2016-11-30 배당 : 2020-05-15	보증 : 80,000,000원	배당액 : 80,000,000원 미배당 : 0원 인수액 : 없음		임차권등기자 소액임차인 (기준일:2021.11.10)
총보증금 : 0 / 총월세 : 0원					

(말소기준권리일:2019-11-18, 소액임차기준일:2021-11-10, 배당요구종기일:2022-01-24)

❸ 말소기준권리는 2019년 11월 18일 김○○의 가압류이며 ❹ 임차인 문○○가 2016년 10월 7일 전입신고를 했기 때문에 선순위임차인이다. 따라서 낙찰가에서 선순위임차인의 보증금을 먼저 주고 나머지 금액을 채권자들이 배당받는다.

집합건물등기부등본 집합등기신청

접수일	등기구분		등기권리자	금액	비고
2008-05-01	소유권이전		김OO	61,000,000	전소유자:배[redacted] 매매(2008.04.10)
③ 2019-11-18	가압류	말소	김OO	115,000,000	**말소기준권리** 서울중앙지법 2019카단819790
2020-04-03	가압류	말소	케OOOOOOOOOOO	13,087,990	서울남부지법 2020카단569
2020-05-15	임차권	말소	문OO	80,000,000	(전입:2016.10.07 확정:2016.11.30)
2021-11-02	압류	말소	관OO		
2021-11-10	강제경매	말소	문OO	청구금액 90,520,547	2021타경110173
② 2022-07-20	강제경매	말소	김OO		2022타경2279 **변동내역추가**

(등기부채권총액 : 208,087,990 / 열람일 : 2022.09.20) **최종등기변동확인** **가압류말소, 강제경매개시결정 2022.12.13**
본 물건은 **2022년 9월 20일 등기변동이 확인** 된 경매물건 입니다. 등기변동사항이 **근저당 말소 등기의 경우 대위변제 가능성**이 있을 수도 있으며, **압류일 경우 예상배당표 순위에 영향**이 있을 수 있으므로 **등기권리 및 예상배당표**를 확인하시고 입찰에 임해주시기 바랍니다.

❺ 2022년 12월 15일 3차 매각으로 100,460,000원에 낙찰되었으며 선순위임차인 문○○에게 보증금 80,000,000원 전액 배당이 가능해 보인다. 따라서 낙찰자에게 추가인수되는 보증금이 없다.

◐기일내역

기일종류	기일	상태	최저매각가격(%)	경과일
입찰변경	2023.03.22	배당		506일
납부일	2023.02.10	납부		466일
허가일	2022.12.22	허가		416일
3차매각	2022.12.15	낙찰	93,440,000원(64%) 100,460,000원 (68.81%) 홍O / 응찰 1명 2위 응찰가 97,820,709 원	409일
2차매각	2022.11.10	유찰	116,800,000원(80%)	374일
1차매각	2022.10.06	유찰	146,000,000원(100%)	339일

결론

위반건축물 여부 파악이 입찰을 결정한다

여기서 다시 앞의 매각물건명세서 내용으로 돌아가서 ❻ '집합건물대장㈜상 위반건축물로 등재되어 있음'이란 문구를 살펴보자. 위반건축물의 경우 원상복구 전까지 매년 이행강제금이 부과되므로 입찰의 걸림돌이 된다.

그렇다고 포기해버리기엔 뭔가 아쉽다. 이럴 땐 확인 차원에서 건축물대장 뒷장을 읽어봐야 한다. ❼ 만약 해당 호수 508호에 위법부분이 없으면 위반건축물이 아니다. 만약 위반건축물이라면 집합건물 건축물대장 표제부 오른쪽에 노란색 위반건축물이라는 마크가 찍혀 있을 것이다. 건축물대장 표제부는 건물전체에 대한 부분을 보여주는 것으로 변동사항 변동내용 및 원인에 위법부분이 표시된다. 508호 해당호수에 위법 부분이 표시되지 않았기에 위반건축물이 아니다. 이렇게 확인하면 입찰해도 무방할 것이다.

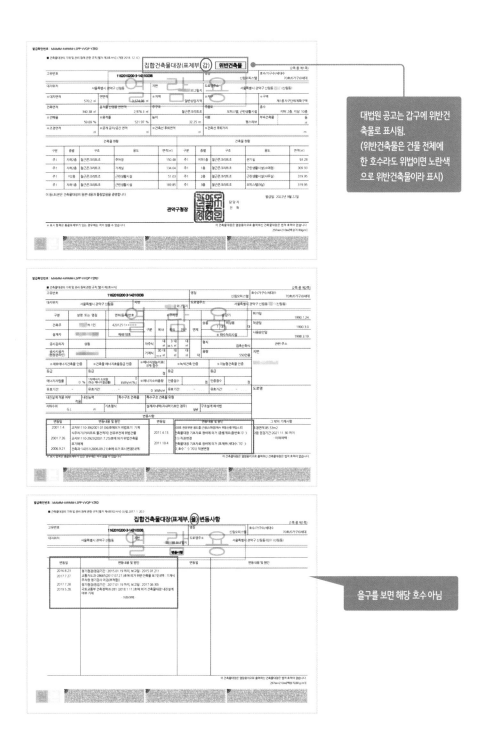

대법원 공고는 갑구에 위반건
축물로 표시됨.
(위반건축물은 건물 전체에
한 호수라도 위법이면 노란색
으로 위반건축물이라 표시)

을구를 보면 해당 호수 아님

57 서울 영등포구 당산동3가 더파크 오피스텔

(ft. 국민건강보험공단 24억원 가압류가 페이크)

경공매가이드

관심등록 화면인쇄 창닫기 X

[당산동3가 - 오피스텔]	남부9계 2022-102403(1)	등기신청클릭하면
	법원 조회수 : 당일조회 누적조회 관심등록	등기부실시간발급
	낙찰일 이후 누적조회수 29	(발급비용무료)

○ 기본정보 경매9계(☎02-2192-1339)

법원기본내역 법원안내 [-] 글자크기 [+]

소재지	[목록1] 서울 영등포구 당산동3가 558-3 더파크365 ▨▨ ▨▨ [선유동1로 50] Ⓝ지도 Ⓓ지도 도로명주소				대법원사이트 바로가기
용도(기타)	오피스텔 (-)	토지면적	14.5㎡ (4.39평)		› 개별공시지가
감 정 가	418,000,000원	건물면적	58.84㎡ (17.8평)		› 오피스텔실거래가
최 저 가	(100%) 418,000,000원	제 시 외	0㎡		› 수익률계산기
낙찰 / 응찰	430,000,000원 / 1명	대 상	건물전부, 토지전부		› 물건사진 › 다음지도
청구금액	310,000,000원	소 유 자	이OO		› 감정평가서
채권총액	2,480,600,000원	채 무 자	이OO		› 집합등기신청 › 건축물(표제)
경매구분	강제경매	채 권 자	김OO		› 건축물(전유)
물건번호	1 [배당]				› 전입세대열람 › 법원기본내역 › 매각물건명세서 › 현황조사서

물건사진 더보기 ∨

권리분석
포인트

선순위임차인 전액 배당 가능, 추가인수 X

이 물건의 경우 등기부를 보니 ❶ 말소기준권리일은 2020년 2월 27일 국민연금 공단의 가압류 24억여원이다. 금액만 보고 경매초심자들은 입찰을 포기해야 하는 게 아닌지 묻는다. 하지만 앞에서 살펴봤듯이 채권자의 빚이 얼마든 경매에서 낙찰자는 신경 쓸 필요가 없다.

❷ 임차인 김ㅇㅇ는 2019년 9월 20일 전입하여 선순위임차인이다. 경매신청은 선순위임차인 김ㅇㅇ가 했고 배당요구 종기일 내에 배당요구도 했다. 사실 경매를 신청한 것만큼 강력한 배당요구의 표현이 있을까? 이 임차인이 만약 배당요구를 안 했어도 경매신청 채권자라 배당요구 한 것으로 간주되어 배당에 참여할 수 있다. 타인이 신청한 경매사건에서 선순위임차인이 배당요구종기일 내에 배당요구를 안 하면 남은 계약 기간+보증금 전액은 낙찰자에게 인수된다. 원래는 경매신청 채권자가 배당요구를 중복으로 안 해도 되지만 보통은 배당요구를 하는 편이다.

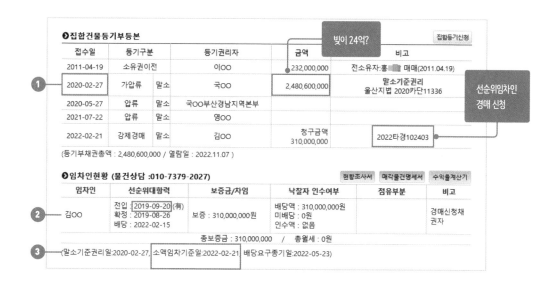

일반적으로 소액임차기준일은 최초담보물권(근저당권, 담보가등기) 설정일인데 이 물건은 가압류와 압류뿐이다. 담보로 대출받은 적이 없어서 담보물권이 설정된 적이 없기 때문이다. 이렇게 담보물권이 설정되지 않은 부동산의 소액임차기준일은 배당기일이 현재 경매사건의 '개시결정일'이 된다. ❸ 그래서 2022년 2월 21일 경매 개시결정일을 기준으로 표시한 것이다.

❹ 낙찰가는 430,000,000원이라 전액 배당이 가능해 보인다. 여기까지만 보면

낙찰자에게 인수되는 권리(등기에 말소 안 되고 인수되는 권리)나 보증금(물어줄 보증금)은 없다.

❶진행내역

기일종류	기일	접수일~
배당종기	2022.05.23	98일
감정기일	2022.02.28	14일
❸ 개시결정	2022.02.21	7일
등기기입	2022.02.15	1일

❶기일내역

기일종류	기일	상태	최저매각가격(%)	경과일
입찰변경	2023.02.22	배당		373일
납부일	2023.01.02	납부		322일
허가일	2022.12.14	허가		303일
1차매각	2022.12.07	낙찰	418,000,000원(100%) 430,000,000원 (102.87%) 주○○○○○ / 응찰 1명	296일

❹

결론

체납세금과 채권은 낙찰자에게 인수되지 않는다!

다시 한번 말하지만 채권은 빚을 진 사람을 따라다니지 낙찰자를 따라다니지 않는다. 가압류가 24억원이든 240억원이든 낙찰자는 신경 쓸 필요 없다. 왜냐하면 경매는 매각으로 전부 소멸되기 때문이다. 이 물건을 일반매매로 사려면 등기채권총액이 24억원이 넘어 아무도 살 수가 없다. 경매로밖에는 해결이 안 되는 물건이다. 체납세금과 채권은 낙찰자에게 인수되지 않고 선순위임차인의 보증금이 낙찰가로 충분히 배당받을 수 있다면 입찰을 두려워하지 않아도 된다.

이 물건은 1차 매각 때 단독으로 입찰하여 감정가의 102.87%에 낙찰되었다

이 오피스텔은 2023년 기준으로 매물은 하나도 없고 전세는 3억4,000만원이다. 매물이 없다보니 1차에 감정가보다 높게 낙찰받아 간 것으로 보인다. 낙찰가에서 경락대출, 취등록세를 빼면 실투자금은 약 1억2,000만원이다. ❺ 경공매가이드 메인화면에서 '수익률계산기'를 선택하면 결과 화면이 나타난다.

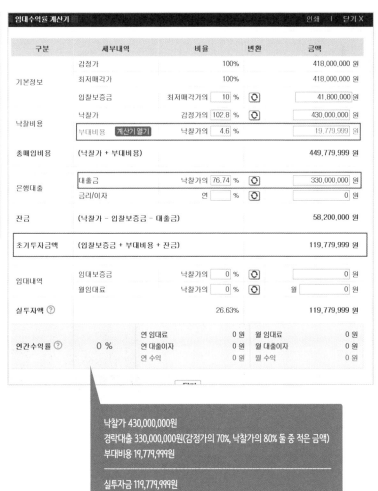

낙찰가 430,000,000원
경락대출 330,000,000원(감정가의 70%, 낙찰가의 80% 둘 중 적은 금액)
부대비용 19,779,999원
─────────────────────────
실투자금 119,779,999원

58 서울 강서구 마곡동 세종보타닉1차 오피스텔
(ft. 확정일자가 말소기준권리보다 빠른 임차인)

경공매가이드

관심등록 화면인쇄 창닫기×

[마곡동 - 오피스텔]	남부11계 2022-100940(1)	등기신청클릭하면
	법원 조회수 : 당일조회 누적조회 관심등록	등기부실시간발급
	낙찰일 이후 누적조회수 24	(발급비용무료)

▶기본정보 경매11계(☎02-2192-1302)

법원기본내역 법원안내 [-] 글자크기 [+]

소재지	[목록1] 서울 강서구 마곡동 12-2 세종보타닉1차 ▩▩▩▩▩▩▩▩ [양천로47나길 17] N지도 D지도 도로명주소	대법원사이트 바로가기
용도(기타)	오피스텔 (-)	토지면적	11.9m² (3.6평)	▸개별공시지가
감정가	257,000,000원	건물면적	29.98m² (9.07평)	▸오피스텔실거래가
최저가	(100%) 257,000,000원	제시외	0m²	▸수익률계산기
낙찰 / 응찰	260,000,000원 / 1명	대 상	건물전부, 토지전부	▸물건사진 ▸다음지도
청구금액	234,111,848원	소유자	김OO	▸감정평가서
채권총액	44,306,218원	채무자	김OO	▸집합등기신청 ▸건축물(표제)
경매구분	강제경매	채권자	이OO	▸건축물(전유) ▸전입세대열람
물건번호	1 [배당]			▸법원기본내역 ▸매각물건명세서

③

물건사진 더보기 ⌄

권리분석 포인트 — 임차인의 확정일자와 전입일자가 다르다?

등기부에서 이 물건의 말소기준권리를 확인해보니 ❶ 2020년 12월 2일 하○○ 여신관리부의 가압류다. 말소기준권리 이하 가압류, 압류, 강제경매 등의 내용이 등기부에 설정되어 있지만 담보물권 설정은 된 적이 없다.

④ 소액의 빚

❶집합건물등기부등본

집합등기신청

접수일	등기구분		등기권리자	금액	비고
2020-02-10	소유권이전		김OO	251,000,000	전소유자:송길순외1 매매(2019.12.10)
2020-12-02	가압류	말소	하OO여신관리부	44,306,218	말소기준권리 서울중앙지법 2020카단821086
2021-03-03	압류	말소	강OO		
2021-08-20	압류	말소	국OO강서지사		
2022-01-18	강제경매	말소	이OO	청구금액 234,111,848	2022타경100940

(등기부채권총액 : 44,306,218 / 열람일 : 2022.10.14)

❷ 임차인의 전입일자는 2021년 8월 17일이고 확정일자는 2020년 2월 10일이다. 확정일자는 말소기준권리일보다 빠르지만 전입일자가 늦다. 이 물건의 임차인은 말소기준권리일보다 전입신고일이 늦어 대항력이 없다. 보증금도 2억3,000만원이라 소액임차인이 아니어서 최우선변제 못 받는다.

❷임차인현황 (물건상담 :010-7379-2027)

현황조사서　매각물건명세서　수익률계산기

임차인	선순위대항력	보증금/차임	낙찰자 인수여부	점유부분	비고
이OO	전입 : 2021-08-17 (無) 확정 : 2020-02-10 배당 : 2022-02-11	보증 : 230,000,000원	배당액 : 215,120,000원 미배당 : 14,880,000원 인수액 : 없음		경매신청채 권자
	총보증금 : 230,000,000 / 총월세 : 0원				

(말소기준권리일:20□□-12-02, 소액임차기준일:2022-01-18, 배당요구종기일:2022-04-20)

최우선변제는 전입신고, 배당순위는 확정일자로 구분

결론

대항력이 없는 임차인, 방어입찰이 대안

최우선변제는 전입신고로 결정되고 배당순위는 확정일자로 구분된다. 이 임차인은 보증금 액수가 커서 소액임대차 최우선변제를 못 받아서 방어입찰에 참가한

• 소액임차기준일 2022년 1월 18일, 서울 소액임대차 최우선변제조건은 보증금 1억5,000만원 이하일 때 5,000만원 최우선변제를 해준다. 이 경우 보증금이 230,000,000원이어서 한도초과 계약으로 소액임차인 해당 사항이 아니다.

것으로 보인다. 이 사건 맨 앞 기본정보에서 ❸ 낙찰가는 260,000,000원이고 ❹ 이 임차인은 보증금액이 커서 소액임대차 최우선변제를 못 받지만 배당순위 확정일자가 가압류보다 빨라서 215,120,000원 정도로 배당받는다. 자신의 보증금과 비교하면 14,880,000원을 손해본 셈이지만 현재 이 오피스텔의 매매가가 2억6,000만원 전세가가 2억1,000만원이다. 시세에 맞게 되팔아서 보증금을 회수하면 될 것이다.

| 법 원 | 서울남부지방법원 11계 | 사건번호 | 2022타경 100940 | 소 재 지 | 서울 강서구 마곡동 12-2 세종보타닉1차 |

2022.02.11	배당요구권자 이○○ 권리신고 및 배당요구신청서(주택임대차) 제출	
2022.02.11	배당요구권자 이○○ 배당요구신청 제출	
2022.02.11	채권자 소송대리인 김○○ 공시송달 신청서 제출	
2022.02.11	채권자 소송대리인 김○○ 채무자 김혜진 주민등록표초본 제출	
2022.02.22	채권자 소송대리인 김○○ 주소보정서(김○○) 제출	
2022.02.22	압류권자 국○○○○○○○ ○○○○ 교부청구서 제출	
2022.03.23	채권자 소송대리인 김○○ 공시송달신청서 제출	
2022.04.13	배당요구권자 하○○○ 배당요구신청 제출	
2022.04.14	압류권자 서○○○○ ○○○ 교부청구서 제출	
2022.04.19	채권자 소송대리인 김○○ 주소보정서(김○○) 제출	
2022.05.02	채권자 소송대리인 김○○ 공시송달 신청서 제출	
2022.05.04	채권자 소송대리인 김○○ 공시송달 신청서 제출	
2022.11.04	채권자 이○○ 열람및복사신청 제출	
2022.11.24	채권자 이○○ 상계신청서 제출	
2022.11.24	집행관 박○○ 기일입찰조서 제출	
2022.12.16	이해관계인 소송수행자 김○○ 교부청구서 제출	
2022.12.20	배당요구권자 하○○ ○○○○ 채권계산서 제출	
2022.12.20	교부권자 국○○○○○○○ ○○○○ 교부청구서 제출	
2023.01.12	교부권자 서○○○○ ○○○ 교부청구서 제출	
2023.01.16	가압류권자 주○○○ ○○○○ 채권계산서 제출	
2023.01.18	최고가매수신고인 매각대금완납증명	
2023.01.20	최고가매수인 부동산소유권이전등기촉탁신청서 제출	

임차인이 방어입찰 후 낙찰받고 배당 과정에서 상계처리한 내역이 남아 있다.

전세 사기 피해자가 낙찰받으면 청약 시 무주택자 간주

전세 사기 피해자 구제차원에서 불가피하게 임차주택을 낙찰받은 임차인은 아파트 청약신청을 하면 무주택자로 간주된다. 낙찰을 받아도 청약에 도전할 수도 있고 해당 부동산을 담보로 경락대출을 받아서 다른 물건에 재투자해도 된다.

59 서울 송파구 신천동 롯데월드타워앤드롯데월드몰 오피스텔
(ft. 경매 & 공매 동시 진행 물건)

경공매가이드

관심등록 화면인쇄 창닫기 ✕

[신천동 - 오피스텔]	동부5계 2021-2046(1) 법원 조회수 : 당일조회 누적조회 관심등록 낙찰일 이후 누적조회수 100	등기신청클릭하면 등기부실시간발급 (발급비용무료)

❱ **기본정보** 경매5계(☎02-2204-2409)

법원기본내역 법원안내　－ 글자크기 ＋

					대법원사이트 바로가기
소재지	[목록1] 서울 송파구 신천동 29 롯데월드타워앤드롯데월드몰 월드타워동 [블라인드] [올림픽로 300] N지도 D지도 도로명주소				▸개별공시지가 ▸오피스텔실거래가 ▸수익률계산기 ▸물건사진 ▸다음지도 ▸감정평가서 ▸집합등기신청 ▸토지등기신청 ▸건축물(표제) ▸건축물(전유) ▸전입세대열람 ▸법원기본내역 ▸매각물건명세서
용도(기타)	오피스텔 (-)	토지면적	67.3m² (20.36평)		
감정가	8,990,000,000원	건물면적	244.94m² (74.09평)		
최저가	(100%) 8,990,000,000원	제시외	0m²		
낙찰 / 응찰	9,460,229,445원 / 1명	대상	건물전부, 토지전부		
청구금액	7,645,016,251원	소유자	주OOOOOOO		
채권총액	10,587,100,000원	채무자	주OOOOOOOOOO		
경매구분	임의경매	채권자	우OOO		
물건번호	1 [배당]			물건사진 더보기 ⌄	

권리분석 포인트 — 토지거래허가구역 경매물건, 자금출처 소명할 필요 X

　이 물건은 주택거래허가구역 내 물건이지만 경매로 낙찰받은 경우에는 주택거래허가와 자금출처 소명과정을 할 필요가 없다. 이 물건의 법원 매각물건명세서에 ❶ 대지권 별도등기 있으며 공매절차가 진행 중이라고 공고가 떴다.

대법원공고	[매각물건명세서] <등기부상의 권리 또는 가처분으로 매각허가에 의해 그 효력이 소멸되지 않는 것> • 토지등기사항 증명서 상 을구 순위번호 1번 지상권설정등기(1993. 8. 5. 제92257호), 을구 순위번호 2번 임차권설정등기(2010. 5. 6. 제25138호), 을구 순위번호 3번 구분지상권설정등기(2014. 6. 11. 제37413호), 을구 순위번호 4번 구분지상권설정등기(2014. 6. 11. 제37415호), 을구 순위번호 5번 구분지상권설정등기(2014. 6. 16. 제38404호)는 말소되지 않고 매수인에게 인수됨. <비고> • 한국전력공사 : 한국전력공사는 토지에 대한 임차권자로 임차권설정등기일자는 2010. 5. 6.임. <비고란> ❶ • 대지권 별도등기 있음. 　• 공매절차 진행중.
중 복/병 합	2021-55286(중복)

결론

지하철 근처 대지권(토지) 별도등기는 큰 문제 X

이 물건의 포인트는 대지권(토지) 별도등기*부터 보자. 지하철역 근처 부동산에 대지권 별도등기가 달려 있다면 크게 걱정하지 않아도 된다. 지하철 2, 8호선 잠실역에서 통로 연결을 위해 토지 별도등기가 설정되어 있기 때문이다. 이건 인수되어도 소유권 취득, 사용수익 매도하는 데 아무 지장이 없다.

집합건물은 등기부등본 하나에 토지와 건물에 대한 부분을 표시한다. 그런데 토지에 별도등기가 있으니 토지 등기부등본을 별도로 발급받아보라는 것이 '토지 별도등기'이다. 집합건물이 지어지기 이전 토지 상태일 때 등기부등본에 설정된 권리 중 인수되는 권리는 없는지 체크하라는 뜻이다. 역세권의 아파트와 오피스텔은 토지 별도등기가 있어도 지하철 출입구 환풍구 때문에 토지에 별도등기를 해놓는 것이기에 역에서 가까울수록 토지 별도등기가 되어 있다. 토지 별도등기가 있는 물건은 법원의 특별매각조건을 보자. 만약 특별히 인수된다는 주의사항이 없으면 낙찰받는 데 전혀 문제가 없다. 오히려 초역세권에 위치해 있다는 뜻이다.

---

* 　별도등기 아파트 사례는 214쪽 참고

공매와 경매 동시 진행 물건은 대금납부 빨리 할 것!

공매 절차에 대해서도 살펴보자. 체납세금 강제징수 절차인 공매와 법원 경매가 동시진행하는 물건이 더러 있다. 앞서도 언급했듯이 이미 다른 채권자에 개시된 경매사건에 중복경매 신청이 가능하듯이 이미 공매가 진행 중인데도 경매에 부쳐질 수도 있다.

경매와 공매가 동시에 진행되는 경우 둘 중에 먼저 낙찰되어 대금을 납부하는 사람이 소유자가 되는데 공매의 진행 속도가 경매보다 훨씬 빨라 공매가 빨리 낙찰될 확률이 높다. (136쪽 경공매 절차도 참고) 낙찰만 받았다고 내 물건이 되는 것이 아니다. 대금을 내야 최종으로 내 것이 된다. 따라서 공매와 경매 동시진행 물건의 경우 대금납부 기한까지 기다리지 말고 빨리 대금을 납부하는 것이 좋다.

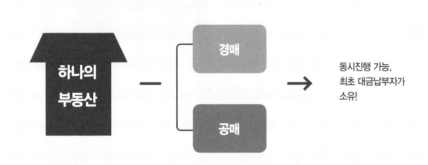

60

인천 남동구 논현동 부티크 오피스텔

(ft. 임차인 분석 5분 컷 - 3개 서류 확인법)

경공매가이드

관심등록 화면인쇄 창닫기 ✕

[논현동 - 오피스텔]	인천4계 2022-508273(1) 법원 조회수 : 당일조회 누적조회 관심등록 낙찰일 이후 누적조회수 19		등기신청클릭하면 등기부실시간발급 (발급비용무료)

❖기본정보 경매4계(☎032-860-1604)

법원기본내역 법원안내 - 글자크기 +

소재지	[목록1] 인천 남동구 논현동 646-1 부티크646 ▨▨▨ [논현로26번길 12] ☒지도 ☒지도 도로명주소				대법원사이트 바로가기
용도(기타)	오피스텔 (-)	토지면적	10.9m² (3.3평)		› 개별공시지가
감 정 가	104,000,000원	건물면적	45.8m² (13.85평)		› 오피스텔실거래가
최 저 가	(70%) 72,800,000원	제 시 외	0m²		› 수익률계산기
낙찰 / 용찰	105,110,000원 / 27명	대 상	건물전부, 토지전부		› 물건사진 › 다음지도
청구금액	96,004,468원	소 유 자	윤○○		› 감정평가서
채권총액	270,450,000원	채 무 자	윤○○		› 집합등기신청 › 건축물(표제)
경매구분	임의경매	채 권 자	광○○○		› 건축물(전유) › 전입세대열람
물건번호	1 [배당]		물건사진 더보기 ∨		› 법원기본내역 › 매각물건명세서

권리분석
포인트

임차권등기 – 전입세대 열람원에 전입세대가 없어도 안심하지 말 것!

❶ 대법원 매각물건명세서를 보면 '임차권설정등기'가 2021년 8월 30일 있다고
주의를 주고 있다.

❖주의사항

문건접수/송달내역 매각물건명세서

대법원공고	[매각물건명세서] <비고> • 홍▨▨ :-홍▨▨은 임차권등기권자로서 임차권설정등기 일자는 2021.08.30.자 임. ──❶ <비고란> • 본건 세대출입문 및 세대우편함이 각 611A호 및 611B호로 분리되어 있음.

❷ 전입세대 열람원에는 '전입 없음'으로 떴다. 하지만 이것만 보고 임차인이 없다고 생각하면 안 된다. 매번 임차인 분석은 만전을 기해야 한다.

임차인 분석을 위해 등기부등본도 같이 봐야 한다. '전입 없음'으로 떠도 임차권등기가 존재할지도 모르기 때문이다. 임차권은 세입자가 보증금을 돌려받지 못한 상태에서 이사 가야 하는 경우 등기부등본에 계약내용을 공시한다. ❸ 2021년 8월 30일 홍○○ 임차권(전입 : 2019년 8월 13일/확정일자 : 2021년 1월 21일) 80,000,000원이 있으며 ❹ 2019년 2월 19일 말소기준권리보다 전입일자가 6개월이 늦다. 후순위임차인이어서 보증금 전액을 배당받지 못하고 이 임차권은 임차권자의 동의서류 없이도 낙찰자의 촉탁신청으로 말소된다.*

---

* 선순위임차권은 전액배당을 받지 못한 경우 낙찰자가 말소신청을 해도 등기과에서 안 받아준다.

최우선변제 대상인 후순위임차인

그다음 순서를 다시 반복해보자. ❹ 최초담보물권 설정일인 2019년 2월 19일 말소기준으로 봤을 때 인천광역시 소액임대차보증금은 1억원 이하일 때 최우선변제금은 3,400만원이다. 이 임차인의 보증금은 80,000,000원으로 소액임차인에 해당된다.

❺ 경공매가이드 메인 화면에서 → 문건접수/송달을 선택해보자. 그러면 ❻ 임차인 홍○○ 배당금교부신청을 제출했다고 나온다. ❼ 홍○○는 첫 경매 개시결정(2022년 4월 7일) 이전에 임차권등기(2021년 8월 30일)해놓았으므로 배당요구를 하지 않아도 배당받는 당연 배당권자다. 이제 이런 말 정도는 술술 이해가 되지 않는가? 이제 여러분은 아는 만큼 경매 정보가 보이기 시작하는 것이다. 이 단계를 거치면 권리분석이 능수능란해진다. 더 힘을 집중해보자.

이 오피스텔 감정가는 104,000,000원인데 임차인이 전세 들어오기 6개월 전에 이미 근저당권 118,450,000원 채권최고액이 설정되어 있었다. 즉, 이 부동산은 전

세 80,000,000원 임차인을 들이는 순간 채무초과 부동산이 되어버렸다. 결국 후순위임차인은 보증금이 손해 나도 낙찰자에게 요구할 수 없으며 임차권은 매각으로 소멸이 된다.

결론
임차인 분석 시 3개 서류 크로스체크
❶ 등기부등본 + ❷ 전입세대 열람원 + ❸ 임대차관계조사서

토지 경매는 임대차가 없어 임차인 분석할 일이 없다. 하지만 건물이 있는 경우에는 이 과정을 무한반복하는 것이 법원경매 권리분석의 기초다. 다음과 같은 순서로 몇 번만 반복하다보면 임차인 분석은 몇 분 만에 끝나게 된다.

1. 등기부를 확인해보니 임차권이 있다. 임차권의 등기내용을 보고 말소기준권리일과 전입일자를 비교해본다. 2. 임차권등기된 부동산은 전입세대 열람원에 전입된 세대가 없다. 전입세대 열람원만 보고 임차인이 없을 것이라고 섣불리 판단하면 안 된다. 3. 전입세대 열람원에는 실명이 안 나오니 법원이 제공하는 임대차관계조사서에 있는 실명과 비교해본다.

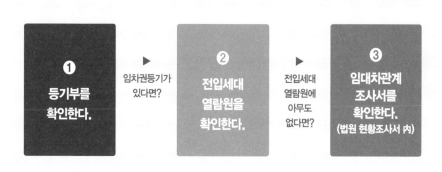

인천 부평구 부평동 센트럴빌 오피스텔

(ft. 지분 물건처럼 보이는 게 페이크)

경공매가이드

관심등록 | 화면인쇄 | 창닫기✕

| [부평동 - 오피스텔] | **인천26계 2022-3105(1)**
법원 조회수 : 당일조회 누적조회 관심등록
낙찰일 이후 누적조회수 51 | 등기신청클릭하면
등기부실시간발급
(발급비용무료) |

● 기본정보 경매26계(☎032-860-1626)

법원기본내역 | 법원안내 | - | 글자크기 | +

소재지	[목록1] 인천 부평구 부평동 482-5 센트럴빌 ■■■■■ [부일로19번길 23] ⓝ지도 ⓓ지도 도로명주소			
용도(기타)	오피스텔 (-)	토지면적	11.2㎡ (3.39평)	
감 정 가	274,000,000원	건물면적	76.3㎡ (23.08평)	
최 저 가	(49%) 134,260,000원	제 시 외	0㎡	
낙찰 / 응찰	192,561,100원 ❸ ○명	대 상	건물전부, 토지전부	
청구금액	160,619,045원	소 유 자	유○○○○	
채권총액	205,830,183원	채 무 자	유○○	
경매구분	임의경매	채 권 자	농○○○	
물건번호	1 [배당]			

물건사진 더보기 ∨

대법원사이트 바로가기
- 개별공시지가
- 오피스텔실거래가
- 수익률계산기
- 물건사진
- 다음지도
- 감정평가서
- 집합등기신청
- 건축물(표제)
- 건축물(전유)
- 전입세대열람
- 법원기본내역
- 매각물건명세서

 권리분석 포인트

지분 부동산 여부는 매각대상 + 감정평가서에서 최종 확인!!

이 물건의 등기부를 보면 ❶ 2016년 7월 13일 농협 근저당권이 말소기준권리이며 ❷ 그 뒤로 유○○ 지분에 가압류가 걸려 있음을 확인할 수 있다. ˚❸ 매각대상

• 대부분 경매 사이트는 매각진행 중에는 실명을 표시하고 낙찰되어 배당절차 종료 종국 처리된 부동산은 김○○, 이○○처럼 블라인드 처리를 한다. 이 책에서는 개인 신상 보호를 위해 일부 정보는 가렸다.
'유○○○○○' → '유○○지분'으로 표시되었을 것이다.(회사명 X)

은 건물전부, 토지전부로 나와 있는데 소유자가 2명이다. 그러면 지분 매각인가? 아니다. 공유자 중 1명이 지분에 가압류를 했을 뿐이다. ❸ 기본정보를 다시 보자. 매각대상이 '건물전부, 토지전부'다. 여기만 눈여겨봐도 실수할 일은 줄어든다.

❖집합건물등기부등본   집합등기신청

접수일	등기구분		등기권리자	금액	비고
2016-07-13	소유권이전		유OOO	237,000,000	전소유자:방제현 매매(2016.07.02)
2016-07-13	근저당권	말소	농OO상동역지점	184,800,000	**말소기준권리**
2021-01-21	가압류	말소	신OO여신관리부	21,030,183	서울중앙지법 2021카단30270 유 종지분
2022-03-21	임의경매	말소	농OO안산여신관리단	청구금액 160,619,045	2022타경3105

(등기부채권총액 : 205,830,183 / 열람일 : 2022.08.02)

그리고 지분 물건 최종결정판은 감정평가서를 보면 된다. 경공매가이드 메인 화면에서 ❹ '감정평가서'와 ❺ 부동산표시목록에 지분일 경우 지분이라고 표시하니 염두에 두자. 이 물건의 경우 토지와 건물을 합산해서 평가했음을 알 수 있다. 지분 물건인지 아닌지 확인하는 순서는 한 번만 외워두면 두 번 다시 헷갈리지 않을 것이다.

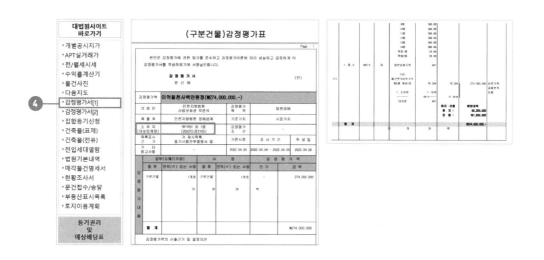

시중은행 대출은 공동소유자 담보로 대출 실시, 따라서 지분 X

이 물건은 농협은행 ○○역지점에서 토지 + 건물 전체를 임의경매 부친 것이다. 이렇게 보는 이유는 농협은행에서 담보대출을 해줄 때 공동소유자 모두가 담보제공을 하고 공동소유자 중 1인이 채무자가 되었기 때문이다. 이 물건은 주변 인프라가 잘 갖춰져 있고 오피스텔이라 주택수에 포함이 안 되고 대출도 잘 나와 23명이나 몰린 것으로 보인다. 이런 물건이 필요한 사람이라면 입찰해도 큰 문제가 없다.

아주 특별한 경우(만수르 또는 재벌)를 제외하고 시중은행이 지분만 담보로 제공받고 대출해주는 경우 거의 없다. 경매물건 진행 리스트를 검색해보자. 지분매각 물건은 헐값에 팔린다. 지분매각 물건의 채권자는 압류, 가압류가 대부분이다. 대출금 회수에 문제가 있는데 위험을 감수하고 누가 돈을 선뜻 빌려주겠는가? 담보대출을 못 받았으니 금융권 근저당이 설정되어 있을 리가 없다.

사건번호	소재지	용도 입찰일자	감정평가액 최저경매가 낙찰가	진행단계 (유찰)	물건등록
	[북부2계] 2022 타경 104563 (1) 강제경매 서울 성북구 정릉동 817-2 2층 201호 [건물 22.94㎡] [대지권 25.89㎡] 지분경매	연립 2023.05.17	94,710,000 60,614,000	유찰 (2회)	☐
	[북부2계] 2022 타경 106736 (1) 임의경매 서울 중랑구 망우동 477-26 외 1개 목록 [건물 188.23㎡] [토지 158.67㎡] 지분경매, 선순위임차인	단독주택 2023.05.17	1,105,309,900 948,248,000	유찰 (1회)	☐
	[중앙1계] 2021 타경 1606 (1) 형식경매 서울 종로구 청운동 144-3 외 1개 목록 [건물 12.9㎡] [제시외 10.56㎡] [토지 27㎡] 지분경매	근린상가 2023.05.16	380,043,000 304,034,000	유찰 (1회)	☐
	[북부1계] 2022 타경 106026 (1) 강제경매 서울 강북구 수유동 53-46 4층 401호 [건물 26.52㎡] [대지권 13.36㎡] 지분경매, 선순위임차인	다세대 2023.05.16	88,000,000 70,400,000	유찰 (1회)	☐
	[중앙1계] 2022 타경 109911 (1) 강제경매 서울 동작구 상도동 903 이편한세상도노빌리티 101동 1층 101호 [건물 53.8㎡] [대지권 31.18㎡] 지분경매	아파트 2023.05.16 (수정) (2021.03.15)	1,260,000,000 806,400,000 ▲ 1,320,000,000 ▼ 1,240,000,000	변경 (2회)	☐
	[중앙1계] 2022 타경 109911 (2) 강제경매 서울 동작구 상도동 903 이편한세상도노빌리티 106동 1층 101호 [건물 96.47㎡] [대지권 41.49㎡] 지분경매, 선순위임차인	아파트 2023.05.16 (수정) (2021.03.15)	1,540,000,000 985,600,000 ▲ 1,590,000,000 ▼ 1,475,000,000	유찰 (2회)	☐
	[동부3계] 2017 타경 51936 (1) 강제경매 서울 광진구 구의동 631-1 현대프라임아파트 유치원동 외 1개 목록 [건물 1186.36㎡] [제시외 68㎡] [토지 726.42㎡] 지분경매	어린이집 2023.05.15	9,909,422,646 3,247,119,000	유찰 (5회)	☐
	[동부3계] 2021 타경 55514 (1) 강제경매 서울 강동구 성내동 111-19 [토지 106㎡] 지분경매	도로 2023.05.15	595,720,000 244,007,000	유찰 (4회)	☐

> 지분매각 물건 리스트. 대부분 감정가가 낮고 유찰되어 헐값에 팔린다.

지분인 줄 모르고 낙찰받은 사람들 이야기

경매물건 주소를 보고 바로 감정가를 보면 '대박! 싸네?' 무릎을 치며 혼자 착각의 늪으로 빠진다. 지분인데 지분인 줄 모르고 낙찰받은 뒤 입찰보증금을 몰수당한 분들에게 왜 그랬는지 진심으로 궁금해서 물어봤다.

"이렇게 싼데 아무도 낙찰받지 않은 이유가 뭐지, 의심 가지 않았나요? 한 번이라도 크로스 체크해보지 그랬어요?"

"그땐 대박 물건을 발견한 것 같았어요. 꼭 낙찰받고 싶은 욕심에 물어보지 않았고요. 여기 저기 소문내면 경쟁자가 늘어날까봐서요."

물론 이런 환상은 낙찰받은 뒤 1주일 안에 산산조각이 난다. 경락대출을 알아보니 한결같이 되돌아오는 말은 다음과 같다.

"지분매각인데 모르고 받으셨어요? 이거 대출 안 나와요."

지분인지 아닌지 확인하는 것은 어렵지 않다. 그런데 왜 이렇게 어처구니없는 실수를 할까? 이분들은 먼저 경매 정보 보는 순서가 잘못됐고, 자신이 보고 싶은 것만 보는 습관을 가졌다. 이 책에 나온 순서대로 무한반복하며 경매 정보를 확인하자. 사실 대부분 사설 유료 경매 정보 사이트는 내용이 비슷하고 서로 배치만 다르다. 결국 사용자가 어떻게 활용하는지가 중요하다.

첫 책 <왕초보 부동산 경매왕>이 출간된 뒤 많은 독자들로부터 이메일을 받았다. 책을 읽고 4번 정독했다는 분이 집 주변 오피스텔이 마음에 들어 입찰하려 한다며 권리분석 요청을 부탁했다. 찬찬히 살펴봤더니 2분의 1 지분매각이었다. 장모님이 개업 공인중개사여서 두 분이 같이 임장도 갔다왔다는데….

수험생이 기출문제를 반복하여 풀어보고 오답률을 줄이듯 경매 공부도 마찬가지다. 다양한 입찰 사례를 접하고 순서대로 권리분석을 하고 문제점은 없는지 파악해서 입찰 여부를 판단하는 훈련을 해야 한다.

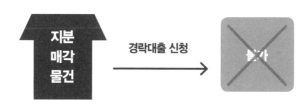

62

인천 미추홀구 주안동 13평 진복타운 오피스텔

(ft. 사건번호에 붙은 물건번호 1번은 빌라? 5번은 오피스텔?)

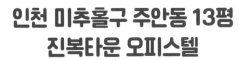

[주안동 - 오피스텔]	인천12계 2022-506512**(5)** 법원 조회수 : 당일조회 누적조회 관심등록 낙찰일 이후 누적조회수 36		등기신청클릭하면 등기부실시간발급 (발급비용무료)

🌐기본정보 경매12계(☎032-860-1612)

소재지	[목록5] 인천 미추홀구 주안동 203-1 진복타운 ███ ████ [경인로349번길 43] Ⓝ지도 Ⓓ지도 도로명주소		
용도(기타)	오피스텔 (-)	토지면적	8.8m² (2.66평)
감 정 가	148,000,000원	건물면적	45.44m² (13.74평)
최 저 가	(49%) 72,520,000원	제 시 외	0m²
낙찰 / 응찰	107,770,000원 / 20명	대 상	건물전부, 토지전부
청구금액	354,184,248원	소 유 자	주〇〇〇〇〇
채권총액	88,200,000원	채 무 자	주〇〇〇〇〇〇〇
경매구분	임의경매	채 권 자	열〇〇〇
물건번호	1 [배당] 2 [배당] 3 [배당] 4 [배당] 5 [배당] 6 [배당]		

사건번호 뒤에 붙은 괄호 안 물건번호 의미는?

　이 물건의 사건번호 뒤에 괄호 안 물건번호가 1~6번까지 있다. 검색해보면 다음과 같이 나온다. 빌라와 오피스텔까지 한 소유자의 물건 6개를 한 채권자가 신청하여 경매가 개시되었다. ❶ 이 물건((5)번 물건)의 청구금액은 88,200,000원이지만 ❷ (1)~(6)번 물건의 총 청구금액은 354,184,248원이다.

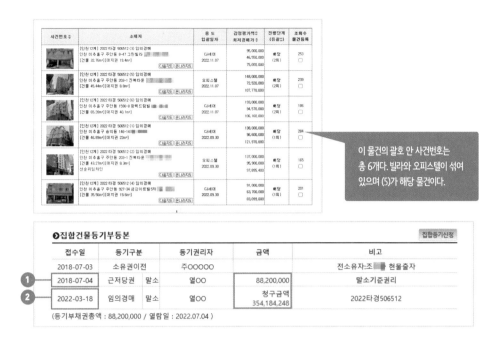

◆집합건물등기부등본

집합등기신청

접수일	등기구분		등기권리자	금액	비고
2018-07-03	소유권이전		주OOOOO		전소유자:조██ 현물출자
① 2018-07-04	근저당권	말소	열OO	88,200,000	말소기준권리
② 2022-03-18	임의경매	말소	열OO	청구금액 354,184,248	2022타경506512

(등기부채권총액 : 88,200,000 / 열람일 : 2022.07.04)

❸ 경공매가이드 메인 화면에서 → '현황조사서'를 선택한 후 ❹ '부동산현황 및 점유관계 조사서'를 보면 양이 많지만 다른 호수는 볼 필요 없고 해당 번호의 점유 관계만 보면 된다.

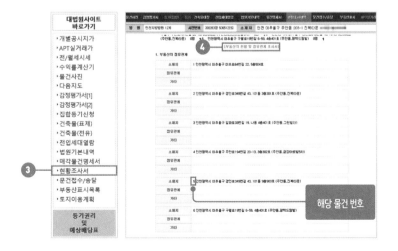

괄호 안 물건번호를 써야 해당 물건 입찰 인정!

이런 물건에 입찰할 때 알아둬야 할 것은 (5)번 물건에 입찰했으면 (5)번만 낙찰받을 수 있다. 입찰 당일 사건번호만 적어내고 뒤에 물건번호를 안 적어내면 어느 물건에 응찰했는지 확인이 안 되기 때문에 아무리 최고가를 써내어 낙찰되었더라도 결국 무효처리된다. 꼭 물건번호를 같이 적어야 한다.

개별경매 vs 일괄경매

이 경매는 개별경매다. 대지 1필지, 건물 1동 등 각각의 부동산에 대하여 개별적으로 감정하고 최저가를 정하여 입찰 부치는 개별경매가 법원경매의 원칙이다. 이 물건은 채권자 1명이 채무자 소유 부동산 6채를 각각 근저당권 설정한 뒤 담보권 실행에 의한 임의경매를 부쳤기 때문에 사건번호 뒤에 물건번호가 6개 붙었다. 각각의 물건번호마다 감정가가 다르고 임차인도 다르다. 물건 1번은 빌라인데 5번은 오피스텔이다. '1번 빌라가 낙찰되면 5번 오피스텔도 같이 소유권이 넘어오나요?'라고 질문하는 분들이 있는데 아니다. 자기가 낙찰받은 물건만 자기 것이 된다.

그렇다면 이 물건은 왜 한꺼번에 묶여서 나왔을까? 법원 재량에 따라 개별경매로 갈 것인지, 일괄경매로 갈 것인지 결정할 수 있는데 개별경매를 통해서 매각하는 경우 현저한 가치의 감소 등이 우려될 때 일괄경매로 간다. 예를 들자면 건물과 건물 사이에 도로까지 경매 부쳐졌는데 건물은 각각 낙찰되지만 중간에 낀 도로는 아무도 안 산다면? 현저한 가치의 감소가 예상된다. 이럴 때 한 덩어리로 묶어서 매각하는 것이 낫다고 판단되면 집행법원이 일괄경매로 진행한다.

후순위임차인 인수권리 X, 명도에만 집중!

이 물건의 경우 물건번호가 많지만 따로 신경 쓸 필요는 없다. 그리고 이 물건에는 후순위임차인이 있다. 후순위임차인은 여러 명이 있더라도 낙찰자가 신경 쓸 필요가 없다. 기일내역을 보니 2022년 11월 25일 납부를 했고 2023년 1월 30일 배당을 실시했다.

◉기일내역

기일종류	기일	상태	최저매각가격(%)	경과일
입찰변경	2023.01.30	배당		320일
납부일	2022.11.25	납부		254일
허가일	2022.11.14	허가		243일
3차매각	2022.11.07	낙찰	72,520,000원(49%) 107,770,000원 (72.82%) 주○○○○○ / 응찰 20명	236일

◉전입세대/관리비체납/관할주민센터　　　　전입세대 열람내역

전입세대	관리비 체납내역	관할주민센터
김** 2020.01.03 열람일 2022.07.05		▶ 관할주민센터 미추홀구 주안1동 ☎ 032-728-6331

후순위임차인

◉집합건물등기부등본　　　　집합등기신청

접수일	등기구분		등기권리자	금액	비고
2018-07-03	소유권이전		주○○○○○		전소유자:조▒▒ 현물출자
2018-07-04	근저당권	말소	열○○	88,200,000	말소기준권리
2022-03-18	임의경매	말소	열○○	청구금액 354,184,248	2022타경506512

말소기준권리

(등기부채권총액 : 88,200,000 / 열람일 : 2022.07.04)

◉임차인현황 (물건상담 :010-7379-2027)　　　현황조사서　매각물건명세서　수익률계산기

임차인	선순위대항력	보증금/차임	낙찰자 인수여부	점유부분	비고
김○○	전입 : 2020-01-03 (無) 확정 : - 배당 : -		배당액 : 미상 미배당 : 미상 인수액 : 없음		
		총보증금 : 0　/　총월세 : 0원			

(말소기준권리일:2018-07-04, 소액임차기준일:2018-07-04, 배당요구종기일:2022-07-22)

63

인천 남동구 구월동 노빌리안 오피스텔

(ft. 상속을 포기한 물건, 경매당하고 싶은 물건)

경공매가이드

관심등록 | 화면인쇄 | 닫기 ✕

[구월동 - 오피스텔]		인천2계 2021-18070(1) 법원 조회수 : 당일조회 누적조회 관심등록 낙찰일 이후 누적조회수 37		등기신청클릭하면 등기부실시간발급 (발급비용무료)

▶기본정보 경매2계(☎032-860-1602)

법원기본내역 | 법원안내 | - 글자크기 +

소재지	[목록1] 인천 남동구 구월동 1462-2 노빌리안1 ░░░░░, [인하로 497-28] Ⓝ지도 Ⓓ지도 도로명주소				대법원사이트 바로가기
용도(기타)	오피스텔 (-)	토지면적	7.2㎡ (2.18평)		▸개별공시지가
감 정 가	80,000,000원	건물면적	38.61㎡ (11.68평)		▸오피스텔실거래가
최 저 가	(70%) 56,000,000원	제 시 외	0㎡		▸수익률계산기
낙찰 / 응찰	74,994,300원 / 39명	대 상	건물전부, 토지전부		▸물건사진 ▸다음지도
청구금액	1,963,359원	소 유 자	차○○		▸감정평가서
채권총액	63,700,000원	채 무 자	차○○		▸집합등기신청 ▸건축물(전유)
경매구분	강제경매	채 권 자	김○○		▸전입세대열람

① — 청구금액
② — 채권총액

물건사진 더보기 ∨

▸법원기본내역
▸매각물건명세서

**권리분석
포인트**

경매신청 채권자의 신청금액 의미는?

이 물건은 ❶ 청구금액 1,963,359원이 표시된 강제경매 물건이다. 모든 채권자가 전부 경매신청을 하는 것은 아니지만 저렇게 채권자 중 1명이 경매를 신청하면 청구금액을 표시한다.

이 물건의 등기부를 보니 ❷ 채권총액은 63,700,000원이고 ❸ 김○○가 강제경매 신청한 사건이다. ❹ 2003년 4월 9일 농협의 근저당권이 말소기준권리이며 근저당권 설정 당시 2016년 11월 30일 차○○로 소유권이 이전되는데 그 이유는 상속되었기 때문이다. ❺ 임차인 노○○ 전입일자는 2021년 5월 6일이고 말소기준권리보다 늦어서 후순위다. 따라서 낙찰자가 따로 신경 쓸 필요는 없다.

◐전입세대/관리비체납/관할주민센터 전입세대 열람내역

전입세대	관리비 체납내역	관할주민센터
노** 2021.05.06 열람일 2022.08.12		▶관할주민센터 남동구 구월3동 ☎ 032-453-5260

◐집합건물등기부등본 집합등기신청

접수일	등기구분		등기권리자	금액	비고
❹ 2003-04-09	근저당권	말소	농○○주안지점	63,700,000	말소기준권리
2016-11-30	소유권이전		차○○		전소유자:차▓▓ 상속(2016.09.30)
❸ 2021-11-25	강제경매	말소	김○○	청구금액 1,963,359	2021타경18070
❷ (등기부채권총액 : 63,700,000 / 열람일 : 2022.08.10)					

◐임차인현황 (물건상담 :010-7379-2027) 현황조사서 매각물건명세서 수익률계산기

임차인	선순위대항력	보증금/차임	낙찰자 인수여부	점유부분	비고
❺ 노○○	전입 2021-05-06 (無) 확정 : - 배당 : 2022-01-26	보증 : 10,000,000원 차임 : 400,000원	배당액 : 10,000,000원 미배당 : 0원 인수액 : 없음		소액임차인 (기준 일:2003.04.09)
		총보증금 : 10,000,000 / 총월세 : 400,000원			

(말소기준권리일:2003-04-09, 소액임차기준일:2003-04-09, 배당요구종기일:2022-02-18)

그런데 생각해보자. 누가 200만원도 안되는 금액에 경매를 당할까? 200만원은 갚아버리면 그만인데 말이다. 하지만 권원®만 확실하면 청구금액이 아무리 소액이라고 하더라도 경매를 부칠 수 있다. 그 숨은 이유는 무엇일까?

＊ **권원** : 법률행위 또는 사실행위를 법률적으로 정당하게 하는 근거를 말한다.

200만원도 안되는 청구금액의 사연

경매물건 중에는 피치 못할 사정으로 누군가에게 낙찰되기를 기다리는 물건이 너무 많다. 이미 유주택자인데 주택을 상속받아 보유세 부담이 가중되자 멀쩡한 물건인데도 상속포기한 물건이 그 예다. 필자에게 누군가 경매를 왜 하는가? 라고 묻는다면 보석이 숨어 있는 부동산을 찾아내는 즐거움 때문이다. 실력만 뒷받침된다면 반값에도 살 수 있는 기회를 얻기 위해서다.

이 책을 보는 독자들 중에서도 가족, 지인이 경매를 당해 낙찰을 받고 싶어하는 분들이 있을 수 있다. 경매정보를 활용하면 인근 지역 평균낙찰가 등을 파악할 수 있고 이 정보를 토대로 입찰에 들어가면 낙찰될 확률이 올라간다.

---

* **입찰 참여자** : 109쪽에 입찰에 참여할 수 없는 사람들을 정리해놓았다. 소유자와 채무자의 가족은 그 대상이 아니다.

경기 안산시 단원구 성곡동
62평 타원타크라 지식산업센터
(ft. 지식산업센터 입주자격 확인 필수)

64

권리분석 포인트

지식산업센터 입주자격, 한국산업단지공단 경기지원센터에 문의!

먼저 법원 매각명세서 내용부터 확인해보자. ❶ 이 물건은 반월 국가산업단지 내에 위치하고 있는 지식산업센터(아파트형공장)다. 공단 내 지식산업센터는 관리비가 저렴한 편이지만 입주자격 제한이 있다. 반드시 입찰 전에 확인해야 한다.(한국산업단지공단 경기지원센터에 문의)

353

❷ '기계기구 목록상 수변전설비 및 부대전기 시설은 별도 시설이 아닌 전체 공용 수변전설비에서 호수별 공급받는 용량으로서 별도로 거래가 되지 않는 점 등을 감안하여 본건 구분건물에 포함하여 평가'했다는 말의 의미가 무엇일까? 중앙난방 아파트를 생각해보면 쉽게 이해할 수 있다. 각각의 호수마다 별도로 전기, 수도를 공급받는 시스템이 아니고 호수별로 공급받기 때문에 별도로 거래되지 않는 것이다. 감정평가서에 기계기구 감정은 포함되어 있지 않았다. 임장을 가서 내부에 고가의 기계기구가 보이더라도 매각대상이 아니다. 기계기구는 이동이 가능해 담보로 잡지 않기 때문에 경매에 부쳐져도 매각대상에서 제외된다.

등기부를 보니 말소기준권리는 ❸ 2020년 3월 13일 중소기업은행 근저당권으로 매각으로 전부 소멸된다. 채무자(소유자) 점유 물건으로 임대차를 준 임차인이 없는 물건이다.

주택수 포함 X 대출 잘 나오는 지식산업센터 월세 상품 적합

아파트형공장은 비주거시설이라 여러 채 보유해도 주택수에 포함되지 않고 경락대출*이 잘 나와 안정적인 월세를 받을 수 있는 지역에 있다면 꽤 인기가 있다. 이번 지식산업센터는 도심에 있어 교통이 편리한 데다 주차장에서 바로 엘리베이터까지 짐을 이동하기가 편리하게 지어졌다.

최근 인기를 끌고 있는 미니 창고, 짐 보관소 등의 업종은 아파트형공장 1층에 주로 입점한다. 미니 창고 프랜차이즈는 무인으로 운영되며 습도와 온도를 쾌적하게 유지해주고 해충으로부터 짐을 보호해주는 시설을 구비한 경우가 많다. 미니 창고는 사이즈별로 월 97,000~113,000원의 비용을 지불하면 사용이 가능하다. 계절이 바뀔 때 안 입는 옷가지나 둘 곳이 마땅치 않은 짐을 맡기기 편리해 앞으로 더 수요가 늘어날 것으로 예상한다.

원룸이나 고시원 임대사업은 임차인 이사가 잦고 주택은 라이프 사이클에 따라 임차인 이사가 잦다. 신혼 때 살던 집에서 아이가 태어나면 넓은 평수로 이사하거나 아이가 크면 학군을 따라 또는 직장을 따라 이사를 다니는 식이다. 하지만 사무실, 공장에 임대를 주면 회사가 문을 닫지 않는 한 빈번하게 이사 다니지 않기에 관리하기가 주택보다 수월하고, 회사 경리업무 담당자가 있기 때문에 월세도 따박따박 잘 부쳐준다. 지식산업센터 입지를 잘 선택하면 여러모로 관리하기 편하다.

창고 임대로
최근 각광받는
지식산업센터

---

* **비주거시설 경락대출** : 비주거시설은 감정가의 70% 낙찰가의 80% 둘 중 소액을 예상하면 무난하다.

경기 광명시 소하동
48평 에이스광명타워 지식산업센터
(ft. 다수의 사업자 임차인이 페이크)

권리분석 포인트

지식산업센터 임차인 사업자만 3군데?

등기부를 보자. ❶ 말소기준권리는 2013년 1월 8일 중소기업은행 근저당권으로 그 이하는 매각으로 전부 소멸된다.

❂집합건물등기부등본

접수일	등기구분		등기권리자	금액	비고
2012-09-20	소유권이전		주○○○○○○○○	408,280,000	전소유자:하이엔드타워십차(유) 매매(2012.08.31)
2013-01-08	근저당권	말소	중○○오류동지점	384,000,000	말소기준권리
2020-03-04	압류	말소	광○○		
2021-05-03	근저당권	말소	경○○광명지점	205,000,000	
2021-11-02	가압류	말소	송○○	13,500,000	광명시법원 2021카단139
2021-12-20	가압류	말소	중○○	50,361,489	진주지원 2021카단11702
2022-01-18	가압류	말소	중○○여신관리부	230,579,402	서울중앙지법 2022카단801042
2022-02-25	임의경매	말소	중○○여신관리부	청구금액 384,000,000	2022타경51907
2022-04-11	압류	말소	국○○광명지사		
2022-04-19	압류	말소	광○○		

(등기부채권총액 : 883,440,891 / 열람일 : 2022.10.19)

임차인현황을 보니 모두 말소기준권리보다 '사업', '전입'이 늦은 후순위임차인이다. ❷ 2군데 업체가 사업자등록이 되어 있고 ❸ 주거로 전입한 황○○도 있다. 아파트형 공장에서 사람이 살지는 않았겠지만 이렇게 주거로 전입하는 이유는 우편물을 송달받기 위해서 하는 경우가 가장 많다. 자기 사무실로 전입해놓고 우편물을 받는 사람이 더러 있다.

❂임차인현황 (물건상담 : ▓▓▓▓▓▓▓▓▓)

임차인	선순위대항력	보증금/차임	낙찰자 인수여부	점유부분	비고
주 ○○○○○○○○	사업 : 2014-08-20 (無) 확정 : - 배당 : -	보증 : 25,000,000원 차임 : 2,970,000원 환산 : 322,000,000원	배당액 : 0원 미배당 : 25,000,000원 인수액 : 없음		상가임차인 환산보증금 한도초과 (한도 : 250,000,000 원 이하)
주○○○	사업 : 2018-09-12 (無) 확정 : - 배당 : -		배당액 : 미상 미배당 : 미상 인수액 : 없음		상가임차인
황○○	전입 : 2021-02-01 (無) 확정 : - 배당 : -		배당액 : 미상 미배당 : 미상 인수액 : 없음		

총보증금 : 25,000,000 / 총월세 : 2,970,000원

(말소기준권리일:2013-01-08, 소액임차기준일:2013-01-08, 배당요구종기일:2022-05-16)

❶ 말소기준권리일은 소액임차기준일이며 이를 기준으로 봤을 때 2군데 사업자 임차인들은 환산보증금 초과 계약이라 최우선변제를 받지 못한다.* 이런 경우 경매로 매각되어도 배당을 못 받으니 아예 배당요구를 안 하고 월세도 미납하는 경우가 많다. 참고로 상가가 경매에 부쳐져서 보증금이 손해날까봐 월세를 안 냈다가는 경매가 취하된다. 그리고 월세를 3번 연체하면 임대차계약은 종료다. 경매를 취하시킨 주인이 명도소송하면 지게 되므로 채권총액, 취하 가능성 등을 염두에 두고 잘 판단해야 한다.

$$㉠ 보증금 25,000,000원 + ㉡ 월차임 2,970,000원 \times 100 = 322,000,000원$$

* 소액임차기준일 2013년 1월 8일(담보물권 설정일, 말소기준권리일), 경기도 광명시 환산보증금은 250,000,000원 이하
* ㉡ 임차인 모두 최우선변제 대상이 아니다.

> 후순위임차인은 배당요구하고 배당 못 받거나 배당요구 안 하나 결과는 마찬가지다.

상가 계약 때 환산보증금 한도로 안 하는 이유?

우리나라 월세 시세는 현실적으로 환산보증금 한도 안에 형성되어 있지 않다. 이 기준에 부합하려면 상가를 못 구한다. 대기업 프랜차이즈는 사업의 노하우를 전수해주지 않기 위해 본사 직영이 원칙이며 임대로 들어갈 경우에는 선순위로 사업자등록을 하거나 선순위전세권을 설정한 뒤 경공매로 부쳐지면 절대 배당요구 안 하는 것으로 자신들의 권리를 지키고 7년 끝나면 원상복구 해주고 나간다.

이런 대기업의 자세를 개인사업자들도 본받아야 한다. 상가에 후순위로 임대

---

* 사업자 환산보증금 계산 내역은 298쪽 참고

들어가서는 돈 들여 인테리어 해놓고, 어렵게 단골을 모아놨는데 상가 주인 잘못으로 경매로 넘어가면 오픈한 지 얼마 안 되었는데도 보증금＋인테리어 비용을 손해보고 나가야 한다.

결론 임차 사업자가 많아도 후순위라 상관없다!

이 물건의 임차인은 모두 후순위라 낙찰자가 신경 쓸 필요가 없다. 원하는 물건이라면 입찰에 들어가도 좋을 것이다.

경매는 채권자가 채무자 명의 부동산을 강제로 매각해달라고 법원에 신청한다. 빚잔치를 하고도 남으면 소유자에게도 배당해주는데 이를 배당잉여금이라고 한다. 참고로 배당금을 받는 임차인은 명도확인서가 있어야 하지만 배당잉여금을 받는 소유자는 명도확인서가 필요 없다.

주거용은 전입세대 열람원이 경매 정보 사이트에서 유료콘텐츠로 제공되고 필요하면 입찰 예상자가 직접 주민센터에 가서 경매물건이라는 것이 확인되면 전입세대 열람내역을 발급해준다. 참고로 상가는 상가임대차현황서가 아무나 열람이 안 되기 때문에 법원이 부동산점유관계조사서, 임대차관계조사서에 정보를 제공한다.

 상가 임차인의 유치권 신고에 대하여

상가 주인 건물이 경매에 넘어갔고, 임차인이 인테리어 공사를 했고 현재 점유하고 있으니 유치권 신고를 하면 성립될까? 임차인이 자신의 사업을 영위하기 위해 투자한 인테리어 공사비와 간판비용은 유치권으로 인정해주지 않는다. 오히려 계약기간 만기에 원상복구하고 나가야 할 의무가 있다.

인천 서구 가좌동 42평 지식산업센터
(ft. 연속 대금미납 물건 주의!)

경공매가이드

관심등록 화면인쇄 창닫기 ✕

[가좌동 - 아파트형공장]	인천21계 2021-502971(1)		등기신청클릭하면
	법원 조회수 : 당일조회 누적조회 관심등록		등기부실시간발급
	낙찰일 이후 누적조회수 12		(발급비용무료)

●기본정보 경매21계(☎032-860-1621)

법원기본내역 법원안내   − 글자크기 +

소재지	[목록1] 인천 서구 가좌동 602-36 에이동 [중봉대로198번길 33] N지도 D지도 도로명주소			대법원사이트 바로가기
용도(기타)	아파트형공장 (-)	토지면적	68.76m² (20.8평)	▸개별공시지가
감 정 가	116,000,000원	건물면적	141.91m² (42.93평)	▸수익률계산기
최 저 가	(24%) 27,852,000원	제 시 외	0m²	▸물건사진
낙찰 / 응찰	28,000,000원 / 2명	대 상	건물전부, 토지전부	▸다음지도 ▸감정평가서
청구금액	87,843,164원	소 유 자	이○○	▸집합등기신청 ▸토지등기신청
채권총액	109,860,580원	채 무 자	이○○	▸법원기본내역 ▸매각물건명세서
경매구분	임의경매	채 권 자	중○○○○○	▸현황조사서
물건번호	1 [배당]		물건사진 더보기 ∨	▸문건접수/송달 ▸부동산표시목록

권리분석
포인트

3번의 대금미납, 4번째 낙찰자만 대금납부

등기부를 보면 ❶ 2018년 12월 28일 중소기업은행 근저당권이 말소기준권리이며, 임차인이 따로 없어 인수권리나 추가로 물어줄 보증금이 없는 물건이다.

❶집합건물등기부등본

집합등기신청

접수일	등기구분		등기권리자	금액	비고
2018-12-28	소유권이전		이○○	110,000,000	전소유자:김███ 매매(2018.10.29)
2018-12-28	근저당권	말소	중○○석남동지점	105,000,000	말소기준권리
2019-05-13	압류	말소	서○○		
2020-09-15	압류	말소	구○○		
2020-11-06	가압류	말소	근○○	4,860,580	울산지법 2020카단17860
2021-02-19	임의경매	말소	중○○여신관리부	청구금액 87,843,164	2021타경502971

(등기부채권총액 : 109,860,580 / 열람일 : 2022.04.11 / 토지별도등기 있음)

그런데 이 물건은 계속 유찰되었고 ❷ 3번이나 낙찰자가 대금을 미납했으며 ❸ 8차 매각 때 4번째 낙찰자가 28,000,000원을 거우 대금납부했다. ❹ 2022년 7월 8일 5차 매각 때 낙찰자는 입찰가를 435,500,000원을 써냈다. 43,550,000원을 써낸다는 것이 실수로 0 하나를 더 써낸 것이다. 본인이 자기 손으로 435,500,000원을 써내서 최고가매수신고인이 되었으니 대금납부할 때 그 돈을 다 내야 하지만 감정가 116,000,000원 하는 아파트형공장을 4억원 넘게 주고 살 수 없으니 대금납부를 포기하고 입찰보증금만 날렸다.

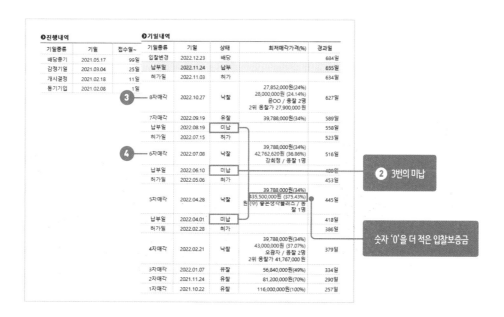

361

미납 이유 추정 불가, 탐문 필수!

이 물건의 대금 미납 사유는 법원의 기록만으로는 추정이 안 된다. 이럴 때 답은 현장에 있다. 탐문을 철저히 해봐야 한다. 정말 아무런 미납 사유가 없는데도 몇 번씩 대금을 미납하는 물건을 간혹 본다. 부동산이 제 주인을 만나야 하는 걸까 하는 생각을 해본다.

일단 사진만 봐도 허름하다. 이 지역은 노후된 데다, 재개발지역도 섞여 있다. 인천서구 가좌동, 남양주시 화도읍 묵현리, 의정부시 가능동, 경기도 부천시 원미동은 한때 뉴타운 바람이 불어 인기가 높았다. 그러다가 2008년 서브프라임 모기지 사태 이후 뉴타운 지정이 취소되고 개발계획이 흐지부지되었다. 최근 의정부시 가능동은 다시 개발 바람이 불고 있지만 인천 서구 가좌동은 임장 가보면 알겠지만 여전히 낙후되었다. 주택은 재개발·재건축한다면 환영받지만 사업자는 그렇지 않다. 아파트 상가도 아파트가 지어지는 동안 다른 곳에서 장사하다가 신축되면 다시 와서 장사한다고 해도 예전처럼 잘된다는 보장이 없다. 게다가 예전 구도심일 때 하던 업종은 신축 아파트에서 안 먹힌다. 대표적인 예가 바로 재래시장이다. 입지가 아무리 좋아도 큰 재래시장을 끼고 있는 지역은 상인들이 반대를 하기 때문에 개발 바람이 불다가도 꺼진다. 부천 원미동을 가보면 무슨 말인지 이해

될 것이다. 서울 강북 지역의 다가구가 많은 곳도 월세를 받아 생활하는 노인분들이 많은데 이분들은 재개발·재건축에 결사반대다. '앞으로 살면 얼마나 더 산다고? 10년 뒤 새 아파트 필요 없다. 지금 이대로가 좋으니 그냥 놔두라' 하는 식이다.

경매당한 물건 찜찜하지 않느냐는 질문에 …

사업하다가 망했을지 모르는데 나도 들어가서 망하면? 이런 생각에 경매받기를 꺼리는 경우가 종종 있다. 필자가 비주거용 투자로 처음 도전한 물건은 목욕탕이었다. 목욕탕은 어디를 가도 동네 한가운데 있어 일단 입지가 좋다. 층고가 높고 내부가 텅 비어 있어서 적은 돈을 들여 용도를 바꾸기에 수월하다. 이전 소유자는 이렇게 항변했다.

"1990년대까지 목욕탕으로 돈을 쓸어 담았다. 계속 그럴 줄 알았는데 이렇게 경매당할 줄 몰랐다."

이 물건이 경매로 나온 건 운이 나빠서가 아니다. 그저 공중목욕탕이라는 용도가 다한 것이다. 부동산이 자리 잡은 입지는 내 힘으로 못 바꾸지만 용도를 바꾸면 다시 황금알을 낳는 거위로 만들 수 있다. 필자가 최근 목욕탕 다음으로 눈여겨보는 물건은 도심지에 위치한 오래된 '여인숙'이다. 아직까지 한 번도 낙찰받지 못했다. 경매로 잘 나오지도 않지만 도중에 취하율도 높다.

경기 화성시 영천동
10평 동탄역메가비즈타워 지식산업센터
(ft. 부부간 임대차 성립 X)

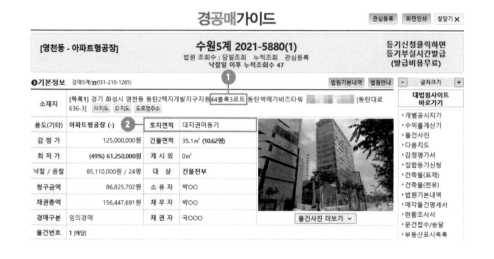

**권리분석
포인트**

도로명 주소 없는 상태? 등기부 은행권 대출이 안심 포인트

먼저 이 물건의 주소가 이상하다. ❶ 44블록 3로트? 이것은 택지개발이 완료되기 전이라 정확한 도로명 주소가 부여되지 않은 상태일 뿐이다. 그래서 ❷ '대지권 미 등기'로 떠 있는 것이다. 하지만 경공매가이드 메인 화면에서 ❸ 현황조사서를 선택 하고 ❹ 감정평가서를 살펴보자. 토지+건물을 함께 감정한 점이 눈에 들어온다.

경공매가이드 메인 화면에서 '현황조사서' 선택 → '감정평가서'를 클릭하면 토지와 건물을 함께 평가했음을 확인할 수 있다.

등기부를 확인해보니 ❺ 말소기준권리는 2019년 3월 13일 국민은행 근저당권이고 은행권에서 대출을 받았다는 점을 보면 대지권 미등기는 지적이 미정된 것뿐이니 안심해도 될 것이다.

❚집합건물등기부등본   집합등기신청

접수일	등기구분		등기권리자	금액	비고
2019-03-13	소유권이전		박OO		전소유자:(주)하나자산신탁 매매(2017.05.26)
2019-03-13	근저당권	말소	국OO기흥구청지점	102,000,000	**말소기준권리**
2021-01-18	가압류	말소	비OO	18,705,189	오산시법원 2021카단5031
2021-03-04	가압류	말소	케OO채권관리부	10,742,502	오산시법원 2021카단71
2021-03-19	가압류	말소	경OO동탄지점	25,000,000	오산시법원 2021카단5187
2021-06-07	임의경매	말소	국OO여신관리센터	청구금액 86,825,702	2021타경5880
2021-11-11	압류	말소	동OO		

등기부채권총액 : 156,447,691 / 열람일 : 2021.11.15)

일반적으로 시중 은행에서 담보대출 나갈 때는 대지권 문제가 있을 경우 건물만 보고 담보대출을 해주지 않는다. 은행에서 담보대출을 받으려면 감정평가 →

대출심사 통과를 해야 하는데 말소기준권리가 국민은행 근저당권이므로 대출이 나왔던 적이 있다. 이 점이 안심 포인트다. 대지권 미등기 물건 중 한 번도 금융권 대출을 받은 적이 없는 물건은 오히려 뭔가 하자가 있다는 의심이 든다. 대출 심사를 통과 못했다는 뜻일 수도 있기 때문이다.

집합건물은 토지와 건물을 따로 살 수 없다. 관행상 건물과 대지가 일체로 거래되니 나중에 대지권은 정리될 것이다. 최종 확인차 관리사무실 인근 부동산 사무실 분양사무실에 문의하면 알려줄 것이다.

소유자의 배우자가 임차인? 성립 가능한가?

마지막으로 ❻ 법원 매각명세서를 보니 주의사항에 '최○○ : 채무자 겸 소유자 박화영의 배우자임'이 나와 있다. ❼ 임차인 현황을 보면 최○○가 상가 임차인으로 나와 있고 사업자등록 일자가 2020년 4월 22일로 나와 있어 후순위임차인이다. 소유자의 배우자가 임차인이면 임대차가 성립할까?

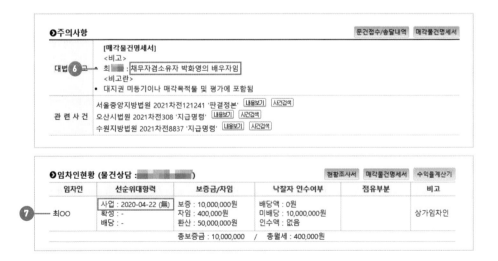

부부간 임대차 성립 X, 임차인 보증금 인수 X

결론부터 말하면 부부간 임대차는 성립하지 않는다. 그리고 배당요구 안 한 후순위임차인의 미배당된 보증금도 낙찰자에게 인수되지 않으므로 낙찰자는 신경 쓸 필요가 없다. 대지권 미등기는 물론 임차인 문제까지 큰 문제가 없는 물건이다.

등기부에 금융권 대출이 없는 물건은 좋은 걸까?

등기부등본에 시중은행에서 대출을 한 번도 받은 적이 없는 부동산이 경매에 부쳐졌다면? 이런 물건은 좋은 물건일까, 아닐까?

경매물건 중에 은행 담보가 있는 물건은 차라리 큰 문제가 없을 수도 있다. 대지권 미등기 부동산인데 등기부등본을 보니 은행권 근저당대출이 하나도 없고 가압류만 주루룩 있다면 뭔가 문제가 있는 상태로 봐도 무방하다.

개인 간의 금전거래, 개인 근저당권만 있다면 공신력 있는 감정기관의 감정평가 → 대출심사 평가 과정이 생략되니 경매 부쳐진 물건의 객관적인 가치를 확인하기 힘들기 때문이다.

68

경기 안양시 동안구 관양동
인덕원-스타타워 오피스텔
(ft. 왜 건물만 감정평가? 점유자가 전세권자?)

권리분석
포인트

대지권 미등기 물건은 대지 + 건물 감정평가 확인이 필수!

　앞과 비슷한 사례지만 이번에는 건물만 감정평가가 된 물건을 살펴보겠다. 법원 매각물건명세서를 보니 ❶ 대지권 유무를 알 수 없어서 건물만 감정평가했다. 그래서 ❷ 매각 대상이 '건물전부'로 표시된다. 토지는 매각제외, 건물만 매각물건이다.

대법원공고	[매각물건명세서] <비고란> ● 오피스텔로 이용중임. ① 대지권 미등기이며, 대지권 유무는 알 수 없음, 최저매각가격은 대지권이 포함된 거래사례 비준가격을 산정한 후 배분비율에 의거 건물만의 감정평가금액으로 결정(감정평가서 참조).
과 거 사 건	2017-521(안양지원 4계)

전세권이 말소기준권리? 주의!

전입세대 열람내역을 보자. ❸ '전입 없음'으로 나와 있지만 등기부를 보니 ❹ 말소기준권리로 2019년 4월 12일 선순위전세권이 있다. 오피스텔에 선순위전세권이 있는 경우 첫 번째는 법인이 임대를 얻을 때 해당 주소지로 전입할 수 없기 때문에 주로 전세권을 설정한다. 두 번째는 오피스텔을 주거로 전입하면 집주인이 보유 주택수에 포함되기 때문에 임차인이 전입하지 않고 전세권을 설정하는 조건으로 임대를 준다.

선순위전세권자가 경매신청 채권자이거나 타인에 의해 개시된 경매사건에서 배당요구를 하면 말소기준권리가 된다. 이 물건의 신청채권자는 전세권자다. 그래서 이 전세권이 말소기준권리가 된다.

●전입세대/관리비체납/관할주민센터　　　　　　　　　　　　　　　　　　　전입세대 열람내역

전입세대	관리비 체납내역	관할주민센터
❸ 전입 없음 열람일 2022.01.25		▶관할주민센터 안양시 동안구 관양2동 ☎ 031-8045-4660

●집합건물등기부등본　　　　　　　　　　　　　　　　　　　　　　　　　　집합등기신청

접수일	등기구분		등기권리자	금액	비고
2015-03-30	소유권이전		주○○○○○○	46,214,400	전소유자:홍▓▓ 매매(2015.03.02)
❹ 2019-04-12	전세권	말소	세○○	85,000,000	말소기준권리 (2019.04.12 ~ 2021.04.11)
2019-12-20	근저당권	말소	김○○	130,000,000	
2021-05-04	압류	말소	국○○강서지사		
2021-06-15	임의경매	말소	세○○	청구금액 85,000,000	2021타경900

(등기부채권총액 : 215,000,000 / 열람일 : 2022.01.21 / 토지별도등기 있음)

고가주택 보유자가 오피스텔 투자를 안 하는 이유?

여기서 잠깐! 임대 줄 때 전입하지 않는 조건이었는데 임차인이 전입신고를 하면? 어쩔 수 없다. 집주인이 고가주택 보유자라 오피스텔 임차인에게 전세권 설정을 허락하고 전입을 안 하기로 했지만 임차인이 전입을 해버리면 보유 주택수가 추가되어 보유세가 확 올라간다. 실제로 1년치 월세 정도는 가뿐히 세금으로 날아간다. 그래서 고가주택 보유자들은 언제 터질지 모르는 핵폭탄인 오피스텔을 투자하지 않는다. 법인에게 기숙사로 임대를 주고 전세권을 설정했을 때도 마찬가지다. 직원들이 전입을 해버리면 막을 길이 없다.

대지권 미등기, 초보자는 믿고 걸러야 하는 물건!

전세권은 설정되어 있지만 ❺ 현황조사를 보면 전입 세대주가 존재하지 않고 세무서가 발행한 상가건물임대차 현황서에도 '해당사항 없음'으로 기재되어 있으니 큰 문제는 없어 보인다. 실제로 임장을 가서 관리실과 인근 호수 등을 탐문하면 점

유자 여부는 확인할 수 있다. 하지만 이 물건의 문제는 대지권 미등기라 건물만 매각이다. ❻ 감정평가서에서도 나와 있으니 초보자는 믿고 걸러야 하는 물건이다.

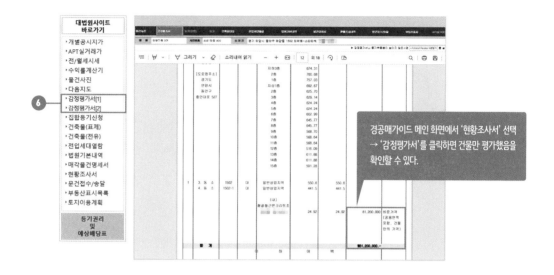

그러나 고수는 해볼 만하다(ft. 법정지상권)

이 책이 중반부까지 왔으니 이제 슬슬 법정지상권이 나올 타이밍이 되었다.

법정지상권이란 토지와 건물의 소유자가 다를 때 법률의 규정에 의해 당연히 설립하는 지상권으로 법정지상권이 성립하는 물건은 그 성립 연한까지 견고한 건물을 헐지 못한다.

물건 사진을 보자. 현실적으로 한 호수만 철거가 불가능한 고층 빌딩이다. 집합건물인데 ○○○호만 콕 찍어서 철거할 수 있을까? 토지등기는 못해도 토지 소유자를 이겨먹을 방법이 있는 데다 건물만 매각이니 심지어 싸다. 이를 오히려 역이용해서 수익을 거둘 수 있는 사람이라면 도전해볼 수도 있을 것이다.

전체 호수 중 매각 대상 호수만 콕 찍어 철거가 불가능한 건물이다.

경기 부천시 삼정동 50평 부천테크노파크 쌍용3차일반제조 지식산업센터

(ft. '점유 없음'이 페이크)

69

경공매가이드

관심등록 화면인쇄 장닫기✕

[삼정동 - 아파트형공장]	부천2계 2020-38124(1)	등기신청클릭하면
	법원 조회수 : 당일조회 누적조회 관심등록 낙찰일 이후 누적조회수 44	등기부실시간발급 (발급비용무료)

▶기본정보 경매2계(☎032-320-1132)

법원기본내역 법원안내 ─ 글자크기 ＋

소재지	[목록1] 경기 부천시 삼정동 36-1 부천테크노파크쌍용3차일반제조 ■■■■ [석천로 397] N지도 D지도 도로명주소				대법원사이트 바로가기

용도(기타)	아파트형공장 (-)	토지면적	58.6㎡ (17.73평)
감 정 가	415,000,000원	건물면적	166.3㎡ (50.31평)
최 저 가	(70%) 290,500,000원	제 시 외	0㎡
낙찰 / 응찰	387,000,000원 / 17명	대 상	건물전부, 토지전부
청구금액	92,310,098원	소 유 자	김○○
채권총액	603,537,156원	채 무 자	김○○
경매구분	강제경매	채 권 자	기○○○○○
물건번호	1 [배당]		

물건사진 더보기 ˅

›개별공시지가
›수익률계산기
›물건사진
›다음지도
›감정평가서
›집합등기신청
›건축물(표제)
›건축물(전유)
›법원기본내역
›매각물건명세서
›현황조사서
›문건접수/송달
›부동산표시목록

권리분석 포인트

점유 중인 임차인은 있지만 등기부에는 없다면?

임차인 현황을 보니 **❶** 김○○가 공장 전부를 점유, 사용하고 있지만 권리신고 겸 배당요구를 하지 않았다.

❶임차인현황 (물건상담 ■■■■■■■■)				현황조사서 매각물건명세서 수익률계산기		
임차인	선순위대항력	보증금/차임	낙찰자 인수여부	점유부분	비고
❶ 김○○	사업 : - 확정 : - 배당 : -		배당액 : 미상 미배당 : 미상 인수액 : 없음		상가임차인
		총보증금 : 0 / 총월세 : 0원			

(말소기준권리일:2016-07-01, 소액임차기준일:2016-07-01, 배당요구종기일:2021-01-13)

❷ 경공매가이드 메인 화면에서 → '현황조사서'를 선택하고 ❸ '부동산의 현황 및 점유관계 조사서'를 보니 '임차인을 만나 점유관계를 확인한 바, 임차인이 공장 전부를 사용하고 있는데 월임료는 없고 보증금은 정확히 기억나지 않는다고 진술' 했다는 내용이 나온다. 엄밀히 말해 임대차관계 미상의 점유자다.

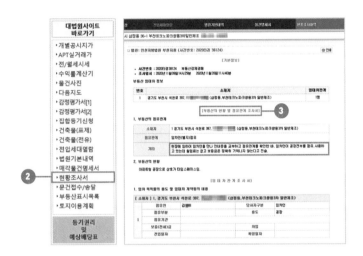

등기부를 보니 ❹ 2016년 7월 1일 근저당권이 말소기준권리이며, 임차인이 이 물건을 주소지로 사업자등록을 개설하지 않아 임차권이나 전세권이 설정되어 있지 않다.

◐집합건물등기부등본   집합등기신청

접수일	등기구분		등기권리자	금액	비고
2016-07-01	소유권이전		김OO	390,000,000	전소유자:강■■ 매매(2016.06.18)
2016-07-01	근저당권	말소	우OO여신관리부	372,000,000	말소기준권리
2020-02-19	가압류	말소	기OO인천기술평가센터	86,853,157	인천지법 2020카단100991
2020-03-10	근저이전	말소	신OO인천재기지원단	25,000,000	우리은행의 근저일부이전
2020-09-24	가압류	말소	신OO인천재기지원단	92,252,431	대구지법 2020카단35755
2020-10-20	가압류	말소	하OO	23,356,338	부천지원 2020카단1020
2020-11-02	강제경매	말소	기OO인천재기지원단	청구금액 92,310,098	2020타경38124
2020-11-03	임의경매	말소	우OO여신관리부		2020타경6912
2020-12-21	가압류	말소	소OO	29,075,230	부천지원 2020카단11953

[등기부채권총액 : 603,537,156 / 열람일 : 2021.11.12]

총 부채가 6억 이상!

인수권리 없는 물건, 명도 가능!

이 물건은 큰 하자가 없으니 낙찰을 받고 임차인은 명도하면 된다. 인수권리 + 인수보증금 없는 물건이다.

주거시설은 임장을 가봐도 출입문이 닫혀 있으니 점유자를 만나기 어렵다. 낮에는 사람이 없고 저녁에는 가족들 모여 있는데 문 열어달라고 하기도 어렵다. 필자는 주로 퇴근 시간대에 복도에서 기다렸다가 인근 호수 사람들 위주로 탐문을 하는 편이다. 정보화 시대라 대부분 해당 호수가 경매 부쳐진 사실을 알고 있다.

그에 반해 상가나 공장은 들어가기는 쉬운데 핵심인물을 만나기가 어렵다. 가장 흔히 하는 말은 '직원이라서 잘 모른다', '사장님이 안 계신다' 등이다. 맞는 말이다. 직원은 사무실 임대현황이 전세인지 월세인지 모를 수도 있다.

이 물건은 장부만 보고 추정해보면 등기채권 총액이 6억원이 넘어 채무과다 상태다. ❺ 2020년 2월 19일 가압류가 있어 임대 놓을 수 없는 상태로 3년이 지났다. 경매진행하는 동안 지인에게 그냥 사용하라고 하는 경우 아니면 보증금을 아예 안받거나 최소한으로만 받고 달세만 받는 경우도 많다. 이런저런 사연이 쌓였더라도 낙찰자에게 위협적인 기록이 있는 물건이 아니기 때문에 그냥 낙찰받으면 된다. 점유자는 더 점유할 권리가 없고, 낙찰 후 명도받으면 끝인 물건이다.

갑자기 선순위임차인이 나타나면 어쩌나?

❶ 앞에서 임차인 현황을 보니 전입된 사람이 없고 사업자등록도 없는 데다 등기부에 등기된 임차권 전세권도 없다. 선순위임차인이라고 나타나봐야 뒷받침할 만한 공적자료가 하나도 없어 오히려 인도명령 대상이다. 만에 하나, 법원이 실수로 기록을 빠트렸다면 매각불허가나 매각허가결정취소 사유에 해당한다.

월세 수익

넷째 마당

상가 & 꼬마빌딩 사례 10

마포 · 대흥

인천 · 청라

★ 이 책의 78개 사례는 대한민국 경매 지도를 대표한다.
실제 입찰 사례를 분석하다 보면 실전투자에 큰 도움이 된다.

★ 이 책은 '경공매가이드' 유료 사이트를 기반으로 설명하고 있다.
타 사이트 이용자라 해도 구성화면이 대동소이해서
책 내용을 이해하는 데 문제는 없다.
(임차인현황, 전입세대열람, 건축물[대장], 등기부등본 콘텐츠 등은 유료)

무료 대법원 사이트
'법원경매정보'

유료 경매정보 사이트
'경공매가이드'

인천 · 청라

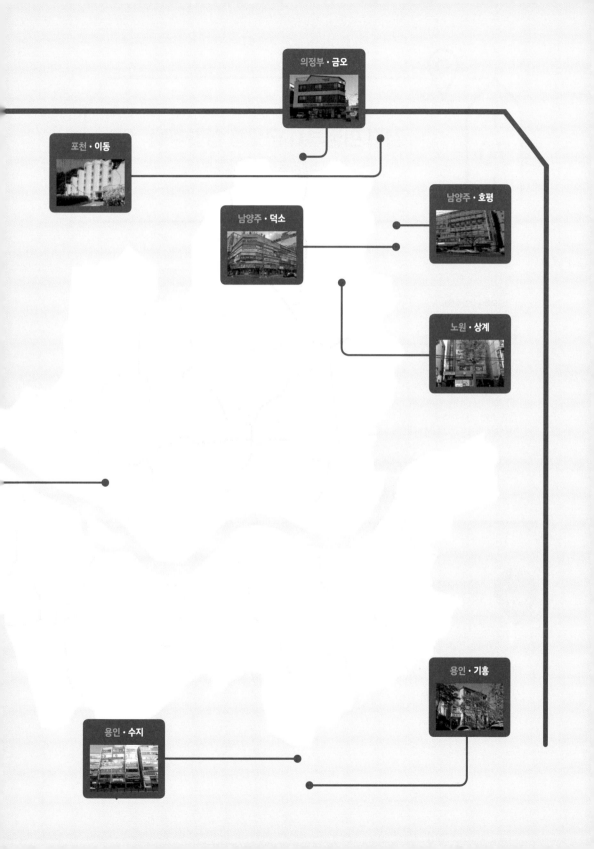

70

경기 의정부시 금오동 상가주택
(ft. 3억원으로 건물주 되기)

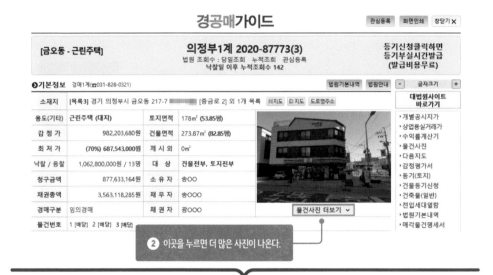

❷ 이곳을 누르면 더 많은 사진이 나온다.

 권리분석 포인트

근린주택(상가 + 점포)은 거주 + 월세 1석 2조!

대법원 공고를 보니 ❶ 1층은 점포, 2~3층은 다세대 빌라 형식으로 복도마다 세대 출입문이 설치되어 있다고 나와 있다. ❷ '물건사진 더보기'를 눌러서 보니 1층에 세븐일레븐 편의점이 입주해서 영업 중이다.

대법원공고	[매각물건명세서] <비고란> • 일괄매각 • 목록3.은 단독주택으로 등기되어 있으나, 1층은 점포, 2층~3층은 내부구조는 다세대빌라 형식으로 복도에 세대 출입문이 설치되어 있음(현황조사서 참조)

1층에 편의점 입점

모든 임차인이 후순위, 추가인수보증금, 상가권리금 X

❸ 등기부를 보니 2018년 2월 14일 근저당권이 말소기준권리다. 임차인현황과 전입세대열람을 보니 선순위임차인은 아무도 없어서 낙찰자가 신경 쓸 필요 없는 레어템 경매물건이다.

❸전입세대/관리비체납/관할주민센터 전입세대 열람내역

전입세대	관리비 체납내역	관할주민센터
노** 2018.07.18 배** 2019.06.12 이** 2020.05.20 양** 2020.08.19 이** 2020.08.21 열람일 2021.07.21	모두 후순위임차인	▶관할주민센터 의정부시 자금동 ☎ 031-870-7850

❸건물등기부등본 호지등기 건물등기신청

접수일	등기구분	등기권리자	금액	비고
2018-02-14	소유권보존	송○○		보존
2018-02-14	근저당권 말소	광○○삼성동지점	968,400,000	말소기준권리
2018-02-14	근저당권 말소	광○○삼성동지점	933,600,000	
2018-03-05	근저당권 말소	광○○삼성동지점	360,000,000	
2020-04-03	근저당권 말소	광○○삼성동지점	168,000,000	
2020-09-15	가압류 말소	신○○의정부지점	212,750,000	대구지법 2020카단35509
2020-09-17	가압류 말소	중○○여신관리부	802,026,627	서울중앙지법 2020카단816612
2020-09-29	가압류 말소	중○○여신관리부	27,418,704	의정부지법 2020카단203213
2020-10-20	임의경매 말소	광○○	청구금액 877,633,164	2020타경87773
2020-10-20	가압류 말소	제○○서울지점	90,922,954	서울중앙지법 2020카단36412
2021-01-06	압류 말소	의○○		
2021-01-14	근저가처 말소	신○○마포재기지원단		광주은행의 근저가처

(등기부채권총액 : 3,563,118,285 / 열람일 : 2021.08.25)

❸임차인현황 (물건상담 ▓▓▓▓▓▓▓▓) 현황조사서 매각물건명세서 수익률계산기

임차인	선순위대항력	보증금/차임	낙찰자 인수여부	점유부분	비고
배○○	전입 : 2019-06-12 (無) 확정 : 2019-06-19 배당 : 2020-11-09	보증 : 4,000,000원 차임 : 300,000원	배당액 : 4,000,000원 미배당 : 0원 인수액 : 없음		소액임차인 (기준 일:2018.02.14)

경공매가이드 메인 화면에서 ❹ '현황조사서'를 선택하고 '부동산의 현황 및 점유관계 조사서'를 보니 1층 임차인을 비롯해 총 6명이 있음을 확인하였다.

상가(점포)로 사용하는
임차인은 3명이다.
(나머지는 주거 임차인)

과거의 임장지, 인근 물건이 경매로! – 모든 경험이 투자지도가 된다

집필 기준 시점에서 이 물건과 가까운 금오동 편의점 물건이 4년 전 경매로 나왔다. (2017타경25584) 필자도 입찰에 참여하기 위해 임장을 갔었던 기억이 있다. (2위로 패찰, 다른 사람에게 낙찰됨) 당시 물건 사진으로 봐서는 편의점이 모퉁이 있는 데다 배후지가 주택가여서 매출이 별로 안 나올 것으로 예상했다. 하지만 임장을 가보니 일 매출이 예상했던 것보다 높았다. 포스까지 보여주신 분 덕분에 일 매출이 얼마인지 정확히 기억하고 있었다. 그리고 4년 뒤 금오동 세븐일레븐 입점 건물이 또 경매 나왔다. 4년 전 임장 다니는 수고를 했지만 결국 낙찰을 못 받았으니 헛수고한 것일까? 아니다. 여러 경험이 쌓이면 자신만의 투자지도를 손에 쥘 수 있다는 것을 말씀드리고 싶다.

주거 임차인이 여러 명, 그러면 다주택자가 되는 물건일까?

그렇다면 이 물건은 주택일까, 상가일까? 이럴 땐 건축물대장을 기준으로 봐야 한다. ❺ 건축물대장을 보니 1층 제1종근린생활시설(소매점), 2층 단독주택(다중주택* 5호), 3층 단독주택이다. 2층과 3층에 합쳐서 10개 호수 전부 보유 주택수에 포함 되면 낙찰자는 10개 주택을 보유한 다주택자가 되는 걸까? 아니다. 만약 각각 개별등기된 빌라 10채라면 다주택자가 되지만 이 물건은 집주인이 각각의 호수마다 명패를 101호, 102호… 붙여놨을 뿐 집합건물 등기부등본은 하나다. 10세대든 20세대든 보유 주택수는 1채만 추가되기 때문에 이런 물건은 투자자들이 아주 선호하는 편이다.

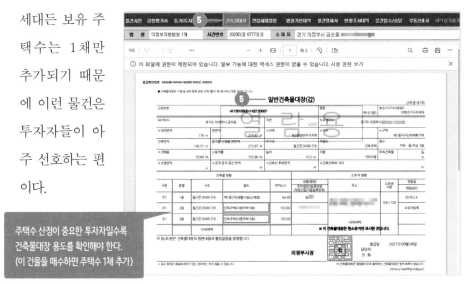

주택수 산정이 중요한 투자자일수록 건축물대장 용도를 확인해야 한다.
(이 건물을 매수하면 주택수 1채 추가)

● **다중주택** : 연면적이 330㎡ 이하, 층수는 3층 이하인 건축법상 단독주택을 말한다.

결론

유주택자도 도전해볼 만! –
1층 상가로 사업자대출 받은 후 이자만 납입 OK!

이 물건이 낙찰되던 시기에 이 지역은 조정대상 지역이었다. 낙찰자가 유주택자라면 경락대출을 받은 후 보유 주택을 6개월 내에 처분해야 했고, 6개월 안에 이 물건 주소지로 전입하는 조건으로만 경락대출이 가능하던 시기였다. 그러나 어떤 부동산규제도 틈새는 반드시 있다. 이 건물의 건축물대장용도에 열쇠가 있다. 1층 소매점에 상가 임차인이 있고 이럴 경우 사업자대출을 받을 수 있다. 따라서 종전 보유주택 처분조건 없이 대출이 가능하고 다달이 원리금 상환 없이 이자만 낼 수 있다. 대출 측면에서 장점이 있기에 총 13명이 응찰하여 최저가보다 4억원이 높은 금액에 최종 낙찰되었다.

수익률
분석

감정가보다 높게 낙찰되었기에 감정가 기준 대출 계산
신탁대출은 감정가 80%까지 가능!

대출은 감정가와 낙찰가 중 낮은 금액을 기준으로 산정한다. 이 물건은 감정가보다 높게 낙찰받았기 때문에 감정가를 기준으로 경락대출을 계산한다.* 총 10호수라 방공제 10개(소액임대차 최우선변제금 차감)를 하면 근저당대출로는 경락대출받을 금액이 확 줄어든다. 방공제를 안 하고 경락대출을 최대한 받으려면 신탁대출을

• **근저당대출과 신탁대출의 차이** : 방공제를 하느냐 마느냐에 있다. 방 개수가 많은 고시원, 다가구, 근린주택은 신탁대출을 받으면 근저당권 대출보다 월등히 대출이 많이 나와 선호한다. 임대차보호법을 생각해보면 이해가 쉽다. 경매절차에서 소액임차인에 해당되면 매각대금의 2분의 1 한도 내에서 최우선변제 해준다. 이 물건을 근저당대출 받고 나서 소액임차인 10명에게 임대를 주게 되면 대출금이 100% 회수된다는 보장이 없기 때문에 방 10개를 차감한 나머지 돈을 빌려주는 것이다. 신탁등기해두면 임대를 줄 때 신탁회사와 계약을 체결해야 하니 리스크를 관리할 수 있어 방공제 없이 대출해주는 것이다. 신탁등기된 부동산인데 위탁자와 임대차계약을 맺으면 임대차보호법의 보호를 받지 못하고 단순채권자로 분류된다.

받아야 하며 감정가 80~70%까지 경락대출을 받을 수 있다. 이번 사례는 감정가의 80% 신탁대출을 받았다는 가정 하에 수익률계산을 해보기로 하자. (신탁대출받은 후 세입자에게 받은 임대보증금은 담보대출상환용으로 써야 한다.)

초기 필요 자본과 대출 이자

- 낙찰가 1,062,800,000원 - 경락대출 785,000,000원 = 277,800,000원
- 취등록세 및 등기이전 명도 이사비 & 도배장판비용 = 약 45,000,000원

→ 초기 필요 자기자본 : 322,800,000원
→ 경락대출 785,000,000원 : 월이자 3,500,000원 정도 감당

> 취득세는 취득가액에서 상가부분 비율과 주택부분 비율을 나눠서 상가 4.6%, 2~3층 주택 1~3% 차등 적용

이번에는 회수될 보증금을 살펴보자.

임대 보증금 예상하기

◆ **보증금**

1층 상가	임대 보증금	30,000,000원
2~3층 주거	임대 보증금	5,000,000원 × 10호 = 50,000,000원
합계		80,000,000원

◆ **월세**

1층 편의점 월세		1,500,000원
2~3층 임대 월세		350,000원 × 10호 = 3,500,000원
합계		5,000,000원

> 신탁대출받은 물건은 임차인 보증금을 받으면 신탁회사와 의논해야 하는데 보증금이 소액에 월세일 경우는 갚으라고는 안 한다. 이유는 공매 부쳐져도 월세를 10달만 안 내면 보증금을 다 까먹기 때문이다. = 소액임대차 최우선변제받을 임차인이 없으면 대출금 회수에 지장이 없다.

임대를 주면 수익률 낮아짐, 직영해야 큰돈이 될 듯!

총 보증금은 8,000만원 선이고 월세는 500만원 선이다. 상가를 임대 주게 되면 임대차3법 때문에 묵시적 갱신까지 앞으로 10년간 임대료 인상 5% 상한선을 지켜야 한다. 물가상승률까지 고려한다면 최초 계약 당시 월세 수준으로 10년 동안 받아야 한다는 결론이며 결국 큰돈이 안 된다. 하지만 이 경우는 경매물건이라 상가 권리금을 주지 않고 샀고, 소유자가 직영하는 방식으로 운영한다면 최종 수익률은 좋을 것이다. 예를 들어 1층 편의점을 건물주가 직영하게 되면 본사와의 개런티 계약에서 유리하기 때문에 임대를 얻어서 운영하는 것보다 훨씬 더 높은 수익을 기대할 수 있다. 직영한다면 건물 전체에서 1달에 1,500만~2,000만원으로 지금 월세보다 3~4배는 수익을 낼 수 있다. 거기에 부동산 가격이 올라 시세차익을 거두는 것은 덤이다.

건물의 미래가치 분석

이 물건의 위성지도를 보자. 의정부 경기북부광역 행정타운 도시개발1구역 바로 옆에 위치해 있다. 행정타운 도시개발을 공사하는 동안은 인근에 편의시설이 없어 1층 편의점 장사가 엄청 잘될 것이다. 개발이 완공된 이후에는 2~3층 10개 호실 임대 놓을 때 공실률 걱정 없이 따박따박 월세 받고 임대수요가 늘어나면 월세도 올려 받을 수 있는 물건이다. 원룸 임대를 줄 때 인근에 더 싼 가격에 새 건물이 지어져서 경쟁자가 늘어나면 그때부터는 월세를 낮춰야 하는 아픔이 있는데 이 물건은 그런 걱정을 안 해도 된다.

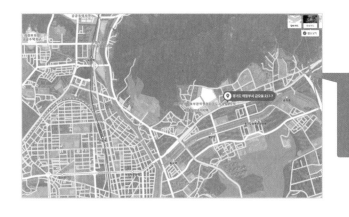

의정부 행정타운 개발 인근
지역으로 편의점 장사가 잘 될
수밖에 없는 위치. 개발 완공 후
주거 임대도 공실 우려 없을 듯

 수익형 부동산을 경매로 사면 좋은 이유

1. **후순위임차인이라면 명도가 가능하고 전부 이사 나갈 것이다.** 따라서 새 임차인을 찾아서 임대료를 올려 받을 수 있다. 임대차3법이 있지 않느냐 반문하지만 경매에서는 안 통한다. 임차인은 남은 계약기간이 얼마가 남았든 낙찰자에게 명도해줘야 한다.
2. 법원 감정가는 상가 거래 시 적용되는 **바닥 권리금이 포함되어 있지 않아 싸게 살 수 있다.**
3. **경락대출이 잘 나온다.** 금융권에서 별도의 감정을 하지 않고 법원의 감정가를 기준으로 대출을 실행한다. 경매물건에 걸린 모든 채무가 말소되고 임차인 모두 퇴거 예정인 물건이라면 낙찰자에게 1순위로 대출을 해주기 때문에 대출조건이 좋다. 경락대출받아 투자하는 투자자들은 재투자를 하기 위해 은행의 도움이 필요하다는 것을 잘 안다. 은행 역시 낙찰자가 이자를 잘 낸다며 경락대출로만 특화된 은행도 있다.

수익형 부동산은 '갑툭튀' 선순위임차인 걱정 필요 X

주거용 부동산은 전입세대 열람원을 입찰 전에 열람할 수 있다. 하지만 상가는 세무서에 사업자등록을 하는 것으로 점유 여부를 확인해야 하는데 임대차정보 제공요청서는 입찰 전에 열람이 안 된다. 이런 이유로 집행법원에서 직권으로 부동산의 현황 및 점유관계 조사서/임대차관계조사를 해서 입찰자에게 정보를 제공해주고 매각공고를 한다. 낙찰을 받고 보니 법원기록에 없었던 선순위임차인이 갑자기 툭 튀어나오면 어쩌나 그런 걱정은 할 필요 없다.

71 서울 노원구 상계동 상계역 인근 꼬마빌딩

(ft. 땅값만으로 주거 + 월세 해결!)

경공매가이드

관심등록 화면인쇄 창닫기 ✕

[상계동 - 근린주택]	**북부3계 2021-3359(1)** 법원 조회수 : 당일조회 누적조회 관심등록 낙찰일 이후 누적조회수 132	등기신청클릭하면 등기부실시간발급 (발급비용무료)

▶**기본정보** 경매3계(☎02-910-3673)

법원기본내역 법원안내 - 글자크기 +

소재지	[목록2] 서울 노원구 상계동 ▨▨▨ ▨▨▨▨▨ 외 1개 목록	N지도 D지도 도로명주소	
용도(기타)	근린주택 (대지)	토지면적	179㎡ (54.15평)
감 정 가	1,909,471,600원	건물면적	504.74㎡ (152.68평)
최 저 가	(80%) 1,527,577,000원	제 시 외	39.5㎡ (11.95평)
낙찰 / 응찰	1,677,577,000원 / 3명	대 상	건물전부, 토지전부
청구금액	822,501,041원	소 유 자	유OOOO
채권총액	636,000,000원	채 무 자	강OO
경매구분	임의경매	채 권 자	국OOO
물건번호	1 [배당]		

대법원사이트
바로가기

› 개별공시지가
› 상업용실거래가
› 수익률계산기
› 물건사진
› 다음지도
› 감정평가서
› 토지등기신청
› 등기(건물)
› 건축물(일반)
› 전입세대열람
› 법원기본내역
› 매각물건명세서

물건사진 더보기 ∨

권리분석 포인트

상속인이 많아서 복잡해 보이는 물건

  이 물건은 문제가 없는 부동산임에도 경매에 나온 이유는 상속물건이기 때문이다. 등기부등본 갑구를 보면 ❶ 2021년 10월 25일 소유자 사망으로 3명에게 소유권이전 대위등기*가 되었으며 대위의 원인은 근저당권 설정에 의한 청구채권 때

---

* **대위등기** : 채권자가 등기권리자 또는 등기의무자를 대신하여 등기하는 것

386

문이다. 즉, 담보대출을 해준 국민은행이 소유자 겸 채무자가 사망하자 대위등기로 소유권이전등기를 한 뒤 상속자를 상대로 임의경매를 신청한 사건이다.

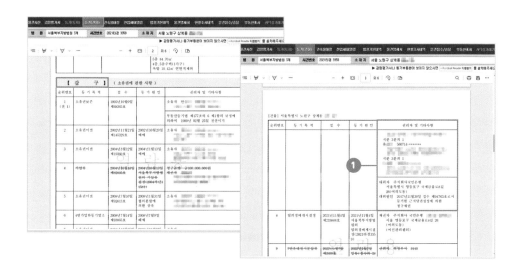

경공매가이드 메인 화면에서 ❷ 감정평가서를 선택해서 확인해보니 지하 1층, 지상 1층, 지상 2~4층, 지상 5층, 옥탑층, 제시 외 물건으로 나누어서 이 건물의 가치를 다음과 같이 산정하여 총 1,909,471,000원으로 매겼다.

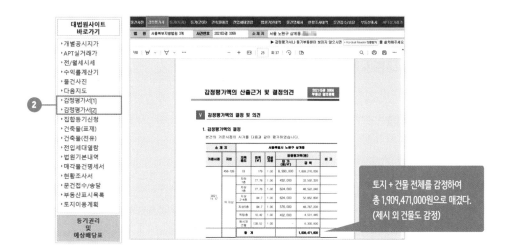

토지 + 건물 전체를 감정하여
총 1,909,471,000원으로 매겼다.
(제시 외 건물도 감정)

제시 외 건물 매각대상 포함, 감정평가서에서 확인

대법원 공고를 보니 ❸ '제시 외 건물 포함'과 '제시 외 건물은 감정평가'했다고 쓰여 있다. 감정평가서를 보니 이 물건의 제시 외 감정가(창고, 계단, 비 가림용 캐노피,어닝 등)는 6,300,000원이다. * 참고로 경매 절차에서 전소유자의 체납세금과 채무는 낙찰자에게 인수되지 않는다.

◐주의사항

<table>
<tr><td colspan="2" align="right">문건접수/송달내역   매각물건명세서</td></tr>
<tr><td rowspan="2">대법원공고</td><td>
[매각물건명세서]
<비고>
• 남연승 : [국세청 상가건물임대차 현황서] 사업자등록신청일(정정신고일):2014.03.04., 임대차기간:
  2014.03.03.~2016.03.02., 보증금 17,000,000원 차임 1,100,000원
• 박병환 : 임차인 김순애의 배우자임.
• 신인용 : [국세청 상가건물임대차 현황서] 사업자등록신청일(정정신고일):2014.03.11./2021.07.12., 임대차기간:
  2014.02.25.~2016.02.24., 보증금 5,000,000원 차임 330,000원
• 유영서 : 1.개명전:유명숙
• 유영서 : 2[국세청 상가건물임대차 현황서] 사업자등록신청일:2003.12.09., 임대차기간: 2014.02.20.~2016.02.21., 보증금
  10,000,000원 차임 900,000원
• 조용철 : 현황조사보고서상 차임은 월100만원은 월120원의 오기임.
• [국세청 상가건물임대차 현황서] 사업자등록신청일(정정신고일):2021.07.15., 임대차기간:
  2021.01.29.~2023.01.29., 보증금 10,000,000원 차임 1,200,000원
• 한윤실 : [국세청 상가건물임대차 현황서] 사업자등록신청일(정정신고일):2020.04.10./2021.07.13., 임대차기간:
  2020.04.30.~2022.04.30., 보증금 10,000,000원 차임 700,000원
<비고란>
• 일괄매각, 제시외 건물 포함
</td></tr>
<tr><td>
❸ 제시외 건물에 대한 위치 및 면적 등은 개략적인 실측에 의하여 감정평가하였으며, 세부적인 내용은 감정평가서
  참조바람.
• 지상2층 및 3층의 건축물대장상 용도는 사무실이나 현황은 음식점 및 교육시설로 이용중임
</td></tr>
<tr><td>중 복/병 합</td><td>2022-107807(중복)</td></tr>
<tr><td>관 련 사 건</td><td>대전지방법원 2021차전110931 '지급명령' [내용보기] [사건검색]</td></tr>
</table>

임차인 분석 – 대항력은 있는데 배당요구를 안 했다면?

등기부를 보면 ❹ 2017년 11월 30일 국민은행 근저당권이 말소기준권리다. 8명

---

* 매각대상에 '건물전부, 표지전부'로 표시되지 않고 '입찰(평가) 외 건물, 매각 제외' 내용이 있다면 등기 여부를 불문하고 토지만 경매되고 그 지상에 있는 건물 감정평가에 제외되어 매각대상이 아니라는 뜻이다. 입찰 제외 부동산은 담보물이 아니어서 법원경매로 팔리는 대상이 아니다. 제시 외는 건물의 부속 계단 창고 등으로 등기하지 않았지만 매각대상에 포함되었다면 낙찰자가 이를 매입한 것이다.

의 임차인 중 상가로 사업자등록한 사람과 주거로 전입한 사람이 섞여 있다. 그중 ❺ 2015년 5월 28일 박○○씨 1명 빼고 모두 배당요구 종기일 내에 배당요구를 했고 전액 배당 가능하다. 문제는 배당요구를 안 하고 전입된 사람이 박○○인데 답은 경매기록(감정평가)에 이미 나와 있다. 저층은 상가다. 주거로 임대를 줄 수 있는 공간은 4층과 5층 2개뿐인데 주거로 전입한 사람은 3명? 따라서 배당요구 안 한 박○○는 이미 오래전에 이사 갔는데 전출을 안 한 것으로 추정된다.

❏건물등기부등본

접수일	등기구분		등기권리자	금액	비고
2017-11-30	근저당권	말소	국○○○○○○○○	636,000,000	말소기준권리
④ 2021-10-25	소유권이전		유○○○		전소유자:강■■ 상속(2020.12.03)
2021-11-04	임의경매	말소	국○○○○○○○○○	청구금액 822,501,041	2021타경3359
2022-08-12	강제경매	말소	민○○		2022타경107807 유대원지분

(등기부채권총액 : 636,000,000 / 열람일 : 2022.11.08) 최종등기변동확인 📄 압류기입 2022.12.26
본 물건은 **2022년 11월 8일 등기변동이 확인** 된 경매물건 입니다. 등기변동사항이 근저당 말소 등기의 경우 대위변제 가능성이 있을 수도 있으며, 압류일 경우 **예상배당표** 순위에 영향이 있을 수 있으므로 **등기권리 및 예상배당표**를 확인하시고 입찰에 임해주시기 바랍니다.

❏임차인현황 (물건상담

❻ 대항력 있는 임차인 총 5명(총 6명 중 2명이 가족)

현황조사서 매각물건명세서 수익률계산기

임차인	선순위대항력	보증금/차임	낙찰자 인수여부	점유부분	비고
남○○	사업 : 2014-03-04 [有] 확정 : 2014-03-04 배당 : 2021-12-02	보증 : 17,000,000원 차임 : 1,100,000원 환산 : 127,000,000원	배당액 : 17,000,000원 미배당 : 0원 인수액 : 없음		상가임차인
⑦ 김○○	전입 : 2015-05-28 [有] 확정 : 2015-05-28 배당 : 2021-12-07	보증 : 15,000,000원 차임 : 600,000원	배당액 : 15,000,000원 미배당 : 0원 인수액 : 없음		소액임차인 (기준 일:2017.11.30)
고○○	전입 : 2020-02-26 (無) 확정 : 2020-02-26 배당 : 2022-01-21	보증 : 20,000,000원 차임 : 600,000원	배당액 : 20,000,000원 미배당 : 0원 인수액 : 없음		소액임차인 (기준 일:2017.11.30)
신○○	사업 : 2014-03-11 [有] 확정 : 2021-07-12 배당 : 2022-01-04	보증 : 5,000,000원 차임 : 300,000원 환산 : 35,000,000원	배당액 : 5,000,000원 미배당 : 0원 인수액 : 없음		소액임차인 (기준 일:2017.11.30) 상가임차인
유○○	사업 : 2003-12-08 [有] 확정 : 2021-07-13 배당 : 2021-12-06	보증 : 10,000,000원 차임 : 900,000원 환산 : 100,000,000원	배당액 : 10,000,000원 미배당 : 0원 인수액 : 없음		상가임차인
한○○	사업 : 2020-04-10 (無) 확정 : 2021-07-13 배당 : 2021-12-08	보증 : 10,000,000원 차임 : 700,000원 환산 : 80,000,000원	배당액 : 10,000,000원 미배당 : 0원 인수액 : 없음		상가임차인
조○○	사업 : 2014-03-07 [有] 확정 : 2021-07-15 배당 : 2021-12-27	보증 : 10,000,000원 차임 : 1,200,000원 환산 : 130,000,000원	배당액 : 10,000,000원 미배당 : 0원 인수액 : 없음		상가임차인
박○○ **⑤**	전입 : 2015-05-28 [有] 확정 : - 배당 : -	보증 : 15,000,000원 차임 : 600,000원	배당액 : 0원 미배당 : 15,000,000원 인수액 : 15,000,000원		?
		총보증금 : 102,000,000 / 총월세 : 6,000,000원			

(말소기준권리일:2017-11-30, 소액임차인기준일:2017-11-30, 배당요구종기일:2022-01-21)

한 가족

❻ 결국 대항력을 갖춘 임차인 5명은 모두 배당요구 종기일내에 배당요구를 했고 전액 배당이 가능한 금액대로 낙찰되었다. 그렇다면 ❺ 대항력이 있지만 배당요구를 하지 않은 1인 박○○는 어떻게 된 걸까? 낙찰자는 이 사람의 보증금을 추가로 인수해야 하는 걸까?

결론 ## 배당요구 안 한 세입자가 대항력이 있는지 최종 확인 후 입찰

임차인현황에서 ❼ 2015년 5월 28일 15,000,000/600,000원 주거로 전입한 임차인 김○○와 ❺ 2015년 5월 28일 15,000,000/600,000원 주거 전입한 박○○는 보증금과 전입일자가 같은 것으로 보아 한 가족으로 보인다. 감정평가서 물건사진을 보면 주거로 사용할 수 있는 공간은 4층과 5층 2개 호수이며 주거로 전입된 임차인은 3명이니 1세대가 2명의 세대주로 전입한 것으로 보인다.

이렇게 유추한 내용을 입찰 전 임장으로 확인할 필요가 있다. 실제로 인근 호수 임차인들을 탐문하여 배당요구하지 않은 1인이 이사 갔지만 전출을 안 한 것인지 아니면 한 호수에 임대를 얻어 두 사람이 각각 세대주로 전입한 경우인지 확인해야 한다. 대항력 요건은 1. 말소기준권리보다 전입일자가 빠를 것, 2. 점유와 전입신고가 되어있을 것 2가지다. 이 요건을 마친 때에는 그 익일(익일 시작되는 0시)부터 제3자에 대해 대항력이 발생한다.

❹ 말소기준권리인 근저당권자 국민은행이 대출 나가는 시점은 2017년 11월 30일이었고. 2년 전 전입한 사람들의 보증금을 일일이 확인하여 대항력 유무를 확인한다. (은행 측 임대차확인서류가 있다.)

주거 + 월세 만족 꼬마빌딩, 16억원으로 건물주 기회!

상가주택의 장점은 위층이 주거 공간이므로 주인이 직접 실거주한다면 다른 집을 살 필요가 없다. 살 집도 구하고 월세도 편리하게 받을 수 있다. 특히 이 물건은 4차선 대로변인 데다 교통이 좋고 아파트 단지가 가까워 상가 공실 걱정은 없어 보인다. 지하층까지 포함하면 총 6층 건물이다. 4층이나 5층 중 한 곳을 주거로 사용한다면 나머지 층에서 월임대료를 받으면서 주거 + 월세 둘 다 만족시켜주는 꼬마빌딩이다.

노원구 상계동 상계역 인근 84.7㎡ 다세대빌라 1채의 매매가는 3억5,000만원~4억원선이다. 그런데 법원의 감정가는 4층만 52,852,800원, 5층만 48,787,200원이고 빌라와 비교할 때 엄청 싸다. 감정가 19억원 중 16억원은 땅값이고 건물 전체 감정가가 293,961,600원이라면 이 지역의 빌라 1채 값도 안 된다는 말이다.

이 물건의 낙찰가가 16억원이다. 결과적으로 건물값은 한푼도 안주고 상가 권리금 없이 땅값만 주고 산 셈이다. 거기에 경락대출까지 받으면 적은 투자금으로 건물주가 될 기회를 얻는다. 4층이나 5층 중 마음에 드는 곳은 예쁘게 인테리어 해서 실거주하고 나머지 한 층은 전세만 줘도 2억5,000만원은 충분히 받을 수 있다. 저층 상가는 이미 입주한 지 5년이나 지난 분들이다. 새로운 임차인을 현재 시세에 맞게 임대를 주면 수익률은 올라간다. 서울에 본인이 살 집도 마련하고 월세도 받고 16억원으로 번듯한 건물주가 될 기회를 얻을 수 있다.

상가주택 경매 시 자주 하는 질문들

무주택자가 상가주택을 보유하면 1주택자가 될까?

그렇다. 다만 신규 취득 시 취등록세율, 매도차익에 대한 양도소득세율 계산할 때 상가는 상가의 과세체계로 주택부분은 주택의 과세체계의 적용을 받는다.

상가 내 일부만 주거해도 주임법의 적용을 받을 수 있을까?

주임법 제2조 '이 법은 주거용 건물(주택)의 전부 또는 일부의 임대차에 관하여 적용하고, 그 임차주택의 일부가 주거 외의 목적으로 사용되는 경우에도 적용한다.' 즉, 주거시설의 판단 기준은 등기의 유무, 공부상의 용도, 불법건축물 또는 가건물인지 여부 등이 기준이 되는 것이 아니라, 임차인들이 점유하여 사용하고 있는 공간이 '그들이 유일한 주거생활을 영위하는 장소'인지가 판단의 기준이 된다.(판례 대법원95다51953판결) 따라서 주거로 사용하는 주임법의 적용을 받는다.

72

서울 마포구 대흥동 꼬마빌딩

(ft. 신축급인데 건물값은 2억원?)

경공매가이드

관심등록 화면인쇄 창닫기 ✕

[대흥동 - 근린상가]

서부5계 2022-1004(1)
법원 조회수 : 당일조회 누적조회 관심등록
낙찰일 이후 누적조회수 74

등기신청클릭하면
등기부실시간발급
(발급비용무료)

● 기본정보 경매5계(☎02-3271-1325)

법원기본내역 법원안내 ─ 글자크기 ＋

대법원사이트
바로가기

소재지	[목록2] 서울 마포구 대흥동 █████ 외 1개 목록 N지도 D지도 도로명주소		
용도(기타)	근린상가 (대지)	토지면적	102㎡ (30.86평)
감 정 가	2,271,741,600원	건물면적	163.66㎡ (49.51평)
최 저 가	(64%) 1,453,914,000원	제시외	0㎡
낙찰 / 응찰	1,565,000,000원 / 1명	대 상	건물전부, 토지전부
청구금액	915,841,540원	소 유 자	조OO
채권총액	2,183,680,073원	채 무 자	김OO
경매구분	임의경매	채 권 자	중OOO
물건번호	1 [배당]		

물건사진 더보기 ˅

› 개별공시지가
› 상업용실거래가
› 수익률계산기
› 물건사진
› 다음지도
› 감정평가서
› 토지등기신청
› 건물등기신청
› 건축물(일반)
› 법원기본내역
› 매각물건명세서
› 현황조사서

권리분석 포인트

감정가 22억원 중 20억원이 땅값이고 건물값은 1억8,000만원?

이 물건은 ❶ 2020년 10월 6일 중소기업 근저당권이 말소기준권리다. 소유자 사망으로 인해 채권자인 중소기업이 경매를 넣었고 나머지 가압류는 여러 건 설정 되었지만 모두 소멸되어 낙찰자에게 인수되지 않는다.

❶건물등기부등본

건물등기신청

접수일	등기구분		등기권리자	금액	비고
2020-10-06	근저당권	말소	중OOO	1,080,000,000	말소기준권리
2022-05-04	소유권이전		조OO		전소유자:김▒▒ 상속(2021.12.01)
2022-05-13	임의경매	말소	중OOO	청구금액 915,841,540	2022타경1004
2022-06-24	가압류	말소	신OOOOOOOOOOO	44,174,320	대구지법 2022카단33426
2022-07-04	압류	말소	마OOOO		
2022-07-20	가압류	말소	주OOO	889,259,721	서울서부지법 2022카합50361
2022-07-20	가압류	말소	주OOOO	20,000,000	서울서부지법 2022카단51336
2022-07-21	가압류	말소	국OOOOOOOOO	7,886,976	서울서부지법 2022카단405
2022-07-21	가압류	말소	하OOOOOOOO	6,695,628	서울서부지법 2022카단366
2022-07-21	가압류	말소	김OOO	135,663,428	서울서부지법 2022카단51333

(등기부채권총액 : 2,183,680,073 / 열람일 : 2022.10.21)

경공매가이드 메인 화면에서 ❷'현황조사서'를 선택하고 ❸'부동산의 현황 및 점유관계 조사서'를 보면 전입세대 열람내역에 세대주가 존재하지 않고, 상가건물 임대차현황서에도 임차인이 존재하지 않는다고 했다. 채무과다 상태이지만 하자는 없는 물건이다.

등기부를 보니 2017년 보존등기된 멀쩡한 새 건물인데 상속물건이라 경매 부쳐졌다. ④ 감정평가서를 보니 감정가 22억원 중 20억여원이 땅값이고 건물감정가는 180,740,600원. 아무리 부동산에 대한 지식이 없는 사람이라도 생각을 해보자. 2억원도 안 되는 돈으로 이런 건물을 지을 수는 없다. 경기도 빌라 1채 값도 안 된다. ⑤ 3차에 응찰한 응찰자 수는 달랑 1명이다. 뭔가 다른 위험이 있는 건 아닐까?

감정가 10억원만 넘어도 경쟁률이 확 떨어지는 경매

　이런 물건이 나와도 경매니까 좀더 싸게 사려고 한 번 유찰시키고 2차를 기다리는 사람이 많다. 하지만 계속 기다리다가는 이런 물건을 놓칠 수 있다. 경매초심자들이 선호하는 금액대의 경매물건(감정가 1억~3억원대)은 경쟁이 치열해 너무 적게 쓰면 낙찰이 안 되고 너무 높게 쓰면 남는 게 없다. 그러나 10억원대만 넘어가면 일단 경쟁률이 확 떨어져 훨씬 저렴하게 살 수 있는 기회를 얻는다. 100억원이 넘어가면 3분의 1 가격에 살 수도 있다. 그러니 독자 여러분들이 열심히 돈을 모아야 하는 이유다.

　위성지도를 보면 지하철 2호선 이대역까지 직선거리 500미터이며 경의중앙선 신촌역도 가깝다. 도로 맞은편에 숭문중학교가 있고 그 뒤로 마포프레스티지자이 아파트가, 위쪽으로는 신촌그랑자이 아파트가 있다. 두 아파트가 자리 잡을수록 이 물건은 가치가 상승한다. 낙찰자명이 ○○매니지먼트다. 아마도 사옥으로 사용하려고 낙찰받은 것으로 보인다.

1층 43.04㎡ (13.02평)
2층 56.9㎡ (17.21평)
3층 56.9㎡ (17.21평)
옥탑 1층 6.82㎡ (2.06평)

73

경기 남양주시 와부읍 덕소두산위브아파트 상가

(ft. 유치권은 페이크! 1억원으로 상가 3개 낙찰)

경공매가이드

관심등록 화면인쇄 창닫기 ✕

[와부읍 - 아파트상가]

의정부14계 2021-7330(1)
법원 조회수 : 당일조회 누적조회 관심등록
낙찰일 이후 누적조회수 95

등기신청클릭하면
등기부실시간발급
(발급비용무료)

▶기본정보 경매14계(☎031-828-0366)

법원기본내역 법원안내 - 글자크기 +

소재지	[목록3] 경기 남양주시 와부읍 도곡리 985 덕소두산위브아파트 상가동 ▨ ▨▨▨ ▨ 외 2개 목록 №지도			
	№지도 도로명주소			
용도(기타)	아파트상가 (-)	토지면적	48.5m² (14.67평)	
감정가	556,000,000원	건물면적	103.57m² (31.33평)	
최저가	(70%) 389,200,000원	제시외	0m²	
낙찰 / 응찰	602,000,000원 / 38명	대 상	건물전부, 토지전부	
청구금액	53,221,917원	소유자	박○○	
채권액	586,209,052원	채무자	박○○○○	
경매구분	임의경매	채권자	윤○○	
물건번호	1 [배당]			

물건사진 더보기 ∨

대법원사이트
바로가기

· 개별공시지가
· 상업용실거래가
· 수익률계산기
· 물건사진
· 다음지도
· 감정평가서
· 등기(집합)
· 건축물(표제)
· 건축물(전유)
· 법원기본내역
· 매각물건명세서
· 현황조사서
· 문건접수/송달

권리분석
포인트

유치권 신고가 들어갔다고 다 성립되는 건 아니다

　대법원 공고를 보니 ❶ 유치권 신고가 있는 물건이다. 유치권이란 타인의 물건이나 유가증권을 점유한 자가 그 물건이나 유가증권에 관하여 생긴 채권이 변제기가 도래했을 때, 그 채권을 변제받을 때까지 점유(유치)할 수 있는 권리를 말한다.˚
일반인들은 '유치권' 글자만 봐도 겁을 먹는데 '유치권 신고' 자체는 유치권 성립의 필수 요건이 아니다. 실제로 유치권 신고만 되었지 성립되지 않는 유치권 경매물건이 허다하다.

건물이 공사 중이거나, 준공검사까지 마친 건물이라도 시공업자가 건축주, 소유주, 시공업체로부터 공사비를 받지 못해 유치권을 주장하는 경우 유치권이 성립될 수 있으므로 3년이 안 된 신축건물에 임차인이 없는 공실 상태면 유치권이 성립할 확률이 높다. 또 소유자 점유물건은 주의해야 한다. 권리신고한 임차인이 있는 물건은 유치권자가 점유할 공간이 없지만, 공실이거나 소유자 점유물건은 유치권자에게 점유를 넘겨주고 골치 아픈 경매물건인 것처럼 보여서 낙찰가를 떨어트리려는 시도를 할 여지가 있다. 권리 신고한 임차인이 있는데 유치권자가 유치권 신고를 한 물건은 유치권 성립이 거의 안 되는 편이다.

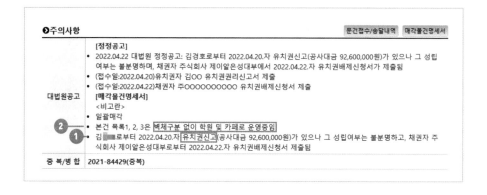

대법원 공고에 ❷ 현재 이 건물을 벽체 구분 없이 한 호수를 터서 학원 및 카페로 운영 중이라고 나왔다. 대항력을 갖춘 임차인이 버젓이 학원 영업을 하고 있는

- **유치권 성립요건** : 1. 타인 소유의 물건으로부터 발생한 채권이어야 한다.(본인 소유 부동산에 공사하고 소유자가 유치권 신고 X, 임차인이 영업을 하기 위한 인테리어 비용, 지출한 영업장소 권리금, 간판 설치비용은 객관적인 가치증가 비용(유익비)이 아니기 때문에 유치권 성립 X) 2. 변제기가 도래해야 한다.(공사비 소멸시효는 3년) 3. 유치권 채권이 진짜일 것. 4. 다른 사람들이 이용하지 못하도록 배타적으로 점유하고 있어야 한다.(전입신고, 법원에 유치권 신고는 필수요소 X, 점유상실, 무단임대 등은 유치권 소멸 사유)

데 유치권자가 점유할 만한 공간이 있을까? 이 유치권은 신고를 아무리 해봐야 실제 점유하지 못하면 끝이니 무시하고 넘어가면 된다. 참고로 유치권에 관한 자세한 설명은 아래 영상에서 참고하길 바란다.

유치권 인도명령 관련 동영상

임차인 분석 - 남은 계약기간도 보증금도 인수 X

❸ 이 물건의 말소기준권리는 2020년 9월 10일 융창저축은행의 근저당권이다.
❹ 임차인은 2019년 7월 16일 전입으로 선순위임차인으로 대항력을 갖추었으나 배당요구종기일 내에 배당요구를 했기 때문에 보증금 전액이 배당 가능한 금액대로 낙찰되어 남은 계약기간 인수나 미배당된 보증금이 추가로 인수되지 않는 깨끗한 물건이다.

❸집합건물등기부등본

집합건물등기

접수일	동기구분		동기권리자	금액	비고
2003-06-25	소유권이전		박OO		전소유자:(주)세오 매매(2002.10.11)
2020-09-10	근저당권	말소	제OO	348,000,000	말소기준권리 융창저축은행의 근저이전
2020-11-30	근저당권	말소	윤OO	60,000,000	
2021-06-01	가압류	말소	이OO	178,209,052	평택지원 2021카단288
2021-07-19	임의경매	말소	윤OO	청구금액 53,221,917	2021타경7330
2021-09-16	임의경매	말소	융OO		2021타경84429
2021-12-27	근저질권	말소	제OO	348,000,000	제이알은성대부의 근저질권

(동기부채권총액 : 586,209,052 / 열람일 : 2022.03.04)

❺ 임차인 현황에 같은 사람이 3회 나온 것은 3개 호수를 터서 쓰고 있기 때문이다. ❻ 경공매가이드 메인 화면에서 → '감정평가서'를 선택하여 이 물건의 감정평가서를 보면 3개 호수를 합쳐 감정가가 매겨진 것을 확인할 수 있다.

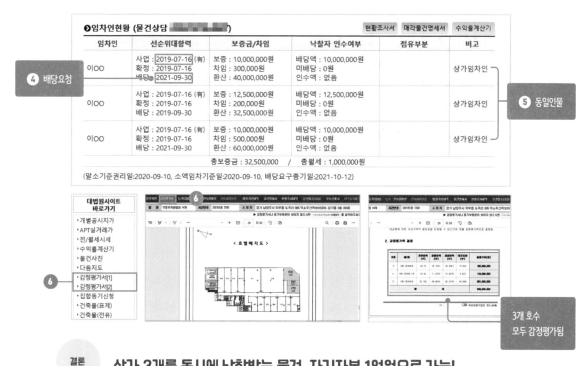

상가 3개를 동시에 낙찰받는 물건, 자기자본 1억원으로 가능!

3개 호수가 하나의 경매로 묶여 나온 이유는 ❸ 근저당권자인 융창저축은행이 3개 호수를 공동담보로 대출을 해줬기 때문이다. 담보권 실행에 의한 임의경매를 부칠 때 각각의 사건번호를 부여받은 3개의 경매사건으로 진행하지 않고 한 사건번호에 상가 3개 호수를 일괄 매각하는 것이다. 이렇게 되면 낙찰자 입장에서는 상가 3개를 나란히 받아서 좋고 3개를 동시에 받으면 3개를 각각 낙찰받는 것보다 싸게 받을 수 있다는 장점이 있다. 만약 3개 호수가 각각 매각될 경우 운이 나빠서 중간에 있는 호수가 다른 사람에게 낙찰되어버리면 원하는 그림이 안 나올 수 있다. 하지만 이렇게 한꺼번에 낙찰받으면 나란히 연결된 상가 3개 호수를 살 수 있어 여러모로 좋다.

❼ 결국 이 물건은 38명이 입찰경쟁을 벌여 2차 매각 최저가 389,200,000원인데 213,000,000원을 더 쓰고 감정가를 넘겨서 602,000,000원에 최종 낙찰되었다. 만약 이 낙찰자가 1차에 단독으로 556,000,000원에 낙찰받았더라면 2차에 38명이 경합하여 낙찰받은 금액보다 46,000,000원 더 싸게 낙찰받을 수 있었다. 여러분이 경매물건 검색을 꾸준히 해야 하는 이유가 여기에 있다. 경매물건은 전국에서 날마다 낙찰되고 있다. 1차에 이 물건이 진행될 때 놓쳤던 사람들이 2차에 38명이 몰려 경합하기도 한다. 얼마나 빠른 시간에 경매물건을 찾아내느냐는 정말로 중요하다. 경매물건 검색 한 번에 몇천만원이 왔다 갔다 하는 것을 자주 목격한다.

❯기일내역

기일종류	기일	상태	최저매각가격(%)	경과일
입찰변경	2022.06.27	배당		350일
납부일	2022.05.31	납부		323일
허가일	2022.05.03	허가		295일
2차매각	2022.04.26	낙찰	389,200,000원(70%) 602,000,000원 (108.27%) 주○○○○○○ / 응찰 38명	288일
1차매각	2022.03.22	유찰	556,000,000원(100%)	253일

유치권 신고가 있는데 경락대출 나올까?

경락대출 여부가 궁금한 물건은 등기부를 발급받아 을구를 보면 대충 감이 잡힌다. 낙찰 이후 등기부 을구에 은행권 근저당권이 얼마가 설정되었는지 확인하면 된다.

예를 들어 채권최고액 531,600,300원이 설정되었다면 원금의 120%를 설정하니 대출원금은 442,500,000원, 낙찰가의 87% 경락대출이 나온 셈이다. 물론 개인의 신용등급과 소득증빙에 따라 대출 가능 금액은 차이나겠지만 유치권 신고가 있어도 경락대출이 나온다는 것을 알 수 있을 것이다. 이렇게 대출이 나온다고 가정한다면 남양주 덕소의 상가 3개를 낙찰받는 데 취등록세 포함 자기자본 1억원이면 가능하다.

경락대출해주는 은행도 낙찰자처럼 권리분석을 한다. 과거에는 유치권 신고가 있으면 유치권자의 유치권포기각서와 인감증명을 첨부해야만 경락대출을 받을 수 있었지만 요즘은 대출해주는 은행도 권리분석을 미리 해보고 허위 유치권이면 무시하고 경락대출을 해준다. 유치권 신고가 있다고 무조건 두려워하지 말고 권리분석을 차분하게 해보자.

알쏭달쏭 애매할 땐? 비슷한 경매물건 등기부를 볼 것!

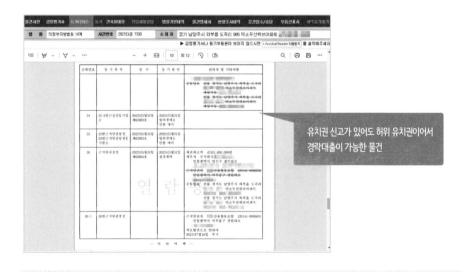

유치권 신고가 있어도 허위 유치권이어서 경락대출이 가능한 물건

● 이 물건의 경락대출 확인은 2022년 4월 26일 낙찰받은 낙찰자가 대금을 내면서 대출받았다. 경공매가이드 기본정보 우측 '등기(집합)'를 클릭, 실시간 등기발급 서비스를 이용하여 현재 기준 등기부등본을 봐야 한다.

이렇듯 입찰 전 대출분석이 잘 안 될 때는 비슷한 권리 경매물건을 찾아서 등기 부등본을 발급해보면 도움이 된다. 실전에서 이런 디테일한 부분을 습득하는 게 돈을 버는 열쇠이자 내 실력으로 쌓인다. 평생 입찰은 해보지도 않고 책상머리에 앉아서 권리분석만 파고든다면 안타까운 일이 아닐 수 없다.

 ### 상가 대출 시 왜 RTI를 볼까?

RTI(Rent To Interest)는 부동산 임대업 이자상환비율로서 담보가치 외에 임대수익으로 이자 상환이 가능한지 여부를 알아보는 지표다.

$$RTI = (상가가치 \times 임대수익률) \div (대출금 \times 이자율)$$

일반적으로 상가는 월이자 대비 월세 수익률이 150%가 넘어야 하고 주택은 125%가 넘어야 한다. 만약 대출이자가 월 100만원이라면 월세는 150만원을 받아야 한다. 하지만 인근 상가의 월세 수준이 80만원이라면 다달이 20만원을 채무자가 벌어서 조달해야 한다는 결론에 도달한다. 그럴 경우에는 대출 가능액을 낮춰야 할 것이다. 상가는 나 혼자만 잘한다고 되는 것이 아니라 상권이 형성되어 있어야 대출받기도 유리하고 장사도 잘된다.

임대사업자는 임대로 수익을 낼 것이라고 사업자등록을 했기에 RTI를 본다. 매매사업자라면 부동산을 사고팔아서 수익을 내는 업종이지 않은가? 법인명의 낙찰과 낙찰자가 매매사업자가 있는 경우는 RTI를 안 본다.

법인은 법인 명의로 부동산을 신규 취득할 수 있지만 자연인(개인사업)은 개인 명의로 낙찰을 받아야 한다. 엄밀히 말해 사업자등록을 개설한 개인 신분이다. 간혹 매매나 임대사업자 명의로 입찰 들어가겠다고 하는 분이 있는데 이는 불가능하다.

74 경기 남양주시 호평동 테마프라자

(ft. 무인 스터디카페 후순위임차인의 방어 입찰?)

경공매가이드

[호평동 - 근린상가]

의정부10계 2021-90882(1)
법원 조회수 : 당일조회 누적조회 관심등록
낙찰일 이후 누적조회수 91

등기신청클릭하면
등기부실시간발급
(발급비용무료)

▶기본정보 경매10계(☎031-828-0359)

				법원기본내역 법원안내	- 글자크기 +
소재지	[목록2] 경기 남양주시 호평동 617-3 테마프라자 ▨▨▨ 외 1개 목록 №지도 D지도 도로명주소				대법원사이트 바로가기
용도(기타)	근린상가 (-)	토지면적	51.9㎡ (15.7평)		▸개별공시지가
감 정 가	549,000,000원	건물면적	224.88㎡ (68.03평)		▸상업용실거래가
최 저 가	(70%) 384,300,000원	제 시 외	0㎡		▸수익률계산기
낙찰 / 응찰	486,220,000원 / 44명	대 상	건물전부, 토지전부		▸물건사진 ▸다음지도
청구금액	14,300,000원	소 유 자	이○○		▸감정평가서 ▸집합등기신청
채권총액	325,646,477원	채 무 자	이○○		▸건축물(표제)
경매구분	강제경매	채 권 자	주○○○○○		▸건축물(전유) ▸법원기본내역
물건번호	1 [배당]			물건사진 더보기 ∨	▸매각물건명세서 ▸현황조사서

임대차3법에도 불구, 후순위임차인은 대항력 X

❶ 법원 매각물건명세서를 보니 이
물건은 304호와 305호 상가 2동 68평을
무인 스터디카페로 영업 중이다.

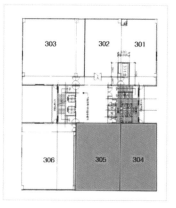

◎주의사항

문건접수/송달내역 | 매각물건명세서

대법원공고	[매각물건명세서] <비고란> • 일괄매각 • 이 사건 목록 1, 2는 7층 근린생활시설의 3층 상가 2동이며 현재는 하나의 '▨▨스터디카페'라는 무인 독서실로 영업을 하고 있음
관 련 사 건	서울북부지방법원 2021차전19836 '지급명령' 내용보기 사건검색 서울북부지방법원 2021가단153121 '민사본안' 내용보기 사건검색

등기부를 보자. ❷ 2020년 12월 3일 송○○의 근저당권이 말소기준권리다. ❸ 임차인의 사업자등록일자는 2021년 5월 4일이므로 후순위임차인이고 인수권리는 없다.

◎집합건물등기부등본

집합등기신청

접수일	등기구분		등기권리자	금액	비고
2020-12-03	소유권이전		이○○	168,000,000	전소유자:김▨▨ 매매(2020.11.26)
2020-12-03	근저당권	말소	송○○	207,900,000	말소기준권리
2021-12-17	강제경매	말소	포○○	청구금액 14,300,000	2021타경90882
2022-08-09	임의경매	말소	송○○		2022타경3809
2022-08-23	가압류	말소	산○○	99,846,477	서울북부지법 2022카단22179
2022-09-14	압류	말소	중○○		
2022-09-21	가압류	말소	경○○남양주지점	17,900,000	의정부지법 2022카단21502

(등기부채권총액 : 325,646,477 / 열람일 : 2022.10.21) 최종등기변동확인 📄 가압류기입 2022.12.05
본 물건은 **2022년 10월 21일 등기변동이 확인** 된 경매물건 입니다. 등기변동사항이 근저당 말소 등기의 경우 **대위변제 가능성이 있**을 수도 있으며, 압류일 경우 예상배당표 순위에 영향이 있을 수 있으므로 **등기권리 및 예상배당표**를 확인하시고 입찰에 임해주시기 바랍니다.

임차인현황 (물건상담 [redacted])

현황조사서 | 매각물건명세서 | 수익율계산기

임차인	선순위대항력	보증금/차임	낙찰자 인수여부	점유부분	비고
❸ 온OO	사업 : 2021-05-04 (無) 확정 : - 배당 : -	보증 : 30,000,000원 차임 : 2,000,000원 환산 : 230,000,000원	배당액 : 0원 미배당 : 30,000,000원 인수액 : 없음		상가임차인
		총보증금 : 30,000,000 / 총월세 : 2,000,000원			

(말소기준권리일:2020-12-03, 소액임차기준일:2020-12-03, 배당요구종기일:2022-03-08)

❹ 경매개시 결정일 2021년 12월 17일이고 ❸ 임차인의 사업자등록일자는 2021년 5월이다. 무인 스터디카페를 오픈한 지 반년도 못되었는데 경매가 개시되었다. 안타깝게도 이 임차인은 대항력이 없어 낙찰자에게 부동산을 명도해줘야 한다. 임대차3법 묵시적 갱신주장도 대항력을 갖추었을 때 선택의 여지가 있는 것이다. 따라서 후순위임차인은 경매사건에서 얼마의 손해를 봤더라도 낙찰자에게 대항할 수 없다.

진행내역

기일종류	기일	접수일~
배당종기	2022.03.08	82일
감정기일	2021.12.27	11일
❹ 개시결정	2021.12.17	1일
등기기입	2021.12.17	1일

기일내역

기일종류	기일	상태	최저매각가격(%)	경과일
입찰변경	2023.02.22	배당		433일
납부일	2023.01.27	납부		407일
허가일	2022.12.20	허가		369일
2차매각	2022.12.13	낙찰	384,300,000원(70%) 486,220,000원 (88.56%) 이OO / 응찰 44명	362일
1차매각	2022.11.08	유찰	549,000,000원(100%)	327일

결론 임차인 입장이라면 방어 입찰 추천! 돈이 없을수록 경매를 하라!

우리는 누구라도 임대인과 임차인이 될 수 있다. 만약 내 지인이 임차인이 되어 이런 경우를 당했다면 차라리 방어입찰에 들어가서 경락대출을 최대한 활용하는 방법으로 상가주인이 되어 손해를 만회하길 추천한다. 이 물건의 경우 낙찰가의 70%인 345,000,000원을 경락대출받았다.

486,220,000원(낙찰가) - 345,000,000원(경락대출) = 141,220,000원(차액)

141,220,000원(차액) + 27,366,120원(취등록세) = 123,586,120원(자기자본)

결과적으로 1억5,000만원이 안되는 금액으로 남양주시 호평동 스터디카페 주인이 될 수 있다. 이런 메리트 때문에 입찰 당일 44명이 몰려 경쟁이 치열했다. 상가는 목돈이 있어야만 살 수 있다는 고정관념은 법원경매를 알게 되면 내려놓게 된다. 돈이 없을수록 경매를 하라는 말이 맞다.

75

경기 용인시 기흥구 구갈동 상가주택

(ft. 위법건축물의 향방)

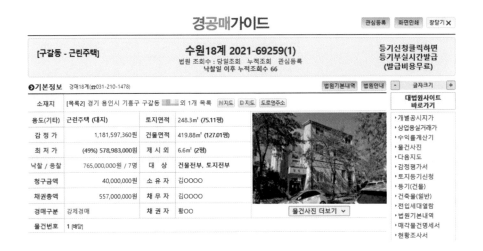

경공매가이드　　　관심등록　화면인쇄　창닫기 ✕

[구갈동 - 근린주택]	**수원18계 2021-69259(1)** 법원 조회수 : 당일조회　누적조회　관심등록 낙찰일 이후 누적조회수 66		등기신청클릭하면 등기부실시간발급 (발급비용무료)

◉ 기본정보 경매18계(☎031-210-1478)　　　　　　　　　법원기본내역　법원안내　　－　글자크기　＋

소재지	[목록2] 경기 용인시 기흥구 구갈동 ▢▢▢ 외 1개 목록 [N]지도 [D]지도 도로명주소			대법원사이트 바로가기
용도(기타)	근린주택 (대지)	토지면적	248.3㎡ (75.11평)	﹒개별공시지가
감 정 가	1,181,597,360원	건물면적	419.88㎡ (127.01평)	﹒상업용실거래가
최 저 가	(49%) 578,983,000원	제 시 외	6.6㎡ (2평)	﹒수익률계산기
낙찰 / 응찰	765,000,000원 / 7명	대 상	건물전부, 토지전부	﹒물건사진 ﹒다음지도
청구금액	40,000,000원	소 유 자	김0000	﹒감정평가서
채권총액	557,000,000원	채 무 자	김0000	﹒토지등기신청 ﹒등기(건물)
경매구분	강제경매	채 권 자	황OO	﹒건축물(일반)
물건번호	1 [배당]			﹒전입세대열람

물건사진 더보기 ⌄

﹒법원기본내역
﹒매각물건명세서
﹒현황조사서

권리분석
포인트

불법대수선 위법건축물, 벌금을 낼까? vs 양성화할까?

❶ 대법원 공고를 보니 1층 근린생활시설(소매점) 중 일부는 원룸 및 사무실로, 주차장은 창고로 개조(1층 사무실 점유자의 전언)된 것으로 조사되었다. 2층(5가구)과 3층(5가구)은 주택으로 사용 중이다. ❷ 건축물대장을 보면 불법대수선으로 위법건축물로 등재되어 있었다.

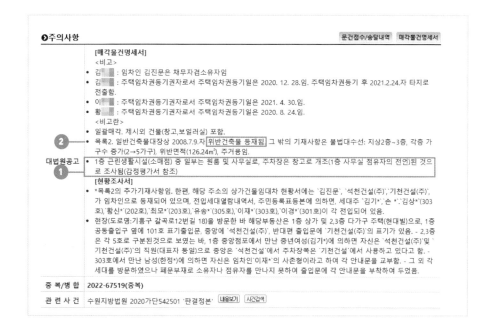

법원경매는 원시취득이다. 위법건축물로 불법건축을 한 당사자는 아니지만 소유자가 되고 나면 원상복구의 의무가 있다. 원상복구하지 않으면 이행강제금을 물어야 한다. 다만 소유자가 되기 이전에 부과되던 이행강제금은 낙찰자에게 인수되지 않는다. 이런 물건을 낙찰받으면 위법인 채로 계속 놔둘 것인지 아니면 양성화할 것인지를 결정해야 한다. 이를 위해 입찰 전에 위법건축물을 해소하는 비용을 알아보고 이를 감안하여 낙찰가를 선정해야 한다.

다만 이 소유자처럼 불법대수선을 하는 이유는 벌금을 내는 것보다 벌어들이는 수익이 더 크다는 뜻이기도 하다.

감정평가서를 보면 1층을 상가, 2층과 3층은 주택으로 사용하고 있다는 것을 확인할 수 있다.

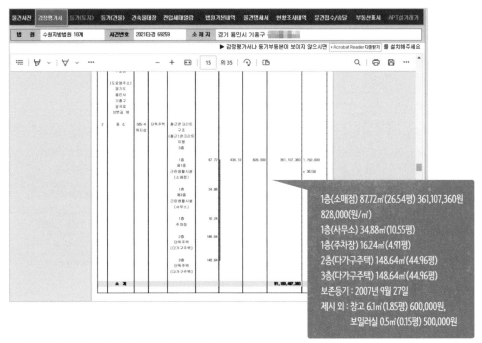

1층(소매점) 87.72㎡(26.54평) 361,107,360원
828,000(원/㎡)
1층(사무소) 34.88㎡(10.55평)
1층(주차장) 16.24㎡(4.91평)
2층(다가구주택) 148.64㎡(44.96평)
3층(다가구주택) 148.64㎡(44.96평)
보존등기 : 2007년 9월 27일
제시 외 : 창고 6.1㎡(1.85평) 600,000원,
　　　　　보일러실 0.5㎡(0.15평) 500,000원

임차인 분석 – 법원 임차인 자료는 믿을 만하다

등기부를 보면 ❸ 2007년 10월 17일 농협 근저당권이 말소기준권리다. ❹ 페이지를 넘겨서 현황조사서를 보면 권리 신고한 임차인이 모두 후순위인데 ❺ 현황조사내역의 임대차관계조사서를 살펴보면 주거 임차인은 거의 전세이고 월세는 1명이며 월차임(월세)은 300,000원이고 상가 임차인은 2명이며 상가1 전세 38,000,000원 상가2 월차임이 4,500,000원으로 현재 신고된 월세 합계는 5,300,000원이다. 참고로 권리신고한 임차인의 보증금 합계로 1년인지 2년인지는 법원기록을 열람해 보기 전에는 알 수 없다. 이 물건은 경매물건의 특징을 고스란히 보여주고 있다. 전체 임차인 중 월세 비중보다 전세임차인이 월등히 많다. 결국 전세보증금을 받아서 월이자를 감당하는 악순환에 빠진 물건이다.

감정가 = 1,181,597,360원 채무과다!

등기채권 총액 557,000,000원 + 임차인의 보증금 총액 418,000,000원 = **975,000,000원**

즉, 감정가 1,181,597,360원에 맞먹는 채무초과 상태 물건이다. 이런 물건은 월세 수익 목적으로 보유해야 하는 건데 이렇게 전체를 전세로 주면 부동산에서 돈이 안 나와 보유할 의미가 없다.

이 물건의 낙찰가는 765,000,000원이다. 이 돈으로 배당하려면 얼핏 봐도 2억 3,000만원 정도는 모자란다. 결국 누군가가 손해를 봐야 한다. 하지만 인수되는 권리나 임차보증금이 없어 낙찰자는 신경 안 써도 된다. 임차인이 모두 나간 뒤 건물 전체를 월세로 전환할 수 있는 기회다. 일반매매라면 묵시적 갱신 주장하는 임차인이 있는 데다 들어온 날짜가 제각기 달라 한 번에 모두를 내보내고 매입할 수 없다. 그리고 일반매매는 전세보증금 전액을 다 안고 사야 한다. 보증금도 못 받았는데 손해 보고 새로운 집주인한테 집을 비워주고 이사 갈 사람이 누가 있을까?

법원에 배당 요구하는 임차인은 권리 신고할 때 임대차계약서를 첨부해서 제출하기 때문에 임차인 현황에 나와 있는 전월세 보증금은 허위가 거의 없다. 전국의 전월세 시세가 경매 정보 안에 다 나와 있는 셈이다.

❯건물등기부등본

접수일	등기구분		등기권리자	금액	비고
2007-09-27	소유권이전		김○○○		보존
2007-10-17	근저당권	말소	농○○	392,000,000	말소기준권리 기흥농협의 근저이전
2020-08-24	임차권	말소	황○○	40,000,000	(전입:2018.03.30 확정:2018.03.19)
2020-12-28	임차권	말소	김○○	45,000,000	(전입:2017.02.03 확정:2017.02.03)
2021-04-30	임차권	말소	이○○	40,000,000	(전입:2018.08.13 확정:2018.08.13)
2021-08-11	압류	말소	용○○		송복순지분
2021-10-20	강제경매	말소	황○○	청구금액 40,000,000	2021타경69259
2022-08-10	임차권	말소	유○○	40,000,000	(전입:2018.06.29 확정:2018.05.21)
2022-08-29	임의경매	말소	농○○		2022타경67519

(등기부채권총액 : 557,000,000 / 열람일 : 2022.09.26)

건물채권과 임차인보증금만으로도
감정가를 넘어선 채무과다 상태 물건

결론

낙찰 후 전세 → 월세 전환, 안정적인 수익 창출!

낙찰받고 전부 월세로 돌리면 주거 10가구 + 1층 상가 월세를 안정적으로 받을 수 있는 물건이다. 2~3층 다가구 주택의 세대수가 총 10세대지만 다가구는 다세대와 달리 방 개수가 아무리 많아도 보유 주택수는 1채만 추가된다. (참고로 아파트 분양 신청 시 1주택 인정)

등기부 을구에는 근저당권 설정되어 있지 않고 ❻ 갑구에 신탁등기가 설정되어 있다. 방 개수가 많으니 방공제를 하지 않고 경락대출을 최대치로 받기 위해 근저당대출 대신 신탁대출을 활용하여 납부한 것으로 보인다. 신탁대출을 쓰는 동안 낙찰자는 위탁자가 되고 신탁회사는 수탁자가 된다. 다시 말하지만 임차인이 신

탁대출 들어간 건물에 임대차계약을 살 때는 수탁자와 체결해야 유효하다. (위탁자인

집주인 ×)*

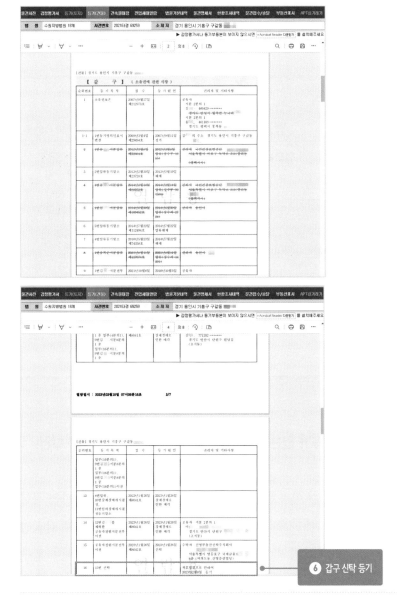

6 갑구 신탁 등기

* 신탁등기는 등기부(갑구) 소유권에 대한 직접적인 제한이 있고 근저당은 등기부(을구) 소유권에 대한 간접적인 제한이 있다.
  등기부에 근저당이 없으면 대출이 없다고 생각하면 X

76

인천 서구 청라동 아이케어비즈센터

(ft. 아파트 단지 상가를 분양가보다 싸게!)

경공매가이드

관심등록 화면인쇄 창닫기✕

[청라동 - 근린상가]

인천4계 2021-513278(1)
법원 조회수 : 당일조회 누적조회 관심등록
낙찰일 이후 누적조회수 82

등기신청클릭하면
등기부실시간발급
(발급비용무료)

❷ 기본정보 경매4계(☎032-860-1604)

법원기본내역 법원안내 [-] 글자크기 [+]

					대법원사이트 바로가기
소재지	**[목록1]** 인천 서구 청라동 167-7 아이케어비즈센터 [M지도] [D지도]				›개별공시지가
	도로명주소				›상업용실거래가
용도(기타)	근린상가 (-)	토지면적	20.1㎡ (6.08평)		›수익률계산기
감 정 가	886,000,000원	건물면적	59.04㎡ (17.86평)		›물건사진
최 저 가	(34%) 303,898,000원	제 시 외	0㎡		›다음지도
낙찰 / 응찰	365,375,000원 / 3명	대 상	건물전부, 토지전부		›감정평가서 ›집합등기신청
청구금액	53,263,013원	소 유 자	경OO		›건축물(표제)
채권총액	1,036,911,335원	채 무 자	경OO		›건축물(전유) ›법원기본내역
경매구분	강제경매	채 권 자	서OOOOO		›매각물건명세서
물건번호	1 [배당]		물건사진 더보기 ⌄		›현황조사서 ›문건접수/송달

권리분석 포인트

상가관리단 가압류가 있는가? 체납관리비 소멸시효 여부도 꼭 확인!

❶ 아파트 단지 내 상가나 아파트 단지 인근의 근린상가는 아파트에 사는 사람의 수요가 뒷받침된다는 메리트가 있기에 분양가가 높다. 이 물건의 감정가 886,000,000원은 분양가가 반영된 것이다. ❷ 하지만 실제 임장해보면 이미 입주한 다른 호수 상가에 비해서 위치가 안 좋을 수 있다. 상가가 빈 상태라면 미납관

리비가 많이 밀려 있을 수도 있다.

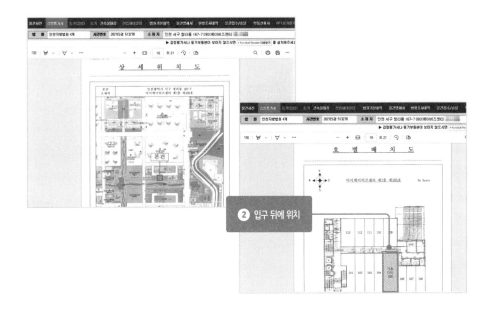

❸ 상가 경매물건 중 감정가 대비 최저가 20%대까지 떨어지는 경우가 있는데 이런 물건은 특히 체납관리비와 다달이 부과되는 관리비의 기준이 무엇인지 살펴봐야 한다. 낙찰자는 보통 3년 치 미납관리비 중 공용부분만 인수하면 된다고 알려졌다. 하지만 체납관리비의 시효중단 사유가 있다면 말이 달라진다. 관리단에서 체납관리비 채권을 원인으로 한 가압류 전소유자와 소송 중이었다면? 소멸시효 중단의 효력이 발생했을 경우 소멸시효 3년의 적용대상에서 제외될 수 있다. 소멸시효 적용을 받지 않는 체납관리비는 5년이든 7년이든 낙찰자가 추가인수해야 하므로 주의할 필요가 있다.[*] 등기부등본에 상가관리단에서 가압류한 기록이 있으면 입찰 시 주의해야 한다.

---

[*] 낙찰자는 전소유자를 대신해서 체납관리비를 대위변제하고 구성권을 청구해서 받아낼 수도 있다. 하지만 많은 시간과 노력이 필요하며 번거롭다.

결론 **뒤쪽으로 배치된 상가, 배달전문, 온라인 사업자에게 적합**

법원경매로 상가 권리금 없이 싸게 주인이 될 수 있는데, 감정가 886,000,000원인 일산서구 상가 경매물건은 최저가 303,898,000원(34%)까지 떨어졌는데 왜 여태 낙찰이 안 되었을까? 위의 사진을 보면 현재 입주한 업체가 없이 공실이다. 최초 분양하고 단 한 번도 입주한 적이 없는 상가도 있는데 그런 물건의 특징은 엄청난 관리비가 오랫동안 밀려 있어 최저가보다 체납관리비가 더 많은 배보다 배꼽이 더 큰 경우가 있다.

상가 관리비 부과 적용 평수는?
체납관리비도 양도세 신고 시 인정?

상가를 살 때 주의할 점은 상가 관리비를 분양 평수를 기준으로 부과하느냐 여부다. 이럴 경우 예상한 것보다 3배 이상의 관리비가 부과된다. 그래서 상가를 잘못 사면 월이자 + 관리비에 시달리며 사는 순간부터 마이너스가 된다.

매각대상 면적 17.86평으로 관리비를 부과하지 않고 분양평수로 부과하는 상가도 있으니 임장 가서 상가 관리단에 관리비 부과기준을 물어봐서 확인하자. 참고로 경매로 낙찰받은 부동산의 체납관리비를 추가인수한 경우 '낙찰가 + 체납관리비 = 취득가액'으로 인정받게 되므로 양도세 신고 시 첨부하면 인정받을 수 있다. 체납관리비 영수증은 따로 챙겨두는 게 좋다.

일반매매로 상가나 오피스텔을 매입하면 10%의 부가세를 낸다. 법원경매로 부동산을 취득하는 행위는 재화의 이동으로 보지 않기 때문에 부가세를 내지 않고 제아무리 장사가 잘되는 상가가 경매 부쳐진다고 하더라도 권리금은 줄 필요가 없다. 법원의 감정평가서를 읽어보면 '토지 + 건물'만 감정한다. 이것이 상가 경매의 큰 메리트다.

상가 관리비 부가기준 확인!!

77

인천 서구 청라동 3층 상가주택

(ft. 채무총액이 3,700억원이라도 전부 말소!)

경공매가이드

관심등록 화면인쇄 창닫기 ✕

[청라동 - 근린주택]

인천26계 2021-16142(1)
법원 조회수 : 당일조회 누적조회 관심등록
낙찰일 이후 누적조회수 132

등기신청클릭하면
등기부실시간발급
(발급비용무료)

기본정보 경매26계(☎032-860-1626)

법원기본내역 법원안내 ﹣ 글자크기 ﹢

소재지	[목록2] 인천 서구 청라동 ▨▨▨▨ 외 1개 목록		Ⓝ지도 Ⓓ지도 도로명주소	대법원사이트 바로가기
용도(기타)	근린주택 (대지)	토지면적	277.6㎡ (83.97평)	﹥개별공시지가
감 정 가	1,557,933,560원	건물면적	414.85㎡ (125.49평)	﹥상업용실거래가 ﹥수익률계산기
최 저 가	(70%) 1,090,553,000원	제 시 외	15.7㎡ (4.75평)	﹥물건사진 ﹥다음지도
낙찰 / 응찰	1,451,000,000원 / 12명	대 상	건물전부, 토지전부	﹥감정평가서
청구금액	519,740,406원	소 유 자	주OOO	﹥토지등기신청 ﹥건물등기신청
채권총액	370,373,337,951원	채 무 자	주OOOOOO	﹥건축물(일반)
경매구분	임의경매	채 권 자	신OOO	﹥법원기본내역 ﹥매각물건명세서
물건번호	1 [매당]		물건사진 더보기 ∨	﹥현황조사서

권리분석 포인트

선순위임차인 X, 낙찰자 인수할 보증금이 없는 물건

경공매가이드 메인 화면에서 ❶ 감정평가서를 선택하면 건물+토지 합산하여 감정한 내역을 확인할 수 있다. 감정가는 1,557,933,560원인데 ❷ 등기 채권총액은 370,373,337,951원이다.

418

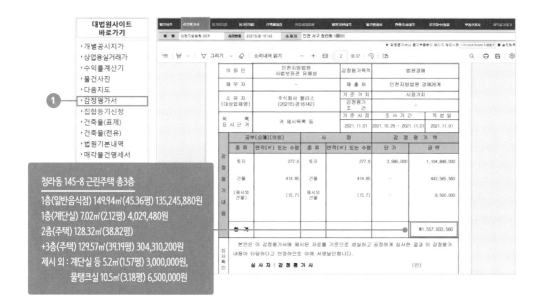

청라동 145-8 근린주택 총3층
1층(일반음식점) 149.94㎡(45.36평) 135,245,880원
1층(계단실) 7.02㎡(2.12평) 4,029,480원
2층(주택) 128.32㎡(38.82평)
+3층(주택) 129.57㎡(39.19평) 304,310,200원
제시 외 : 계단실 등 5.2㎡(1.57평) 3,000,000원,
물탱크실 10.5㎡(3.18평) 6,500,000원

등기부를 보니 ❸ 말소기준권리는 2017년 12월 7일, 근저당권 이하 전부 매각으로 소멸되기 때문에 그 이하 빚이 3,700억원이라 해도 겁먹을 필요는 없다. 낙찰자에게 하나도 넘어오지 않는다.

접수일	등기구분		등기권리자	금액	비고
2017-12-07	소유권이전		주OOO		전소유자:김 ■ 외1 매매(2017.11.05)
2017-12-07	근저당권	말소	신OO성산동지점	612,000,000	**말소기준권리**
2021-05-31	가압류	말소	창OO ❻	369,441,337,951	창원지법 2021초기623
2021-06-17	가압류	말소	조OO	320,000,000	인천지법 2021카단103616
2021-09-01	압류	말소	국OO부천북부지사		
2021-10-18	임의경매	말소	신OO여신관리부	청구금액 519,740,406	2021타경16142

❷ 등기부채권총액 : 370,373,337,951 / 열람일 : 2022.05.25)

❹ 임차인 중 2014년 12월 26일 전입하여 말소기준권리일보다 앞선 선순위임차인이 대항력을 갖추었지만 ❺ 배당요구종기일 내에 배당요구를 했고 낙찰로 전액 배당 가능해 낙찰가 외 추가로 물어줄 보증금이 없다.

419

임차인	선순위대항력	보증금/차임	낙찰자 인수여부	점유부분	비고
윤OO ❹❺	전입 : 2014-12-26 (有) 확정 : 2014-12-09 배당 : 2021-12-06	보증 : 140,000,000	배당액 : 140,000,000원 미배당 : 0원 인수액 : 없음		
이OO	전입 : 2018-05-02 (無) 확정 : 2018-04-18 배당 : 2021-12-22	보증 : 200,000,000	배당액 : 200,000,000원 미배당 : 0원 인수액 : 없음		
망 OOOOOOOOOO	전입 : 2018-09-20 (無) 확정 : 2018-09-20 배당 : 2021-11-02	보증 : 140,000,000	배당액 : 140,000,000원 미배당 : 0원 인수액 : 없음		
장OO	사업 : 2021-03-18 (無) 확정 : 2021-10-26 배당 : 2021-10-27	보증 : 30,000,000원 차임 : 1,600,000원 환산 : 190,000,000원	배당액 : 30,000원 미배당 : 29,970,000원 인수액 : 없음		상가임차인
	총보증금 : 510,000,000	/	총월세 : 1,600,000		

(말소기준권리일:2017-12-07, 소액임차기준일:2017-12-07, 배당요구종기일:2022-01-18)

3,700억원? 누가 빌려줬을까?

그런데 누가 개인에게 3,700억원이나 빌려줄까? 등기부를 다시 보니 ❻ 채무자가 법인이고(㈜○○○○) 근저당권은 1개인데 그 밑에 가압류, 압류가 주루룩이다. 가압류, 압류는 부동산을 담보로 설정 잡고 빌려준 것이 아니다. 이 물건은 일반매매로는 답이 없는 물건이다. 일반매매일 경우 제아무리 입지가 좋고 장사가 잘되는 상가에 주택이 있어도 시세의 몇 배를 줘야만 등기에 설정된 채무액이 말소된다.

가압류만 걸어도 배당을 받을까?

여기서 잠깐 가압류에 대해 알아보자. 가압류는 채권자로 보이는 자가 장래 회수할 것으로 생각되는 자기의 채권을 보전할 목적으로 하는 보전처분 등기를 말한다. 만약 가압류권자가 패소하였다면 그 가압류의 효력은 발생하지 않는다. 따라서 가압류 자체만으로 배당요구 한 채권자는 배당금을 교부해주지 않고 공탁하며, 공탁금을 받아가려면 채권이 확정되었다는 판결문, 즉 집행권원을 제출해야 한다.

일반대출 vs 경락대출 더 많이 나오는 대출은?

인천에 소재한 이 물건은 1층은 음식점, 2~3층은 주택으로 1,451,000,000원에 낙찰되었다. 낙찰자가 어떻게 잔금을 납부했는지 확인하고 싶다면 등기부를 보면 되는데 필자가 찾아보니 2022년 11월 10일 채권 최고액이 1,308,000,000원이며 근저당으로 설정되었다. 통상 대출원금의 120%로 잡기에 대출 원금은 1,090,000,000원 정도가 될 것이다. 이 물건은 방 개수가 적어서 방공제로 빠지는 금액이 많지 않았고 결과적으로 은행권 근저당대출을 받았다.(신탁대출 X)

다시 처음으로 돌아가서 ❸ 말소기준권리를 보자. 소유자가 경매 전 받았던 근저당권 설정액은 612,000,000원으로 대출원금은 5억1,000만원이다. 이것만 봐도 경락대출이 일반대출의 딱 2배가 나온 걸 알 수 있다. 낙찰받았을 때만 받을 수 있는 경락대출이 이렇게 좋은 것이다. 지금 현금이 있어서 경락대출을 덜 받고 나중에 추가로 받고 싶을 경우 그때는 경락대출을 받지 못한다. 자기담보대출로 받아야 한다.

돈이 없는 사람일수록 경락대출이라는 금융레버리지를 100% 활용해 이런 물건의 소유자가 되는 꿈을 꿔야 한다. 경매로 상가주택을 사는 게 가장 적은 돈으로 살 수 있는 방법이다.

❶건물등기부등본　　　　　　　　　　　　　　　　　　　　　　　건물등기신청

접수일	등기구분		등기권리자	금액	비고
2017-12-07	소유권이전		주○○○		전소유자:김■■외1 매매(2017.11.05)
2017-12-07	근저당권	말소	신○○성산동지점	612,000,000	말소기준권리
2021-05-31	가압류	말소	창○○	369,441,337,951	창원지법 2021초기623
2021-06-17	가압류	말소	조○○	320,000,000	인천지법 2021카단103616
2021-09-01	압류	말소	국○○부천북부지사		
2021-10-18	임의경매	말소	신○○여신관리부	청구금액 519,740,406	2021타경16142

(등기부채권총액 : 370,373,337,951 / 열람일 : 2022.05.25)

78 경기 포천시 이동면 도평리 백운계곡 모텔
(ft. 숙박시설은 방공제 X)

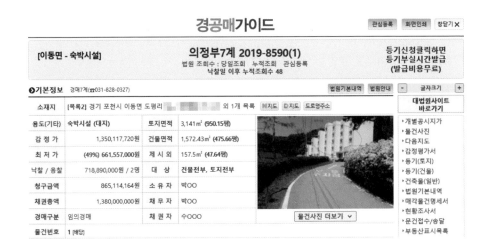

[이동면 - 숙박시설]	의정부7계 2019-8590(1) 법원 조회수 : 당일조회 누적조회 관심등록 낙찰일 이후 누적조회수 48			등기신청클릭하면 등기부실시간발급 (발급비용무료)

◆기본정보 경매7계(☎031-828-0327)

법원기본내역 법원안내 - 글자크기 +

소재지	[목록2] 경기 포천시 이동면 도평리 ▨▨▨▨ 외 1개 목록 N지도 D지도 도로명주소
용도(기타)	숙박시설 (대지)
감 정 가	1,350,117,720원
최 저 가	(49%) 661,557,000원
낙찰 / 응찰	718,890,000원 / 2명
청구금액	865,114,164원
채권총액	1,380,000,000원
경매구분	임의경매
물건번호	1 [배당]

토지면적	3,141 m² (950.15평)
건물면적	1,572.43 m² (475.66평)
제 시 외	157.5 m² (47.64평)
대 상	건물전부, 토지전부
소 유 자	박OO
채 무 자	박OO
채 권 자	수OOO

물건사진 더보기 ∨

대법원사이트 바로가기
- 개별공시지가
- 물건사진
- 다음지도
- 감정평가서
- 등기(토지)
- 등기(건물)
- 건축물(일반)
- 법원기본내역
- 매각물건명세서
- 현황조사서
- 문건접수/송달
- 부동산표시목록

권리분석 포인트

475평 전체를 점유할 수 있을까? 유치권 성립 X

❶ 대법원 공고를 보면 유치권 신고가 160,450,000원 있지만 현황조사에 채무자 겸 소유자가 직접 점유하고 운영 중이라고 말했다. 유치권이란 해당 부동산을 타인이 사용, 수익하지 못하도록 배타적으로 점유하고 있는 부분만 인정되고 경매 개시결정 기입등기 이전에 점유해야 성립된다. 하지만 건물면적 475평 전부를 유

치권자가 점유하고 있지 않은 한 주장하는 금액을 받아내기 어렵다. ❷ 소유자가 법원의 현황조사에 응해서 임대차 없이 직접 점유하고 말했기 때문에 유치권자는 신고만 했지 점유하고 있지 않다. 혹시라도 나중에 점유한다고 하더라도 점유 시기를 놓쳤다.

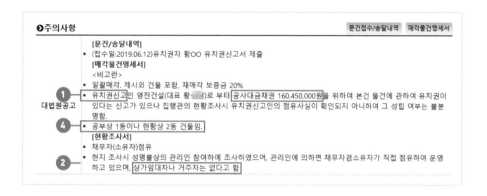

그리고 ❸ 이 물건의 감정평가서에 나온 지도를 잘 살펴보자. 백운계곡 인근에 있는 모텔이다. 여기는 이재명 전 경기도지사가 백운계곡에서 장사하는 사람들의 좌판을 싹 치운 지역이다. 이건 무슨 뜻인가? 여름에 피서객이 몰리는 지역이라는 뜻이다.

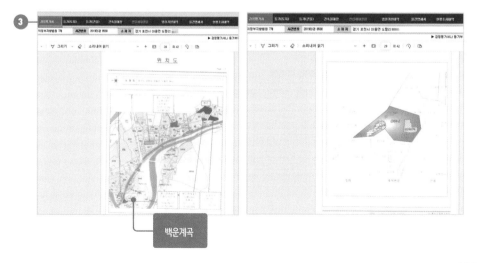

❹ 앞에서 대법원 공고에는 공부상 1동이지만 현황상 2동 건물이라고 한다. 이는 장사가 잘되니 옆에 펜션을 또 지었지만 등기부등본에 등재를 안 한 상태라는 뜻이다.

❺ 건축물대장을 보자. 갑구에는 대지위치, 지번, 지역, 지구, 연면적 등 건축개요에 대한 내용이 있고 을구는 건축물현황, 소유자현황, 변동사항 등이 있다. 갑구를 보니 2개 동이란 언급은 없고 지하 1층~지상 5층 건물 표기가 있다. (장사가 잘되니 건물을 더 짓고 사용승인 받지 않았다. 해법은 이번 책에서 다루면 너무 길어지니 다루지 않겠다.)

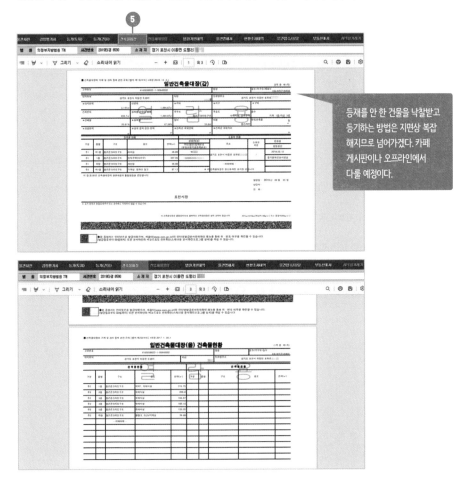

등재를 안 한 건물을 낙찰받고 등기하는 방법은 지면상 복잡해지므로 넘어가겠다. 카페 게시판이나 오프라인에서 다룰 예정이다.

❻ 물건사진을 보니 외부수영장 시설까지 갖춰져 있다. 인근에 캠핑장과 캬라반 숙박시설이 몰려서 타운을 형성하고 있어 '가족형숙박시설'로 운영하면 좋을 위치에 있다.

결론

숙박시설은 방이 많아도 방공제 X, DSR 적용 X

숙박시설은 주거용 부동산이 아니다. 5층짜리 모텔 한 층에 객실 10개만 잡아도 50개다. 이 많은 객실 전부다 방공제를 하면 경락대출 나올 게 없다. 그러나 숙박시설은 주거시설이 아니기 때문에 DSR을 안 본다. 숙박시설은 방 1개만 공제하고 보유해도 보유주택수에 추가되지 않는다.

숙박 사업 잘만 하면 '봉이 김선달' 사업?

숙박 사업은 경치가 좋은 곳이 이득이다. 자연 경치를 내가 꾸미거나 내 돈 들여 유지하지 않아도 자연을 이용할 수 있는 최소한의 공간만 제공하면 된다. 숙박시설 주인은 부동산을 사용할 수 있도록 편의를 제공하면 끝이다. 손님과 일일이 응대하지 않아도 되고 각자 취향대로 놀다가 간다.

그런데 다른 서비스업종을 생각해보자. 식당은 정해진 시간에 식사를 해야 하니 식사시간에 손님이 몰리고 나머지 시간에는 손님이 없다. 손님에게 음식을 만들어서 제공도 해줘야 한다. 음식할 재료도 미리 사다가 준비해둬야 한다. 하지만 숙박업은 손님이 퇴실한 다음에 청소를 한다. 손님이 아무리 많이 와도 미리 뭘 사다 놔야 할 것이 없다. 청소는 아무나 할 수 있고 비교적 인건비가 싼 편이지만 음식점 주방장, 커피숍 바리스타, 제빵사는 전문직이라 인건비가 비싸다. 게다가 주인이 있는 가게와 없는 가게는 서비스 품질이 달라지니 주인은 자리를 비우기 힘들다. 어떤 손님도 의리를 지키지 않는다. 단 몇백원이라도 싼 곳이 들어서면 다 떠나버린다. 블루오션을 찾아서 투자해야 3대가 행복해진다는 것을 잊지 말자.

드라마 '스카이캐슬'은 3대째 의사 가문을 만들기 위한 엄마들의 사교육 경쟁을 다뤘는데 아버지의 후광을 물려받으려면 아들도 의사가 되어야만 한다. 하지만 수익형 부동산은 물려받는 데 어떠한 자격증도 필요 없다. 강가와 해변은 국가소유 부동산이라 개인이 살 수 없다. 그렇지만 이런 부동산을 독점적으로 이용할 수 있는 점용허가권신청권리는 가장 인접한 토지 소유주에게 있다. 물론 국가 소유 토지에 개인이 건물을 지을 수 없지만 내 건물에서 몇 발자국만 걸어나가면 확 트인 해변이나 강가가 인접할 경우 '뷰 맛집'으로 입소문 나서 장사하기 좋고 제아무리 장사가 잘되어도 다른 사람이 뷰를 가리며 건물을 짓지 못하니 결과적으로 영구조망을 확보한 셈이다.

79

경기 용인시 수지구 죽전동
에코프라자 1층 카페
(ft. 지분매각처럼 보이는 게 페이크)

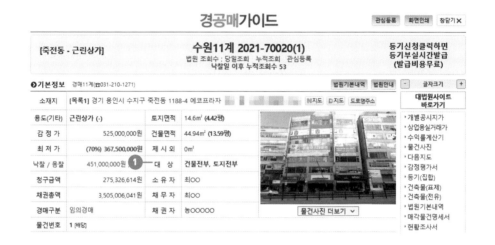

경공매가이드

관심등록 화면인쇄 창닫기 X

[죽전동 - 근린상가]		수원11계 2021-70020(1)		등기신청클릭하면
		법원 조회수 : 당일조회 누적조회 관심등록		등기부실시간발급
		낙찰일 이후 누적조회수 53		(발급비용무료)

기본정보 경매11계(☎031-210-1271) · 법원기본내역 법원안내 · - 글자크기 +

소재지	[목록1] 경기 용인시 수지구 죽전동 1188-4 에코프라자 ▮▮▮▮ N지도 D지도 도로명주소			대법원사이트 바로가기
용도(기타)	근린상가 (-)	토지면적	14.6㎡ (4.42평)	· 개별공시지가
감정가	525,000,000원	건물면적	44.94㎡ (13.59평)	· 상업용실거래가 · 수익률계산기
최저가	(70%) 367,500,000원	제시외	0㎡	· 물건사진 · 다음지도
낙찰 / 용찰	451,000,000원 ❶	대 상	건물전부, 토지전부	· 감정평가서
청구금액	275,326,614원	소유자	최OO	· 등기(집합)
채권총액	3,505,006,041원	채무자	최OO	· 건축물(표제) · 건축물(전유)
경매구분	임의경매	채권자	농OOOOO	· 법원기본내역
물건번호	1 [배당]		물건사진 더보기 ∨	· 매각물건명세서 · 현황조사서

권리분석
포인트

인수권리 X 그런데 카페 절반만 경매? 채권총액이 35억원?

이 물건은 ❶ 매각대상이 '건물전부, 토지전부'로 되어 있어서 안심했다가 대법원 공고에 나온 ❷ 인접 호수(102호, 소유자 다름)와 하나의 영업장으로 이용 중'이란 문구를 보고 이게 뭐지? 지분물건인가 의문이 생겼다.

② ❱주의사항

		문건접수/송달내역	매각물건명세서
대법원공고	[매각물건명세서] <비고란> • 본건은 상가로 인접호수(102호, 소유자 다름)와 경계 벽체 없이 하나의 영업장(상호 `커피밀`)으로 이용중임.		
관 련 사 건	서울중앙지방법원 2010가합98295 `판결정본` 내용보기 사건검색		

등기부를 보니 **③** 2007년 9월 11일, 농협의 근저당권이 말소기준권리다. **④** 임차인 사업자등록일은 2010년 10월 26일이라 후순위이고 낙찰자가 신경 쓸 필요는 없다. **⑤** 그런데 이 물건의 등기채권총액이 3,505,006,041원이나 된다. 어떻게 된 걸까? 이것도 겁먹을 필요 없다. 말소기준권리 이하 전부 매각으로 소멸되기 때문이다.

❱집합건물등기부등본 집합건물등기

접수일	등기구분		등기권리자	금액	비고
2007-11-09	소유권이전		최OO	515,000,000	전소유자:배▨▨ 매매(2007.10.31)
2007-11-09	근저당권	말소	농OO	384,800,000	말소기준권리 수지농협의 근저이전
2014-02-19	가압류	말소	이OO	910,617,000	수원지법 2014카단100207
2016-11-29	근저당권	말소	송OO	1,300,000,000	
2018-02-06	압류	말소	용OO		거액의 빚이지만 경매로 소멸!
2018-05-14	압류	말소	용OO		
2021-10-29	임의경매	말소	농OO	청구금액 275,326,614	2021타경70020
2021-11-11	가압류	말소	조OO	909,589,041	서울중앙지법 2021카단267
2022-04-11	압류	말소	용OO		
2022-09-08	압류	말소	서OO		

⑤ (등기부채권총액 : 3,505,006,041 / 열람일 : 2022.10.04)

❱임차인현황 (물건상담 ▨▨▨▨▨ ▨▨▨▨▨) 현황조사서 매각물건명세서 수익률계산기

임차인	선순위대항력	보증금/차임	낙찰자 인수여부	점유부분	비고
④ 권OO	사업 : 2010-10-26 (無) 확정 : - 배당 : 2021-11-24	보증 : 30,000,000원 차임 : 1,500,000원 환산 : 180,000,000원	배당액 : 0원 미배당 : 30,000,000원 인수액 : 없음		상가임차인 환산보증금 한도초과 (한도 : 140,000,000 원 이하)
	총보증금 : 30,000,000 / 총월세 : 1,500,000원				

(말소기준권리일:2007-11-09, 소액임차기준일:2007-11-09, 배당요구종기일:2022-01-13)

103호, 102호 소유자가 다른 물건, 지분경매 X

이 물건은 103호 소유자와 102호 소유자가 각각 다른데, 임차인 1명이 2개를 터서 카페로 운영하다가 103호만 경매로 부쳐진 상황이다. 임차인은 후순위이고 명도 대상이다.

이 물건은 103호를 낙찰받아서 102호와 칸막이를 치고 다른 업종을 운영해도 되고 같이 카페로 운영하거나 임대를 주는 등 활용방안은 많다. 참고로 이 물건의 경락대출 상황을 알아보기 위해 등기부를 확인해보니 낙찰자는 중국인이었다. 필자가 책을 쓸 무렵 중국인 낙찰 사례가 많아서 좀 놀라기도 했다.

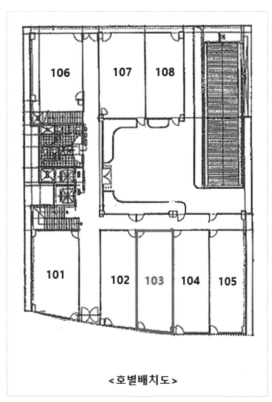

\<호별배치도\>

초대박 수익

다섯째
마당

토지 사례
20

서초 · 청계

성남 · 수정

전남 · 여수

제주 · 한림

이 책의 78개 사례는 대한민국 경매 지도를 대표한다.
실제 입찰 사례를 분석하다 보면 실전투자에 큰 도움이 된다.

이 책은 '경공매가이드' 유료 사이트를 기반으로 설명하고 있다.
타 사이트 이용자라 해도 구성화면이 대동소이해서
책 내용을 이해하는 데 문제는 없다.
(임차인현황, 전입세대열람, 건축물대장, 등기부등본 콘텐츠 등은 유료)

무료 대법원 사이트
'법원경매정보'

유료 경매정보 사이트
'경공매가이드'

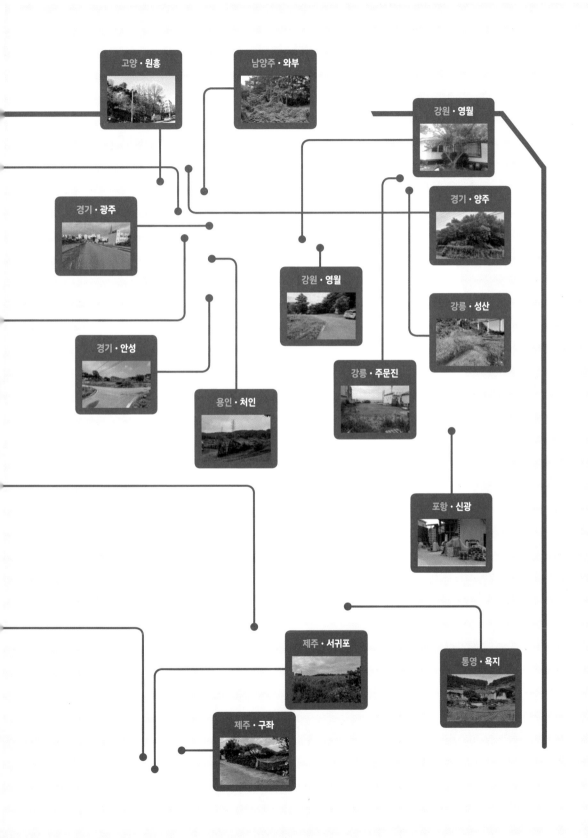

고양 · 원흥

남양주 · 와부

강원 · 영월

경기 · 광주

경기 · 양주

강원 · 영월

강릉 · 성산

경기 · 안성

강릉 · 주문진

용인 · 처인

포항 · 신광

제주 · 서귀포

통영 · 욕지

제주 · 구좌

80

토지 경매 포인트 - 건물 들어설 땅이 최고!
(ft. 토지대장, 지적도, 토지이용계획확인원)

토지는 권리분석과 명도가 간단, 물건분석이 더 중요!

보통의 토지는 임대차가 없어 권리분석이 간단하고 명도할 것이 없어 대금만 내면 바로 내 것이 된다. 토지투자가 어려운 이유는 환금성이 높지 않고 땅을 보는 안목은 하루아침에 생기지 않기 때문이다. 어찌 보면 고수의 영역이다. 간혹 임장 가서 엉뚱한 땅을 보고 돌아오는 분도 있다. 땅이 아파트보다 환금성이 떨어지지만 누가 봐도 좋은 평균 이상의 가치를 가진 땅을 골라야 되팔기 쉽다. 다시 한번 강조하지만 싸고 좋은 것은 없고 싼 것은 비지떡일 뿐이다. 안목을 길러서 좋은 물건을 찾아내야지 감정가 대비 25% 이상 유찰되었다며 싸게 샀으니 돈 벌었다는 식의 접근을 하면 안 된다.

토지 확인 서류 3총사 - ❶ 토지대장 ❷ 지적도 ❸ 토지이용계획확인원

토지의 가치를 알려면 지목부터 알아야 한다. 지목은 토지의 사용 목적에 따라 종류를 구분하는 것인데, 총 28개(전, 답, 임야, 유지, 구거, 하천, 광천지, 양어장, 목장용지, 공장용지,

창고용지, 수도용지, 철도용지, 체육용지, 제방, 염전, 과수원, 대지, 학교용지, 종교용지, 주차장, 주유소, 도로, 공원, 묘지, 유원지, 사적지, 잡종지)로 나뉜다. 토지 지목과 면적을 확인하려면 ❶ **'토지(임야)대장'** 을 발급해서 '지목, 면적, 소재지, 지번'을 보면 된다. 땅의 모양과 경계를 확인하려면 ❷ **'지적도'**를 발급하면 되고, 개발가능성을 확인하려면 ❸ **'토지이용계획확인원'**을 발급하면 된다. *

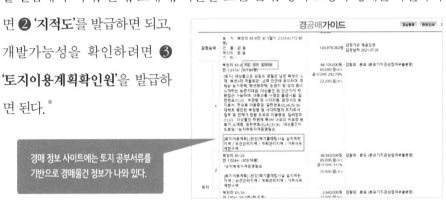

> 경매 정보 사이트에는 토지 공부서류를 기반으로 경매물건 정보가 나와 있다.

건물이 들어서는 토지가 최고! – 계획관리 지역 + 3~4미터 도로 인접

토지를 농사 목적으로 경매에 투자하는 사람이 얼마나 될까? 결국 토지는 건물을 지을 수 있는가 아닌가로 가치가 갈린다. 필자가 생각하는 기준으로 큰 수익이 날 토지의 조건은 계획관리 지역 내에 있고 3~4미터 도로가 접해 있는 물건이다. 도로가 중요한 이유는 건축허가 여부 때문인데 도시지역은 4미터 도로, 읍면지역은 3미터 도로가 접해 있어야 건축허가를 받을 수 있다.

경매물건 중에는 개발 가능한 지역 내에 있어도 전, 답, 임야로 방치된 경우가 많다. 그 이유는 토지 소유자가 개발행위를 할 여력이 없거나 공유자가 많아 의견 일치가 안 되거나 채무과다 상태라 개발행위를 해도 실익이 없는 경우가 대부분이다. 이런 상황을 파악하고 건물이 들어설 수 있는 토지를 집중적으로 공략하는 게 필요하다.

---

* 토지거래허가구역 내 물건이라도 경매물건은 허가 없이 소유권취득 가능하다.

맹지도 지역권을 활용하면 건물이 들어설 수 있다?

맹지는 도로와 맞닿은 부분이 전혀 없는 토지다. 건축행위도 불가능하지만 농사를 지으려고 해도 타 지번으로 사방이 둘러싸여 있어 농기구 들어가는 것도 어렵다. 인접 토지를 통해서 출입을 해야 하기 때문에 뭘 하든 맹지는 인기가 없다. 하지만 맹지에도 희망의 숨결을 불어넣는 '지역권'이란 게 있다. 지역권이란 자기 토지의 편익을 위해 타인의 토지를 이용할 수 있는 권리, 즉 내 땅에 도로가 없더라도 타인 토지의 일부분 또는 전체를 통행로로 사용할 수 있는 권리를 말한다. 단, 당사자 간에 합의한 경우만 가능하다. 토지의 편익을 받는 토지는 요역지, 주는 토지는 승역지라 한다.

지역권(물권) 활용 토지

- **승역지** : 편익을 제공하는 토지
- **요역지** : 토지로부터 편익을 얻는 토지 ●————— 요역지가 투자 포인트

요역지 지역권이 포함된 토지 경매 공략할 것!

아무리 쓸모없는 맹지라도 토지에 지역권을 설정한 경우 활용 가치가 높아진다. 만약 경매물건으로 나온 맹지에 요역지 지역권이 포함되어 있다면 더 이상 맹지가 아니게 된다. 이 지역권(물권)˙은 말소기준권리보다 후순위로 있더라도 소멸되지 않는다. 따라서 맹지를 낙찰받을 때 요역지 지역권이 있다면 승계받을 수 있다.

● **물권** : 채권과 달리 누구에게나 권리의 주장이 가능하다. 자세한 내용은 57쪽 참고.

81 서울 서초구 신원동 청계산입구역 204평

(ft. 연예인 사기? 기획부동산? - 비오톱 1등급 주의!)

경공매가이드

관심등록 화면인쇄 창닫기 ✕

[신원동 - 임야]

중앙1계 2022-106768(1)
법원 조회수 : 당일조회 누적조회 관심등록
낙찰일 이후 누적조회수 9

**등기신청클릭하면
등기부실시간발급
(발급비용무료)**

● 기본정보 경매1계(☎02-530-1820)

법원기본내역 | 법원안내 | - 글자크기 +

대법원사이트 바로가기

소재지	[목록1] 서울 서초구 신원동 　　　 N지도 D지도 도로명주소					
용도(기타)	임야 (-)	토지면적	677.66m² (204.99평)		
감정가	71,158,500원	건물면적	0m²		
최저가	(64%) 45,542,000원	제시외	0m²		
낙찰 / 응찰	49,599,000원 **①**	대 상	토지지분		
청구금액	13,742,357원	소유자	유■■(지분소유)		
채권총액	12,905,441원	채무자	유■■		
경매구분	강제경매	채권자	대한채권관리대부		
물건번호	1 [낙찰]				

물건사진 더보기 ∨

› 개별공시지가
› 토지실거래가
› 물건사진
› 다음지도
› 감정평가서
› 토지등기신청
› 법원기본내역
› 매각물건명세서
› 현황조사서
› 문건접수/송달
› 부동산표시목록
› 토지이용계획

물건분석 포인트

강남권 지하철 인근 토지, 언젠가 개발이 되지 않을까?

　이 물건은 서초구 신원동에 소재하며 지하철 청계산입구역 남동측에 있는 토지다. ● 매각 대상이 토지지분이지만 감정가 1억원도 안 되고 이 정도면 나머지 지분도 사들일 수 있지 않을까? 게다가 감정가 절반 가까이 유찰되었는데… 게다가 임차인분석도 할 필요가 없는 토지 아닌가?

❷ 감정평가서를 보니 맹지지만 3미터 내외 도로가 통과한다. 도로가 있다면 건물을 세울 수 있다는 말을 얼핏 들었는데…. 강남 인근이고 지하철도 가깝고 언젠가 개발되지 않을까?

❶주의사항

대법원공고	[매각물건명세서] <비고란> • 지분매각, 맹지, 봉분 소재 여부 불상임 [현황조사서] • 전입세대열람 내역에 임차인 자료 내역이 없고, 본건 임야를 방문하였으나 이해관계인을 만나지 못하여 점유관계를 알수없으므로 별도 확인이 필요함.
관 련 사 건	서울남부지방법원 2022가소289974 '판결정본' 내용보기 사건검색

❶감정평가서 요약

감정평가서

목록	지번/토지이용계획/용도/구조/면적	감정가 말형개산	비고
감정요약	토　지 : 신원동 산■■■ 임야 677m²(204.79평) 건　물 : 없음 제시외 : 없음 기　타 : -	71,158,500원	감정기관 청학감정 감정날짜 2022.08.03
토지 1	신원동 산 ■■■ 지도 등기 토지이용 임야(지분) 14762m²중 115703/2520450 ⇒ 67,766 m² (204.99215평) [토지] 본건은 서초구 신원동에 소재하는 지하철 청계산입구역 남동측에 위치하며 주위는 도시근교 자연림 상태의 임야지대로서 제반환경은 보통 입니다. 본건은 차량접근이 불가능하며 인근에 노선버스 정류소가 소재하나 제반 교통사정은 다소 불편한 편입니다. 부정형이며 남서측에서 북동측으로 하향 완경사를 이루는 자연림입니다. 본건은 맹지이나 북동측 인근에 폭약 3미터 내외의 도로가 통과합니다. [토지이용계획] 도시지역 / 자연녹지지역 / 도시자연공원구역 / 개발제한구역 / 대공방어협조구역 / 비행안전제6구역 / 제한보호구역 / 토지거래계약에관한허가구역 / 공익용산지 / 보전산지 / 과밀억제권역 / 비오톱1등급(저축)	71,158,500원 105,000(원/m²) 공시대비 122.38% 85,800(원/m²)	❸ 그린벨트보다 강력한 비오톱
감정요항	[토지] •본건은 서초구 신원동에 소재하는 지하철 청계산입구역 남동측에 위치하며 주위는 도시근교 자연림 상태의 임야지대로서 제반환경은 보통입니다. •본건은 차량접근이 불가능하며 인근에 노선버스 정류소가 소재하나 제반 교통사정은 다소 불편한 편입니다. •부정형이며 남서측에서 북동측으로 하향 완경사를 이루는 자연림입니다. ❷ •본건은 맹지이나 북동측 인근에 폭약 3미터 내외의 도로가 통과합니다.		

'토지이용계획확인원'에 '비오톱 1등급' 있으면 무조건 패스!

　기획부동산의 영업상술에 넘어가 아파트를 샀다는 사람은 없다. 그들의 주타깃은 토지다. 그만큼 일반 사람들은 토지에 대해 잘 모른다. 기획부동산은 누가 봐도 입지가 좋은 곳의 하자 있는 토지를 아주 헐값에 사들인 뒤 개발 호재가 있다고 웃돈을 얹어서 지분 쪼개기 형식으로 되판다. 판매원에게는 고수익이라는 인센티브를 주고 매수자에게는 당신에게만 알려주는 정보라면서 개발되면 앉은 자리에서 몇 배 남는 부동산을 파는 거니 입소문 나서 남들 사기 전에 얼른 사두라며 사람을 흥분시키고 솔깃하게 만든다. 이들은 개발 후 얻을 수익까지 이미 얹어서 비싸게 판다. 실제 개발이 이뤄져도 매수자가 얻을 이익이 전혀 없다. 환금성도 떨어져 사람을 두 번 울린다.

　얼마 전 소녀시대 멤버가 11억원 부동산 사기를 당했다는 기사가 난 적이 있었다. 이 사건은 개발이 불가능하거나 제한이 많은 비오톱 1등급, 보전산지 부지를 잘게 쪼개 3,000여명에 팔아 넘겨 2,500억원을 편취한 사건이었다. 무려 3,000명이나 되는 사람이 비오톱 1등급을 몰라 거액을 투자했다는 말이다.

　그렇다면 ❸ 이번 물건에도 걸려 있는 비오톱 1등급은 무엇일까? 일반적으로 개발이 안 되는 땅은 그린벨트(개발제한구역)라고 알고 있다. 하지만 그린벨트보다 더 강력한 게 바로 비오톱 1등급이다. 그린벨트는 간혹 해제되는 경우도 있지만 비오톱 1등급은 절대로 안 바뀐다. 서울에는 이미 비오톱 1등급이 아닌 땅이 거의 남아 있지 않다. 서울시 시의원 모두가 만장일치로 OK 해야만 비오톱을 풀 수가 있다. 따라서 토지이용계획확인원에 비오톱 1등급이 있다면 절대 개발 안 된다고 보면 된다. 지하철 청계산 입구역에 가까워도 정권이 바뀌어도 절대로 안 풀린다. 이런 토지는 무조건 거르는 게 답이다.

기획부동산의 주 타깃 – 비오톱 1등급 토지

비오톱 유형 평가등급 및 비오톱 개별 평가등급에 대해 간단히 알아보자.

비오톱 유형 평가등급

1등급	대상지 전체에 대해 절대적으로 보전이 필요한 비오톱 유형
2등급	대상지 전체에 대해 절대적으로 보전을 우선해야 하는 비오톱 유형
3등급	대상지 일부에 대해 보전을 우선하고 잔여지역은 토지이용제한이 필요한 비오톱 유형
4등급	대상지 일부 토지에 대한 토지이용제한이 필요한 비오톱 유형
5등급	부분적으로 개선이 필요한 비오톱 유형

비오톱 개별 평가등급

1등급	특별히 보호 가치가 있는 비오톱(보전)
2등급	보호할 가치가 있는 비오톱(보호 및 복원)
3등급	현재로서는 한정적인 가치를 가지는 비오톱(복원) (근거 : 서울특별시도시계획조례 제3조 제3항)

> 비오톱 토지를 기획부동산이
> 사들여 쪼개 파는 경우가 많다.

경기 남양주시 와부읍
KTX 인근 461평 지분
(ft. 개발제한구역의 뜻밖의 활용도)

82

경공매가이드

물건번호 | 관심등록 | 화면인쇄 | 장닫기 ✕

[와부읍 - 임야]

의정부14계 2021-9077 (1)
법원 조회수 : 당일조회 누적조회 관심등록
낙찰일 이후 누적조회수 5

등기신청클릭하면
등기부실시간발급
(발급비용무료)

❶기본정보 경매14계(☎031-828-0366)

법원기본내역 | 법원안내 | - | 글자크기 | +

소재지	[목록1] 경기 남양주시 와부읍 도곡리 산 ███ N지도 D지도 도로명주소		
용도(기타)	임야 (-)	토지면적	1,527.24㎡ (461.99평)
감정가	160,360,200원	건물면적	0㎡
최저가	(34%) 55,003,000원	제시외	0㎡
낙찰 / 응찰	74,000,000원 / ❶	대 상	토지지분
청구금액	33,208,219원	소유자	우██(지분소유)
채권총액	20,000,000원	채무자	두██
경매구분	강제경매	채권자	박██
물건번호	1 [납부] 2 [신건]		

물건사진 더보기 ∨

대법원사이트
바로가기
› 개별공시지가
› 토지실거래가
› 물건사진
› 다음지도
› 감정평가서
› 토지등기신청
› 법원기본내역
› 매각물건명세서
› 현황조사서
› 문건접수/송달
› 부동산표시목록
› 토지이용계획

물건분석
포인트

감정가 절반 이하로 떨어진 물건,
개발제한구역의 토지지분이 쓸모가 있을까?

이 물건은 경기도 남양주시 와부읍 도곡리 소재 KTX 중앙선 도심역 외곽에 소재하는 토지로, ❶ 경매번호 뒤에 물건번호 2개가 붙은 토지지분 물건 중 하나다. 토지는 건물과 비교할 때 일면식도 없는 타인과 얼마든지 공동소유 형태로 보유가

가능하다.

지분매각 물건을 낙찰받아 측량한 뒤 공유자들과 협의해서 서로 원하는 땅을 나누어 분필하면 ❷ 산133, 산133-1, 산133-2 이런 식으로 등기가 나누어진다.

감정평가서를 보면 ❸ 임야(지분) 19636㎡ 중 7/90 ⇒ 152,724㎡ (461.99평) 즉, 전체 지분의 90분의 7 소수지분이다. ❹ 완경사를 이루는 자연림 상태의 토지이고 약 3미터 포장도로가 접하고 있다고 한다. 이 땅이 맹지가 아님을 나타낸다. ❺ 토지이용계획 관련 내용을 보면 개발제한구역(그린벨트), 공익용 산지라고 적힌 부분이 있다.

좀 더 자세히 살펴보기 위해 경공매가이드 메인 화면에서 ❻ '토지이용계획'을 선택하면 ❼ 토지이음(국토교통부 제공)으로 넘어가며 토지이용계획 내용을 확인할 수 있다. 해당 토지의 개발제한 세부 내용을 확인할 때 필요하다.

결론 **개발제한구역은 건물 짓는 것만 안 될 뿐, 다른 행위 가능!**

❽ 다시 경공매가이드 메인 화면에서 '물건사진'을 선택해서 ❾ '위성지도'를 선택해보자. ❿ 이 물건의 위성사진을 보면 바로 옆에 당나귀 놀이농장과 승마장 교육원이 있다. 개발제한구역은 건물을 짓는 개발행위는 안 되지만 당나귀나 말이 돌아다니는 것은 전혀 문제가 안 된다. 인접토지 소유자가 낙찰받았다면 이 땅은 아주 쓸모 있는 땅이 된다.

83 경기 광주시 태전동 8미터 도로 접한 26평

(ft. 전 → 대 지목변경 가능, 시세차익 큰 토지)

경공매가이드

관심등록 화면인쇄 장닫기 ✕

[태전동 - 전]	성남4계 2021-4361(1)	등기신청클릭하면
	법원 조회수 : 당일조회 누적조회 관심등록	등기부실시간발급
	낙찰일 이후 누적조회수 17	(발급비용무료)

◆ 기본정보 경매4계(☎031-737-1324)

법원기본내역 법원안내   -   글자크기   +

대법원사이트 바로가기

소재지	[목록1] 경기 광주시 태전동 ▒▒▒ N지도 D지도 도로명주소		
용도(기타)	전 (-)	토지면적	86㎡ (26.02평)
감 정 가	124,700,000원	건물면적	0㎡
최 저 가	(70%) 87,290,000원	제 시 외	0㎡
낙찰 / 응찰	111,500,000원 / 6명	대 상	토지전부
청구금액	94,972,870원	소 유 자	박○○○○
채권총액	117,000,000원	채 무 자	정○○
경매구분	임의경매	채 권 자	성○○○○○○○○
물건번호	1 [배당]		

물건사진 더보기 ∨

› 개별공시지가
› 토지실거래가
› 농지가격정보
› 물건사진
› 다음지도
› 감정평가서
› 토지등기신청
› 법원기본내역
› 매각물건명세서
› 현황조사서
› 문건접수/송달
› 부동산표시목록

물건분석 포인트

지목은 밭이지만 실제 사용은 주차장으로?

이 물건은 경기도 태전동 인근 토지이며 ❶ 대법원 공고를 보니 지목은 전이나 현황은 주차장의 일부로 사용 중이라 나왔다. 공부상 용도가 전이지만 제1종일반 주거지역 내 8미터 도로를 접해 있는 데다 실제로는 주차장으로 쓰고 있다.

대법원공고

[매각물건명세서] ❶
<비고란>
지목은 전이나 현황은 주차장의 일부로 사용 중임.(현황조사서 참조)
[현황조사서]
• 현장에 임하였으나 이해관계인을 만나지 못하여 점유관계를 확인하지 못하였음.

경공매가이드 메인 화면에서 ❷ '물건사진'을 선택해서 ❸ '위성지도'를 선택해 보자. 위성사진을 보면 땅 모양이 직사각형으로 도로변으로 긴 데다 횡단보도가 가까운 사거리에 위치해 있다.

경공매가이드 메인 화면에서 ❹ '감정평가서'를 선택해서 내용을 살펴보면 ❺ 현재 지목이 '전'으로 평가되어 감정했다. 현소유자가 주차장으로만 쓰고 개발행위를 하지 않아 현재 지목이 '전'이면 전으로 감정하는 것이다.

결론 **감정평가서에는 숨겨진 개발이익 포함 X, 시세차익은 낙찰자 몫!**

　이 물건은 현재는 '전'이지만 앞으로 '대지'나 '주차장'으로 바뀔 가능성이 있는 개발 프리미엄이 숨겨져 있다. 하지만 법원 감정가에는 이런 내용이 반영되지 않는다. 감정의 기준은 토지와 건물의 현재 가격만을 매기는 행위이며 그 기준은 공적 장부이지 현황이 아니기 때문이다. 결국 이 토지를 낙찰받아 개발행위를 하면 그 시세차익은 오롯이 낙찰자의 몫이 된다.

　경매는 채권자가 신청 법원에서 강제로 매각한 뒤 빚잔치를 한다. 개발행위를 하면 아주 좋을 땅이지만 누가 돈을 내고 그 일을 하겠나? 높은 가격에 팔린다고 법원에서 수익을 가져가는 것도 아니고 채권자는 소유자가 아니기에 개발행위를 할 수 있는 법적지위가 안 된다. 결국 낙찰자가 노력을 투입하여 차익을 가져가는 것이다.

　토지는 용도를 바꿔도 로드뷰로 얼마든지 나중 모습을 볼 수 있다. 상업시설이 아닌 건물은 주인이 허락해줘야만 내부를 볼 수 있지만, 토지는 로드뷰로 개발 변천사를 볼 수 있다. 조금만 관심을 가지면 낙찰자가 왜 그 토지를 낙찰받았는지 알 수 있다. 책상에 앉아서 로드뷰만 봐도 경매의 속사정을 파악하는 시대를 살고 있다.

지목 28가지 종류와 표기

지목은 토지의 사용 목적에 따라 구분하는 명칭으로, 필지마다 하나씩 정해지고 토지등기부에 등재된다. 다음은 지목 28가지 종류와 공부서류에서 표기하는 방식을 나타낸 것이다. 참고하기 바란다.

정식명칭	부호	정식명칭	부호	
전	전	철도용지	철	
답	답	제방	제	
과수원	과	하천	천	
목장용지	목	구거	구	
임야	임	유지	유	
광천지	광	양어장	양	
염전	염	수도용지	수	
대	대	공원	공	
공장용지	장	체육용지	체	
학교용지	학	유원지	원	
주차장	차	종교용지	종	
주유소용지	주	사적지	사	
창고용지	창	묘지	묘	
도로	도	잡종지	잡	

토지이용계획확인원과 감정평가서에서 지목을 유심히 살펴보자.

84 경기 성남시 수정구 금토동 단독주택 6평

(ft. '이축권' 때문에 낙찰가율 6,000%!)

[금토동 - 단독주택]
ⓝ매물 ⓓ매물

성남8계 2019-2805(1)

법원 조회수 : 당일조회 누적조회 관심등록
낙찰일 이후 누적조회수 85

등기신청클릭하면
등기부실시간발급
(발급비용무료)

▶기본정보 경매8계(☎031-737-1333)

| 법원기본내역 | 법원안내 | - | 글자크기 | + |

대법원사이트
바로가기

소재지	[목록1] 경기 성남시 수정구 금토동 ▨▨ ▨▨▨ ▨▨	ⓝ지도 ⓓ지도 도로명주소	
용도(기타)	단독주택 (-)	토지면적	0m²
감정가	2,606,810원	건물면적	19.83m² (6평)
최저가	(100%) 2,606,810원	제시외	9.7m² (2.93평)
낙찰 / 응찰	162,000,000원 / 13명	대상	건물전부
청구금액	140,000,000원	소유자	이○○
채권총액	697,000,000원	채무자	이○○
경매구분	임의경매	채권자	정○○
물건번호	1 [배당]		

물건사진 더보기 ⌄

▶개별공시지가
▶단독실거래가
▶전/월세시세
▶수익률계산기
▶물건사진
▶다음지도
▶감정평가서
▶등기(토지)
▶건물등기신청
▶건축물(일반)
▶전입세대열람
▶법원기본내역

물건분석
포인트

감정가 300만원도 안 되는 6평 단독주택, 1억6,200만원에 낙찰?

토지사례에 왜 단독주택을 넣었을까? 다 쓰러져가는 성남시 단독주택 2,606,810원 매각에 총13명이 응찰하여 감정가의 6,214.49%인 162,000,000원에 낙찰된 이유는 뭘까?

❶ 4월 13일 1차 매각에 낙찰받고 대금을 미납한 낙찰자가 써낸 금액은 무려

230,000,000원이다. 누가 이런 물건을 담보로 잡고 경락대출을 해주겠나? 전부 현금으로 납부해야 한다. 이 때문에 미납했던 것으로 보인다. ❷ 그런데도 2차 매각 때 낙찰가가 감정가의 6,000%를 넘겼다?

❷기일내역

기일종류	기일	상태	최저매각가격(%)	경과일
입찰변경	2020.09.10	배당		535일
납부일	2020.07.30	납부		493일
허가일	2020.06.29	허가		462일
❷ 2차매각	2020.06.22	낙찰	2,606,810원(100%) 162,000,000원 (6,214.49%) 서○○ / 응찰 13명 2위 응찰가 105,000,000 원	455일
납부일	2020.05.27	미납		429일
허가일	2020.04.20	허가		392일
❶ 1차매각	2020.04.13	낙찰	2,606,810원(100%) 230,000,000원 (8,823.04%) 김성윤 / 응찰 19명 2위 응찰가 172,222,220 원	385일
입찰변경	2020.03.09	변경	2,606,810원(100%)	350일
입찰변경	2019.11.04	변경	2,606,810원(100%)	224일

결론

'이축권' 때문에 13명 응찰! 6,000% 낙찰률!

이 물건의 응찰자수가 몰린 이유는 바로 '이축권' 때문이다. 이축권이란 그린벨트(개발제한구역) 내 주택소유자가 다른 그린벨트에 주택을 옮겨 지을 수 있는 권리를 말하며, 토지는 별도로 매입해야 한다. 현재 이 건물은 6평밖에 안 되지만 낙찰자에게 이축권이 나올 것이라는 기대감으로 입찰경쟁이 치열했던 것이다. 이 이축권을 가지고 어디로 가면 좋을까? 다음 사례에서 살펴보도록 하겠다.

85

경기 고양시 덕양구
원흥역 인근 15미터 접한 임야 480평
(ft. 분묘기지권 해결 포인트)

경공매가이드

[원흥동 - 임야]

고양6계 2016-21472(1)
법원 조회수 : 당일조회　누적조회　관심등록
낙찰일 이후 누적조회수 81

등기신청클릭하면
등기부실시간발급
(발급비용무료)

● 기본정보 경매6계(☎031-920-6316)

법원기본내역　법원안내　－ 글자크기 ＋

대법원사이트
바로가기

소재지	[목록1] 경기 고양시 덕양구 원흥동 산 ██ N지도 D지도 도로명주소		
용도(기타)	임야 (-)	토지면적	1,587 m² (480.07평)
감 정 가	307,878,000원	건물면적	0m²
최 저 가	(70%) 215,515,000원	제 시 외	0m²
낙찰 / 응찰	281,200,000원 / 2명	대 상	토지전부
청구금액	286,915,789원	소 유 자	김OO
채권총액	268,677,038원	채 무 자	김OO
경매구분	강제경매	채 권 자	국OOO
물건번호	1 [배당] 2 [배당]		

물건사진 더보기 ∨

› 개별공시지가
› 토지실거래가
› 물건사진
› 다음지도
› 감정평가서
› 토지등기신청
› 법원기본내역
› 매각물건명세서
› 현황조사서
› 문건접수/송달
› 부동산표시목록
› 토지이용계획

물건분석 포인트

15미터 큰 도로 앞이 개발제한구역?

　　이 물건은 고양시 덕양구 원흥역 인근에 위치하는 '임야'로 ❶ '토지이용계획확인원'을 보면 개발제한구역이다. 지리산, 설악산, 한라산… 등 산은 임야다. 이 토지의 지목은 '임야'지만 지하철 3호선 원흥역이 직선거리 500미터에 있는 데다 15미터 포장도로와 접해 있고 인근에 스타필드 고양까지 들어선 입지이다.

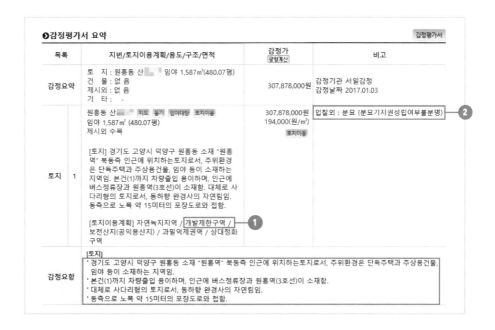

●감정평가서 요약

목록	지번/토지이용계획/용도/구조/면적	감정가 [광형계산]	비고
감정요약	토 지 : 원흥동 산 ___ 임야 1,587㎡(480.07평) 건 물 : 없음 제시외 : 없음 기 타 : -	307,878,000원	감정기관 서일감정 감정날짜 2017.01.03
토지 1	원흥동 산 ___ [지도] [등기] [임야대장] [토지이용] 임야 1,587㎡ (480.07평) 제시외 수록 [토지] 경기도 고양시 덕양구 원흥동 소재 "원흥 역" 북동측에 위치하는토지로서, 주위환경 은 단독주택과 주상용건물, 임야 등이 소재하는 지역임. 본건(1)까지 차량출입 용이하며, 인근에 버스정류장과 원흥역(3호선)이 소재함. 대체로 사 다리형의 토지로서, 동하향 완경사의 자연림임. 동측으로 노폭 약 15미터의 포장도로와 접합. [토지이용계획] 자연녹지지역 /[개발제한구역] /① 보전산지(공익용산지) / 과밀억제권역 / 상대정화 구역	307,878,000원 194,000(원/㎡) [토지이용]	입찰외 : 분묘 (분묘기지권성립여부불분명) ②
감정요항	[토지] ·경기도 고양시 덕양구 원흥동 소재 "원흥역" 북동측 인근에 위치하는토지로서, 주위환경은 단독주택과 주상용건물, 임야 등이 소재하는 지역임. ·본건(1)까지 차량출입 용이하며, 인근에 버스정류장과 원흥역(3호선)이 소재함. ·대체로 사다리형의 토지로서, 동하향 완경사의 자연림임. ·동측으로 노폭 약 15미터의 포장도로와 접합.		

분묘기지권 – 2001년 1월 13일 이전에 설치한 분묘만 해당

② 비고란에 '분묘기지권 성립 여부 불분명함' 내용이 있는데 이는 낙찰받을 사람이 권리분석을 하고 입찰에 참여하라는 의미다. 집행법원에서 성립 여부를 일일이 분석해서 매각하지는 않는다.

그렇다면 '분묘기지권'이란 뭘까? 분묘기지권은 크게 3가지 유형이다. 1. 타인의 토지 위에 소유자의 승낙을 얻어 분묘를 설치한 경우, 2. 소유자의 승낙 없이 분묘를 설치한 후 20년이 경과한 경우, 3. 자신의 토지 위에 분묘를 설치한 이후 이장 특약 없이 매각한 경우에는 분묘 소유자의 권리를 인정하는 것을 말한다. 분묘기지권이 성립하면 그 권리는 권리자가 분묘의 수호를 계속하는 동안 존속하며 이장을 요구할 수 없다. 하지만 2001년 1월 13일 이전에 설치한 분묘만 해당하며, 그 이후 타인의 토지에 무단으로 설치한 경우 성립할 수 없고, 토지 소유자의 개장 요구에 대항할 수 없다. 본인의 토지이거나 소유자의 승낙을 얻어 설치했을 때에는 설치기간의 제한(최장60년)을 받게 된다.(장사 등에 관한 법률 제19조)

사실 우리나라 토지에 분묘가 하나도 없는 땅은 거의 없다. 이 물건은 전체 480평 토지에 묘지가 1구 있다. 여기서 분묘기지권 해결 힌트는 2개다. 1. 비석이 있어 분묘소유자를 특정할 수 있다. 2. 2016타경21472(2) 기록을 보자. 괄호 안 물건번호가 2개로 서로 다른 건인데 ❸ 소유자가 김○○○○○○이다. 한국 사람 이름이 이렇게나 길까? 그렇다 바로 문중 땅이다. 이런 경우는 무연고보다는 해결이 수월한 편이다.

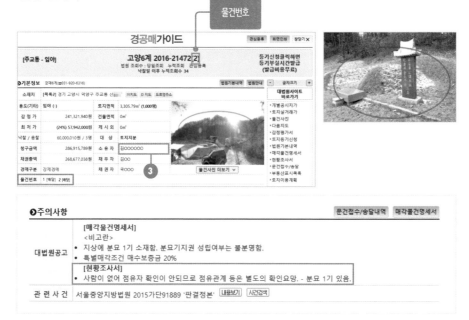

결론 ## '임야'로 감정평가된 토지, 실제 가치보다 저평가

현재 지목이 '임야'이니 법원에서는 '임야'로 감정한다. 즉, 실제 가치보다 저평가되었다. 경매 정보는 용도만 자세히 들여다봐도 이거다 하는 물건을 찾아낼 수

있다. 이것이 경매 정보를 톺아봐야 하는 이유다.[•]

경공매가이드 메인 화면에서 ❹ '물건사진'을 선택해서 ❺ '위성지도'를 선택해 보자. ❻ 이 물건의 위성사진을 보면 개발제한구역(그린벨트)인데 위성사진을 보면 건물이 쭉 들어서 있다. 그 모양이 비슷비슷하다. 이게 바로 '이축권'을 가지고 이 곳으로 옮겨온 사람들이 지은 건물인 것이다.

경기도 부천 작동 까치울 마을을 가보면 이해가 쉽다. 이 지역은 김포공항을 지 을 때 이주해온 원주민들을 집단으로 옮기면서 정해진 평수대로 집을 짓도록 유도 한 것이다. 작동은 서울시 구로구와 양천구로 가는 경기도와 서울시를 연결하는 요지에 있는 그린벨트다.

• **톺아보다** : 삼 따위를 삼을 때 뀀 삼의 끝을 가늘고 부드럽게 하려고 톱으로 훑어내는 것을 말한다. 차근차근 훑어 나가면서 살핀다는 의미다.

강원 영월군 무릉도원면
양어장 용지 1,191평
(ft. '계획관리지역'은 개발행위 OK!)

물건분석
포인트

계획관리지역의 토지 개발행위 문제 ✕

대한민국의 캠핑의 메카 강원도 영월 법흥계곡 주천강변에 위치한 문 닫은 송어양식장이 경매로 나왔다. 토지만 1,191평이고 건물은 53.12평이다. 감정평가서 요약에 나온 토지이용계획을 보면 ❶ '계획관리지역'이라 나와 있는데, 이는 개발행위를 하는 데 아무런 지장이 없다는 뜻이다.

목록	지번/토지이용계획/용도/구조/면적	감정가 (모델져m²)	비고
감정요약	토 지 : 무릉리 611양어장용지 외 5필지 3,939m² (1,191.54평) 건 물 : 위 지상 단독주택 등 176m²(53평) 제시외 : 인용 기 타 : -	514,926,540원	감정기관 대일감정 감정날짜 2019.09.09
토지 1	무릉리 611 [지도] [등기] [토지이용] 양어장용지 235m² (71.09평) [토지] 본건은 강원도 영월군 무릉도원면 무릉리 소재 "무릉초등학교" 북동측 근거리에 위치하며, 부근은 주택, 근린생활시설 및 농경지 등으로 형성되어 있는 바 제반 주위환경은 보통임. 본건 및 본건 인근까지 차량접근 가능하며, 대중교통상황은 버스정류장과의 거리 및 배차간격 등을 고려해 볼 때 보통임. 일련번호(1,2,3): 평지의 부정형 토지로서 양어장용으로 이용 중임. 일련번호(1,2): 지적도상 맹지이며, 일련번호(3): 현황 본건 북동측으로 폭 3m내외의 도로와 접함.  [토지이용계획] [계획관리지역] / 가축사육제한구역	23,030,000원 98,000(원/m²) [토지이용]	
2	무릉리 613-1 양어장용지 654m² (197.84평) [토지이용계획] 계획관리지역 / 공장설립제한지역 / 가축사육제한구역 / 상수원보호기타	69,324,000원 106,000(원/m²) [토지이용]	
3	무릉리 610 양어장용지 2,499m² (755.95평) [토지이용계획] 계획관리지역 / 가축사육제한구역 / 소하천구역	242,403,000원 97,000(원/m²) [토지이용]	입찰외 : 타인건물 (법정지상권성립여부불분명)
5	무릉리 612-9 양어장용지 62m² (18.76평)(현:휴경지) [토지이용계획] 계획관리지역 / 가축사육제한구역	3,224,000원 52,000(원/m²) [토지이용]	
6	무릉리 612-7 전 317m² (95.89평)(현:양어장용지) *농지취득자격증명필요 [토지이용계획] 계획관리지역 / 가축사육제한구역	30,432,000원 96,000(원/m²) [토지이용]	
7	무릉리 612-8 전 172m² (52.03평)(현:휴경지) *농지취득자격증명필요 [토지이용계획] 계획관리지역 / 가축사육제한구역	8,256,000원 48,000(원/m²) [토지이용]	
건물 4	무릉리 610 단독주택 총1층 [지도] [등기] 단층 91.61m² (27.71평) 제시외 : 테라스 16.8m² (5.08평), 창고 7m² (2.12평), 화장실 11.9m² (3.6평), 창고 9.2m² (2.78평), 창고 31.7m² (9.59평), 창고 16.2m² (4.9평), 관정 (1식), 관정 (1식)	47,087,540원 514,000(원/m²) 43,290,000원 466,487(원/m²)	보존등기:2008.03.17
8	무릉리 610 양어장 총1층 [지도] [등기] 1층 84m² (25.41평)	47,880,000원 570,000(원/m²)	
감정요항	[토지] · 본건은 강원도 영월군 무릉도원면 무릉리 소재 "무릉초등학교" 북동측 근거리에 위치하며, 부근은 주택, 근린생활시설 및 농경지 등으로 형성되어 있는 바 제반 주위환경은 보통임. · 본건 및 본건 인근까지 차량접근 가능하며, 대중교통상황은 버스정류장과의 거리 및 배차간격 등을 고려해 볼 때 보통임. · 일련번호(1,2,3): 평지의 부정형 토지로서 양어장용으로 이용 중임. · 일련번호(1,2): 지적도상 맹지이며, 일련번호(3): 현황 본건 북동측으로 폭 3m내외의 도로. [건물] · 경량철골조 조립식판넬지붕 단층건물로서외벽: 사이딩판넬마감 등.창호: 하이새시창호 등. · 공부상 관리사, 소매점이나 현황 주택으로 이용 중임. · 위생설비 및 난방설비 등 되어 있음.		

강원 영월 주천강가에 붙은 이 토지가 만약 공유수면* 점용허가까지 받을 수 있다면 금상첨화다. ❷ 농취증이 있어야 매각이 허가된다고 하는데, 이 부분은 477쪽을 참고하자.

토지는 인접 토지 등기부와 토지이용계획 확인 필수!

❸ 경매 부쳐진 바로 옆 토지 무릉리 612번지 등기부를 떼보면 '국'소유였던 부동산을 개인이 매수한 기록을 볼 수 있다. 내 토지 바로 옆의 토지가 국공유지 '국가소유'일 경우 그 토지를 매수할 권리 또한 가장 인접한 토지소유자에게 주어진다. 매수청구를 하면 국공유지의 소유자인 국가는 해당토지의 개발계획유무, 공공시설물이 있는지 등을 검토한 후 활용계획이 없는 토지는 '불용처리'하여 별도의 감정을 한 후 인접한 토지소유자에게 매각한다. 토지의 평수가 클 경우에는 자산관리공사 온비드에 의뢰하여 공개로 매각한다.

국공유지 옆 토지를 매수하면 나중에 국공유지를 매수하기 수월해진다.

* **공유수면** : 해안선으로부터 배타적 경제수역 외측 한계까지의 바다, 해안선으로부터 지적공부에 등록된 지역까지의 바닷가. 이 외의 하천, 구거 기타 공공용으로 사용되는 국가 소유의 수면 또는 수류. 공유수면 점용허가란 특정인에게 공유수면 이용권이라는 독점적인 권리를 주는 것이다.

경공매가이드 메인 화면에서 ❹ '토지이용계획'을 선택하면 ❺ 토지이음(국토교통부 제공)의 토지이용계획 내용을 확인할 수 있다.

결론 ## 인접지는 절대농지 농림지역 – 영구조망 확보! 캠핑장이나 펜션 추천!

이 물건 앞으로 흐르는 주천강 맞은편 논밭의 토지이용계획확인원을 보면 전부 농림지역이다. 농림지역은 농사짓거나 농민이 농산물 판매를 위한 건물 외 상업 시설이나 주택을 지을 수 없다. 법흥계곡 초입이라 주말이면 엄청난 캠핑객들이 오고가는 길목인데도 그 흔한 편의점 하나가 들어서지 못한 이유는 바로 절대농지 농림지역이기 때문이다. 그렇다면 이 땅은 앞으로도 영구조망 확보는 따 놓은 당 상이다. 입소문이 나고 장사가 잘되면 바로 앞에 더 높은 건물이 들어설 여지가 있 는 물건은 피해야 한다. 만약 이 송어양식장을 낙찰받은 뒤 캠핑장이나 펜션으로 용도를 바꾼다면? 그야말로 대박 나는 수익형 부동산으로 탈바꿈할 수 있는 입지 에 있다. ❻ 지금 지적도를 보면 원(유원지), 대(대지)로 지목변경이 완료된 상태인 것을 알 수 있다.

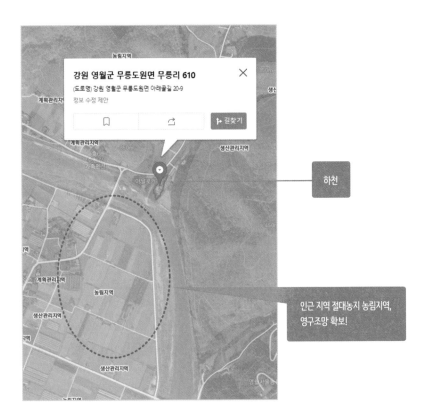

87 경북 포항시 남구 동해면 243평 대지와 폐가

(ft. 영구조망 바닷가 입지, 펜션 변신 딱!)

경공매가이드

관심등록 화면인쇄 장담기 ✕

[동해면 - 펜션]

포항5계 2019-5728(3)
법원 조회수 : 당일조회 누적조회 관심등록
낙찰일 이후 누적조회수 303

**등기신청클릭하면
등기부실시간발급
(발급비용무료)**

❶ 기본정보 경매5계()

법원기본내역 법원안내 | - | 글자크기 | +

소재지	[목록4] 경북 포항시 남구 동해면 마산리 ⬚⬚ ⬚⬚ 외 2개 목록 N지도 D지도 도로명주소		
용도(기타)	펜션 (대지)	토지면적	806㎡ (243.82평)
감정가	350,547,950원	건물면적	245.41㎡ (74.24평)
최저가	(70%) 245,384,000원	제시외	95.1㎡ (28.77평)
낙찰 / 응찰	431,174,000원 / 7명	대 상	건물전부, 토지전부
청구금액	18,344,922원	소유자	양○○○○
채권총액	765,816,520원	채무자	양○○○○
경매구분	강제경매	채권자	김○
물건번호	1 [배당] 2 [배당] **3** [배당]		

❶ 물건사진 더보기 ∨

**대법원사이트
바로가기**
› 개별공시지가
› 펜션실거래가
› 물건사진
› 다음지도
› 감정평가서[1]
› 감정평가서[2]
› 등기(토지)
› 등기(건물)
› 건축물(일반)
› 법원기본내역
› 매각물건명세서
› 현황조사서

**물건분석
포인트**

해넘이 관광명소 호미곶과 가까운 곳, 펜션으로 최고!

경공매가이드 메인 화면에서 ❶ '물건사진 더보기'를 선택해서 ❷ '위성지도'를 선택해보자. 위성사진을 보면 땅 모양이 직사각형으로 도로변으로 긴 데다 횡단보도가 가까운 사거리에 위치해 있다.

물건 사진을 보면 다 쓰러져 가는 나무로 된 펜션이 문을 닫고 영업을 안 하는 상태로 방치되어 있고 위층 지붕은 태풍에 날아가버려 곧 무너질 것 같았으며 쓰레기까지 방치되어 있다. 하지만 이 물건의 위성사진을 보면 바다 조망 영구 확보가 가능한 데다 해넘이 관광명소 호미곶과 가깝다. 여름 휴가철 성수기와 연말연시 성수기까지 1년에 2번 성수기를 맞이할 수 있는 입지에 있다.

바다 영구 조망

결론

입지 끝판왕! 펜션 리모델링으로 고수익 창출!

외관이 추레한 경매물건은 크게 2가지 이유로 갈린다. 정말로 무너질 상태이거나 아니면 일부러 손을 안 보고 방치해둬서 낙찰받으려고 임장 온 사람들을 실망시키고 입찰을 포기하게 하려는 것이다.

해넘이 관광명소 호미곶 위치한 토지 + 펜션, 입찰 경쟁자를 막기 위해 일부러 방치한 것으로 의심된다.

이 물건 입찰 당일 패찰한 사람들을 살펴보니 인근 마을 주민들이 대부분이었다. 이들은 법원 주차장까지 따라와서 최고가매수신고인에게 항의했던 기억이 난다.

"왜 이렇게 낙찰가를 많이 써냈어요? 뭐, 제대로 알아보고 낙찰받았나?"

이런 항의를 왜 하는지 아직도 모르겠지만 낙찰을 못 받아서 열 받는다는 뜻이다.

입찰 전 임장 가서 보고 올 것은 부동산의 입지와 앞으로의 수익률 분석이다. 지역 원주민들은 눈만 뜨면 보는 동해바다에 별다른 감흥을 못 느낀 나머지 낙찰가 선정할 때 '뷰값'을 포함하지 않았다. 원주민이나 이해관계인들이 입찰에 들어와도 패찰하는 이유는 부동산의 객관적인 가치분석에 실패해서다. 건물이 다 허물어져가는 것은 얼마든지 고칠 수 있지만 입지는 절대 못 바꾼다. 입지가 안 좋은 곳에다 돈을 아무리 쏟아부어도 입지의 한계는 넘어설 수 없다. 그리고 경쟁자들이 바로 옆에 쉽게 뛰어들 수 있는 입지는 가급적 피해야 한다.

낡은 건물보다 입지를 보자!

실제로 임장 다녀온 분과 경락대출 은행은 이 물건을 안 좋게 평가했다.

"건물이 이렇게 초라해서 어디 장사가 되겠어요?"

이 물건을 낙찰받은 회원이 경락대출을 신청했더니 ○○농협 지점장님이 현장 실사를 다녀와서 하시는 말씀이었다. 대출심사회의를 통과시킬 자신이 없다며 이런 허접한 부동산을 담보로 잡고는 불안해서 경락대출을 못해주겠다며 난색을 표했다. 이미 자서까지 끝냈지만 부랴부랴 경락대출을 해줄 은행을 다시 알아봐야 했었다. 오히려 이 지역 상권을 잘 알고 있었던 인근의 구룡포 수협이 흔쾌히 경락대출을 해주었다.

낙찰 후 곧바로 리모델링에 들어갔고 수익형 부동산 투자교육용으로 개발 전과정을 유튜브 영상으로도 담아뒀다. 부동산은 현재 눈에 보이는 현황보다 미래를 내다보는 안목이 필요하다.

건물이 낡아서 경락대출도 힘들었던 물건, 하지만 리모델링 후
오션뷰 풀빌라로 탈바꿈했다.

강원 강릉시 주문진읍 잡종지 147.92평

(ft. 바닷가 땅, 76명 응찰자, 237% 낙찰)

경공매가이드

| 관심등록 | 화면인쇄 | 창닫기 ✕ |

[주문진읍 - 잡종지]

강릉4계 2020-31790(1)
법원 조회수 : 당일조회 누적조회 관심등록
낙찰일 이후 누적조회수 78

등기신청클릭하면
등기부실시간발급
(발급비용무료)

◉ 기본정보 경매4계(☎033-640-1134)

| 법원기본내역 | 법원안내 | - | 글자크기 | + |

				대법원사이트 바로가기
소재지	[목록1] 강원 강릉시 주문진읍 교항리 ▨▨▨ ⓝ지도 Ⓓ지도 도로명주소			▸개별공시지가
용도(기타)	잡종지 (-)	토지면적	489㎡ (147.92평)	▸토지실거래가
감 정 가	472,863,000원	건물면적	0㎡	▸물건사진
최 저 가	(100%) 472,863,000원	제 시 외	0㎡	▸다음지도
낙찰 / 응찰	1,122,000,000원 / 76명	대 상	토지전부	▸감정평가서
청구금액	0원	소 유 자	신○○○○	▸토지등기신청
❶ 채권총액	0원	채 무 자	신○○○	▸법원기본내역
❷ 경매구분	형식적경매	채 권 자	하○○	▸매각물건명세서
물건번호	1 [배당]			▸현황조사서
				▸문건접수/송달
				▸부동산표시목록
				▸토지이용계획

물건사진 더보기 ∨

물건분석
포인트

상속재산 정리를 위한 형식적 경매, 인기 많은 바닷가 땅!

이런 물건을 왜 경매당할까? ❶ 신청채권액은 0원, 형식적 경매이다. 이 물건은 ❷ 2018년 1월 9일 상속된 부동산을 법원경매로 매각하여 재산을 정리하기 위한 형식적 경매로 멀쩡한 부동산이 경매 부쳐지는 케이스에 해당한다.

◐토지등기부등본

토지등기신청

접수일	등기구분		등기권리자	금액	비고
2018-01-09	소유권이전		신〇〇〇		전소유자:박▒▒ 상속(2009.08.29)
2018-04-27	압류	말소	인〇〇		말소기준권리
2018-06-15	압류	말소	강〇〇		
2020-06-03	임의경매	말소	하〇〇	청구금액 0	2020타경31790

(등기부채권총액 : 0 / 열람일 : 2020.12.10)

> 상속물건이 종종 형식적 경매
> (채권총액 = 0원)로 나온다.

❸ 대법원 공고를 보니 채무자 점유 물건이다. 잡종지 위에 건물이 없어 명도는 걱정할 필요가 없다. 토지이용계획을 보니 ❹ '제2종일반주거지역'이고 '상업 나지'에 2차선 도로까지 접했다. 한마디로 바다조망이 좋은 곳에 건물을 지으려고 하는 사람들이 찾아 헤매는 바로 그 땅이다.

◐주의사항

문건접수/송달내역　매각물건명세서

대법원공고	[매각물건명세서] <비고란> • 상업나지. 왕복 2차선 도로에 접함 [현황조사서] ❸ • 채무자(소유자)점유
관 련 사 건	강릉지원 2016느합1001 '기타집행권원' 내용보기 사건검색

◐감정평가서 요약

감정평가서

목록	지번/토지이용계획/용도/구조/면적	감정가 (평형계산)	비고
감정요약	토 지 : 교항리 ▒▒ 잡종지 489㎡(147.92평) 건 물 : 없음 제시외 : 없음 기 타 : -	472,863,000원	감정기관 영서감정 감정날짜 2020.06.17
토지 1 ❹	교항리 ▒▒▒ 지도 등기 토지이용 잡종지 489㎡ (147.92평) (현:상업나지) [토지] 강원도 강릉시 주문진읍 교항리 소재 "주문진고등학교" 북동측 인근에 위치하며 주위는 해안상가지대로서 환경은 보통임. 차량접근이 가능하며 대중교통은 보통임. 세장형 토지로 상업나지. 왕복 2차선 도로에 접함. [토지이용계획] 도시지역 / 제2종일반주거지역 / 고도지구 / 가축사육제한구역 / 상대보호구역	472,863,000원 967,000(원/㎡) 공시대비 216.43% 446,800(원/㎡)	바닷가 조망 건물을 지을 수 있는 땅
감정요항	[토지] ·강원도 강릉시 주문진읍 교항리 소재 "주문진고등학교" 북동측 인근에 위치하며 주위는 해안상가지대로서 환경은 보통임. ·차량접근이 가능하며 대중교통은 보통임. ·세장형 토지로 상업나지. ·왕복 2차선 도로에 접함.		

그래서일까? ❺ 1차 매각에 총 76명의 응찰자가 몰려 1,122,000,000원(237.28%)에 낙찰되었다.

❏ 기일내역

기일종류	기일	상태	최저매각가격(%)	경과일
입찰변경	2021.05.06	배당		340일
납부일	2021.03.17	납부	❺	290일
허가일	2021.02.17	허가		262일
1차매각	2021.02.08	낙찰	472,863,000원(100%) 1,122,000,000원 (237.28%) 이○○○ / 응찰 76명	253일
입찰변경	2020.12.28	변경	472,863,000원(100%)	211일

결론
겨울 여행지 1위 주문진, 수익형 부동산 창출하려면 도전!

경공매가이드 메인 화면에서 ❻ '물건사진'을 선택해서 ❼ '위성지도'를 선택해보자. 딱 봐도 바닷가 영구조망임을 확인할 수 있다.

드라마 도깨비의 촬영으로 유명해진 주문진 방파제 장면 때문에 겨울에 가장 가고 싶은 강원도 여행지 1위는 정동진을 제치고 주문진이 되었다. 주문진 배후에는 대학, 학교, 아파트, 체육시설, 농공단지까지 있어서 탄탄한 고정 수요층이 받쳐주는 곳이다. 실제로 2023년 4월 위성지도를 보면 새로운 신축건물이 들어서 영업 중인 것을 확인할 수 있다.

89 경기 양주시 장흥면 석현리 임야 1,799평

(ft. 수도권 북부 주말 명소로 개발하면 좋은 땅)

경공매가이드

[장흥면 - 임야]

의정부1계 2021-9794(1)
법원 조회수 : 당일조회 누적조회 관심등록
낙찰일 이후 누적조회수 37

등기신청클릭하면
등기부실시간발급
(발급비용무료)

● **기본정보** 경매1계(☎031-828-0321)

법원기본내역 법원안내 - 글자크기 +

대법원사이트
바로가기

소재지	[목록1] 경기 양주시 장흥면 석현리 산 (지도) (지도) (도로명주소)		
용도(기타)	임야 (-)	토지면적	5,881㎡ (1,779평)
감 정 가	405,789,000원	건물면적	0㎡
최 저 가	(49%) 198,836,000원	제 시 외	0㎡
낙찰 / 응찰	199,000,000원 / 1명	대 상	토지전부
청구금액	139,711,285원	소 유 자	문○○○○
채권총액	165,600,000원	채 무 자	주○○○○○○○○○○○○
경매구분	임의경매	채 권 자	우○○○
물건번호	1 [배당]		

물건사진 더보기 ∨

› 개별공시지가
› 토지실거래가
› 물건사진
› 다음지도
› 감정평가서
› 토지등기신청
› 법원기본내역
› 매각물건명세서
› 현황조사서
› 문건접수/송달
› 부동산표시목록
› 토지이용계획

주말이면 사람들이 붐비는 수도권 북부 입지

이 지역은 코로나로 야외카페나 캠핑장을 이용하려는 사람들 중 서울 경기북부에 사는 사람들이 선호하는 입지에 있다. 나름 명소가 몰려 있어 주말이면 차가 밀리기도 한다.

토지이용계획을 살펴보니 ❶ 계획관리지역이라 개발이 가능하고 왕복 2차선 포장 도로와 접해 있다. 이 물건은 현재 개발행위가 전혀 안 되어 있어 토목공사비가 추가로 들어간다.

❷ 구성을 보니 농림지역, 임업용산지, 소하천구역 등등 다양하다. 전체 토지가 1,779평이다. 개발이 어려운 땅을 제외하고도 충분히 개발할 땅이 남아 있다.

❍감정평가서 요약   감정평가서

목록	지번/토지이용계획/용도/구조/면적	감정가 괄할계산	비고
감정요약	토　지 : 석현리 산▨▨ 임야 5,881㎡(1,778.99평) 건　물 : 없음 제시외 : 없음 기　타 : -	405,789,000원	감정기관 법천감정 감정날짜 2021.10.14
❷	석현리 산▨▨ 지도 등기 토지이용 임야 5,881㎡ (1779평) 제시외 수목	405,789,000원 69,000(원/㎡) 공시대비 121.05% 57,000(원/㎡)	
토지　1	[토지] 대상 토지는 경기도 양주시 장흥면 석현리 소재 "돌고개삼거리" 북측 인근에 위치하며 주위는 임야, 근린생활시설, 농경지 등이 혼재하는 지방도변 한산한 상가지대임 본건까지 차량접근 가능하며 2차선 포장도로와 접하여 전반적인 교통여건은 무난하나 일반 대중교통여건은 운행빈도 등으로 보아 불편시됨. 부정형의 토지로서 북서측 하단부는 대체로 완경사이며 나머지는 급경사로서 자연림으로 이용중임. 북서측으로 왕복 2차선 포장도로와 접함. [토지이용계획] 토석채취제한지역 / 반환공여구역주변지역 / 농림지역 / 보전관리지역 / 계획관리지역 / 도로구역 / 중로2류(폭 15m~20m) / 소하천구역 / 가축사용제한구역 / 임업용산지 / 성장관리권역 / 소하천		
감정요항	[토지] · 대상 토지는 경기도 양주시 장흥면 석현리 소재 "돌고개삼거리" 북측 인근에 위치하며 주위는 임야, 근린생활시설, 농경지 등이 혼재하는 지방도변 한산한 상가지대임 · 본건까지 차량접근 가능하며 2차선 포장도로와 접하여 전반적인 교통여건은 무난하나 일반 대중교통여건은 운행빈도 등으로 보아 불편시됨. · 부정형의 토지로서 북서측 하단부는 대체로 완경사이며 나머지는 급경사로서 자연림으로 이용중임. · 북서측으로 왕복 2차선 포장도로와 접함.		

결론　　**소하천 접한 토지라 활용도가 떨어지지만 싸게 낙찰받으면 good!**

필자가 유튜브를 시작하던 2015년 전후 이 지역은 지금처럼 붐비지도 않았고 경치가 좋아서 자주 들렀다. 방송 관련 야외 촬영장소로도 유명했고 장흥 참숯가마는 개인적인 모임장소로 자주 애용했었는데 '나혼자 산다' 기안84가 이곳에서 찜질하고 바로 강으로 뛰어드는 모습을 보여준 뒤로 늘 사람들로 넘쳐난다. 기산

리 커피공장은 빈티지한 인테리어로 필자와 취향이 맞아 유튜브 채널에서도 소개한 적도 있었다. 카페 브루다는 원래 교회였는데 커피숍으로 바뀌면서 이 지역 명소가 되었다. 동영상으로 찍은 게 있으니 QR로 들어가 참고해보자.

이렇듯 이 지역을 잘 안다면 눈독 들이기 딱인 물건이다. 경공매가이드 메인 화면에서 ❸ '물건사진'을 선택해서 ❹ '위성지도'를 선택해보자. 소하천이 접해 있어서 토지 전체를 활용할 수 없다는 단점이 있지만(소하천 위에는 건물을 지을 수 없다. 강이 범람하면 위험하기 때문) 감정가의 49.04%로 싸게 낙찰받았기 때문에 충분히 만회할 수 있다고 본다.

강원 영월군 남면 임야 206평

(ft. 감정가보다 400% 높게 낙찰! 도로 호재 물건!)

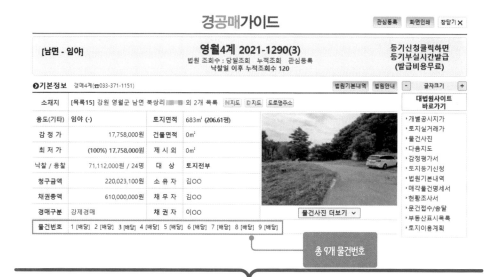

경공매가이드

관심등록　화면인쇄　장닫기 ✕

[남면 - 임야]	영월4계 2021-1290(3)	등기신청클릭하면
	법원 조회수 : 당일조회 누적조회 관심등록 낙찰일 이후 누적조회수 120	등기부실시간발급 (발급비용무료)

●기본정보 경매4계(☎033-371-1151)

법원기본내역　법원안내　[-] 글자크기 [+]

대법원사이트 바로가기

소재지	[목록15] 강원 영월군 남면 북쌍리████ 외 2개 목록 N지도 D지도 도로명주소		
용도(기타)	임야 (-)	토지면적	683m² (206.61평)
감 정 가	17,758,000원	건물면적	0m²
최 저 가	(100%) 17,758,000원	제 시 외	0m²
낙찰 / 응찰	71,112,000원 / 24명	대 상	토지전부
청구금액	220,023,100원	소 유 자	김○○
채권총액	610,000,000원	채 무 자	김○○
경매구분	강제경매	채 권 자	이○○
물건번호	1 [배당] 2 [배당] 3 [배당] 4 [배당] 5 [배당] 6 [배당] 7 [배당] 8 [배당] 9 [배당]		

물건사진 더보기 ∨

› 개별공시지가
› 토지실거래가
› 물건사진
▷ 다음지도
› 감정평가서
› 토지등기신청
› 법원기본내역
› 매각물건명세서
› 현황조사서
› 문건접수/송달
› 부동산표시목록
› 토지이용계획

총 9개 물건번호

물건분석 포인트

조망이 좋은 토지가 금값인 이유

이 물건을 보면 조망이 좋은 토지가 사람들에게 얼마나 인기 있는지를 알 수 있다. 물건번호가 총 1~9개인데 펜션을 제외한 8건이 전부 1차에 감정가를 훌쩍 넘긴 가격대에 낙찰되었다.

입찰 당일 영월에 법원이 생긴 이후 이런 일은 처음이라고 경매계장님들이 놀라면서 얘기했던 기억이 있다.

감정가를 훨씬 넘은 낙찰가

물건번호 3번

	[영월4계] 2021 타경 1290 (1) 강제경매 강원 영월군 남면 북쌍리 ▨▨ 외 5개 목록 [토지 2555.23㎡] 분묘기지권 다음지도 온나라지도	전 2022.07.26	143,978,060 143,978,060 180,000,000	배당 (0회)	382 ☐
	[영월4계] 2021 타경 1290 (3) 강제경매 강원 영월군 남면 북쌍리 ▨▨ 외 2개 목록 [토지 683㎡] 분묘기지권 다음지도 온나라지도	임야 2022.07.26	17,758,000 17,758,000 71,112,000	배당 (0회)	365 ☐
	[영월4계] 2021 타경 1290 (4) 강제경매 강원 영월군 남면 북쌍리 ▨▨ 외 2개 목록 [토지 1395㎡] 분묘기지권, 소유가등 다음지도 온나라지도	임야 2022.07.26	37,167,000 37,167,000 85,000,000	배당 (0회)	305 ☐
	[영월4계] 2021 타경 1290 (5) 강제경매 강원 영월군 남면 북쌍리 ▨▨ 외 9개 목록 [토지 8405㎡] 분묘기지권, 맹지 다음지도 온나라지도	전 2022.07.26	273,647,000 273,647,000 455,000,000	배당 (0회)	284 ☐
	[영월4계] 2021 타경 1290 (6) 강제경매 강원 영월군 남면 북쌍리 ▨▨▨ 외 2개 목록 [토지 2285.39㎡] 분묘기지권, 도로인접 다음지도 온나라지도	전 2022.07.26	169,771,970 169,771,970 226,620,000	배당 (0회)	268 ☐
	[영월4계] 2021 타경 1290 (7) 강제경매 강원 영월군 남면 북쌍리 ▨▨ 외 1개 목록 [토지 2485㎡] 분묘기지권, 도로인접 다음지도 온나라지도	전 2022.07.26	171,129,000 171,129,000 210,500,000	배당 (0회)	225 ☐
	[영월4계] 2021 타경 1290 (8) 강제경매 강원 영월군 남면 북쌍리 ▨▨ 외 2개 목록 [토지 2455㎡] 분묘기지권, 맹지, 도로인접 다음지도 온나라지도	임야 2022.07.26	64,855,000 64,855,000 125,000,000	배당 (0회)	322 ☐
	[영월4계] 2021 타경 1290 (9) 강제경매 강원 영월군 남면 북쌍리 ▨▨ 외 7개 목록 [토지 4232㎡] 분묘기지권, 맹지 다음지도 온나라지도	유원지 2022.07.26	237,304,000 237,304,000 237,555,000	배당 (0회)	274 ☐

이 중에서 물건번호 3번은 ❶ 감정가 17,758,000원인데 ❷ 24명의 응찰자가 몰려 400%인 71,112,000원에 낙찰되었다.

❷기일내역

기일종류	기일	상태	최저매각가격(%)	경과일
입찰변경	2023.02.22	배당		615일
납부일	2022.09.05	납부		445일
허가일	2022.08.02	허가		411일
1차매각	2022.07.26	낙찰	❶ 17,758,000원(100%) 71,112,000원 (400.45%) 정OO / 응찰 24명 ❷	404일

어떻게 이렇게 낙찰되었는지 그 이유를 살펴보자. 먼저 토지이용계획확인원에서
❸ '계획관리지역'임을 확인할 수 있다. 이 토지는 개발행위가 가능하다는 뜻이다.

❏감정평가서 요약

목록	지번/토지이용계획/용도/구조/면적	감정가 물형계산	비고
감정요약	토 지 : 북쌍리 ▨▨▨임야 외 2필지 683㎡(206.61 평) 건 물 : 없 음 제시외 : 없 음 기 타 : -	17,758,000원	감정기관 제일감정 감정날짜 2021.07.05
14	북쌍리 ▨▨▨ 지도 등기 토지이용 임야 166㎡ (50.22평) [토지] 대상물건은 강원도 영월군 남면 북쌍리 소재 "북쌍3리 마을회관" 남측 인근에 위치하며, 주위는 농가주택, 펜션형주택, 농경지 및 임야 등이 소재하는 농촌지대임. 대상물건 및 인근까지 차량접근 가능하며, 대중교통 사정은 불편시됨. 일련번호(14),(15),(16) : 부정형 및 사다리형의 토지로서, 자연림 및 토지임야 등으로 이용중임. 일련번호(14),(15),(16) : 대상물건 주변에 폭3M 내외의 비포장 농로가 소재함. [토지이용계획] 보전관리지역 / (한강)폐기물매립시설 설치제한지역 / 계획관리지역 / 가축사육제한구역	4,316,000원 26,000(원/㎡) 공시대비 276.3% 9,410(원/㎡)	입찰외 : 분묘 (분묘기지권성립여부불분명)
15	북쌍리 ▨▨▨ 임야 487㎡ (147.32평) 제시외 수목 [토지이용계획] 보전관리지역 / (한강)폐기물매립시설 설치제한지역 / 계획관리지역 / 가축사육제한구역	12,662,000원 26,000(원/㎡) 공시대비 260% 10,000(원/㎡)	입찰외 : 컨테이너 (법정지상권성립여부불분명[확인요망]) , 분묘 (분묘기지권성립여부불분명)
16	북쌍리 ▨▨▨ 임야 30㎡ (9.08평) [토지이용계획] (한강)폐기물매립시설 설치제한지역 / 계획관리지역 / 가축사육제한구역	780,000원 26,000(원/㎡) 공시대비 220.34% 11,800(원/㎡)	입찰외 : 분묘 (분묘기지권성립여부불분명)
감정요항	[토지] · 대상물건은 강원도 영월군 남면 북쌍리 소재 "북쌍3리 마을회관" 남측 인근에 위치하며, 주위는 농가주택, 펜션형주택, 농경지 및 임야 등이 소재하는 농촌지대임. · 대상물건 및 인근까지 차량접근 가능하며, 대중교통 사정은 불편시됨. · 일련번호(14),(15),(16) : 부정형 및 사다리형의 토지로서, 자연림 및 토지임야 등으로 이용중임. · 일련번호(14),(15),(16) : 대상물건 주변에 폭3M 내외의 비포장 농로가 소재함.		

이번에는 경공매가이드 메인 화면에서 ❹ '물건사진'을 선택해서 ❺ '위성지도'
를 선택해보자.

강가 영구 조망

영월 서강변에 접해 있는 토지로 야영장, 캠핑장 부지로 딱인 물건이다.

결론 ## 낙찰자의 개발 능력에 따라 몇 배 시세차익이 예상되는 토지

이 물건은 서강변을 따라 6미터 도로가 개설되는 호재가 터져서 입찰경쟁이 치열했던 물건이다. 지목이 '전'이나 '답'인 것을 '유원지'나 '대지'로 변경한 뒤 야영장 영업 허가권까지 갖추면 그야말로 몇 배로 토지가격이 급상승하게 된다. 인허가를 득한 영업권 자체가 일반매매에서는 억 단위로 오고 간다. 그만큼 인허가를 받는 데 시간과 노력, 비용이 들어가기 때문이다.

토지는 아파트처럼 자주 사고 팔리지 않고 정형화되어 있지도 않아서 시세가 들쑥날쑥하다. 바로 옆으로 나란히 붙은 땅도 가격이 서로 다르다. 그래서 감정가의 몇 배에 낙찰되는 사례는 토지경매에서는 아주 흔한 일이다. 낙찰자의 능력에 따라 시세차익을 견인할 수 있는 물건이다.

경남 통영시 욕지면 대지 35.09평

(ft. 해안가 낚세권 토지, 법정지상권 해결이 포인트)

91

경공매가이드

[욕지면 - 대지]	통영3계 2021-3368(1) 법원 조회수 : 당일조회　누적조회　관심등록 낙찰일 이후 누적조회수 13	등기신청클릭하면 등기부실시간발급 (발급비용무료)

▶ 기본정보　경매3계 (☎055-640-8503)

법원기본내역　법원안내　[-] 글자크기 [+]

대법원사이트
바로가기

소재지	[목록1] 경남 통영시 욕지면 동항리 ▨▨ Ⓝ지도 Ⓓ지도 도로명주소	
용도(기타)	대지 (-)	토지면적	116m² (35.09평)
감 정 가	7,962,240원	건물면적	0m²
최 저 가	(100%) 7,962,240원	제 시 외	0m²
낙찰 / 응찰	20,109,999원 / 5명	대 상	토지전부
청구금액	36,899,049원	소 유 자	노OO
채권총액	0원	채 무 자	노OO
경매구분	강제경매	채 권 자	농OOOOO
물건번호	1 [배당] 2 [배당]		

물건사진 더보기 ∨

› 개별공시지가
› 토지실거래가
› 물건사진
› 다음지도
› 감정평가서
› 토지등기신청
› 법원기본내역
› 매각물건명세서
› 현황조사서
› 문건접수/송달
› 부동산표시목록
› 토지이용계획

**물건분석
포인트**

매각대상은 토지만! 법정지상권 해결은 낙찰자 몫?

　통영의 욕지도는 낚세권이다. 이 물건은 해안가 바로 앞 토지만 매각하는 것으로 지상 위 건물은 매각 제외다.

　경공매가이드 메인 화면에서 ❶ '물건사진'을 선택해서 사진들을 보면 경매물건이 그렇듯 무단으로 투기된 쓰레기가 투척되어 있고 앞 건물에 가려져 바다뷰가 확보되지 못한 상태다. 하지만 낙찰받고 땅을 메워서 건물을 올리면 조망 확보는 어렵지 않아 보인다.

이 물건은 토지만 매각대상이지만 건물등기부 + 건축물대장을 발급받아서 미등기인지 무허가 건물인지 법정지상권은 성립되는지 확인해야 한다. ❷ 매각물건명세에는 법정지상권 성립 여지 있으나 성립 여부 불분명하다고 되어 있는데 이는 낙찰받을 사람이 알아서 분석하고 입찰받으라는 뜻이다.

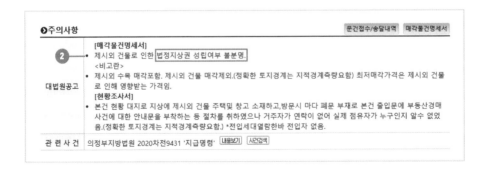

법정지상권과 존속기간에 대하여

그러면 여기서 법정지상권에 대해 알아보자. 지상권이란 타인의 토지에 건물, 수목, 작물을 소유하기 위하여 그 토지를 사용할 수 있는 물권을 말한다. 일반적으로 지상권은 반드시 등기를 해야만 효력이 발생하지만, 법정지상권은 당사자의 설정계약에 의하지 않고 법률의 규정에 의하여 일정한 요건을 갖추면 인정된다.

법정지상권의 존속기간은 지상권의 존속을 약정하지 아니한 경우 견고한 건물은 30년, 그 밖의 건물은 15년, 공작물은 5년이다. 다음은 법정지상권의 성립유형과 조건이다.

| 법정지상권의 성립유형 |

1. 토지와 건물이 동일인 소유였다가 저당권을 설정한 후 저당물의 경매로 인하여 토지와 그 지상물이 다른 소유자에게 속한 경우, 토지 소유자는 건물 소유자에게 대하여 지상권을 설정한 것으로 본다.(민법 제366조)
2. 토지 및 그 지상건물이 동일한 소유였다가, 그 토지 또는 건물에 대하여 담보가등기권이 설정된 후 담보권의 실행으로 인하여 토지와 건물의 소유자가 달라진 때에는 토지 소유자가 건물의 소유자에 대하여 지상권을 설정한 것으로 본다.

| 법정지상권의 성립조건 |

1. 토지와 건물(수목)의 소유자가 동일인이었을 것(등기부등본상 하루라도 동일인이었다면 성립)
2. 저당권 설정 당시에 건물(수목)이 이미 존재하고 있을 것(등기 여부는 요건이 아님)
3. 위 두 가지의 요건을 갖추고 경매, 매매, 증여 등의 사유로 토지와 건물(수목)의 소유자가 달라질 것

건물 철거와 토지 인도 및 지료지급 청구소송 진행

건물등기는 있는지 등기부등본을 발급받아 토지등기부와 대조해보아 법정지상권이 성립하는지 분석한다. 법정지상권이 성립하지 않거나 설사 성립하더라도 낙찰자에게 토지사용료를 내지 않으면 건물 철거와 토지인도 및 지료지급 청구소송을 제기해서 승소한 판결문으로 건물을 강제경매를 부쳐 낙찰받게 되면 이 물건의 토지와 건물을 온전한 내 소유로 만들 수 있다.

이미 철거 판결이 난 건물은 아무리 유찰되어도 다른 사람들은 입찰을 못 들어온다. 낙찰받으면 철거될 건물을 누가 입찰에 들어오겠나? 결국 토지 소유자만 낙찰받을 수 있어 최대한 유찰되었을 때 헐값에 살 수 있다. 이런 점 때문에 법정지상권을 '경매의 꽃'이라고 한다.

법정지상권은 남의 땅을 공짜로 쓰는 게 아니다

법정지상권이 성립한다고 남의 땅을 공짜로 써도 된다는 것은 아니다. 토지만 매각대상이라고 보통 사람들은 법정지상권이 성립되면 공짜로 살아도 되는 줄 잘못 알고 있다.

"당신이 토지를 낙찰받았지, 건물까지 샀어? 내가 말이야 여기서 몇 대째 살고 있는데! 지료를 내라고? 못 줘. 어이가 없네."

실제로 들은 소리를 그대로 옮겨 적은 것이다. 재판하는 동안 지료를 한 푼도 안 내고 버티다가 철거 판결이 나면 하는 말은 다음과 같다.

"세상에 이런 법이 어디 있어?"

92

제주시 한림읍 협재리 전 506.39평

(ft. 농취증 없으면 입찰보증금 날린다!)

경공매가이드

관심등록 화면인쇄 장닫기 ✕

[한림읍 - 전]		제주1계 2021-21649(1) 법원 조회수 : 당일조회 누적조회 관심등록 낙찰일 이후 누적조회수 23		등기신청클릭하면 등기부실시간발급 (발급비용무료)

◑기본정보 경매1계 (☎064-729-2151)

법원기본내역 법원안내   - 글자크기 +

대법원사이트
바로가기

소재지	[목록1] 제주 제주시 한림읍 협재리 ▨▨▨ 외 2개 목록 N지도 D지도 도로명주소			
용도(기타)	전 (-)	토지면적	1,674㎡ (506.39평)	
감 정 가	515,718,000원	건물면적	0㎡	
최 저 가	(49%) 252,702,000원	제 시 외	0㎡	
낙찰 / 응찰	331,100,000원 / 11명	대 상	토지전부	
청구금액	409,662,465원	소 유 자	농○○○○○○○○○	
채권총액	2,180,000,000원	채 무 자	김○○	
경매구분	임의경매	채 권 자	서○○○○○○	
물건번호	1 [배당] 2 [배당] 3 [배당]			

❶ 물건사진 더보기 ⌄

개별공시지가
토지실거래가
농지가격정보
물건사진
다음지도
감정평가서
토지등기신청
법원기본내역
매각물건명세서
현황조사서
문건접수/송달
부동산표시목록

제주도 땅 매수 주의점

제주도 땅을 매수하려는 수요층은 항상 있다. 경공매가이드 메인 화면에서 ❶ '물건사진 더보기'를 선택해서 ❷ '위성지도'를 선택해보자. 4미터 도로와 맞닿은 네모반듯한 토지다. 농사를 짓든 건물을 짓든 땅은 네모반듯한 것을 최고로 친다. 제주도에 단독주택을 짓고 싶은 사람들이 원하는 땅 모양에 평수까지 500평이니

딱 좋다. 전체 토지 500평을 모두 다 개발할 필요는 없다. 일부는 텃밭으로 남겨두고 살 집만 지으면 된다.(다음 사진 중 오른쪽 사진 참고)

토지이용계획확인원을 살펴보자. ❸ '자연녹지지역'이고 지목은 '전'이다. 자연녹지의 건폐율은 20%. 해당 지자체의 조례를 검토해봐서 건축 가능한 건물과 용

도변경 절차를 분석해봐야 한다. 그런데 이 땅을 낙찰받으려면 ❹ '농지취득자격증명'이 필요하다고 나와 있다. 현재 이 땅은 농사를 짓지 않는 휴경지인데 이게 과연 필요할까? 그냥 넘어가도 되지 않을까?

결론 전, 답은 농취증 없으면 매각불허가, 입찰보증금 몰수!

전, 답은 소유권이전등기를 하려면 농취증이 있어야 한다.[*] 농취증이란 농지취득자격증명의 줄임말로 농지를 취득하고자 하는 자가 필수로 발급받아야 하는 서류다. 경매의 경우 농지를 취득한 자가 법원에서 발급해준 '최고가매수인' 증명서를 가지고 농지 소재지의 읍면동 주민센터에 가서 신청하면 된다. 처리기간은 접수일로부터 4일 이내지만 경우에 따라서는 당일 발급도 가능하다. 경매에서는 매각결정을 위한 필수 제출서류이므로, 발급받지 못할 경우 입찰보증금이 몰수될 수도 있기 때문에 입찰 전 확인이 필요하다.

특히 제주도는 전입신고를 하거나 친인척이 살아서 자경(자기 스스로 논밭을 갈아 농사를 지음)할 수 있다는 것을 입증해야 농취증이 발급되니 주의해야 한다.

---

[*] 경매낙찰자는 7일 이내 농취증을 발급받아 경매계에 제출해야 하며, 공매는 소유권이전 등기일까지 1달 여유가 있다.

농지 입찰 전 필독! - 7·3 농지법 개정 이렇게 바뀌었다!

2022년 들어 토지투자를 까다롭게 만드는 농지취득자격심사가 대폭 강화될 것으로 보인다. 농업 목적으로만 농지를 취득하는 사람에게만 매매를 가능하게 하려는 것이다. 자세한 내용은 아래 QR링크로 들어가서 농림축산식품부 보도자료를 참고하길 바란다.

7·3 농지법 보도자료 QR링크

앞의 토지는 계획관리지역은 아니지만 4미터 도로가 접해 있는 자연녹지지역 내 전 500평이다. 자연녹지는 제한적인 개발행위가 허용되는 지역이니 제주도 조례확인은 필수다. 농취증 발급받아 농지를 사놓고 농사를 안 지으면? 1년에 한 번 항공 위성사진으로 확인한 뒤 농사를 안 지으면 이행강제금을 물리고 심한 경우 강제처분까지도 할 수 있다. 토지 지목 28개를 정해놓은 이유가 다 있다. 예를 들어 공장용지는 공장용도로 써야 한다. 모든 토지는 원래의 용도대로 사용하지 않으면 안 된다.

제주 구좌읍 세화리
올레길 바닷가 임야 122.21평
(ft. 공유물 분할 경매? 예고등기?)

경공매가이드

[구좌읍 - 임야]	**제주4계 2021-28206(1)** 법원 조회수 : 당일조회 누적조회 관심등록 낙찰일 이후 누적조회수 47	등기신청클릭하면 등기부실시간발급 (발급비용무료)

▶기본정보 경매4계 (☎064-729-2154)

법원기본내역 법원안내 - 글자크기 +

소재지	[목록1] 제주 제주시 구좌읍 세화리 산 N지도 D지도 도로명주소		대법원사이트 바로가기
용도(기타)	임야 (-)	토지면적	404m² (122.21평)
감 정 가	488,840,000원	건물면적	0m²
최 저 가	(100%) 488,840,000원	제 시 외	0m²
낙찰 / 응찰	771,011,000원 / 9명	대 상	토지전부
청구금액	0원	소 유 자	김0000
채권총액	432,600,000원	채 무 자	김00
경매구분	형식적경매	채 권 자	김00
물건번호	1 [배당]		

▸개별공시지가
▸토지실거래가
▸물건사진
▸다음지도
▸감정평가서
▸토지등기신청
▸법원기본내역
▸매각물건명세서
▸현황조사서
▸문건접수/송달
▸부동산표시목록
▸토지이용계획

물건사진 더보기 ∨

이곳을 눌러도 물건사진 확인

물건분석 포인트

소유자가 여러 명이지만 통으로 팔기 쉽게 경매로 내놓은 토지

대법원 공고를 보면 ❶ 진입로 및 경작지로 이용 중인 임야다. ❷ 멀쩡한 부동산이 형식적 경매에 부쳐졌다. ❸ '사건검색'을 눌러서 내용을 확인해보니 공유물 분할 소송에 관한 판결이다.

소유자가 여럿인 공유물은 공유자 간 의견 불일치로 일반매매로도 거래성사가 안 될 경우 빚이 없어도 경매로 부쳐서 공개매각한다. 일단 경매로 넘어가면 경매 절차는 처음부터 끝까지 소유자의 협조가 필요 없다. 하지만 일반매매의 경우 공유자 중 연락두절된 사람이 1명이라도 있으면 일반매매는 거래 못 한다. ❹ 이 물건은 공유자 중 김○○가 경매신청자이면서 경매당한 채무자이기도 하다. 자기 소유 물건을 경매 부쳤으니 신청채권자면서 채무자 겸 소유자다.

❍토지등기부등본   토지등기신청

접수일	등기구분		등기권리자	금액	비고
1997-01-30	소유권이전		김○○○		매매(1997.01.20)
2003-12-01	근저당권	말소	장○○	420,000,000	**말소기준권리** 박옥자지분
2004-06-22	예고등기	말소	박○○		제주지법 2004가합1161 근저당말소예고
2021-03-03	가압류	말소	세○○	12,600,000	김해시법원 2021카단65 박옥자지분
2021-11-23	임의경매	말소	김○○	청구금액 0	2021타경28206

(등기부채권총액 : 432,600,000 / 열람일 : 2022.06.29)

형식적 경매

이 물건은 제주시 구좌읍 세화해수욕장 인근의 주거지대로서 토지이용계획 내용을 살펴보면 ❺ 10미터 포장도로에 접해 있고 제2종일반주거지역으로 나와 있다.

●감정평가서 요약

목록	지번/토지이용계획/용도/구조/면적	감정가 광형계산	비고
감정요약	토　지 : 세화리 산 ■■임야 404㎡(122.21평) 건　물 : 없 음 제시외 : 없 음 기　타 : -	488,840,000원	감정기관 나라감정 감정날짜 2021.11.30
토지　1	세화리 산 ■■■ 지도 등기 토지이용 임야 404㎡ (122.21평)(현:전,일부도로) [토지] 본건은 제주특별자치도 제주시 구좌읍 세화리 소재 "세화해수욕장" 서측 인근에 위치함.세화해수욕장 인근에 위치하는 주거지대로서 인근은 단독주택 및 연립주택, 점포상가 등이 형성된 지역으로 주위환경은 보통시됨. 본건까지 차량접근이 가능하여 제반 간선도로 상황 보통임. 본건은 인접지와 대체로 완만한 부정형 토지임.전 및 일부 도로로 이용중임. 본건 북측으로 노폭 약 10미터 포장도로에 접함. [토지이용계획] 제2종일반주거지역 / 고도지구 / 주거환경개선구역 / 상대보호구역 / 가축사육제한구역	488,840,000원 1,210,000(원/㎡) 공시대비 717.67% 168,600(원/㎡)	
감정요항	[토지] ·본건은 제주특별자치도 제주시 구좌읍 세화리 소재 "세화해수욕장" 서측 인근에 위치함.세화해수욕장 인근에 위치하는 주거지대로서 인근은 단독주택 및 연립주택, 점포상가 등이 형성된 지역으로 주위환경은 보통시됨. ·본건까지 차량접근이 가능하여 제반 간선도로 상황 보통임. ·본건은 인접지와 대체로 완만한 부정형 토지임.전 및 일부 도로로 이용중임. ·본건 북측으로 노폭 약 10미터 포장도로에 접함.		

개발행위 가능한 토지, 그런데 예고등기가?

❻ 경공매가이드 메인 화면에서 '물건사진'을 선택해서 ❼ '위성지도'를 선택해 보자. 제주 올레길 코스를 끼고 있는 바닷가이다. 바로 옆에 GS25 편의점과 카페 마레1440이 영업 중이다. 9명이 몰려 157.72%에 낙찰된 이유는 지도를 보면 알 수 있다.

바닷가 영구조망 토지

이 토지는 개발행위를 하는 데 전혀 문제가 없다. 그리고 어디를 봐서 이 땅이 임야인가? 건물을 짓는 데 어려움이 없는 일반 대지나 다름없는 땅이다. 그런데 이게 따로 문제가 되는 건 아닐까? 앞의 등기부등본을 보면 ❽ 2004년 6월 22일 박○○가 설정한 예고등기가 있다.

결론 토지의 가치를 높이기 위해 선택한 공유물 분할 소송

필자는 채무자가 기획부동산으로부터 매입한 토지 지분을 낙찰받은 후 공유물 분할 소송을 한 적이 있는데 해당 물건의 공유자 수가 60명이었다. 공유자들 현재 주소를 알아내 소송 시작을 알리는 소장을 보내는 데만 꼬박 1년이 걸렸다. 공유 물분할청구 소송은 공유자 중 1인이 소송 제기를 하면 현물분할을 하든지 필지를 나누어 분필을 하든지 판결이 난다. 2~3명이면 모를까, 공유자 수가 많으면 외국에 나간 사람, 요양원에 들어간 사람, 연락 두절이 된 사람 등 다양한 경우가 발생하며 연락도 잘 안 되고 의견일치도 어렵다.

공유물 분할을 위한 형식적 경매로 부쳐지면 매각 대금으로 보유 지분만큼 배당받는다. 이때 입찰에 들어가서 지분을 더 사들여 단독 소유를 만들어도 된다. 지분매각 사건은 공유자우선매수권이 있지만 공유물 분할을 위한 형식적 경매는 공유자우선매수권이 없다.

2011년 이후 폐지된 예고등기

등기부에 나온 예고등기는 그 자체만으로 부동산의 소유, 권리의 공시 유무, 처분의 제한 등 권리행사에 영향을 주는 등기는 아니다. 그러나 소송을 제기한 원고가 승소한 경우 분쟁의 원인이었던 예고등기 이후의 등기는 모두 효력을 상실한다.

예를 들면 자기 물건이 경매 부쳐질 것을 가장 먼저 아는 사람은 소유자다. 멀쩡한 부동산에 소유권이전이나 말소와 관련하여 분쟁이 있는 것처럼 꾸며 소유권이전 무효나 취소 소송이 제기되었음을 알리는 촉탁(예고등기)을 해버리면 원고가 승소한 경우 예고등기 이후 등기는 모두 효력을 상실하게 되니 경매개시결정 기입등기도 말소할 수 있어 강력하다. 하지만 실제로 효력을 발생하는 예고등기는 드물고, 경매대상 부동산에 예고등기를 악용하는 사례가 많아 2011년 10월 31일부로 폐지되었다.

이 예고등기는 근저당권 말소 예고등기로 재판의 결과는 2004년 10월 14일 원고승으로 2005년 3월 9일 을구 2번 근저당권설정, 2-1번 가압류는 말소되었다. 낙찰받는 데 문제가 안 된다.

제주 서귀포시 대정읍 임야 412.31평

(ft. 건축물 제한이 걸린 특화경관지구)

경공매가이드

[대정읍 - 임야]	제주3계 2021-22291(2) 법원 조회수 : 당일조회 누적조회 관심등록 낙찰일 이후 누적조회수 43	등기신청클릭하면 등기부실시간발급 (발급비용무료)

▶기본정보 경매3계(☎064-729-2153)

소재지	[목록2] 제주 서귀포시 대정읍 상모리 ▩▩▩ NI지도 D지도 도로명주소		
용도(기타)	임야 (-)	토지면적	1,363m² (412.31평)
감 정 가	708,760,000원	건물면적	0m²
최 저 가	(100%) 708,760,000원	제 시 외	0m²
낙찰 · 용찰	850,000,100원 / 3명	대 상	토지전부
청구금액	1,905,207,688원	소 유 자	오0000
채권총액	31,258,190,288원	채 무 자	오0000
경매구분	강제경매	채 권 자	해0000000
물건번호	1 [배당] 2 [배당]		

❷ 물건사진 더보기 ⌄

대법원사이트 바로가기
· 개별공시지가
· 토지실거래가
· 물건사진
· 다음지도
· 감정평가서
· 토지등기신청
· 법원기본내역
· 매각물건명세서
· 현황조사서
· 문건접수/송달
· 부동산표시목록
· 토지이용계획

자연녹지, 특화경관지구 건축행위 가능할까?

　이 물건의 토지이용계획확인원을 보면 ❶ 자연녹지이고 약 15미터 내외 포장도로에 접해 있으며 '특화경관지구'라 나와 있다.

❶감정평가서 요약

목록	지번/토지이용계획/용도/구조/면적	감정가 평형계산	비고
감정요약	토 지 : 상모리 ▇▇▇임야 1,363m²(412.31평) 건 물 : 없음 제시외 : 없음 기 타 : -	708,760,000원	감정기관 진성일감정 감정날짜 2021.04.19
토지 2	상모리 ▇▇▇ 지도 등기 토지이용 임야 1,363m² (412.31평) [토지] 제주특별자치도 서귀포시 대정읍 상모리 소재 '송악산' 북서측 근거리에 위치하며, 부근은 농경지, 임야 및 근린생활시설 등이 혼재함. 본건까지 차량진입 가능하며 남동측으로 간선도로에 접하여 제반교통사정은 무난시 됨. 인접도로 대비 대체로 등고평탄한 세장형의 토지로서, "토지임야" 상태임. 남동측으로 폭 약 15m 내외의 포장도로에 접함.	708,760,000원 520,000(원/m²) 공시대비 802.47% 64,800(원/m²)	
	[토지이용계획] 자연녹지지역 / 중로2류(폭 15m~20m) / 특화경관지구 / 지하수자원특별관리구역 / 문화재보존영향 검토대상구역		
감정요항	[토지] · 제주특별자치도 서귀포시 대정읍 상모리 소재 '송악산' 북서측 근거리에 위치하며, 부근은 농경지, 임야 및 근린생활시설 등이 혼재함. · 본건까지 차량진입 가능하며 남동측으로 간선도로에 접하여 제반교통사정은 무난시 됨. · 인접도로 대비 대체로 등고평탄한 세장형의 토지로서, "토지임야" 상태임. · 남동측으로 폭 약 15m 내외의 포장도로에 접함.		

경공매가이드 메인 화면에서 ❷ '물건사진 더보기'를 선택해서 ❺ '위성지도'를 선택해보자. 한눈에 봐도 바닷가 근처다. 뭔가 가치가 있는 토지 같다. 과연 그럴까? 다른 문제는 없을까?

바닷가 영구 조망 토지

결론　제주도 특화경관 지구 – 해수면 경계에서 50미터까지 지정

여기서 '특화경관지구'에 대해 살펴보자. 일정 부분 건축제한을 두어 해안가 주변을 보호하기 위한 조치로 제주도의 경우 해수면의 경계에서부터 50미터까지 특화경관 지구로 지정되었다.

특화경관 지구로 지정되면 2층 이하의 건축물로 지어야 하고 높이는 10미터 이하로 제한된다. 제주도 바닷가에 우후죽순 고층건물이 들어서자 특화경관지구를 지정해 바다조망을 가리지 말라는 취지인 것이다. 이미 제주도 바닷가 가까운 곳은 특화경관지구가 아닌 곳은 없다. 저층건물은 들어설 수 있다.

이 토지의 지목은 '임야'다. '전'과 '답'은 나무가 없지만 임야는 나무가 심어져 있기 때문에 개발행위를 하려면 나무를 뽑아야 한다. 우리나라에서는 나무를 뽑으면 대체산림자원조성비를 내야 한다. 대략 공시지가의 30% 수준이다. 그리고 임야의 경사도가 15%를 넘어가면 성토하기 위한 흙 값이 많이 들어가고 개발행위 허가도 받기가 불가능하거나 곤란할 수 있다.

 임장 안 가보고도 '임야경사도' 재는 방법

임야를 매수할 때 가장 중요한 것은 경사도 여부를 확인하는 것이다. 그런데 직접 가지 않고 집에서도 인터넷을 통해 임야 경사도를 확인할 수 있다.
임업정보 다드림 홈페이지(gis.kofpi.or.kr)에 들어가서 → 필지별 경사도 정보 서비스 알림을 선택한 후 주소를 입력하면 경사도 등을 확인할 수 있다.

95 강원도 강릉시 성산면 자동차시설 19,621평

(ft. 100억원짜리 운전면허학원이 기업에 팔린 사례)

경공매가이드

[성산면 - 자동차시설]

강릉3계 2021-1833(1)
법원 조회수 : 당일조회 누적조회 관심등록
낙찰일 이후 누적조회수 13

**등기신청클릭하면
등기부실시간발급
(발급비용무료)**

▶기본정보　경매3계(☎033-640-1133)

법원기본내역　법원안내　[-] 글자크기 [+]

소재지	[목록8] 강원 강릉시 성산면 구산리 ███ 외 34개 목록　N지도　D지도　도로명주소				**대법원사이트 바로가기**
용도 ❶	자동차시설 (전, 잡종지, 답, 대지, 임야)	토지면적	64,866㎡ (19,621.97평)		▸개별공시지가
감 정 가	13,669,030,000원	건물면적	852.2㎡ (257.79평)		▸상업용실거래가
❷ 가	(70%) 9,562,245,000원	제 시 외	137.2㎡ (41.5평)		▸수익률계산기 ▸물건사진
낙찰 / 응찰	10,062,245,000원 / 1명	대 상	건물전부, 토지전부		▸다음지도 ▸감정평가서
청구금액	3,110,000,000원	소 유 자	조○○○○		▸토지등기신청
채권총액	7,149,197,288원	채 무 자	조○○		▸건물등기신청 ▸건축물(일반)
경매구분	임의경매	채 권 자	강○○○		▸법원기본내역
물건번호	1 [배당] 2 [배당] 3 [배당] 4 [배당]			물건사진 더보기 ⌄	▸매각물건명세서 ▸현황조사서 ▸문건접수/송달

강원도 100억원짜리 땅은 누가 살까?

　이 물건은 지금은 문 닫은 운전면허학원 토지로 ❶ 지목은 전, 잡종지, 답, 대지, 임야 등 다양하게 섞여 있다. ❷ 100억원이 넘는 이 토지는 유찰을 거쳐 감정가 73%대로 롯데칠성음료주식회사에 낙찰되었다.

❯기일내역

기일종류	기일	상태	최저매각가격(%)	경과일
입찰변경	2022.11.10	배당		424일
납부일	2022.09.20	납부		373일
허가일	2022.08.29	허가		351일
3차매각	2022.08.22	낙찰	9,562,245,000원(70%) 10,062,245,000원 (73.61%) 롯○○○○○○○○○ / 응찰 1명	344일
2차매각	2022.07.04	유찰	13,660,350,000원(100%)	295일
입찰변경	2022.07.04	변경	13,660,350,000원(100%)	295일
1차매각	2022.05.30	유찰	13,660,350,000원(100%)	260일

최종 낙찰

❸ 경공매가이드 메인 화면에서 '다음 지도'를 선택해서 ❹ '스카이뷰' '로드뷰'를 선택해보자. 도로 연결이 잘 되어 있고 바로 옆에 SK 주유소가 있고 운수회사, 콘테이너 박스 적재 등의 용도로 사용하고 있는 것으로 보인다. 바로 옆에 주유소가 있어서 화물자동차가 다니기 좋고 주차공간도 넉넉하다.

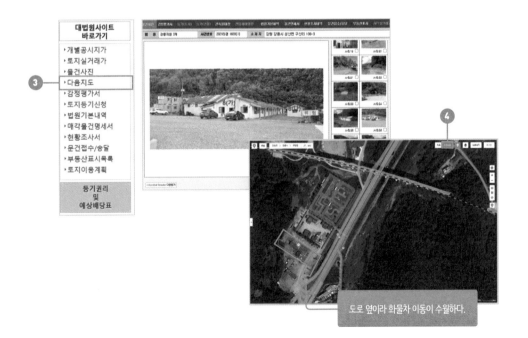

도로 옆이라 화물차 이동이 수월하다.

해당 물건 로드뷰 사진

결론 실제 사용에 필요한 토지를 경매로 찾은 사례

경매는 개인뿐만 아니라 기업도 들어온다. 부동산 전문 기업이 아니더라도 다양한 니즈로 입찰을 시도한다. 이번 사례는 한때는 잘나갔던 업종이 시대가 바뀌면서 그 용도를 다해 방치된 물건을 보여준다. 그런 물건을 찾아내서 딱 맞는 용도로 변신시키는 분들이 많다는 것을 알 수 있는 사례이다.

대기업이 이런 토지를 산 이유를 추정해보자면 B2B® 때문이 아닐까? 똑같은 물건을 팔아도 남들보다 싸게 팔면 매출 우위에 설 수 있다. 그렇다고 손해 보고 팔까? 아니다. ○○총판 ○○대리점이 도매로 물건을 대량으로 사올 때 돈을 받는 쪽에서 부동산을 담보로 잡으면 남들보다 더 많은 물건을 더 싸게 가져와서 수익을 남길 수 있다.

그 밖의 이유로 추측하자면 '차고지증명' 때문일 수도 있다. 일반화물 자동차 운송사업 허가를 받으려면 화물자동차 1대당 해당 화물자동차 길이와 너비를 곱한 면적의 차고지증명을 제출해야 한다. 사업자등록지 반경 4킬로미터 이내에 차고지를 갖춰야 영업허가가 나온다.

---

* **B2B** : 기업과 기업 사이에 이루어지는 전자상거래를 일컫는 경제용어

96

전남 여수시 화정면 전 984.03평
(ft. 555% 낙찰가? 여수백리섬 호재 덕분!)

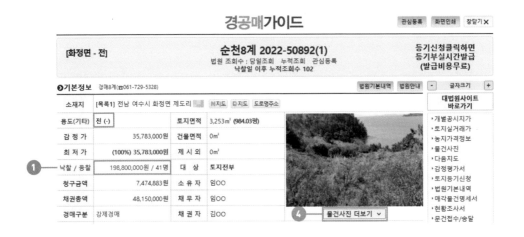

경공매가이드

관심등록　화면인쇄　장담기 ×

[화정면 - 전]

순천8계 2022-50892(1)
법원 조회수 : 당일조회　누적조회　관심등록
낙찰일 이후 누적조회수 102

등기신청클릭하면
등기부실시간발급
(발급비용무료)

▶기본정보　경매8계(☎061-729-5328)

법원기본내역　법원안내　- 글자크기 +

대법원사이트
바로가기

소재지	[목록1] 전남 여수시 화정면 제도리 ▩지도 ▩지도 도로명주소			
용도(기타)	전 (-)	토지면적	3,253㎡ (984.03평)	
감 정 가	35,783,000원	건물면적	0㎡	
최 저 가	(100%) 35,783,000원	제 시 외	0㎡	
❶ 낙찰 / 응찰	198,800,000원 / 41명	대　상	토지전부	
청구금액	7,474,883원	소 유 자	임OO	
채권총액	48,150,000원	채 무 자	임OO	
경매구분	강제경매	채 권 자	김OO	

❹ 물건사진 더보기 ∨

› 개별공시지가
› 토지실거래가
› 농지가격정보
› 물건사진
› 다음지도
› 감정평가서
› 토지등기신청
› 법원기본내역
› 매각물건명세서
› 현황조사서
› 문건접수/송달

물건분석
포인트

계획관리지역도 아닌데 왜 이렇게 높은 가격에 낙찰되었을까?

　　제주도도 아니고 전라도 외딴섬에 있는 ❶ 지목이 '전'인 경매물건에 41명이나 몰렸다? 그리고 낙찰가는 감정가의 555.57%인 198,800,000원! 바닷가 근처 땅이어서 그럴까? ❷ 현재 이 땅은 휴경지로 농지취득자격증명 제출이 필요하며 ❸ 토지이용계획확인원을 보니 자연환경보전지역인 데다 맹지다.

❶감정평가서 요약

목록	지번/토지이용계획/용도/구조/면적	감정가 (평형계산)	비고
감정요약	토 지 : 제도리 ▨ 전 3,253m²(984.03평) 건 물 : 없 음 제시외 : 없 음 기 타 : -	35,783,000원	감정기관 섬지감정 감정날짜 2022.02.24
토지 1	제도리 ▨ 지도 등기 토지이용 전 3,253m²(984.03평)(현:휴경지) [토지] 본건은 전라남도 여수시 화정면 제도리 소재 "제도항" 북서측 근거리에 위치하며, 주변은 휴경중인 전, 임야 등이 소재하는 해안 농경지대임. 본건까지 차량 접근 불가능하며, 도서지방에 위치하고 있어 일반적인 교통상황은 불편함. 부정형 토지로서 완경사지이며 휴경중인 전임. 맹지임. *농지취득자격증명필요 [토지이용계획] 자연환경보전지역 / 수산자원보호구역 / 가축사육제한구역 / 공익용산지	35,783,000원 11,000(원/m²) 공시대비 332.33% 3,310(원/m²)	
감정요항	[토지] ·본건은 전라남도 여수시 화정면 제도리 소재 "제도항" 북서측 근거리에 위치하며, 주변은 휴경중인 전, 임야 등이 소재하는 해안 농경지대임. ·본건까지 차량 접근 불가능하며, 도서지방에 위치하고 있어 일반적인 교통상황은 불편함. ·부정형 토지로서 완경사지이며 휴경중인 전임. ·맹지임. ·농지취득자격증명필요		

감정평가서

결론

고흥과 여수를 잇는 관광도로 '여수백리섬 섬길' 호재

경공매가이드 메인 화면에서 ❹ '물건사진 더보기'를 선택해서 ❺ '위성지도'를 선택해보자. 여수는 섬이 많아서 해상교량으로 이어질 경우 관광명소로 도약한다. 이 물건 역시 고흥과 여수를 잇는 관광도로 '여수백리섬 섬길' 호재 덕분에 응찰자들이 몰렸다. 현재 완공된 교량은 총 7개. 나머지 4개가 개통되면 이 섬은 더이상 외딴섬이 아니게 된다.

이 물건은 현재는 맹지이고 백리섬 섬길 개통까지는 앞으로 몇 년이 더 남아 있지만 백야도에서 제도로 연결되는 백리섬 섬길이 지나가는 라인에 위치해 있다.

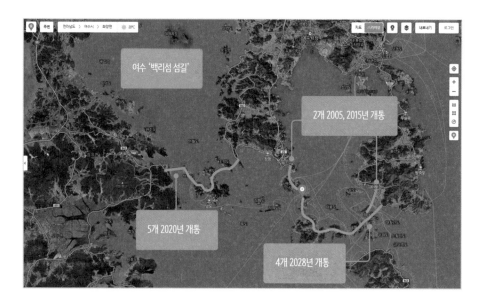

외딴섬이라는 한계로 지금까지 개발되지 못한 프리미엄이 낙찰가에 반영된 것으로 보인다. 토지는 평당 몇만원씩만 올라도 평수를 곱하면 한 번에 오르는 금액대가 엄청나다. 아파트는 커봐야 고작 50평, 60평대지만 토지는 몇백 평, 몇천 평씩 되기 때문에 토지가격이 오르면 아파트가격 오르는 것과는 비교가 안 된다. 아파트는 양도세 계산할 때 필요경비로 공제받을 수 있는 것이 극히 제한적이지만 토지는 인허가를 얻은 뒤 개발행위에 들어간 비용은 필요경비로 인정받기 때문에 진짜 고수들은 토지에 투자한다. 많은 분들이 아파트를 시세보다 싸게 낙찰받고 싶은 마음에 법원경매를 도전하지만 실제로 경매물건 중 가장 많은 것이 토지다. 섬도 있고 저수지, 어업권, 헬리콥터, 선박까지 법원경매물건의 종류는 다양하다. 시야를 넓혀 다양한 물건에 관심을 갖는다면 더 많은 기회를 얻을 수 있을 것이다.

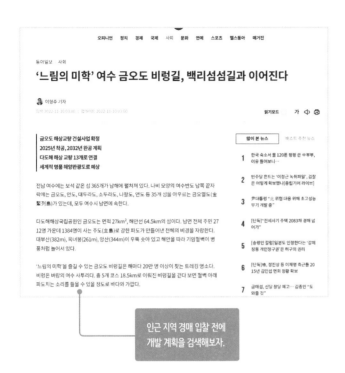

'느림의 미학' 여수 금오도 비렁길, 백리섬섬길과 이어진다

이형주 기자

금오도 해상교량 건설사업 확정
2025년 착공, 2032년 완공 계획
다도해 해상 교량 13개로 연결
세계적 명물 해양관광도로 예상

전남 여수에는 보석 같은 섬 365개가 남해에 펼쳐져 있다. 나비 모양의 여수반도 남쪽 끝자락에는 금오도, 안도, 대두라도, 소두라도, 나팔도, 연도 등 35개 섬을 아우르는 금오열도(金鰲列島)가 있는데, 모두 여수시 남면에 속한다.

다도해해상국립공원인 금오도는 면적 27km², 해안선 64.5km의 섬이다. 남면 전체 주민 2712명 가운데 1384명이 사는 주도(主島)로 강한 파도가 만들어낸 천혜의 비경을 자랑한다. 대부산(382m), 옥녀봉(261m), 망산(344m)이 우뚝 솟아 있고 해안을 따라 기암절벽이 병풍처럼 늘어서 있다.

'느림의 미학'을 즐길 수 있는 금오도 비렁길은 해마다 20만 명 이상이 찾는 트레킹 명소다. 비렁은 벼랑의 여수 사투리다. 총 5개 코스 18.5km로 이뤄진 비렁길을 걷다 보면 절벽 아래 파도치는 소리를 들을 수 있을 정도로 바다와 가깝다.

인근 지역 경매 입찰 전에
개발 계획을 검색해보자.

뉴스투데이

2027년 백리섬섬길 전 구간 개통…섬 관광 컨텐츠 개발 필요

김주원   2022년 10월 27일 08시 04분   글자 크기 + −   인쇄

2027년 백리섬섬길 전 구간 개통
섬 관광 콘텐츠 개발 필요

97

경기 안성시 양성면 유지 287.98평
(ft. 물을 저장하는 '유지'에 건물을 지을 수 있다고?)

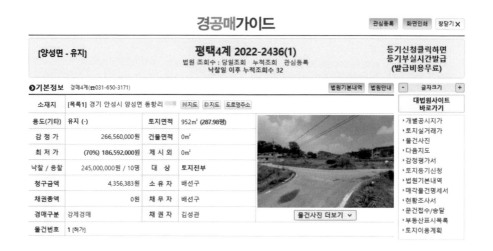

지목은 '유지'인데 '전'으로 이용? 농취증 필요 X

토지이용계획확인원을 보자. ❶ 자연녹지지역에 있는 땅이고 지목이 '유지'다. 유지란 뭘까? 물이 고이거나 상시적으로 물을 저장하고 있는 댐, 저수지, 소류지, 호수, 연못 등 배수가 잘 되지 않는 토지를 말한다. 그런데 여기서 특이한 점은 ❷ 지목이 '유지'지만 현재 '전'으로 이용 중이란 문구가 있다. 전으로 이용 중이지만 지목이 유지라 농지취득자격증명은 제출할 필요가 없다. 반대로 지목이 '전'인데 현재 다른 용도로 사용하고 있더라도 지목이 '전'이면 농취증을 제출해야 한다. 다만 인구와 산업이 밀집된 도시 내에 위치하고 있거나 앞으로 그럴 계획이 있는 지역 내의 농지의 경우, 더 이상 농지로 볼 것이 아니라 농취증이 불필요하다고 판단될 경우 농취증 제출 의무가 없다.(특별매각조건 확인 필수) 그리고 4미터 포장도로와도 접해 있다고 한다.

❶감정평가서 요약

감정평가서

목록	지번/토지이용계획/용도/구조/면적	감정가 (광형계산)	비고
감정요약	토　지 : 동항리　　유지 952㎡(287.98평) 건　물 : 없 음 제시외 : 없 음 기　타 : -	266,560,000원	감정기관 이건감정 감정날짜 2022.08.05
토지　1	동항리　　치도 등기 토지이용 유지 952㎡ (287.98평)(현:전) [토지] 본건은 경기도 안성시 양성면 동항리 소재 "양성향교" 동측 인근에 위치하며, 주변은 전, 답, 임야 및 단독주택 등이 혼재하는 지역으로 주위환경은 보통임. 본건까지 차량출입 가능하며, 근거리에 노선버스 정류장이 있어 대중교통편의 이용은 보 통시됨, 부정형 완경사의 토지로서 지목 상 "유지" 이나 현제 "전" 으로 이용중임. 남서측으로 로폭 약 4미터의 포장도로와 접함. [토지이용계획] 자연녹지지역 / 도시지역 / 역사문화환경 보존지역 / 자연취락지구 / 가축사육제한구역 / 성장관리권역	266,560,000원 280,000(원/㎡) 공시대비 394.37% 71,000(원/㎡)	
감정요항	[토지] • 본건은 경기도 안성시 양성면 동항리 소재 "양성향교" 동측 인근에 위치하며, 주변은 전 , 답, 임야 및 단독주택 등이 혼재하는 지역으로 주위환경은 보통임. • 본건까지 차량출입 가능하며, 근거리에 노선버스 정류장이 있어 대중교통편의 이용은 보 통시됨, • 부정형 완경사의 토지로서 지목 상 "유지" 이나 현제 "전" 으로 이용중임. • 남서측으로 로폭 약 4미터의 포장도로와 접함.		

❷ 농취증 필요 X

도시지역의 자연녹지 → 대지 지목 변경 OK! 건축행위 가능

토지이용계획확인원에서 가장 많은 면적을 차지하는 부분이 '자연녹지'다.

경공매가이드 메인 화면에서 ❸ 다음지도를 선택하고 ❹ 레이어 → 지적편집도 아이콘을 누른다.

토지에서 사람들이 선호하는 용도는 계획관리지역(지적편집도에서 갈색 부분)인데 그 이유는 인허가시 제한사항이 적고 용적률 40%이기 때문이다. 상업지역(지적편집도에서 빨간색 부분)은 용적률이 아주 높아서 선호도가 높다.

⑤ 계획관리지역

　　지적편집도를 보면 땅의 용도를 색깔로 구분해 놓았다. 개발행위를 하기 위해서는 해당 시·군·구청의 인허가를 받아야 한다. 해당 지역 건축사가 조례를 가장 많이 알고 있으니 입찰 전 건축사의 조언을 구하는 게 좋다. 앞에서도 얘기했듯이 도로와 접해 있고 건물을 올릴 수 있는 땅은 가치가 높다. 그중에서 사람들이 가장 선호하는 용도는 계획관리지역이나 상업지역이다. 이 땅은 현재 지목이 '유지'이지만 낙찰자의 노력으로 충분히 개발행위가 가능하다. ⑤ 이 물건의 지적편집도를 보면 오른쪽 계획관리지역에 집중적으로 공장과 사업시설이 들어서 있다. 토지는 바로 옆 땅, 앞 땅이 아무리 좋아도 내 땅의 지목과 용도가 무엇이냐가 중요하다. 용도에 따라 가격이 천차만별인 것이 바로 이런 이유 때문이다.

건축 필수 용어 - 용도지역, 용적률, 건폐율

토지이용계획확인원을 보면 용도지역이 표시된다. 용도지역이란 토지 및 건축물의 용도, 건폐율, 용적률, 높이 등을 제한함으로써 효율적인 토지 이용을 위한 것이다.

여기서 **용적률이란** 대지 내 건축물의 바닥면적을 모두 합친 면적(연면적)의 대지면적에 대한 백분율을 뜻한다. 다만, 용적률을 계산할 때 연면적에 포함된 주차장, 지하층 면적은 제외한다. 용적률이 높을수록 층수가 높다고 이해하면 편하다.

용적률은 용도지역에 따라 다르게 적용되는데 **용도지역이란** 4가지로 구분되며 구분된 용도지역에 따라 다시 세분화된다. 우리는 건축행위가 가능한 토지가 가치 있다고 배웠다. 이왕이면 용적률을 높게 부여하는 용도지역이 무엇인지 알아두면 좋을 것이다. 도시지역을 기준으로 '상업지역 > 준주거지역 > 준공업지역 ≥ 제3종 일반주거지역 > 제2종 일반주거지역 > 제1종 일반주거지역' 순으로 투자 메리트가 있다고 볼 수 있다.

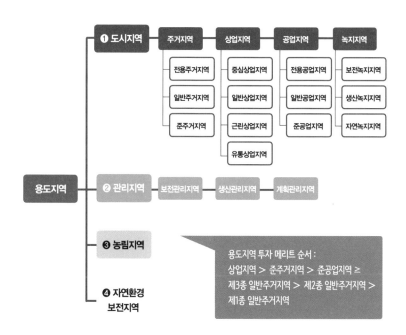

건폐율이란? 대지면적 대비 건축면적

여기서 한 걸음 더 나아가 건폐율까지 살펴보자. **건폐율이란** 대지면적 대비 건축면적을 나타내는 비율이다. 건폐율 제한은 대지에 건물이 과밀화되는 것을 방지하고, 여유공간을 확보하는 역할을 한다.

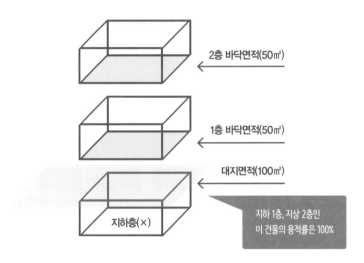

$$용적률 = \frac{바닥면적 합계(지하층, 지상층 주차장 제외)}{대지면적} \times 100$$

$$= \frac{50㎡+50㎡}{100㎡} \times 100 = 100\%$$

98

경북 포항시 북구 신광면 구거 28.74평
(ft. 이웃이 내 땅을 침범했다고?)

경공매가이드

[신광면 - 구거]	포항5계 2022-33044(1)	등기신청클릭하면
	법원 조회수 : 당일조회 누적조회 관심등록 낙찰일 이후 누적조회수 5	등기부실시간발급 (발급비용무료)

▶기본정보 경매5계()

법원기본내역 법원안내   - 글자크기 +

소재지	[목록1] 경북 포항시 북구 신광면 토성리 ▇▇▇ N지도 D지도 도로명주소				대법원사이트 바로가기
용도(기타)	구거 (-)	토지면적	95㎡ (28.74평)		▸개별공시지가 ▸토지실거래가 ▸물건사진 ▸다음지도 ▸감정평가서 ▸토지등기신청 ▸법원기본내역 ▸매각물건명세서 ▸현황조사서 ▸문건접수/송달 ▸부동산표시목록 ▸토지이용계획
감 정 가	15,694,000원	건물면적	0㎡		
최 저 가	(100%) 15,694,000원	제시외	0㎡		
낙찰 / 응찰	32,201,000원 / 7명	대 상	토지전부		
청구금액	133,737,065원	소 유 자	김▇▇		
채권총액	379,962,270원	채 무 자	김▇		
경매구분	강제경매	채 권 자	농협중앙회		
물건번호	1 [납부] 2 [유찰]		물건사진 더보기 ∨		

① 낙찰 / 응찰 32,201,000원 / 7명

왜 30평도 안 되는 시골 땅이 200% 넘게 낙찰되었을까?

30평도 안 되는 '구거'에 7명이 응찰해서 ① 1차 매각 때 205.18% 낙찰률을 보였다. 도대체 이 땅의 가치는 무엇일까? 그리고 '구거'는 무엇일까?

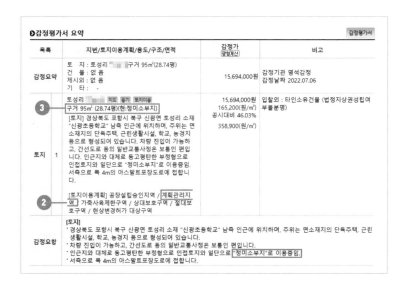

기일내역				법원기일내역
기일종류	기일	상태	최저매각가격(%)	경과일
납부일	2023.04.14	납부		292일
허가일	2023.03.20	허가		267일
1차매각	2023.03.13	낙찰	15,694,000원(100%) 32,201,000원 (205.18%) 신동구 / 응찰 7명 2위 응찰가 29,500,000 원	260일

감정가 200%를 넘긴 낙찰가

토지이용계획확인원을 보자. ❷ '계획관리지역'이고 지목이 '구거'다. 구거란 용수 또는 배수를 위해 일정한 형태를 갖춘 인공적인 수로, 둑 및 그 부속시설물의 부지와 자연의 유수가 있을 것으로 예상되는 소규모 수로 부지를 말한다. ❸ 공부상 지목은 '구거' 또는 '대'이나 현황은 '정미소부지'임. 타인소유 제시 외 건물 일부 소재하나 매각에서 제외한다고 쓰여 있다.

❹ 현장에서 점유자를 만나 문의한 바 '소유자'의 토지가 본인 소유의 정미소 건물에 일부분이 포함되어 있으며 임차계약을 하지 않고 사용 중이라고 진술하였다고 했으며 전입세대 열람내역에는 '해당 주소의 세대주가 존재하지 않음'으로 표기되어 있다.

감정평가서 요약				감정평가서
목록	지번/토지이용계획/용도/구조/면적		감정가 (평당계산)	비고
감정요약	토 지 : 토성리 ▨▨구거 95㎡(28.74평) 건 물 : 없 음 제시외 : 없 음 기 타 :		15,694,000원	감정기관 명석감정 감정날짜 2022.07.06
❸ 토지 1	토성리 ▨▨ 지도 등기 토지이용 구거 95㎡ (28.74평)(현:정미소부지) [토지] 경상북도 포항시 북구 신광면 토성리 소재 "신광초등학교" 남측 인근에 위치하며, 주위는 면소재지의 단독주택, 근린생활시설, 학교, 농경지 등으로 형성되어 있습니다. 차량 진입이 가능하고, 간선도로 등의 일반교통사정은 보통인 편입니다. 인근지와 대체로 등고평탄한 부정형으로 인접토지와 일단으로 "정미소부지"로 이용중입니다. 서측으로 폭 4m의 아스팔트포장도로에 접합니다.		15,694,000원 165,200(원/㎡) 공시대비 46.03% 358,900(원/㎡)	입찰외 : 타인소유건물 (법정지상권성립여부불분명)
❷	[토지이용계획] 공장설립승인지역 / 계획관리지역 / 가축사육제한구역 / 상대보호구역 / 절대보호구역 / 현상변경허가 대상구역			
감정요항	[토지] · 경상북도 포항시 북구 신광면 토성리 소재 "신광초등학교" 남측 인근에 위치하며, 주위는 면소재지의 단독주택, 근린생활시설, 학교, 농경지 등으로 형성되어 있습니다. · 차량 진입이 가능하며, 간선도로 등의 일반교통사정은 보통인 편입니다. · 인근지와 대체로 등고평탄한 부정형으로 인접토지와 일단으로 "정미소부지"로 이용중임. · 서측으로 폭 4m의 아스팔트포장도로에 접합니다.			

대법원공고 ❹	[매각물건명세서] <비고란> • ① 공부상 지목 `구거 또는 대`이나 현황은 `정미소부지`임, 타인소유 제시외건물 일부 소재하나 매각에서 제외. ② 제시외건물이 미치는 영향 감안한 평가액임. [현황조사서] • 본건에 임하여 현장에서`점유자 신광정미소 사장 최진모`를 만나 문의한바`소유자 김임숙`의 토지가 본인 소유의 정미소건물에 일부분이 포함되어 있으며 임차계약을 하지 않고 사용 중이라고 진술하였음 전입세대 내역 열람한 바 전입세대 열람내역을 확인한바`해당주소의 세대주가 존재하지 않음`으로 표기되어 있음
관 련 사 건	울산지방법원 2020가단109655 `판결정본` 내용보기 사건검색

결론　‘구거’ 땅 위에 옆 건물이 걸쳐져 사용 중이다

우리가 눈여겨봐야 할 지점은 ❹ ‘소유자의 토지가 본인 소유의 정미소 건물에 일부분이 포함되어 있으며 임차계약을 하지 않고 사용 중’이라는 부분이다. 현황은 구거가 아닌 정미소 부지인데 이 땅을 정미소 건물이 일부 차지하고 있다는 말이다.

경공매가이드 메인 화면에서 ❺ ‘물건사진’을 선택해서 ❻ ‘위성지도’를 선택해보자. 이 땅은 정미소 입구 부분을 차지하고 있어 정미소 사장님이 영업을 계속하려면 꼭 필요한 위치이다. 이 사정을 아는 7명이 응찰하여 205.18% 낙찰률로 매각된 것이다.

구거로 넘어온 정미소 부지

99

경기 용인시 처인구 남동 임야 199.95평

(ft. '선하지'란 이유만으로 낙찰률 17%)

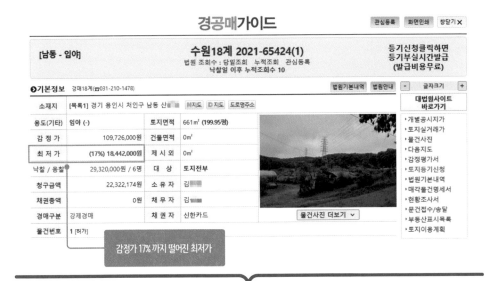

경공매가이드   관심등록 화면인쇄 장담기 ✕

| [남동 - 임야] | 수원18계 2021-65424(1)
법원 조회수 : 당일조회 누적조회 관심등록
낙찰일 이후 누적조회수 10 | 등기신청클릭하면
등기부실시간발급
(발급비용무료) |

◑기본정보 경매18계(☎031-210-1478)   법원기본내역 법원안내 - 글자크기 +

소재지	[목록1] 경기 용인시 처인구 남동 산██ N지도 D지도 도로명주소		
용도(기타)	임야 (-)	토지면적	661㎡ (199.95평)
감정가	109,726,000원	건물면적	0㎡
최저가	(17%) 18,442,000원	제시외	0㎡
낙찰 / 응찰	29,320,000원 / 6명	대 상	토지전부
청구금액	22,322,174원	소유자	김██
채권총액	0원	채무자	김██
경매구분	강제경매	채권자	신한카드
물건번호	1 [허가]		

대법원사이트
바로가기
› 개별공시지가
› 토지실거래가
› 물건사진
› 다음지도
› 감정평가서
› 토지등기신청
› 법원기본내역
› 매각물건명세서
› 현황조사서
› 문건접수/송달
› 부동산표시목록
› 토지이용계획

물건사진 더보기 ⌄

감정가 17%까지 떨어진 최저가

물건분석 포인트

용인시 땅 1억여원짜리가 2,000만원대 낙찰?

수도권인 용인시 처인구 토지가 경매로 나왔다. 아무리 임야라 해도 감정가의 26.72%에 낙찰되었다. 우선 토지이용계획확인원부터 살펴보자. ❶ '도시지역', '자연녹지지역'이고 명지대 용인 캠퍼스 인근 지목은 '임야'로 맹지지만 인근까지 차량 접근이 가능하다. ❷ 경사도 완만하고 인근에 버스정류장도 있다. 그런데 감정가의 26.72% 낙찰률? 그 이유가 뭘까?

❶기일내역

기일종류	기일	상태	최저매각가격(%)	경과일
입찰변경	2023.05.30	배당		656일
납부일	2023.05.02	납부		628일
허가일	2023.04.14	허가		610일
7차매각	2023.04.07	낙찰	18,442,000원(17%) 29,320,000원 (26.72%) 이OO / 응찰 6명 2위 응찰가 27,000,001 원	603일
6차매각	2023.03.08	유찰	26,345,000원(24%)	573일
납부일	2023.01.27	미납		533일
허가일	2022.12.22	허가		497일
5차매각	2022.12.15	낙찰	26,345,000원(24%) 88,975,990원 (81.09%) 이▒▒ / 응찰 1명	490일
4차매각	2022.11.15	유찰	37,636,000원(34%)	460일
3차매각	2022.10.13	유찰	53,766,000원(49%)	427일
2차매각	2022.09.07	유찰	76,808,000원(70%)	391일
1차매각	2022.07.22	유찰	109,726,000원(100%)	344일

❶감정평가서 요약

감정평가서

목록	지번/토지이용계획/용도/구조/면적	감정가 [평형계산]	비고
감정요약	토 지 : 남동 산 ▒▒ 임야 661㎡(199.95평) 건 물 : 없 음 제시외 : 없 음 기 타 : -	109,726,000원	감정기관 가교감정 감정날짜 2021.09.29
토지 1	남동 산 ▒ 지도 등기 토지이용 임야 661㎡ (199.95평) 제시외 수목 [토지] 본건은 경기도 용인시 처인구 남동 소재 '명지대학교 자연캠퍼스' 동측 인근에 위치하는 부동산으로 주위는 자연림으로 형성되어 있는 마을주변 산림지대임. 본건 인근까지 차량접근이 가능하며, 인근 버스정류장까지의 거리 및 운행 빈도 등으로 보아 대중교통사정은 다소 불편시 됨. 본건 **②** 기호(1) 토지는 인근토지 대비 완경사인 **사다리형 토지로서 현황 '자연림' 상태임. 본건 지 적도상 맹지 상태임.** **①** [토지이용계획] 배출시설설치제한지역 / 도시지 역 / 자연녹지지역 / 가축사육제한구역 / 자연보 전권역	109,726,000원 166,000(원/㎡) 공시대비 178.49% 93,000(원/㎡)	
감정요항	[토지] · 본건은 경기도 용인시 처인구 남동 소재 '명지대학교 자연캠퍼스' 동측 인근에 위치하는 부동산으로 주위는 자연림으로 형성되어 있는 마을주변 산림지대임. · 본건 인근까지 차량접근이 가능하며, 인근 버스정류장까지의 거리 및 운행빈도 등으로 보아 대중교통사정은 다소 불편시됨. · 본건 기호(1) 토지는 인근토지 대비 완경사인 사다리형 토지로서 현황 '자연림' 상태임. · 본건 지적도상 맹지 상태임.		

503

고압 송전탑이 있는 '선하지', 맹지 다음으로 비인기 지역

이 땅의 낙찰률이 낮은 이유는 '선하지'이기 때문이다. 맹지 다음으로 인기가 없는 땅이 바로 '선하지'다. 고압 송전탑이 가설되어 있어 토지의 재산가치가 하락하고 소음이나 안전상의 문제로 기피되는 토지다. 등기부를 보니 감정가가 109,726,000원인데 ❸ 등기 채권총액은 22,322,174원 신한카드 가압류다. 가압류는 이 물건을 담보로 대출받은 것이 아니다. 사실 감정가 1억원대 용인 땅을 급매로 내놓으면 적어도 반값에 팔거나 담보대출만 받아도 충분히 갚을 수 있는 금액인데 경매에 부쳐졌다. 그 이유는 '선하지'라 선뜻 사려는 사람도 없고 그래서 시중 은행 담보대출도 안 나왔다는 것을 알 수 있다.

❶토지등기부등본　　　　　　　　　　　　　　　　　　　토지등기신청

접수일	등기구분	등기권리자	금액	비고
2009-12-30	소유권이전	김■■		전소유자:정■■외16 공유물분할
2021-09-09	강제경매 말소	신한카드	청구금액 22,322,174	말소기준권리 2021타경65424

(등기부채권총액 : 0 / 열람일 : 2023.02.14)

❸

부동산 경기의 바로미터 '취하율'

부동산 상승기에는 웬만한 물건이라도 경매에 부쳐지면 경매가 진행되는 1년여 시간 동안 가격이 오른다. 그래서 상승기에는 급매로 팔아버리고 경매를 취하시키는 '취하율'이 올라간다. 반대로 부동산 경기가 안 좋으면 일반매매 거래량이 급감하고 거래 절벽이란 문구가 뉴스에서 나온다. 이즈음이면 아무리 급매로 내놓아도 안 팔리는 물건이 경매에 부쳐지는 것이다. 불황에는 경매로 부쳐지는 양은 늘어나는데 반면 취하율은 떨어진다. 이것은 바로 경매 황금장이 온다는 신호다.

경기 연천군 장남면 반정리
임야 3,539.86평
(ft. 민통선 땅을 누가 살까?)

경공매가이드

[장남면 - 임야]

의정부6계 2020-76001(1)
법원 조회수 : 당일조회 누적조회 관심등록
낙찰일 이후 누적조회수 11

**등기신청클릭하면
등기부실시간발급
(발급비용무료)**

❶기본정보 경매6계(☎031-828-0326)

법원기본내역 법원안내 - 글자크기 +

소재지	[목록2] 경기 연천군 장남면 반정리 산 ▨ 외 1개 목록 ▨지도 ▣지도 도로명주소				**대법원사이트 바로가기**
용도(기타)	임야 (-)	토지면적	11,702㎡ (3,539.86평)		▸개별공시지가
감 정 가	140,424,000원	건물면적	0㎡		▸토지실거래가
최 저 가	(34%) 48,166,000원	제 시 외	0㎡		▸물건사진
낙찰 / 응찰	57,595,000원 / 5명	대 상	토지전부		▸다음지도
청구금액	8,118,356원	소 유 자	서▨		▸감정평가서
채권총액	26,000,000원	채 무 자	서▨		▸토지등기신청
경매구분	강제경매	채 권 자	예스자산대부		▸법원기본내역
물건번호	1 [허가] 2 [납부]				▸매각물건명세서

▸현황조사서
▸문건접수/송달
▸부동산표시목록
▸토지이용계획

물건사진 더보기 ⌄

**물건분석
포인트**

DMZ 맹지는 가치가 있을까?

이 물건의 토지이용계획확인원 내용을 살펴보자. ❶ 자연림 상태의 통제보호구역, DMZ철책 인접의 부지, 도로로 활용 중이라 나와 있으며 ❷ 맹지로 차량출입이 불가능하다고 나와 있다. 파주 연천 남북한 접경지역은 국가안보 때문에 위성지도를 볼 수 없다. 공장설립승인지역이라 하지만 누가 이곳에 공장을 세우려 할까? 아무리 3,000평 넘는 땅이지만 감정가가 1억원 정도다. 싸다고 느껴질 수도 있겠지만 민통선 땅에다 대중교통이 매우 불편하고 민간인 통제구역이다. 분명 한계가 존재한다.

❍감정평가서 요약

목록	지번/토지이용계획/용도/구조/면적	감정가 (평형계산)	비고
감정요약	토　지 : 반정리 산 ▮임야 외 1필지 11,702㎡ (3,539.84평) 건　물 : 없음 제시외 : 없음 기　타 : -	140,424,000원	감정기관 으뜸감정 감정날짜 2020.05.06
토지 ① ②	반정리 산 ▮ 지도 등기 토지이용 임야 2,479㎡ (749.9평) 제시외 수록 [토지] 본건 토지는 경기도 연천군 장남면 고랑포리 소재 "경순왕릉" 서남 측 원거리에 위치하는 토지로, 주위는 대부분 농경지 및 임야로 둘러싸인 산간 농경지대임. 본건 3필지 모두 맹지로, 차량 출입이 불가능하며, 인근에 노선버스 정류장이 소재하지 않아 대중교통 상황 매우 불편한 편임. 기호(1), (2)토지 : 부정형의 완경사 토지로 자연림 상태임. 본건 토지 2필지 모두 지적도상 및 현황 모두 "맹지"임. [토지이용계획] 공장설립승인지역 / 보전관리지역 / 능림지역 / 자연환경보전지역 / 통제보호구역 / 공익용산지	29,748,000원 12,000(원/㎡) 공시대비 406.78% 2,950(원/㎡)	
2	반정리 산 ▮ 임야 9,223㎡ (2789.96평) 제시외 수록 [토지이용계획] 공장설립승인지역 / 보전관리지역 / 자연환경보전지역 / 통제보호구역 / 공익용산지	110,676,000원 12,000(원/㎡) 공시대비 465.12% 2,580(원/㎡)	
감정요항	[토지] · 본건 토지는 경기도 연천군 장남면 고랑포리 소재 "경순왕릉" 서남 측 원거리에 위치하는 토지로, 주위는 대부분 농경지 및 임야로 둘러싸인 산간 농경지대임. · 본건 3필지 모두 맹지로, 차량 출입이 불가능하며, 인근에 노선버스 정류장이 소재하지 않아 대중교통 상황 매우 불편한 편임. · 기호(1), (2)토지 : 부정형의 완경사 토지로 자연림 상태임. · 본건 토지 2필지 모두 지적도상 및 현황 모두 "맹지"임.		

❸ 하지만 계속 유찰되다가 4차 매각 때 41.02% 낙찰률로 매각되었다. 과연 누가 이 땅을 샀을까?

기일종류	기일	상태	최저매각가격(%)	경과일
허가일	2023.04.06	허가		1101일
4차매각	2023.03.30	낙찰	48,166,000원(34%) 57,595,000원 (41.02%) 이▮▮ / 응찰 5명	1094일
입찰변경	2023.02.23	변경	48,166,000원(34%)	1059일
3차매각	2023.01.19	유찰	68,808,000원(49%)	1024일
2차매각	2022.12.05	유찰	98,297,000원(70%)	979일
1차매각	2022.10.31	유찰	140,424,000원(100%)	944일

법원기일내역

결론

민통선 땅도 필요한 사람이 따로 있다?

민통선 땅을 낙찰받는 사람은 크게 두 가지 유형이 있다. 첫 번째는 강남사람들이다. 법원 입찰법정에 가보면 최고가매수신고인을 불러줄 때 'ㅇㅇㅇ에 사는 ㅇㅇㅇ씨가 최고가매수신고인이 되었습니다!'라고 한다. 파주나 연천 접경지역의 물건의 최고가매수인 70%는 강남사람들이다. 그들은 먼 미래 통일될 날까지 내다보고 이런 땅을 사놓는다.

두 번째는 일명 '자연인'이다. 산이 3,000평 넘으면 산에서 나오는 임산물도 상당하다. 부지런히 임산물을 뜯어 모으면 1년에 수천만원에서 억 단위까지도 버는 사람들을 만나본 적이 있다. 더덕, 버섯, 약초, 각종 산나물, 산삼, 뱀에 벌까지. 뱀과 벌은 잡아서 술을 담가 팔기도 한다. 산삼이 나오는 산은 입구부터 다른 사람들의 출입을 차단해놓은 곳도 많다.

주택연금 물건이 경매에 나온다면?

주택연금 경매물건은 소유자가 따로 임대를 주지 않는 조건이라 권리분석이 수월하다.
2021타경5143 경기도 광명시 철산동 주공아파트 물건의 경매신청 채권자는 '한국주택금융
공사'다. 주택연금에 가입된 부동산을 처분하기 위하여 법원경매 부쳐진 물건이다. 주택연
금은 실거주해야 한다는 조건으로 가입하기 때문에 주택연금에 가입된 경매물건은 선순위
임차인이 있거나 복잡한 권리물건이 없어 권리분석이 수월하다.

오히려 초보자에 쉬운 물건

김지혜의 부동산 경매지도

왕초보 패스!
위험한
경매 유형
12

부록1

01

유찰이 심각하게 반복되는 물건 패스!

싸다고 착각하기 쉬운 신축 빌라 유찰 물건들

본문에서 고수는 어려워 보이지만 해결하기 쉬운 물건을 공략한다고 했다. 고수도 어렵기만 한 물건은 믿고 거른다. 초심자들은 유찰이 많이 되어 감정가 대비 몇 %씩 떨어진 물건은 엄청 싸다고 착각하여 입찰을 시도한다. 하지만 너무 싼 건 그럴 만한 이유가 있다.

대표적 예로 아래처럼 ❶ 신축 빌라의 분양가는 거품이 있고 시세 자체가 형성이 안 되어 있다. 경매 감정가는 빌라 분양가로 매기기 때문에 감정가 자체가 높은 편이다. 하지만 초보자들에게 많이 듣는 말 중 하나는 "많이 유찰되어 싸니까 일단 사놓고 볼게요. 사놓고 기다리다 보면 언젠가는 오르겠지요"다.

아무 물건이나 감정가보다 50% 싸게 낙찰받았다고 그 돈이 낙찰받는 순간 어디서 생기지 않는다. 돈을 투자하는 순간부터 그 돈으로 다른 부동산을 샀을 때 선택하지 않은 대안들 중 최선책에 대한 기회비용이 발생한다. 현금을 가지고 있다면 언제든 투자할 수 있지만 부동산에 돈이 잠기면 혹시라도 찾아올 금쪽같은 기회를 놓칠 수도 있다.

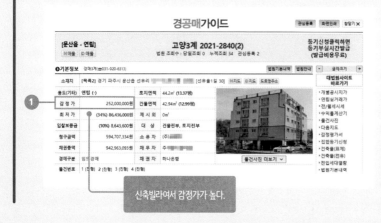

신축빌라여서 감정가가 높다.

입찰경쟁률이 높을수록 오를 확률이 높은 부동산

상승장에 부동산가격이 오를 때 일시에 약속이나 한 듯이 모든 부동산이 동일한 금액대로 오르는 것이 아니다. 상승장이 와도 안 오르는 부동산도 더디게 오르는 부동산도 있다. 귀촌할 게 아니라면 대다수의 사람은 서울의 집을 원한다. 뭐니 뭐니 해도 직주권이 최고다. 서울에 집을 마련하지 못해서 외곽에서라도 거주의 안정을 찾는 것이지 언제든지 기회가 오면 '인서울' 하려는 사람들이 많다는 것은 입찰경쟁률에서 고스란히 드러난다.

왕초보라 잘 모르겠다면? 매각기일에 응찰한 응찰자수와 경매물건이 도중에 취하되는 취하율이 높은 지역을 눈여겨보길 바란다. 경쟁이 치열한 물건 위주로 검색하다보면 어디에 투자해야 할지가 보인다. 입찰 경쟁이 치열한 지역의 부동산은 상승장이 오면 더 많이 오르고 더 빨리 오른다. 입찰경쟁에 참여한 사람들은 그 지역부동산에 메리트를 느끼는 잠재적인 매수자들이라는 것을 잊지 말길 바란다.

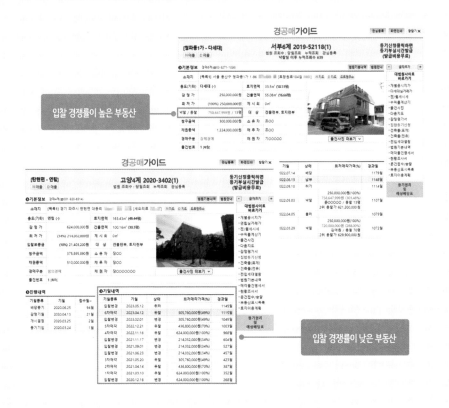

511

02

지분매각 물건 패스!
(ft. 반값 아파트란 착시?)

지분매각 물건? 전략과 해결책이 없다면 초보자는 입찰 X

소유자가 8명이고 이 중 8분의 1 지분매각이라면 감정가는 당연히 싸진다. ❶ 아래 사례처럼 건물 지분만 감정한 감정가는 507,000,000원, 마포구 공덕동 인근 비슷한 평형대보다 월등히 싸게 보인다. 하지만 이런 물건은 8분의 1만 낙찰받았으니 나머지 8분의 7을 소유한 공유자와 공동소유 형식으로 보유해야 한다. 이런 물건은 낙찰을 받고도 온전한 단독소유가 안 되고 임대를 줘서 임대료를 지분별로 나누기도 애매하다. 점유한 공유자가 점유하지 않은 공유자에게 지료를 내거나 전체지분을 팔아서 보유한 지분만큼 나누거나 공유자끼리 서로의 지분을 사거나 팔아서 단독소유로 만드는 수밖에 없다.

따라서 초보자들은 지분매각 물건이 싸다고 덜컥 낙찰받으면 안 된다. 어떻게 후처리할 것인지 전략 없이 덤비면 돈이 장기적으로 묶이게 된다.

토지매각 제외, 건물만 매각하는 경우

아래 물건의 매각 대상은 ❷ '건물전부'로 토지는 매각 제외고 건물만 매각이다. 일반매매에서는 누가 빌라를 건물만 팔겠는가? 하지만 채권자가 채권회수를 위해 경매 부쳐진 법원 경매 중에는 이런 물건도 뒤섞여 있다. 건물만 경매 부쳐진 것을 모르고 최저가만 보면 대박이라고 생각할 수 있다. '의정부시 가능동 빌라 17평형이 3,300만원? 전세가보다 더 싸네'라고 생각할 수 있다. 하지만 정말로 싼 것인지 하자가 있는 것인지 알아야 한다. 이 책을 읽는 독자분들은 입찰에 들어가도 되는 물건만 골라내는 실력을 키우기 바란다.

다음 페이지에 나온 물건도 ❸ 매각 대상이 건물전부로, 토지는 매각 제외고 건물만 경매 부쳐진 근린주택이다. 보통 부동산은 건물보다 토지가격이 비싸다. 이 근린주택은 토지를 감정하지 않았고 건물만 감정했으니 싸게 보일 수 있다. 남의 토지 위에 있는 건물만 샀으니 사는 순간 토지 소유자에게 빚쟁이가 된다. 토지 사용료를 내야 하기 때문이다. 2022년 12월 26일 140,000,000원에 낙찰되었으나 대금을 미납했다. 왕초보는 패스해야 하는 물건이다.

대지권 미등기라 건물만 매각하는 경우

아래 오피스텔도 ❹ 매각 대상이 건물전부다. 대법원 공고를 보니 ❺ 대지권 미등기 상태이며 최저매각 금액은 건물만 평가한 금액이다. 사용 승인 전 구분 건물로 현재 공사가 중단된 상태다. 대지권 미등기 상태인 이유는 여러 가지가 있지만 여기서는 토지대금을 미지불했기 때문으로 보인다. 토지대금을 치러야 대지권 등기를 할 수 있다. 집합건물은 건물과 토지를 별도로 매매하지 못하고 같이 매매하는 것이 원칙이므로 해결되려면 시간이 걸린다. 왕초보는 패스하면 좋을 것이다.

대법원공고	[매각물건명세서] <비고란> • 건물만 매각(대지권 미등기이며 최저매각 금액은 건물만 평가한 금액임) • 사용승인 전 구분 건물이며 공사가 중단된 상태임. • 유치권행사 중 안내물 설치되어 있음. • [2021. 11. 2. 추가] • 농업회사법인 다인 주식회사 유치권 신고서(2021.11.2.자) 제출 [현황조사서] • 채무자(소유자)점유 • 본건 현황조사차 현장에 임하여 소유자의 관리인 김우근을 면대한 바, 채무자겸소유자 회사가 이건 부동산을 점유 하고 있으며 임대차관계는 없다고 함. - 본건 주소지내 전입세대 열람내역 첨부.
중 복/병 합	2022-5682(중복)
관 련 사 건	인천지방법원 2020차전157025 '지급명령' [내용보기] [사건검색]

아래 아파트 ❻ 매각 대상도 '건물전부'로 건물만 경매에 부쳤다. 대법원 공고에 대지권 미등기 상태이며 최저매각가격에 대지권가격이 포함되었다고 했다. 향후 매수인이 미납된 분양대금이 있을 시 이를 부담할 가능성이 있다고 적혀 있다. 이런 물건도 왕초보는 패스하자.

515

빌라 동호수 오기 물건 패스!

연립, 다세대, 빌라에서만 문제가 되는 동호수 오기

경기도 광주의 빌라가 인수권리가 없음에도 불구하고 유찰이 거듭되었던 이유는 동호수 오기 때문이다. 공부상 102호로 등재되어 있으나 현황 출입문에는 101호로 표식이 붙어 있는 경우이다. 이런 물건은 현황과 공부상 호수가 서로 불일치해서 동호수 오기 물건이라고 한다.

❶ 2020년 11월 23일 감정가 대비 49%인 58,800,000원까지 떨어졌다가 동호수 오기 문제가 해결된 이후 ❷ 2021년 2월 1일 감정가 대비 105.23%인 126,270,200원에 최종 낙찰되었다. 하지만 동호수 오기 물건이 해결되지 않는 경우가 많으므로 왕초보라면 거르면 좋을 물건이다.

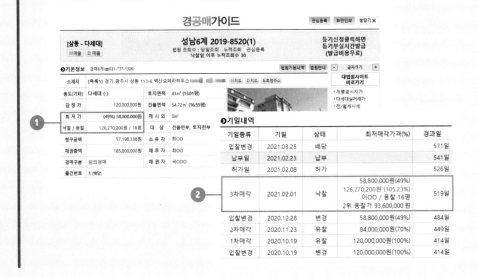

대법원공고	[매각물건명세서]
	<비고란>
	• 본건은 공부상 202동 102호로 등재되어 있으나 현황출입문에는 101호로 표기되어 있음
	• 현황조사서상 채무자겸소유자 거주로 기재되어 있음
	[현황조사서]
	• 채무자(소유자)점유
	• 거주자가 폐문부재하여 권리신고 및 배당요구신청 안내문을 출입문에 부착함. 주민센터에서 전입세대열람 내역
	  및 주민등록표 등본을 발급받아본 바, 채무자겸 소유자 외 다른 전입세대 없음을 확인하고 전입세대열람 내역 및
	  주민등록표 등본을 첨부함.

과 거 사 건	2017-13146(성남지원)

옆집 경매당했는데 불똥은 내가?

동호수 오기는 연립, 다세대 빌라 물건에서만 문제가 된다. 아파트는 이런 문제가 없고 다가구 단독주택은 어차피 주인 1명에 세입자가 여러 명 있으니 동호수 오기가 있더라도 아무런 문제가 안 된다. 연립, 다세대 빌라에서 간혹 일어나는 실수는 건축물현황 도면과 출입문의 표식을 서로 바꾸어 표시하는 것 때문이다. 그렇게 되면 서로 아무 의심 없이 출입문의 표식만 보고 입주한 뒤 실제로는 오른쪽 집주인이거나 세입자이면서 왼쪽 집을 점유하면서 전입은 오른쪽 집에 해놓고 이 사실을 전혀 모르는 경우가 많다. 점유한 채로 살고 담보대출도 받고 매매도 한다. 그러다가 법원경매가 개시되어 감정과정에서 이 두 집이 지금까지 등기된 호수와 실제로 사는 집을 서로 잘못 전입하고 집을 바꾸어서 살고 있었다는 '공적장부와 현황, 전입·점유가 서로 불일치'한다는 사실을 알게 된다.

한 집은 전세인데 한 집은 월세일 수 있다. 옆집이 경매당했는데 잘못 점유하고 살았다가 임대보증금을 날리고 강제집행당하는 황당한 일이 일어날 수 있다. 연립, 다세대 빌라 경매물건 중 매각물건명세서에 '공부상 101호로 등재되어 있으나 현황출입문에 옆호수인 102호로 표기되어 있다'는 매각공고 문구가 있는 빌라 중 이 문제를 해결했다는 멘트가 없으면 왕초보는 패스하는 것이 좋다.

동호수 오기 해결하고 낙찰된 사례

동호수 오기가 되었다고 해서 문제가 해결되지 않는 것은 아니다. 아래 서울 종로구 다세대 물건은 동호수 오기를 해결하고 낙찰된 사례다.

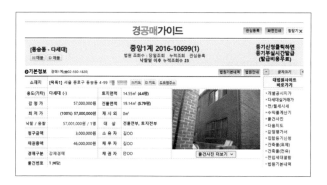

경공매가이드 메인 화면에서 ❶ '현황조사서' 항목을 보면 '공부(건축물대장현황도)상 현황이 달랐으나 이후 공부와 현황을 일치시켰다'고 나와 있다. 이렇게 입찰 전 동호수 오기 문제가 해결된 사항이 공표되었다면 입찰을 해도 무방할 것이다.

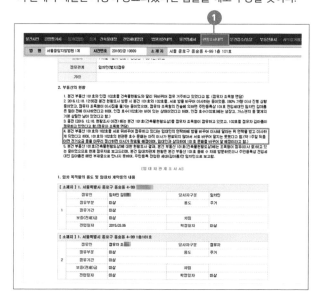

04 갑툭튀 채권자 등장? 대위변제 주의!

1순위 근저당권을 세입자가 갚을 경우? 대항력 살아남

대위변제란? 다른 사람의 빚을 대신 갚아주는 것이다. 경매절차에서 대위변제가 위협적인 이유는 대위변제로 인한 '권리의 변동' 때문이다. 예를 들어 반전세 들어간 임차인이 경매 부쳐지자 본인이 말소기준권리인 1순위 근저당권 때문에 대항력이 없어 보증금을 손해 본다는 것을 알게 되자, ❶ 1순위 근저당권 대출을 집주인 대신 갚아준 뒤 근저당을 말소해버리면 ❷ 말소 기준권리일보다 전입일자가 빨라져 대항력이 살아나는 경우다.

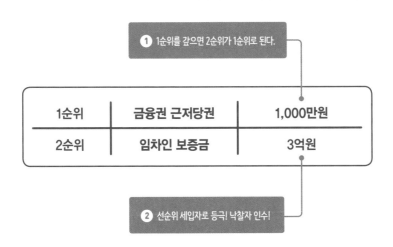

❶ 1순위를 갚으면 2순위가 1순위로 된다.		
1순위	금융권 근저당권	1,000만원
2순위	임차인 보증금	3억원

❷ 선순위 세입자로 등극! 낙찰자 인수!

근저당권 금액이 소액일 때 자주 발생, 입찰 당일 등기부 확인 필수!

물론 아무 때나 대위변제가 일어나는 것은 아니다. 1순위 근저당권 금액이 소액이라 차라리 집주인의 대출을 갚아버리는 것이 경매로 임대보증금 손해나는 것보다 유리하다고 판단될 경우에만 대위변제가 일어난다. 1순위 근저당권 소액 + 후순위전세임차인이 있어 대위변제가 의심되는 물건은 입찰 전에 등기부등본을 발급받아 1순위 근저당권이 말소되었는지 여부를 확인하고 법원 매각물건명세서도 반드시 확인한다.

❸ 매각물건명세서를 보면 최선순위 설정 일자를 표시하는데 대위변제가 일어나면 최선순위 설정 일자의 변동이 생긴다. 1순위 채권설정액이 적어 대위변제로 권리변동이 예상되는 물건은 입찰 당일 등기부등본을 발급해서 확인하고 매각물건명세서 최선순위 설정 일자를 확인해야 한다. 대위변제가 일어났다고 해서 대위변제 주의하라는 매각공고는 하지 않는다. 입찰 당일 참여자가 스스로 확인해야 한다.

520

알아두면 좋은 부동산 등기의 일반원칙 5가지

등기부등본(등기사항전부증명서)은 공적 장부다. 등기는 부동산 현황과 그에 관한 권리관계를 기재하는 것을 뜻한다. 등기의 원칙을 알면 선순위와 대위변제 이해에 도움이 된다.

1 | 당사자 공동신청주의

등기권리자(권리취득자)와 등기의무자(권리이전자)가 동시에 출석하여 등기를 신청해야 한다. 당사자의 위임장(인감도장날인) + 인감증명서를 지참한 대리인은 신청이 가능하다.

2 | 물적 편성주의

등기부등본에는 하나의 부동산, 즉 한 필지의 토지나 한 개 동의 건물에 대하여 하나의 등기부용지를 사용하여 편성한다. 부동산을 소유자별로 편성하는 인적 편성주의에 대응하는 개념이다.

3 | 형식적 심사주의

등기 공무원은 등기 신청에 제출한 서류가 형식에만 부합하면 반드시 등기해주어야 한다. 등기 내용이 실질적인 권리관계에 부합하는지 여부는 심사하지 않는다. 등기 공무원이 등기 시에 형식적 심사권만 있을 뿐 실질적 심사권한은 없다

선순위가등기가 설정된다고 하자. 당사자 간 실제 가등기 계약금액이 오고 갔는지까지 조사하지 않는다. 그래서 우리나라 등기는 공신력이 없다고도 말한다. 경매사건에서 서로 짜고 실제 채권 채무관계가 아니면서 선순위로 설정된 가짜 선순위를 찾아낸다면 깰 수도 있다.

사례 2016년 남양주 니코틴 살인사건 : 남편을 살해하고 상속받은 아파트를 급매로 팔아버린 여자가 있었다. 하지만 실질적 상속자인 조카가 상속받을 자격이 없는 자(소유자 살해)로부터 매수한 사람의 소유권을 빼앗아온 사건.

---

4 | 공시의 원칙

부동산에 관한 법률행위로 인한 물권의 득실 변경(권리관계 변동)은 반드시 등기를 해야만 그 효력을 인정한다. 단 예외적으로 경매(낙찰), 판결, 상속 기타 법률의 규정에 의한 물권의 취득은 그 효력 발생일에 등기가 없어도 소유권의 취득을 인정하지만 처분을 하기 위해서는 등기가 필수적이다.(민법 제187조)

5 | 순위상승의 원칙

등기부상 을구 선순위가 말소되는 경우에 그다음 순위의 권리가 상승한다는 원칙. 2순위 채권자가 1순위 채권을 채무자를 대위변제하여 선순위가 되는 대위변제는 순위상승의 원칙 때문이다.

05

입찰 당일 세입자 대항력 부활하는
물건 패스!

대항력 포기 신고했지만 불허 물건? 주로 빌라

다음 페이지에서 아래 사건의 대법원 문건접수 내역을 보면 ❶ 경매신청 채권자인 임차인이 대항력 포기 문구 기재요청서 제출하였다. 2022년 9월 6일, 임차권등기 말소 동의 및 대항력 포기 신고서를 제출했으나 이 물건의 특별매각조건에는 대항력 포기에 대한 언급이 없다. 이유는 채권자의 대항력 포기 신청이 불허된 것이다.

대항력 포기는 법원에서 허가된 경우에만 특별매각조건이 붙는다. ❷ 기일 내역을 보니 2022년 11월 23일 175,000,00원에 낙찰되었다. 2위 응찰자는 대항력 포기 물건인 줄 알고 28,500,000원에 응찰한 것으로 보인다. 선순위임차인이 대항력 포기한 물건은 반드시 특별매각조건을 확인한 뒤 입찰 들어가야 한다. 문건접수 내역만 보고 대항력 포기 물건이라고 착각하면 안 된다.

523

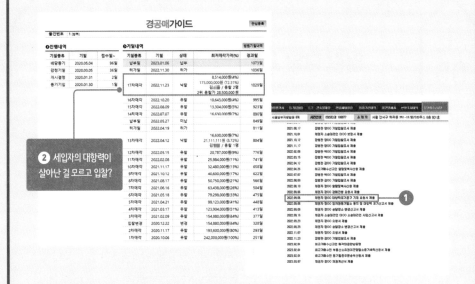

왜 임차인은 대항력 포기 확약서를 제출할까?

주택경기가 하락하면 대항력을 갖춘 임차인이 대항력 포기 확약서를 제출한 경매물건이 많다. 주로 연립, 다세대 빌라 물건들이다. 대항력을 갖춘 임차인의 보증금이 시세보다 높아서 유찰되다보니 어떻게 해서든 낙찰을 바라는 임차인이 집행법원에 낙찰되면 낙찰대금에서 배당받고 미배당된 보증금을 추가로 물어주지 않아도 된다는 취지의 대항력 포기 확약서를 제출하는 것이다. 하지만 입찰할 때는 매각목록과 특별매각조건을 반드시 읽어보고 대항력 포기신고가 허가된 물건에 들어가야 할 것이다. 대항력 포기 물건을 잘 찾으면 '줍줍'할 수도 있으니 법원의특별매각공고를 반드시 확인해야 한다.

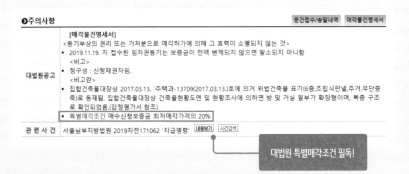

524

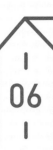

06

임의경매 & 강제경매
경매신청 권원으로 유찰되는 물건 패스!

당신은 전세권자인가? 임차인인가?

이번에는 경매신청 권원이 왜 중요한지 살펴보자. 이 물건은 ❶ '인천지방법원 2021차전 2185지급명령' 판결에 의한 강제경매 사건이다.

경공매가이드

관심등록 화면인쇄 창닫기 ✕

[부평동 - 주상복합(주거)]		인천1계 2021-15361(1)		등기신청클릭하면 등기부실시간발급 (발급비용무료)
🅝매물 🅓매물		법원 조회수 : 당일조회 누적조회 관심등록 낙찰일 이후 누적조회수 41		

▶ 기본정보 경매1계(☎032-860-1601)   법원기본내역 법원안내 [-] 글자크기 [+]

소재지	[목록1] 인천 부평구 부평동 415-7 에스씨제일행복해아파트 9층 903호 [주부토로 52] 🅝지도 🅓지도 도로명주소		대법원사이트 바로가기
용도(기타)	주상복합(주거) (-)	토지면적	8㎡ (2.42평)
감정가	210,000,000원	건물면적	44.55㎡ (13.48평)
최저가	(49%) 102,900,000원	제시외	0㎡
낙찰 / 응찰	103,010,000원 / 1명	대상	건물전부. 토지전부
청구금액	130,118,700원	소유자	영○○○○○
채권총액	130,000,000원	채무자	영○○○○○
경매구분	강제경매	채권자	박○○
물건번호	1 [배당]		

*개별공시지가
*APT실거래가
*전/월세시세
*수익률계산기
*물건사진
*다음지도
*감정평가서
*집합등기신청
*건축물(표제)
*건축물(전유)
*전입세대열람
*법원기본내역

물건사진 더보기 ⌄

▶ 주의사항   문건접수/송달내역 매각물건명세서

대법원공고	**[매각물건명세서]** <등기부상의 권리 또는 가처분으로 매각허가에 의해 그 효력이 소멸되지 않는 것> • 을구 순위번호 1번 전세권설정등기의 전세권자 박병준은 신청채권자로서 임차인으로서의 지위에 기해 청구한 것 으로, 이 사건 배당절차에서 전세금이 전액 지급되지 아니하는 경우 전세권은 매각으로 소멸하지 않고 매수인에 게 인수됨.
관련사건	인천지방법원 2021차전2185 '지급명령' [내용보기] [사건검색]

❶

❷ 임차인현황과 ❸ 등기부를 대조해보면 이 물건의 경매신청 채권자인 임차인과 선순위 전세권자는 동일인임을 알 수 있다.

전세권자는 존속기간 만기에 별도의 소송 없이도 임의경매를 부칠 수 있다. 임차인의 지위와 전세권자의 지위를 동시에 갖춘 박○○이 임차인의 지위로 경매신청한 사건에 전세권자가 배당요구를 안 해 전세권이 인수되는 물건이다.

선순위전세권이 말소기준권리가 되려면 전세권자가 경매신청 채권자이거나 타인에 의해 개시된 경매사건에서 배당요구종기일 내에 배당요구해야 한다. 일반적으로 전세권자가 경매신청 하면 임의경매다. 그런데 이 물건은 지급명령 판결문을 권원으로 강제경매다. 이 말은 전세권자가 경매신청한 것이 아니라는 뜻이다.

임차인이 전입 점유하고 있으면 굳이 돈을 들여서 전세권을 설정할 필요가 없다. 전세권의 가장 큰 장점은 곧바로 경매부칠 수 있다는 것인데 전세권을 설정해놓고는 지급명령을 임대인에게 보내 확정된 판결문으로 강제경매 신청했다. 그냥 전세권으로 임의경매 부치고 임차인의 지위로 배당요구했으면 될 일이다. 강제경매 신청했다면 전세권자의 지위로 배당요구하든지 해도 될 일인데 이중으로 돈만 들고 사건만 어렵게 만들어 유찰이 거듭되어 버렸다.

❓전입세대/관리비체납/관할주민센터 전입세대 열람내역

전입세대	관리비 체납내역	관할주민센터
박** 2017.07.31 열람일 2022.08.02		▶관할주민센터 부평구 부평4동 ☎ 032-509-8330

❓집합건물등기부등본 집합등기신청

접수일	등기구분		등기권리자	금액	비고
2017-08-01	소유권이전		영○○○○○○		전소유자:(주)생보부동산신탁 신탁재산의귀속신탁재산의 귀속
2017-08-16	전세권	인수	박○○	130,000,000	(2017.07.31 ~2019.07.30)
2019-06-04	압류	말소	국○○인천부평지 사		말소기준권리
2019-11-04	압류	말소	부○○		
2020-06-19	압류	말소	북○○		
2020-12-29	압류	말소	인○○		
❸ 2021-09-28	강제경매	말소	박○○	청구금액 130,118,700	2021타경15361

(등기부채권총액 : 130,000,000 / 열람일 : 2022.07.30)

❓임차인현황 (물건상담 :010-7379-2027) 현황조사서 매각물건명세서 수익률계산기

임차인	선순위대항력	보증금/차임	낙찰자 인수여부	점유부분	비고
❷ 박○○	전입 : 2017-07-31 (有) 확정 : 2017-07-13 배당 : 2021-11-22	보증 : 130,000,000원	배당액 : 99,720,000원 미배당 : 30,280,000원 인수액 : 30,280,000원		전세권자 경매신청채 권자
		총보증금 : 130,000,000	총월세 : 0원		

(말소기준권리일:2019-06-04, 소액임차기준일:2021-09-28, 배당요구종기일:2021-12-30)

526

07

선순위전세권 주의!
(ft. 감정가보다 높이 낙찰)

배당요구 안 한 선순위전세권의 위력

❶ 아래 사건은 2018년 6월 14일 전입 올전세 1억9,000만원 대항력을 갖춘 선순위임차인 조○○씨가 경매를 신청했다. 그리고 ❷ 2019년 9월 20일 선순위전세권 설정 + 전입신고 한 남○○씨는 배당요구를 따로 안 했다. 이 물건은 대항력 갖춘 선순위임차인이 있는데 선순위전세권도 설정된 물건이다. 선순위전세권자가 경매신청 채권자가 아니고 타인에 의해 개시된 경매사건에서 배당요구하지 않았기에 이 전세권은 낙찰자에게 인수된다. 따라서 초보자가 입찰할 물건이 아니다.

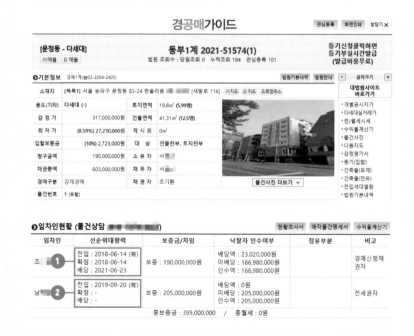

유찰이 거듭되어 경매신청한 임차인이 직접 방어입찰을 하면 선순위전세권 205,000,000
원이 인수된다. 선순위전세권자는 경매를 신청하면 말소기준권리가 되어버리니 임의경매
신청을 안 하고 타인에 의해 개시된 경매사건에서 배당요구도 안 할 것이다.

이 물건의 감정가는 317,000,000원인데 인수되는 채무액과 임차보증금 합계는
395,000,000원+α이므로 이 금액 이하로는 절대로 못 사는 물건인 데다 경락대출도 안
나와 100% 현금으로 사야 하는 물건이다. α는 경매집행비용, 당해세, 법정기일이 빠른 조
세채권, 공과금, 임금채권 등이 포함되어 경매로 낙찰받으면 시세보다 오히려 더 비싼 물건
이다.

이 물건 해결의 실마리는 현재로서는 없다. 2020년 5월 18일 서울시 송파구의 체납세금으
로 압류가 되어 있지만 공매 넣어도 실익이 없어 공매도 부치지 않을 것이다.

❶주의사항　　　　　　　　　　　　　　　　　　　　　　　　문건접수/송달내역　매각물건명세서

대법원공고	**[기본내역]** • 건축물대장상 용도는 제2종근린생활시설(사무소)이나 현황 주거용으로 무단 용도 변경되어 있고, 위반건축물로 등재되어 있음. **[매각물건명세서]** <등기부상의 권리 또는 가처분으로 매각허가에 의해 그 효력이 소멸되지 않는 것> • 을구 순위번호 4번 2019년 9월 20일 접수 제138270호 전세권설정등기는 말소되지 않고 매수인에게 인수됨 <비고> • 조기환 : 대항력 있는 임차인임. 배당에서 보증금이 전액 변제되지 아니하면 잔액을 매수인이 인수함.
관 련 사 건	서울동부지방법원 2020가단149655 '판결정본' 내용보기 사건검색

❶전입세대/관리비체납/관할주민센터　　　　　　　　　　　　　　　　　　　　　　전입세대 열람내역

전입세대	관리비 체납내역	관할주민센터
조** 2018.06.14 남** 2019.09.20 열람일 **2021.09.14**		▶관할주민센터 송파구 장지동 ☎ 02-2147-4570

❶집합건물등기부등본　　　　　　　　　　　　　　　　　　　　　　　　　　　　집합건물등기

접수일	등기구분		등기권리자	금액	비고
2018-04-16	소유권이전		서█		전소유자:정█외3 매매(2017.10.21)
2019-09-20	전세권	인수	남█	205,000,000	(2019.09.20 ~2021.09.19)
2020-05-18	압류	말소	서울특별시송파구		말소기준권리
2020-06-23	가압류	말소	주택도시보증공사(서울서부관리센터)	398,000,000	부산동부지원 2020카단102390
2021-04-08	강제경매	말소	조기환	청구금액 190,000,000	2021타경51574

(등기부채권총액 : 603,000,000 / 열람일 : 2022.11.15)

선순위 전세권

이 사건에 대한 영상이 있으니 참고하길 바란다.

08   이런 유치권이 있다면? 일단 패스!

공사 대금을 못 받아서 유치권 신고한 경우

일산 동구 사리현동 근린상가 물건사진을 보면 유치권행사 중이라는 현수막을 걸어놨다. 채권자로부터 건물철거 대체집행문이 제출된 말 그대로 공사하다가 경매 부쳐진 전형적인 케이스다.

신축 건물에 유치권 있으면 조심!

유치권 신고를 했지만 입찰 들어가도 되는 경우

유치권 신고가 있지만 입찰 들어가도 되는 물건은? 채권자 대리인이 유치권부존재 확인 소송에서 승소한 판결문을 제출한 경우(2019타경6021)나, 유치권 신고가 있으나 실제 점유하지 않은 경우(2021타경6237) 설립되지 않는다.(유치권 신고자 대신 '황제양꼬치'라는 상호의 음식점으로 사용 중) 비슷한 사례는 397쪽에 설명해두었다.

[사근동 - 근린상가] **동부4계 2019-6021(1)**

법원 조회수 : 당일조회 누적조회 관심등록
낙찰일 이후 누적조회수 30

등기신청클릭하면
등기부실시간발급
(발급비용무료)

◑기본정보 경매4계(☎02-2204-2408)

법원기본내역 법원안내 - 글자크기 +

소재지	[목록1] 서울 성동구 사근동 230-1 청계더하임 ▮▮▮▮ [살곶이길 150] N지도 D지도 도로명주소		
용도(기타)	근린상가 (-)	토지면적	107㎡ (32.37평)
감 정 가	686,000,000원	건물면적	163.04㎡ (49.32평)
최 저 가	(51%) 351,232,000원	제 시 외	0㎡
낙찰 / 응찰	377,770,000원 / 3명	대 상	건물전부, 토지전부
청구금액	780,000,000원	소 유 자	김OO
채권총액	1,480,000,000원	채 무 자	김OO
경매구분	임의경매	채 권 자	정OO
물건비고	1 매당1 2 매당1 3 매당1		

물건사진 더보기 ⌄

대법원사이트
바로가기

▸개별공시지가
▸상업용실거래가
▸수익률계산기
▸물건사진
▸다음지도
▸감정평가서
▸집합등기신청
▸건축물(표제)
▸건축물(전유)
▸법원기본내역
▸매각물건명세서
▸현황조사서

◑주의사항

문건접수/송달내역 매각물건명세서

대법원공고	**[매각물건명세서]** <비고란> • 누림종합건설주식회사가 2020.05.19. 유치권신고(1,170,000,000)를 하였으나, 채권자 대리인이 2022. 02.22. 유치권부존재확인의 원고승소판결(이 법원 2021가합109897 유치권부존재확인, 2022.02.04.확정)을 제출함

> 유치권 무효판결이 있다면 입찰 OK!

◑주의사항

문건접수/송달내역 매각물건명세서

대법원공고	**[정정공고]** • 2022.05.21 대법원 정정공고: 2022.05.18.에 주식회사 세원종합건설이 공사미수금 174,000,000원을 이유로 유치권행사신고서 제출 **[문건/송달내역]** • (접수일:2022.05.18)유치권자 주OOO OOOOOO 유치권신고서 제출 • (접수일:2022.06.22)채권자 더OOOOOOOOOOOOOO OOOO(OOOOOOOO OOOO) 유치권배제 신청서 제출 **[매각물건명세서]** <비고란> • 임차인이 `황제양꼬치`라는 상호의 음식점으로 사용 중. • (2022.05.18.자로 주식회사 세원종합건설이 공사미수금 174,000,000원을 이유로 유치권행사신고서 제출 : 2022.05.23. 정정·변경)

> 실제 점유 상태 아니라면 유치권 효력 X

09

물건번호가 여러 건인 경우
동시배당 위험성 UP! 패스!

1년 넘게 배당 기일이 길어지는 동시배당물건

2021타경109530(1)~(9)처럼 경매 사건번호 뒤에 물건번호가 여러 개 있는 공동담보물건은 맨 마지막 물건이 낙찰되고 대금이 납부되어야 배당기일이 잡히는 동시배당물건이다.

사건번호◇	소재지	용도 입찰일자	감정평가액◇ 최저경매가◇	진행단계 (유찰수)	조회수 추가등록
[마접5가] 2021 타경 109530 [1] 임의경매 대전 유성구 봉명동 489-46 유성엘가 9층 101~903호 외 1개 호실 [건물 122.99m²][대지권 19.2m²]	주상복합 (주거) 2022.06.09 낙찰(4) (2021.05.18)	860,000,000 482,000,000 837,539,000 640,000,000 686,000,000	배당 (1회)	128
[북부5가] 2021 타경 109530 [4] 임의경매 서울 도봉구 방학동 304~86 현대그린빌 1층 2층 202호 [건물 29.24m²][대지권 20.7m²] 소유가등, 성유위탁차티, 프트티컬 [등록 2023-102229]	아파트 2023.06.02	214,000,000 97,664,000	유찰 (4회)	99
[북부5가] 2021 타경 109530 [2] 임의경매 서울 도봉구 방학동 304~86 현대그린빌 1층 1층 102호 [건물 22.4m²][대지권 16.5m²] 소유가등, 프트티컬 [등록 2023-102229]	아파트 2023.02.21	106,000,000 53,760,000 66,000,000	납부 (3회)	133
[북부5가] 2021 타경 109530 [5] 임의경매 서울 도봉구 방학동 304~86 현대그린빌 1층 3층 301호 [건물 59.94m²][대지권 41.5m²] 소유가등, 성유위탁차티, 프트티컬 [등록 2023-102229]	아파트 2023.02.21	347,000,000 177,664,000	기각 (3회)	120
[북부5가] 2021 타경 109530 [7] 임의경매 서울 도봉구 방학동 304~86 현대그린빌 1층 3층 302호 [건물 59.99m²][대지권 41.5m²] 소유가등, 프트티컬 [등록 2023-102229]	아파트 2023.02.21	334,000,000 171,008,000 228,790,000	취가 (3회)	155
[북부5가] 2021 타경 109530 [6] 임의경매 서울 도봉구 방학동 304~86 현대그린빌 1층 4층 401호 [건물 29.8m²][대지권 20.6m²] 소유가등, 성유위탁차티, 프트티컬 [등록 2023-102229]	아파트 2023.02.21	232,000,000 119,784,000 133,000,000	취가 (3회)	81
[북부5가] 2021 타경 109530 [3] 임의경매 서울 도봉구 방학동 304~86 현대그린빌 1층 4층 402호 [건물 29.96m²][대지권 20.7m²] 소유가등, 프트티컬 [등록 2023-102229]	아파트 2023.02.21	219,000,000 112,128,000 133,300,000	취가 (3회)	63
[북부5가] 2021 타경 109530 [1] 임의경매 서울 도봉구 방학동 304~86 현대그린빌 1층 1층 101호 [건물 47.02m²][대지권 32.6m²] 소유가등, 프트티컬 [등록 2023-102229]	아파트 2023.01.17	237,000,000 151,680,000 152,000,000	납부 (2회)	111
[북부5가] 2021 타경 109530 [2] 임의경매 서울 도봉구 방학동 304~86 현대그린빌 1층 2층 201호 [건물 47.02m²][대지권 32.6m²] 소유가등, 성유위탁차티, 프트티컬 [등록 2023-102229]	아파트 2023.01.17	240,000,000 153,600,000 154,010,000	납부 (2회)	76
[북부5가] 2021 타경 109530 [6] 임의경매 서울 도봉구 방학동 304~86 현대그린빌 1층 2층 203호 [건물 47.02m²][대지권 32.5m²] 소유가등, 성유위탁차티, 프트티컬 [등록 2023-102229]	아파트 2023.01.17	240,000,000 153,600,000 166,666,000	납부 (2회)	80
[마의5가] 2021 타경 109478 [1] 임의경매 경북 경산시 대창읍 갈피리 29 주택 1개 호실 [건물 24.9m²][제시외 12m²][토지 172m²] 지층경매 [등록 2021-109530]	단독주택 2022.11.1일	30,309,000 6,094,000 6,666,666	배당 (5회)	168

물건번호 여럿인 경우 주의!

배당받는 임차인이 점유한 경우 명도받는 시간이 오래 걸리는 물건이므로 실수요자는 패스하는 게 좋다.

동시배당이란?

공동담보[*] 부동산이 개별경매를 통하여 경매가 진행된 경우, 개개의 부동산이 매각되더라도 배당절차를 진행하지 않고, 공동담보인 모든 부동산이 매각된 때에 그 매각대금을 각 채권자에게 배당해주는 것이다. 동시배당물건에 배당받는 임차인 점유 물건인 경우 배당기일이 잡혀야 임차인을 내보내는데, 배당기일이 안 잡히니 입주날짜 조율하기가 만만치 않다. 물건번호가 많은 경우는 낙찰받고도 1년까지 명도를 못 하고 기다리는 경우도 봤다.

보통은 인도명령을 대금납부하면서 신청한다. 그러나 배당받는 임차인 점유 물건의 경우 배당기일이 지나야 인도명령이 발부된다. 소유자 겸 채무자 점유물건은 배당기일과 상관없이 인도명령이 발부된다.

• **공동담보란** : 동일한 채권을 담보하기 위하여 2개 이상의 부동산에 담보를 설정하는 것. 공동담보물의 경매가 진행되는 경우에는 각각의 부동산마다 공동담보권자와 다른 채권자인 선순위와 후순위권리자가 있을 수 있고, 배당방법에 따라 이들의 이해관계가 상반되기 때문에 이들의 권리관계를 조화시킬 필요가 있어 동시배당을 실시한다.

10

상가관리단 체납관리비 승소판결 있는 사건은 패스!

배보다 배꼽이 더 큰 미납관리비

관리비는 사용자가 납부의무가 있어 납부해야 하는 것이 맞지만 기타의 이유 등으로 납부를 거부할 경우, 특별승계인(낙찰자)이 3년 치 체납관리비 중 공용부분에 대해 낙찰자에게 추가 인수된다. 아래 물건의 경우 미납관리비가 2022년 11월 14일 기준 무려 12,442,650원이다.

다음 물건은 더하다. 2020년 10월 6일 기준 48,309,129원에 달한다.

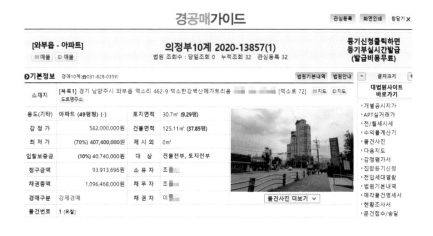

미납관리비 연체료도 낙찰자에게 추가 인수될까?

관리비 납부를 연체할 경우 부과되는 연체료는 위약벌의 일종이고, 전 구분소유자의 특별
승계인이 체납된 공용부분 관리비를 승계한다고 하여 전 구분소유자가 관리비 납부를 연
체함으로 인하여 이미 발생하게 된 법률효과까지 그대로 승계하는 것은 아니다.(대법원
2001다3598,3604판결)

체납된 전기·수도요금도 승계 여부도 궁금해하는데 법원경매로 취득한 물건의 경우 소유
권 이전일 이전 사용자의 체납요금은 변경된 신사용자에게 승계되지 않는다. 162쪽에서도
살펴봤듯이 미납관리비 소멸시효 중단 사유가 있는 경우 주의해야 한다.

소멸시효 3년의 적용을 받는 체납관리비 채권

낙찰자는 전소유자를 대위하여 변제하고 전소유자에게 구상권을 청구해서 받아낼 수 있다.[•] 전소유자와 소송이 진행 중이었다면 그 이전에 관리비채권을 원인으로 한 가압류 또는 소제기를 통해 시효중단의 효력이 발생했을 경우 소멸시효 3년 적용대상에서 제외될 수 있다. 주로 분양된 지 오랫동안 한 번도 입주하지 않았던 상가경매물건에 이런 경우가 있다. 상가관리단에서 체납관리비를 청구하여 승소한 판결문을 가지고 있다면 소멸시효 중단 사유에 해당하는 만큼 체납관리비 소멸시효 3년의 적용을 받지 않으니 주의해야 한다.

• **집합건물 소유 및 관리에 관한 법률 제18조**: 집합건물의 공용부분은 전체 공유자의 이익에 공여하는 것이므로 공동으로 유지·관리되어야 하고, 그에 대한 적정한 유지·관리를 도모하기 위해 소요되는 경비에 대한 공유자 간의 채권은 이를 특히 보장할 필요가 있는 바, 공유자의 특별승계인(낙찰자)에게 그 승계의사의 유무에 관계없이 청구할 수 있다.

11

아파트가 아닌 노인복지주택도 패스!

노인복지주택은 아파트가 아닌 노유자시설

아래 물건은 외관상으로 보면 아파트처럼 보이지만 아파트가 아니고 노인복지주택이다. 건축물대장상 용도는 노인복지법에 의한 노유자시설(노인복지주택)이다. 이런 물건은 입주하는 데 나이 제한이 있고 고령자에게 맞춤 서비스를 제공하는 실버타운 형식으로 운영하기 때문에 관리비가 비싸다.

아파트인 줄 알고 입찰 들어가도 괜찮냐는 질문을 너무 자주 받아 책에 꼭 실어야겠다고 마음먹었다. 초보자는 이런 물건은 거르는 게 좋다.

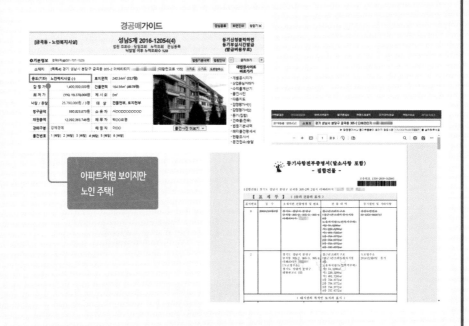

아파트처럼 보이지만 노인 주택!

537

12 분양형 호텔 한 호수만 나오는 경우 패스!

수도, 전기, 난방을 혼자만 사용할 수 X

한때 유행했던 분양형 호텔이 경매에 나와도 찬밥신세다. 아래 호텔은 OOO호 하나만 경매로 나왔다. 하지만 계속 유찰을 거듭하고 있다.

분양호텔은 아파트처럼 호텔 객실을 개인에게 분양한 뒤 위탁 운영해서 전체 호수를 운영한 수익에서 운영비를 공제하고 수익금을 배분하는 형식의 사업 형태로 지어졌다. 위탁운영 업체에서 방만하게 운영해 수익이 적어도 어쩔 도리가 없다. 이런 물건을 낙찰받아서 혼자만 별도로 운영하고 사용하기가 현실적으로 불가능하다. 애초에 호텔로 지어졌기 때문에 OOO호 객실을 낙찰받아 소유자가 된다고 하더라도 수도, 전기, 난방을 혼자만 사용할 수 없게 지어놔서 초보자는 물론 어느 누가 낙찰받더라도 답이 안 나오는 물건이다.

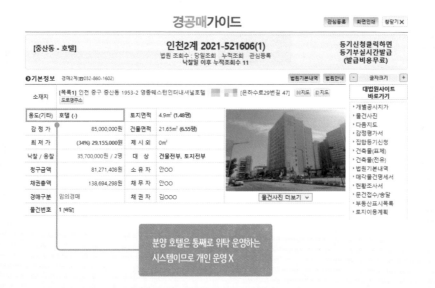

분양 호텔은 통째로 위탁 운영하는 시스템이므로 개인 운영 X

관련 동영상을 함께 참고하면 좋을 것이다.

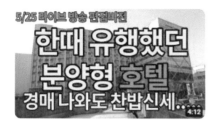

다음 사례를 한번 더 살펴보자. 7차 매각에 낙찰되었지만 대금이 미납되었고 결국 15차 매각까지 갔지만 낙찰이 안 되었다. 왜 그랬을까?

경공매가이드

관심등록

[호계동 - 오피스텔]

안양2계 2021-101193(1)

법원 조회수 : 당일조회 0 누적조회 291 관심등록 127

▶기본정보 경매2계(☎031-8086-1282)   법원기본내역 법원안내

소재지	[목록1] 경기 안양시 동안구 호계동 923-5 ███████ [경수대로 701] N지도 D지도 도로명주소			
용도(기타)	오피스텔 (-)	토지면적	13.7㎡ (4.14평)	
감정가	145,000,000원	건물면적	42.9㎡ (12.98평)	
최저가	(5%) 7,972,000원	제시외	0㎡	
입찰보증금	(20%) 1,594,400원	대상	건물전부, 토지전부	
청구금액	26,776,237원	소유자	양█	
채권총액	233,546,394원	채무자	양█	
경매구분	강제경매	채권자	양█	
물건번호	1 [진행]			

물건사진 더보기 ∨

▶진행내역   ▶기일내역   법원기일내역

기일종류	기일	접수일~		기일종류	기일	상태	최저매각가격(%)	경과일
배당종기	2021.06.22	77일		15차매각	2023.04.25	진행	7,972,000원(5%)	749일
감정기일	2021.04.26	20일		14차매각	2023.03.21	유찰	9,965,000원(7%)	714일
개시결정	2021.04.08	2일		13차매각	2023.02.14	유찰	12,456,000원(9%)	679일
등기기입	2021.04.07	1일		12차매각	2023.01.10	유찰	15,570,000원(11%)	644일
				11차매각	2022.11.22	유찰	19,462,000원(13%)	595일
				10차매각	2022.10.18	유찰	24,327,000원(17%)	560일
	미납 후 연속 유찰			9차매각	2022.09.13	유찰	30,409,000원(21%)	525일
				8차매각	2022.08.09	유찰	38,011,000원(26%)	490일
				납부일	2022.06.30	미납		450일
				허가일	2022.05.24	허가		413일

❶ 경공매가이드 메인 화면에서 '문건접수/송달'을 선택 → ❷ 대항력을 갖춘 임차인이 배당요구한 날짜를 보자. 이 물건의 배당요구종기일은 2021년 6월 22일이다. 이 임차인은 3개월이나 늦게 배당요구하여 무효 처리되었다. 따라서 이 임차인의 보증금 135,000,000원은 전액 낙찰자 추가인수 대상이다.

7차 매각의 낙찰자는 기록을 제대로 안 보고 입찰에 들어간 것이다. 낙찰가 138,300,000원에 배당요구했지만 무효 처리된 임차인의 보증금 135,000,000원을 합하면 273,300,000원으로 감정가보다 130,000,000원이나 더 비싼 물건이다. 결국 입찰보증금을 포기하고 대급미납했다. 이런 물건은 초보자라면 반드시 패스해야 한다.

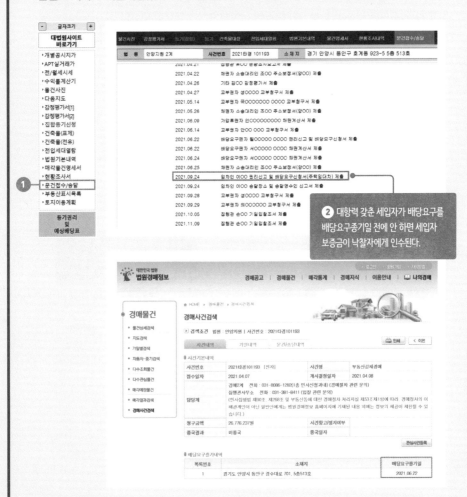

소액투자용
빌라 감별법

부록2

01

어떤 빌라가 투자하기 좋은가?

좋은 빌라 감별법 ❶ - 임차인이나 매수자를 맞추기 좋아야 한다

빌라는 아파트로 가기 전 징검다리로서 단기보유 차원으로 매입하는 분들이 많다. 자신이 거주하거나 세입자가 어느 정도 살다가 이사 갈 때 새로운 임차인이나 매수자를 맞추기 좋은 물건 위주로 고르는 게 좋다. 예를 들어 네이버나 다음 지도를 보니 해당 물건지의 로드뷰가 없다면? 아마도 차가 못 들어갈 가능성이 클 것이고 당연히 주차공간도 없다는 것을 염두에 둘 필요가 있다. 이런 빌라는 아무리 싸도 임차인이나 매수자를 찾기 힘들다. 항상 내 투자금은 다음 매수자의 주머니 속에 있다는 것을 잊지 말아야 할 것이다.

좋은 빌라 감별법 ❷ - 대지지분이 많아야 한다

빌라는 아파트보다 관리가 잘 안 되어서 더 빨리 노후화된다. 시간이 지나면 모든 건물을 노후화 되고 결국 남는 건 땅인데 재건축이나 재개발이 될 경우 대지지분에 따라 보상비율이 달라지니 같은 가격대라면 대지지분이 많은 빌라를 공략하는 게 좋다. 일반적으로 빌라는 대지지분 23㎡(약 7평) 이상을 가진 물건을 공략하도록 하자.

좋은 빌라 감별법 ❸ - 로열층이어야 한다

빌라도 로열층이 따로 있다. 2층 > 3층 > 1층 > 4층 순으로 인기가 있다. 빌라는 엘리베이터가 없는 경우가 대부분이어서 맨 꼭대기 층이 비로열층이다. 계단 오르내리기가 힘들고 더위나 추위에 노출되기 쉬운 데다가 옥상 누수문제가 발생하기가 쉽다. 만약 대수선충당금을 따로 모아두지 않았다면 옥상방수 수리비 문제를 해결하기 위해 반상회를 열어서 걷어야 하는데 옥상은 건물전체의 문제인데도 저층에 사는 사람들이 '왜 우리가 같이 분담하느냐?'는 식으로 나오는 경우가 많아서 피곤하다. 즉, 아파트는 맨 위층이 펜트하우스일지 몰라도 빌라는 아니다.

좋은 빌라 감별법 ❹ - 관리상태가 좋아야 한다

최근에는 빌라도 공동현관문이 번호키가 되어 있어 못 들어가는 경우가 많은데 이럴 땐 배달하는 분들이 한참 드나드는 식사시간 때 맞춰 들어가면 좋다. 공동현관문이 열리면 건물 내부로 들어가 청소상태나 관리상태를 보는 게 좋다. 일반적으로 관리비를 걷어서 청소용역업체에 청소를 맡긴 빌라는 입구부터 깨끗하다. 빌라를 낙찰받은 후 나 혼자만 관리를 잘한다고 해결되지 않는다. 건물 전체가 잘 관리되어 있는지 임장을 가서 확인해두자.

그 밖에 인근에 학교나 놀이터 등 인프라가 잘 갖춰졌는지, 출퇴근 시간대에 차가 막히는 지역인지 살펴보면 좋다. 퇴근 시간은 제각각 다르더라도 출근 시간대는 정해졌으니 임장 가는 시간대 선택을 잘해서 보자. 참고로 장기간 공실이라 우편함에 우편물이 수북이 쌓여 있더라도 가지고 오면 안 된다. CCTV가 설치된 곳이 많으므로 조심해야 한다.

02 | 빌라 임장 1단계 - 부동산중개사무소 방문하기

아파트는 안 보고도 사지만 빌라는 No!

이번에는 빌라 임장 노하우를 살펴보도록 하자. 아파트는 마음에 든다면 내부를 보지도 않고 구매할 수 있다. 하지만 빌라는 다르다. 구조 확인도 힘들고 시세 파악도 어렵다. 따라서 입찰하기 전 반드시 인근 부동산중개사무소에 방문해서 구조와 시세를 파악하는 게 필수다. 같은 빌라 내에서도 옆집과 면적, 구조, 방 개수 등이 다를 수 있으니 최소 3군데는 둘러보는 게 좋다. 특히 경매물건은 감정평가서에 내부구조도(도면)가 나와 있으므로 안을 들여다보지 못하더라도 어느 정도 내부구조 예상이 가능하다. 이걸 토대로 의문 사항을 체크하여 부동산중개사무소에 가서 확인하는 과정이 필요하다.

경매정보 사이트에서 감정평가서 항목을 선택하면 내부구조도를 확인할 수 있다.

공인중개소 사무실에 가서 빌라 구조와 시세를 질문할 때 먼저 감정평가서에 나온 대로 면적, 방 개수, 거실과 주방의 분리 구조, 미닫이문, 여닫이문 여부 등을 머릿속에 넣고 세부 내용을 확인하면 된다.

빌라 분양 면적에 따른 구조

면적	방	욕실	거실
59㎡(18평)	3	1	거실이 좁다.
69㎡(21평)	3	1	거실이 좁다.(방이 2개면 거실이 넓다.)
82㎡(24평)	3	1 또는 2	욕실이 1개면 거실이 넓고 욕실이 2개면 거실이 보통인 편

03 빌라 임장 2단계 – 현장 상황 파악하기

빌라 임장 2단계 – 현장 상황 파악하기

전입된 세대가 없거나 소유자가 점유한 물건보다 배당받는 임차인이 점유한 집이 비교적 명도받기 수월하다. 왜냐하면 배당받는 임차인은 배당받기 위해서는 낙찰자의 협조가 절대적으로 필요하기 때문이다. 따라서 초보자라면 보증금을 모두 배당받는 임차인이 있는 물건부터 공략하도록 하자. 만약 한 푼도 배당 못 받는 임차인이거나 보증금 손해 보는 임차인이 점유한 경우 기분이 썩 좋을 리가 없다. 하루라도 빨리 높은 금액에 낙찰되기 바라는 경우에는 호의적인 경우도 있다. 점유자를 직접 만나 내부까지 둘러보고 나온 적도 있고 바로 이웃한 호수에 마침 사람이 있어 옆집을 보고 나오는 경우도 많다.

물론 현장 조사 갔다가 만난 점유자가 하는 말이 전부 사실이 아닐 수도 있다. 오히려 이웃 주민이나 그 동네에서 오래 사신 분이 더 사심 없이 정확하게 말해주는 경우가 많다. 인근 마트가 있다면 마트는 가까운 곳은 배달을 해주어 내부구조를 잘 알고 있는 경우가 많으니 마트에서 음료수 하나 사면서 슬쩍 물어보는 것도 좋은 방법이다.

어떤 경우 몇 마디 묻자마자 손사래를 치면서 "아유~ 말도 마세요. 어찌나 사람들이 와서 이것저것 물어보는지…. 엄청나게 다녀갔어요." 한 적이 있다. 이런 말을 듣게 되어서 입찰 당일 경쟁자가 늘어날까봐 예상해 낙찰가를 더 올려 적은 적이 있었는데 실제로 입찰날 생각보다 사람이 적게 온 경우도 있다.

둘쭉날쭉 구조가 다른 빌라 확인

인천의 한 빌라 302호(2022타경 515325)는 옆집인 301호와 303호에 비해 구조가 안 좋고 면적도 좁았다. 임장을 가서 옆집인 301호 시세를 묻고는 301호보다 작은 평수인 302호 감정가를 보고 싸다고 판단하면 안 된다. 반드시 감정평가서에 있는 사진을 잘 보고 임장을 가서 시세를 확인해야 실수를 안 한다.

구조가 세대별로 각양각색, 임장 필수!

203호

인천2022-501654 / 2021-14429

이렇듯 빌라가 앉은 땅 모양이 네모가 아닌 경우 같은 층이라도 서로 구조 차이가 확연히 난다. 필자의 사무실 인근에 빌라가 경매에 부쳐진 적이 있었는데 그 빌라는 전체 호수 중 3룸은 단 1채뿐, 나머지는 전부 2룸인 구조였다. 하지만 3룸 역시 2룸을 기준으로 감정된 것을 알아채 입찰에 들어갔고 단독으로 낙찰을 받아 수익을 낸 적이 있다. 이렇듯 빌라 경매의 맹점을 잘 활용해서 감정이 낮게 된 물건을 찾아내면 바로 고수익으로 연결시킬 수 있다.

등기상 반지하 빌라여도 현장에선 전혀 아닌 경우

경사도가 있는 위치에 지어진 다세대빌라는 등기상 반지하지만 실제로 현장에 가보면 반지하가 전혀 아닌 물건도 있다. 경매물건 사진과 로드뷰를 꼼꼼히 보도록!

반지하 빌라인데 가보니 반지하 빌라가 아닌 경매물건 임장 영상

사례

경매 정보와 현장이 전혀 다르다?

다음은 현장조사를 나가면서 경매에 기입된 공부 문서와는 전혀 다른 경우 사례다. 2019 타경100087 서울 구로구 구로동 빌라 2채가 126,650,000원에 낙찰된 경우인데 이곳은

고려대학교 구로병원, 7호선 남구로 역, 재래시장까지 임대수요 많은 곳이 다. 소유자는 1998년도 매수 후 22년 째 거주하고 있다. 실제 임장을 나가 보니 알루미늄 새시에 수리를 한 흔 적이 보이지 않았다.(임장 동영상은 아래 QR 코드 참고) 공부상 1층은 101호만 존재하나 현황상 101호와 2개 호로 나뉘어 2채인 경우였다.

임장 동영상 QR

548

04 빌라 임장 3단계 – 최종 의견 정리하기

입찰할까, 말까?

어느 부동산에 가면 매물이 몇 개 급매가 몇 개 줄줄 외우고 있다고 부동산 실력이 있고 임장 잘하는 사람이 아니다. 임장은 시세조사가 아니다. 시세조사도 해야 하지만 중개업소만 계속 돌아다니면서 시세조사만 주야장천 하고 오면 안 된다. 새겨들어야 할 중요한 말, 한쪽 귀로 듣고 한쪽 귀로 흘려 버려야 할 말, 상대하지 말아야 할 사람을 구분할 줄 아는 실력은 임장과 명도를 하면서 빛을 발한다. 소음과 신호를 구분하는 실력이 법원경매 성공의 열쇠다.

앞서 언급한 서장훈씨가 직접 서초동 빌딩 경매물건을 선정해서 권리분석하고 임장 다니고 낙찰가를 선정하고 명도까지 직접 하지 않았을 수 있다. 그러나 부동산 투자조언을 구할 만한 믿을 만한 사람인지 사람을 볼 줄 알고, 조언을 들었다면 조언해주는 대로 실행하는 것도 실력이다. 매우 친하기는 하지만 부동산 조언을 해줄 실력이 나보다 더 안 되는 사람들의 조언을 구하면 안 된다.

임장 가서 만나는 사람들은 모두 진실만을 말하지 않을 수 있다. 거짓말을 하거나 역정보를 흘려도 아무런 책임도 안 지는 사람들이라는 것을 잊지 마라. 그 사람들이 나에게 지금 거짓말을 하는지 역정보를 흘리는지 본심을 읽을 수 있는 실력을 길러야 한다. 책상머리에 앉아서는 절대로 얻을 수 없는 영역이니 사람 상대하는 노하우는 길러두면 경매뿐 아니라 써먹을 데가 아주 많다. 다양한 사람을 골고루 많이 만나 상대해보는 수밖에 없다.

낡은 빌라가 영 자신이 없다면, 유찰된 신축 빌라 노릴 것!

경매물건 중 소유자가 직접 거주하지 않고 임대로만 돌린 집은 자기 집이 아니라고 함부로 쓰는 경우가 많고 소유자가 도중에 안 바뀌고 10~20년씩 계속 거주한 집은 집수리를 안 한 경우가 많다. 안산 2022타경50751 연립 물건을 예로 들어보겠다.

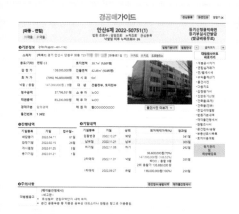

알루미늄 새시와 번호키가 아닌 열쇠가 달린 현관을 보니 인테리어를 한 번도 하지 않은 집임을 유추할 수 있다.

이 경매물건은 직접 내부를 들여다볼 수 없지만 감정평가서만 자세히 읽어봐도 대략적인 견적이 나온다. 경매물건 사진의 창문 새시 상태를 보면 어느 정도 견적이 나온다. 1990년대에 생산된 알루미늄 새시로 내부 인테리어는 하나도 안 되어 있는 상태라고 보면 된다. 일반적으로 하이새시 시공을 하게 되면 냉난방비 절약 효과가 있어 오래된 집을 낙찰받고 인테리어나 집수리를 할 때 새시 교체는 필수다. 한 가지 더, 등기부등본을 확인해보니 한 소유자가 25년 동안 거주한 집이다. 이런 경우 집수리를 안 한 경우 많다. 물론 입주할 때 도배나 장판 정도야 했겠지만 그동안 집수리는 거의 안 하고 계속 살았다고 보면 된다.

● 지역별로 사건번호가 같은 경우도 있으니 참고하자.

만약 재개발·재건축 지역의 낡은 부동산이라면 어차피 철거될 집이니 자신이 몸테크를 할 것인가 그동안 임차인을 들일 것인가에 맞춰서 공사비를 감안하면 된다.

만약 실거주 목적인데 낡은 집이 싫고 집수리 문제로 스트레스를 받는다면 신축 위주로 공략해야 한다. 신축 빌라는 감정가가 분양가라 유찰된 물건을 공략하면 훨씬 싼 금액대로 내 집마련에 성공할 수 있다.

 집 내부를 볼 수 없을 때 빌라 외관 체크리스트

| 체 | 크 | 리 | 스 | 트 |

☐ 건물 외벽이 두꺼울수록 결로가 없고 방음이 잘된다.

☐ 건물이 네모반듯한지 확인 (건물이 앉은 땅의 위치)

☐ 창문이 마주보고 있는지 확인

☐ 강한 바람을 직접 맞는지 확인 (나무나 조경수를 심어서 막을 수 있다)

☐ 대중교통과 승용차 둘 다 이용해볼 것

☐ 주차공간 확인

☐ 주변 인프라가 갖춰져 있는지 확인 (학교, 쇼핑몰, 병원 등)

☐ 햇빛이 앞 건물에 가리지 않고 잘 드는지 확인

☐ 도시가스 연결 여부 확인

☐ 보일러 연결과 보일러실 위치 확인

☐ 전기·수도계량기가 세대별로 나눠져 있는지 확인
   (합쳐져 있으면 1/n로 나누어야 하므로 번거롭다)

김지혜의 부동산 경매지도

경매 투자
성향 테스트

부록3

◆ 나의 성향이 경매 투자와 맞는지 알아본다.

◆ 이 테스트는 저자 1:1 상담 이벤트의 기초 자료로 사용된다.
  (매월 구매 독자 대상 추첨 이벤트 진행 / 진서원 인스타그램 참고 @jinswon_book)

경매 투자 성향 테스트

 저자 1:1 상담을 위한 기초 자료입니다.

경매 투자 성향 체크리스트는 총 4개 주제로 진행됩니다. 질문에 따라 Yes 또는 No 항목을 체크한 후 결과 내용을 살펴보세요.

1 | 부동산 기본기 테스트

질문 내용	Yes	No
1. 투자를 하려면 월 고정수입은 절대적이라 생각한다.		
2. 계약금이나 입찰보증금(최저가의 10%)은 항상 준비가 되어 있다.		
3. 등기부등본을 볼 줄 안다.		
4. 나의 신용등급은 금융권 대출을 받을 수 있다.		
5. 현장조사(임장)를 스스로 할 수 있는 안목과 시간적 여건이 된다.		
6. 부동산 강의를 들어본 적이 있다.		
7. 부동산 책을 자주 읽는 편이다.		
8. 등기를 쳐본 경험이 있다.		
9. 부동산 수익이 예상되면 대출은 최대한으로 받을 생각이 있다.		
10. 투자 결정을 하기 전에 전문가 의견을 경청하는 편이다.		

★ YES가 8개 이상인 사람은?

부동산 투자를 위한 기본 체력을 갖추었다. 부동산에 대해 관심이 많고 일상적으로 부동산 공부도 하는 중이다. 이대로 유지하면 더 좋은 기회가 찾아올 것이다.

★ YES가 5~7개인 사람은?

부동산 투자를 하기 위한 마음의 준비는 갖추었다. 하지만 당장 이사를 앞두고 매매, 임대차계약을 할 때 외에는 신경을 쓰기 힘들다. 실력 향상을 위해 꾸준히 부동산 시세에 관심을 기울이고 공부하는 습관이 필요하다.

★ YES가 4개 이하인 사람은?

부동산 투자는 하고 싶지만 마음의 준비는 물론 실력까지 갖추지 못한 상태다. 하지만 뜻이 있다면 길이 있다. 지금 당장 왜 부동산 공부를 해야 하는지 동기부여 요소부터 찾아보자.

2 | 경매 인지도 테스트

질문 내용	Yes	No
1. 경매는 아무나 할 수 있는 게 아니다.		
2. 전소유자가 나간 집에 들어가면 복이 달아난다.		
3. 경매 시장은 조직 폭력배와 브로커들이 판을 친다.		
4. 경매로 넘어간 집에 살고 있는 사람(소유자 or 임차인)을 내보내는 건 인간적으로 못할 짓이다.		
5. 경매로 나온 물건은 쓸 만한 게 없다.		
6. 경매는 일반매매와 비교할 때 좋은 재테크 수단이 되기 힘들다.		
7. 내집마련을 위한 방편으로 경매를 생각해본 적이 없다.		
8. 경매는 무조건 어렵다는 생각이 든다.		
9. 경매는 피도 눈물도 없는 사람이 적합한 것 같다.		
10. 경매로 돈을 벌었다는 사람을 보면 의심이 간다.		

테스트 결과

★ YES가 8개 이상인 사람은?
경매에 대한 부정적인 선입견이 많은 편이다. 이 책을 통해 경매의 장단점을 파악한 후 결정을 내려도 늦지 않을 것이다.

★ YES가 5~7개인 사람은?
경매의 장점을 아직 파악하지는 못했지만 공부하고자 하는 의지는 있다. 이 책의 <준비마당1>, <준비마당2>를 먼저 읽어보면 좋을 것이다.

★ YES가 4개 이하인 사람은?
경매는 초보자들에게 진입장벽이 있다고 생각하고 지레 포기하는 경우다. 이 책의 <첫째마당>~<다섯째마당>의 입찰 사례를 통해 초보자가 도전해도 될지 파악해보자.

3 | 경매 친화도 테스트

질문 내용	Yes	No
1. 경매는 좋은 재테크 수단이 될 수 있다.		
2. 경매를 알아두면 긴 인생 살아가는 데 도움이 된다.		
3. 경매는 자본주의 사회에서 반드시 필요한 제도다.		
4. 빚을 못 갚은 건 채무자가 문제지, 경매 투자자들은 아무 상관이 없다.		
5. 경매정보를 보면 부동산 시장 흐름 파악에 도움이 된다.		
6. 경매와 관련된 뉴스를 관심을 갖고 보는 편이다.		
7. 경매로 시세 대비 싸게 사려면 노력이 필요하다고 생각한다.		
8. 경매물건 정보를 어디에서 얻을지 알고 있다.		
9. 경우에 따라 필요하다면 경락대출도 받을 수 있다.		
10. 평일 오전, 오후 시간에 법원에 응찰하러 갈 시간을 낼 수 있다.		

테스트 결과

★ YES가 8개 이상인 사람은?

경매에 대한 호감도가 높은 편이다. 부동산 투자도 익숙한 편이어서 경매 공부를 시작하면 실력이 쑥쑥 커나갈 확률이 높다.

★ YES가 5~7개인 사람은?

경매를 공부해야겠다고 생각하지만 선뜻 행동으로 옮기지 못하고 있다. 간절한 마음과 동기부여가 장착된다면 기폭제가 되어 실전경험을 얼마든지 쌓을 수 있을 것이다.

★ YES가 4개 이하인 사람은?

경매를 선뜻 시작하기가 어려운 편이다. 책과 강의를 통해 부동산 경매에 대한 기본기부터 다지고 일반매매 경험을 쌓아본 후 시작하는 것도 좋을 것이다.

4 | 경매 투자 위험도 테스트

질문 내용	Yes	No
1. 경매를 해서 손해를 볼 가능성이 있다는 것을 잘 알고 있다.		
2. 부동산 가격의 등락폭이 커도 경매에 참여할 의향이 있다.		
3. 낙찰받은 부동산을 1년 안에 매각할 생각이 있다.		
4. 여러 명이 함께 투자하는 공동투자도 할 수 있다.		
5. 경매의 묘미는 복잡하게 얽힌 권리관계를 풀어 수익을 내는 데 있다고 생각한다.		
6. 낙찰받고자 하는 물건에 대항력이 없는 임차인은 내보낼 수 있다고 생각한다.		
7. 임차인에게 배당이 얼마나 돌아갈지 생각하지 않는다.		
8. 유치권이 있거나 선순위임차인이 있는지 확인이 불분명한 물건의 경우 감정가 50% 이하로 떨어지면 관심이 생긴다.		
9. 당장의 시세차익은 없지만 투자자 노력에 따라 높은 시세차익이 나는 물건이라면 입찰할 생각이다.		
10. 여러 번 유찰된 물건을 보면 투자 충동을 느낀다.		
11. 실제 거주할 주택이 아니더라도 입찰에 참여할 수 있다.		
12. 유명 지역 희귀 부동산이라면 시세보다 싸지 않아도 낙찰받을 생각이 있다.		

테스트 결과

★ YES가 10개 이상인 사람은?

일반 투자 경험이 많거나 경매 투자를 경험했을 수 있다. 투자 경험을 통해 자신감을 획득한 상태이며, 이 책에 나온 입찰 사례를 공부하고 경매 유형 지도가 머릿속에 박히면 곧바로 실전에 들어가 결실을 맺을 수 있을 것이다.

★ YES가 6~9개인 사람은?

안정성을 기반으로 투자 수익을 거두길 원한다. 주택 중심으로 경매물건을 공략해도 좋겠지만 이미 주택을 보유하고 있다면 수익형 물건과 토지에 관심을 기울여도 좋을 것이다.

★ YES가 5개 이하인 사람은?

부동산 기본기를 먼저 쌓고 경매를 시작하면 시너지를 발휘할 것이다. 이 책을 처음부터 끝까지 3회 읽고 다시 테스트를 시도해보자. 달라진 자신을 발견할 수 있을 것이다.

찾아보기

ㄴ~ㄹ

ㅁ

ㅂ

ㅅ

ㅌ

ㅎ

돈이 된다! 스마트스토어

엑스브레인 지음 | 22,000원

3년 연속 베스트셀러!
줄 서서 듣는 엑스브레인 명강의!
'덕구 씨는 어떻게 연매출 30억을 뚫었을까?'

왕초보를 위한 최고의 책!
아이템 선택/상위노출 비법/상세페이지 구성/무료광고/
매출분석/어뷰징(슬롯)

돈이 된다! 해외소싱 대박템

하태성(물주 하사장) 지음 | 22,000원

국내 유명 셀러를 부자로 만든
하사장의 해외소싱 비법 대공개!
돈많은 언니, 유정햇살, 정다르크 강력 추천!

대박템 족집게 체크리스트/최저가 소싱처 발굴법/
나만의 브랜드 차별화 비법

부록 해외소싱쿠폰

★ 〈돈이 된다! 쿠팡〉 책도 곧 출간됩니다.

맘마미아 월급재테크 실천법

맘마미아 지음 | 18,000원

**사회초년생에게 가장 많이 선물하는 책!
이 책대로 하면
당신도 월급쟁이 부자가 된다!**

통장관리/가계부 작성/예적금, 펀드, 주식 경매 총망라!

부록 금융상품 Top3/연말정산/청약/보험 체크리스트 수록

맘마미아 어린이 경제왕

맘마미아 원저 이금희 글, 그림 | 10,500원

**대만, 중국 판권 수출! 베스트셀러!
초등 전 경제습관 만들기 필독서!**

용돈관리법은 물론, 초등교과 연계까지!
200원 행복재테크/21일 비밀달력/포인트 적립법 수록

함께 읽으면 좋은 〈진서원〉 책들

심정섭의
대한민국
학군지도

국내 최초 학군 투자서!
자식교육+노후대비 최고 해결사!

10년 가까이 사랑받은 베스트셀러!
최신 개정증보판 출간!

심정섭 지음 | 값 35,000원

법인으로
투자할까
개인으로
투자할까

부동산 명의 선택이 수익을 좌우한다!

1인 법인 설립부터 흑자 운영 비법까지!
연봉 7천만원 흑자 법인 대표가 되는 법 소개!

인아랑(따스한 지인) 지음 | 값 22,000원

50억짜리
임장
보고서

왕초보 3년 만에 부자가 된 비결!

1달에 1곳, 시크릿 임장 챌린지!

〈책 속 부록〉 1천만원 아파트 투자법
〈별책 부록〉 50억 임장 노트

성연경 지음 | 20,000원

맘마미아
가계부

100만 회원 감동! 8년 연속 1등 국민가계부!

〈3종 선물〉 ❶ 영수증 모음봉투 ❷ 무지출 스티커 ❸ 한눈에 가계부

맘마미아 지음 | 값 12,000원

* 매년 출간 됩니다! * 온라인 가계부(굿노트) 절찬 판매중!